U0958672

白远　主编

当代中国经济改革与发展

本书以中国经济改革与发展的主要领域为内容，从理论和实践方面介绍了中国经济改革的历史、发展与成绩。

CONTEMPORARY CHINA'S ECONOMIC REFORM AND DEVELOPMENT

（中英文对照）

经济管理出版社
ECONOMY & MANAGEMENT PUBLISHING HOUSE

图书在版编目（CIP）数据

当代中国经济改革与发展（汉英对照）/ 白远主编. —北京：经济管理出版社，2014.2
ISBN 978-7-5096-2839-3

Ⅰ. ①当… Ⅱ. ①白 Ⅲ. ①中国经济—经济改革—汉、英 ②中国经济—经济发展—汉、英 Ⅳ. ①F12

中国版本图书馆 CIP 数据核字（2013）第 286998 号

组稿编辑：王光艳
责任编辑：邱永辉
责任印制：黄章平
责任校对：陈　颖

出版发行：经济管理出版社
（北京市海淀区北蜂窝 8 号中雅大厦 A 座 11 层　100038）
网　　址：www. E-mp. com. cn
电　　话：（010）51915602
印　　刷：三河市延风印装厂
经　　销：新华书店
开　　本：787mm × 1092mm/16
印　　张：27.25
字　　数：647 千字
版　　次：2015 年 1 月第 1 版　2015 年 1 月第 1 次印刷
书　　号：ISBN 978-7-5096-2839-3
定　　价：98.00 元

前 言

中国经济改革自1978年开始以来已经走过了30多个年头。在这30多年中有关中国改革的论文、著作有许多，有从理论上论述中国改革的，有从实证角度论证中国改革成效的，也有从中国及其他转型国家改革角度比较转型国家改革战略与实效的，但无论从什么角度看，中国30多年的改革都取得了极大的成就。一些西方经典的经济学家感到似乎无法理解，一个他们认为的以“政府为主导的、一党执政的国家”何以取得如此长期的经济增长；而更多的发展中国家则希望知道中国这样一个30多年前还被列在世界上最贫穷行列的国家是如何在这样短的时间内取得令人羡慕不已的成就的。因而中国的改革战略、历程、路径、成就以及经验不仅是学者希望了解的内容，不少国家的官员、企业家与经济学专业学生也希望学习和了解此方面的内容。

目前，国内出版的有关中国经济改革方面的论著有许多，如林毅夫、吴敬琏等专家出版了在国内外都有重要影响力的著作。这些专著对于专门研究中国经济改革历史和发展的人来说有重要的启迪与参考价值。但是，对于不少非学者来说，如商界人士、短期来华访问人士、外国留学生以及期望快速了解中国改革开放历程与经验的人群来说，一本比较简洁、用中/英文编写，并且可以用作教材学习使用的相关书籍则十分有限。为了满足这部分人群的需要，本书作者特别呈现了这一作品。

本书以中国经济改革发展的主要领域为内容，从理论和实践两方面介绍了中国经济改革的战略选择、发展历程、经验与成效，主要包括中国与其他发展中国家的发展战略选择、计划经济及其转型，中国农村经济改革与发展、国有企业改革与发展、金融体制改革与发展、财政税收体制改革与发展、对外贸易改革与发展、利用外商直接投资与对外直接投资的改革与发展等。本书不仅是外界了解中国经济改革开放的一个窗口，而且还可作为教材供中外留学生学习之用，因此本书的一大亮点是采用中英文对照方式写作。同时为了方便和帮助学习者的深入理解，在书后扩展学习部分设计了大量的学生活动，包括：问题与思考、案例研究、专家观点、在线学习等，学习者可以通过这一部分内容从不同的角度，包括国内外专家视角、改革开放的亲历者视角等更深入地了解中国的改革开放与经济发展。希望这样的设计能够引发学习者更多的思考。

本书作者以北京第二外国语学院国际经济贸易学院专业课双语教学团队的教师为主要成员，他们都长期从事世界经济、国际贸易与国际金融领域的科研与教学，全部具有在国外留学、进修或者教学的经历。本书共分为八章，具体分工如下：白远负责全书的构思和统稿、前言、第一章和第二章；马易斐负责第三章；薛彤负责第四章；赵宇华负责第五章；池娟负责第六章；王海文、崔媛静负责第七章；罗立彬负责第八章。另外，关越以其父亲的亲身经历为素材完成了《中俄边贸发展——关老板的故事》的案例。

白　远

2014 年 8 月于北京

目　录

Contents

第一章　中国与发展中国家的经济发展战略

【本章内容】

本章介绍了发展中国家普遍采用的发展战略，之后介绍并分析了中国改革开放前采用的“以重工业为导向的发展战略”及其效果。最后介绍和分析的是1978年中国改革开放后采用的适合中国国情，并证明是成功的发展战略，即“比较优势战略”。

【本章要点】

- 进口替代与出口导向的发展战略的不同点。
- 中国改革开放前采用的发展战略。
- 中国和亚洲“四小龙”取得经济发展成功所采取的发展战略。

“发达”国家和“发展中”国家是两个常用的描述国家发展阶段和福利水平的名词。长期以来发展中国家为了取得发达国家的经济成就和福利水平，采取了不同的发展战略，有些国家也亲身实践了不同的发展方式，这些尝试有成功的也有不成功的。本章在第一节先分析介绍发展中国家最典型的两个发展战略。

第一节　发展中国家及其发展战略

在全球223个国家和地区中，发展中国家约占88%。虽然也有一些发展中国家步入了高收入国家行列，但大多数发展中国家具有如下经济发展特征。

一、发展中国家经济状况

发展中国家的人口占世界总人口的5/6，超过50亿。这些国家的特征为低人均GDP、高文盲率、高出生率和住房及卫生设施的短缺。大多数发展中国家的农业部门占经济的比例远远高于工业化国家，而且长期受资本短缺的困扰。这些国家的出口部门往往都集中于几种初级产品上，如农产品、石油、矿产等，或者是初级制造业部门，如纺织品和鞋类。

发展中国家的命运大相径庭。一些国家取得了高增长率，发展十分成功。另有一些国家却遭遇了严重的经济衰退，依然十分落后。表1–1显示出收入的巨大差异是两者最显著的特征。东亚地区的收入增长最快。亚洲“四小龙”（韩国、中国台湾、新加坡、中国香港）在过去的20年中发展十分迅速，已经达到了相对较高的收入水平。东亚的其他一些国家同样也增长迅速，包括马来西亚和中国。然而，许多发展中国家的人均收入在2000~2005年却呈下降趋势，这种情况大多数发生在非洲国家。

表1–1　经济增长率与人均收入

地区或国家	年均增长率 2000~2005年	人均GDP，2005年 （美元国际市场价格）
23个工业化国家	2.4	27848
70个发展中国家与转型国家	3.8	4032
某些发展中国家与转型国家：		
新加坡	5.0	24312
韩国	4.5	10217
波兰	3.0	7238
阿根廷	2.3	7209
匈牙利	4.1	5081
马来西亚	5.3	4784
保加利亚	5.0	3532
中国	9.3	1485
菲律宾	4.5	1125

续表

地区或国家	年均增长率 2000~2005 年	人均 GDP，2005 年（美元国际市场价格）
巴基斯坦	2.8	644
中非共和国	-0.3	361
尼日尔	3.1	160
布隆迪	1.7	107

数据来源：世界银行. 世界发展报告［R］. 2006.

对于以上这些发展中国家所取得的不同成就，一个重要的解释是发展战略和方法的选择起到了重要作用。

二、发展中国家经济发展战略

为了改善本国的经济状况，许多发展中国家都实施了大规模的发展计划。这些计划一般都涉及政府对经济的大规模干预。例如，为了鼓励工业发展，政府对农民征收高税收，用获得的收入去补贴工业。这些税收也起到鼓励农民离开农业到城镇中的工业岗位就职的作用。这些计划的另一个共同特征是大量使用贸易政策。总的来说，发展中国家采取的战略通常可以分为以下两类：

1. 进口替代发展战略

许多发展中国家的官员主张，国家为了经济发展必须减少对初级产品出口的依赖，政府必须采取以牺牲农业和矿业来发展工业的政策。所谓的进口替代发展战略就是通过国家达到促进工业化的快速发展，从而实现经济发展目的的一种手段。干预，主要是对外国商品建立高关税壁垒以鼓励本国的生产。

第二次世界大战后经济大萧条的发生促使许多国家采取进口替代发展战略。一些初级产品出口国家，如巴西和澳大利亚，以牺牲工业进口为代价于 20 世纪 30 年代开始了工业化进程。进口替代发展战略在 20 世纪 50~60 年代取得独立的国家中获得了很高的声誉并迅速盛行于大多数发展中国家。这些国家对工业制成品进口所设置的壁垒已经接近第二次世界大战前施行最严苛保护主义的工业化国家的水平。虽然许多国家从 20 世纪 60 年代中期开始转向促进贸易和出口导向政策，然而进口替代发展战略对于发展中国家来说仍不失为一项重要的战略。

进口替代发展战略将幼稚产业理论应用于发展中国家所确定的某一个或几个产业部门。具体操作方式是由政府决定那些最适合本国工业化发展的部门，提高这些工业部门产品的进口关税以鼓励本国投资，然后在工业化实现的进程中再逐步降低壁垒。如果政府选择了“正确”的部门，则在贸易保护取消时这些部门的工业仍然会蓬勃发展。然而在现实中，由于贸易保护和利益之间的强大关联，贸易壁垒很难消失，原因是市场上任何导致利润下降的变化都会导致受保护的部门要求政府给予更多的保护。其结果是贸易壁垒不断提高，而被保护的产业与国际水准比较很难成长为更强、更具有竞争力的部门。

进口替代发展战略还有其他问题。

第一，实施进口替代发展战略的国家不对资本产品设置高关税，因而进口的资本产品便被广泛应用于本地的生产中。地方经理采用的是相对资本密集的生产技术。这意味着新兴工业部门的就业率低于不采用资本密集型技术时的就业率。因此，发展这些新兴工业部门对就业率增长的贡献有限，而发展中国家有着丰富的劳动力资源。此外，这还会导致资源的配置不当和低效率。

第二，由于整个发展战略依赖于政府官员的选择，因此大量的资源被用来说服官员们相信各类项目的优点，或者被用来贿赂官员。不论哪种情况，用于此类活动的资源本来可以投入到生产性企业中，因而造成了除贸易保护通常引起的净损失之外的额外的经济损失。

2. 出口导向型发展战略

与进口替代发展战略不同的是，一些发展中国家采用了出口导向型发展战略。采用这一发展战略时政府政策锁定的部门属于具有潜在比较优势的部门。因此，如果一国拥有富裕的技术水平较低的劳动力资源，政府便会鼓励发展劳动密集型产业，以期促进这些产品的出口。出口导向型战略包括如下的政府政策：保持市场的相对开放，使国内价格与世界市场价格一致；保持低汇率，使本国出口产品的价格在国际市场上具有竞争力；尽可能减少政府对要素市场的干预，使工资和租金真实地反映要素的稀缺性。另外，成功的出口商常常享受额外的优惠，包括优先使用港口设备、通信网络、较低的贷款利率和税率等。

出口导向型战略包括两个阶段：初级产品出口导向期和制成品出口导向期。许多发展中国家都有幸拥有丰富的自然资源或广袤的土地，非常适合生产和出口自然资源和土地资源密集型产品。初级产品出口导向型发展战略要求政府有计划地挖掘本国自然资源的比较优势，生产几项最适合本国要素禀赋的产品，出口这些产品以换取他国生产的制成品。共有 22 个发展中国家一半以上的出口收入依赖单一初级产品的出口，其中有 14 个国家完全依赖石油，另有 3 个国家依靠咖啡。另外有 41 个发展中国家从单一初级产品出口中获得本国出口总收入的 20%~49%，其中有 10 个国家依靠石油，6 个国家依靠棉花，其他依靠黄金、蔗糖、木材、钻石、矾土和铝的国家分别为 3 个。

采用初级产品出口为导向的发展战略除了获得一般的静态贸易利益外，还可获得其他利益：第一，如果没有贸易，某些要素很可能利用不足或者被闲置。这意味着在封闭经济状况下，一国的生产点位于生产可能性边界以内，而开放对外贸易有利于鼓励密集使用现有生产要素。第二，这一发展战略诱发外资的进入。国外企业进入这些国家后帮助它们扩大出口部门。随着出口部门的发展，其他外国投资随之进入到一些相关部门，进而促进其他工业部门的发展。

无论上述哪种情况发生，外资的流入都会促使发展中国家的生产可能性边界曲线向外移动，并最终使增长产生连带效应。连带效应是指由于某一个产业扩张给其他产业或部门带来的收益。例如，一个大规模的采矿部门的发展会带动本地采矿装备产业的发展。这种效应被称为后续关联。第二种关联是出口部门的发展带动了基础设施的发展和供给，如公路、铁路、港口、电信、电力，等等。这些基础设施的发展有助于降低本国其他产业的经营成本，进一步促进经济的发展。

以初级产品出口为导向的发展战略依赖从贸易获得的静态和动态利益作为促进经济增长和发展的基本动力。有观点认为澳大利亚、加拿大和美国正是通过实施这样的战略获得了经济发展。近期某些依靠这一战略获得一定成功的国家包括哥伦比亚（咖啡）、墨西哥和尼日利亚（石油）以及马来西亚（橡胶）。

尽管有这些实例，但一些经济学家和许多政府官员仍一直对初级产品出口发展战略持批评态度。他们反对这项战略的观点如下：

（1）世界初级产品市场的增长速度不足以支持经济的发展。也就是说，发达国家是初级产品的最大买家。随着这些国家的发展，它们对初级产品的需求也在增长，但两者的增长速度却不一致。从长期看，初级产品在工业化国家的总进口中的比例呈下降趋势。

（2）基础产品出口国贸易条件长期恶化。保罗·普列维什（Paul Prebisch）和汉斯·辛格（Hans Singer）于20世纪50年代提出发展中国家先是由于初级产品价格的下降（同时也不稳定）而蒙受损失。不久，与制成品进口相关的初级产品出口价格也开始下降。价格下降是由于下列两个原因中的任何一个原因引起的：一是如果工业化国家对初级产品的需求不振，就会对初级产品价格的增长产生下行压力。二是如果发展中国家的政府采用扩大出口的政策，将导致世界市场上产品供给的增加，同样促使价格下降。随着贸易的继续，上述两种情况中的任何一种都只能使发展中国家从贸易中获利的份额减小。实证研究表明，20世纪50~80年代是初级产品价格下跌时期，而两次世界大战期间、朝鲜战争期间和20世纪70年代早期是初级产品价格上升时期。从1900~2000年，初级产品在2000年的价格是1900年价格的一半。因此初级产品的价格变化的确呈下降趋势。

从1980年开始，越来越多的发展中国家转向以制成品出口为导向的发展战略，这项战略注重向工业化国家出口低技术、劳动密集型产品。采用以制成品出口为导向的发展战略而取得成功的例子，包括第二次世界大战后重建时的日本、新兴工业化国家以及东亚地区。

实施以制成品出口为导向的发展战略并非易事，因为发达国家的政策增加了发展中国家采用这种战略的困难。发达国家事实上歧视发展中国家的出口制成品，表现在对从发展中国家进口的产品设置了更多非关税贸易壁垒，一些商品被征以制成品中最高的关税税率，如纺织品、衣服、鞋类，而发展中国家在生产这些产品上具有最广泛的比较优势。发达国家敦促发展中国家实践自由贸易和比较优势原则，而它们自己却没有实践。世界贸易组织将多哈回合多边贸易谈判命名为“发展回合”，该回合的一个重点是改善发展中国家向发达国家和其他发展中国家，如新兴工业化和高收入国家的出口准入问题。

尽管存在着对发展中国家出口产品的歧视问题，一些发展中国家还是打开了本国制成品出口的世界市场。原因之一是发展中国家已经成为标准化生产线的出口商，而这些领域的技术革新空间逐渐缩小，如纺织、轮胎和简单的电器。原因之二是发展中国家已经成为一些技术含量较高产品的装配地，如计算机。来自工业化国家的跨国公司向发展中国家提供先进的技术、零部件并负责制成品的营销和分销。原因之三是针对发展中国家制成品进口的贸易壁垒并非牢不可破。这些产品可以另辟蹊径进入工业化国家的市场，或者发展中国家可以开发其他不受壁垒限制的新产品。

第二节　改革开放前的经济发展战略

中国在改革开放前后分别采取了不同的发展战略。尽管表达方式不同，但中国政府所采用的发展战略与进口替代和出口导向发展战略具有本质上的相似性，而且这两种战略对中国经济的发展产生了截然不同的结果。

一、以重工业为导向的发展战略

中国社会主义革命的理想是使国家强大和人民富裕。1949 年中华人民共和国成立时，中国的工业基础十分薄弱。现代工业部门仅占国民经济的 10%，而农业和手工业占到了 90%。将近 90%的人口生活和工作在农村地区。新中国领导人面临的问题是采取什么样的发展战略以加快工业化进程。他们选择了以重工业为导向的发展战略，或称“跃进式”发展战略以促进全面的工业化和经济的发展。

选择这一战略是由于当时国内外的政治经济环境。中国领导人分析了工业化国家的经济结构，他们显然注意到这些国家的工业结构中重工业占很大比例，因此认为国民经济中重工业所占比例较大是一个国家发展水平与实力的象征。事实上，在新独立的国家中采用以重工业为导向战略的国家并不少见。第二次世界大战后，许多发展中国家希望跳过经济发展的中间阶段，直接跃进到更高层次的工业化阶段。多数国家选择重工业为导向的战略或进口替代战略作为加快经济发展的主要方式。中国国家领导人相信有必要采取跃进式发展战略以加快经济发展的步伐，使国家迅速转变为经济独立和发达的国家。

然而，中国选择以重工业为主导的模式还有另外一个重要的原因，那就是朝鲜战争。战争要求参战国有很强的军事实力。以美国为首的西方国家采取孤立中国的政策，对中国实行禁运。这样的国际政治、经济和军事形势迫使中国快速建立了一个比较全面和独立的工业结构。对国家领导人而言，发展重工业是自然而然的选择。

从本质上讲重工业属于资本密集型的规模化产业，这与 20 世纪 50 年代中国经济发展阶段所具有的要素禀赋和所能调动的资源直接冲突。重工业项目的初期投资数目庞大，建设周期与其他工程相比也长得多。而中国经济在 20 世纪 50 年代发展落后，国家无力向重工业配置充足的资金。1952 年中国的人均 GNP 仅为人民币 104 元，国有银行年终总资产价值只有人民币 118.8 亿元，总存款为 208.06 亿元。这样的低收入水平阻碍了资本的积累，使中国的资本成为最稀缺的生产要素。

另外一个严重的问题是重工业设备供给和外汇短缺之间的矛盾。重工业发展需要从工业化国家进口大量的技术和设备。作为一种封闭的、自给自足的经济，中国的出口很少也很有限，进口交易也很有限。另外，中国与其他西方工业化国家之间的关系从意识形态上讲是对立的，这就进一步限制了中国获取技术和设备的能力。

二、宏观经济政策支持重工业发展

显然，发展重工业战略与中国的生产要素禀赋及市场规律是相悖的。中国政府需要制定一套全面的宏观经济政策，以解决在经济和金融形势严峻的条件下如何完成出于政治上的考虑而作出的战略目标。这些政策包括以下措施：

1. 低利率

资金短缺在正常的金融市场上意味着高利率。中国政府为了确保重工业以较低的建设成本取得快速的发展就不得不维持较低的、稳定的利率以达到降低资本价格的目的。中国政府于20世纪50年代中期成功抑制住高通货膨胀后便开始将利率从每年144%降到一个非常低的水平。以对国有企业贷款的月利率为例，1950年7月31日调整到了2%，1951年4月为1.5%~1.6%，1953年1月为0.6%~0.9%，1954年为0.456%。这样的利率水平维持了很长时间。1960年6月利率重新调整到0.6%，但是在1971年8月又降低到0.42%。

2. 高估本币

20世纪50年代初期，中国的外汇和资本一样短缺，因而由市场决定的汇率应当处于高位。为解决外汇短缺问题，政府介入汇率的形成机制，人为高估本币确保以低成本进口所需要的设备。1950年3月~1951年5月，人民币对美元汇率调整了15次，从420元人民币/100美元升值到223元人民币/100美元。1955年3月1日~1971年12月，汇率保持在246.18元人民币/100美元。1978年美元贬值7.89%后，人民币对美元汇率升值到172元人民币/100美元。

3. 保持生产要素和生活必需品的低价格

由于农业等部门的低税政策和低回报率，因而发展重工业所需的高资本积累无法通过转移其他部门的盈余来实现。重工业发展的积累不得不在很大程度上依靠自身的能力。实现这一目标的一个重要方法就是降低劳动力工资和原材料等生产成本的投入。政府于20世纪50年代初制定了一个统一的工资体系，由中央政府统一制定工资率。由于工资、能源和其他原材料的价格低廉，因而重工业以很高的速度实现了资本积累。

低名义工资政策降低了城市居民购买日用品的能力。如果日用品价格由市场力量调节，低名义工资就不能维持物价，最终重工业的劳动力供给就会受到影响。解决这个问题的措施就是对农产品、日用品和服务性产品实行低价政策，这样工业部门的工人就能靠低名义工资生活。由于大型工厂集中在市区，这种低生活开支的优惠政策并没有在全国范围内实行，所以农村人口并没有享受到低价优惠。事实上，通过这一机制，农业这样的传统经济部门承担了很大一部分重工业高积累的成本。

当一种产品或生产要素的价格被人为地固定在均衡价格以下时，两种效应会同时产生：需求受到刺激，供给受到压制。需求量和供给量将偏离均衡水平，短缺就会产生。如果抑制价格是一种稳定的制度性安排，供求之间的缺口就会一直存在，形成短缺经济。在短缺经济中，政府有必要用计划资源分配体制取代市场功能，以确保有限的资源供给分配到政府所确定的优先产业中。中国政府在20世纪50年代初建立了一系列的计划资源分配制度。随着这些制度的功能的确立和改善，一个高度集中的计划资源分配体系形成了。

三、以重工业为导向的发展战略的成效

以重工业为导向的发展战略经过几十年的发展对中国的经济社会发展产生了重大影响，具体总结有如下几点：

1. 高增长率、低福利水平

从20世纪50年代早期到70年代末期，中国在经济结构方面经历了巨大变化，并在以农业经济为主导的基础上建立起一个相当完整的工业体系。在此期间，国内经济以重工业为龙头以年均15.3%的速度快速增长。工业占国民收入的比例从1949年的12.6%上升为1978年的45.8%。同一时期农业所占比例则从68.4%下降至35.4%。工业部门的资本积累很高，总额达人民币3599.2亿元。新增加的固定资本达到人民币2734.5亿元。

然而，高增长率和高资本积累并没有转变为人民福利水平的提高。由于国家在收入分配、投资和消费结构方面对重工业的倾斜，国内人均收入和人民生活水平长期得不到提高。按照官方汇率，1952年中国人均GNP为52美元，1975年为210美元。在20多年的时间里，中国即使在低收入发展中国家中也属于最贫穷的国家（低收入国家的人均GNP在20世纪70年代为265美元）。此外，由于工业结构倾向于资本密集型产业，消费品供给极度短缺。

2. 产业结构扭曲

实行以重工业为导向的战略使中国产业结构严重扭曲。制造业所占比例很高，而服务业比例却异常低下。表1-2显示1952~1978年农业部门比例稳步下降，同时服务业也在下降，这种变化有违经济发展的一般模式。在制造业中，以资源投入为主的粗放型加工所占的比例大大高于精加工。例如，钢材冶炼的生产能力快速增长，而轧钢生产能力的增长却十分缓慢。结果一方面大量的钢锭堆积如山，另一方面又不得不大量进口精炼钢材。事实上，中国不得不付出高昂的代价进行产业结构重组。中国的产业结构问题至今仍然存在，到目前为止服务业部门甚至没达到发展中国家50%的平均水平。

表1-2 工业结构的转变（1952~2010年）

年份	1952	1978	1984	1994	2005	2010
农业	57.7	32.8	32.0	20.2	12.1	10.1
工业	19.5	49.4	43.4	47.8	47.4	46.8
服务业	22.7	17.84	24.7	31.9	40.5	43.1

3. 城镇化水平低下

重工业属于资本密集型产业，因此在资本量确定的条件下，重工业所吸纳的就业人数大大低于其他部门。冯兰锐（1982）的研究表明，重工业部门每10亿元人民币的投资能提供5万个就业岗位，仅为轻工业创造岗位的1/3。同样数量的投资额，国有企业创造的就业岗位为10万个，是非国有企业创造的1/5。然而在1978年以前，重工业部门就业人数的增长为轻工业人数的4.1倍，国有企业在职人员为非国有企业的3.1倍。农业在GNP中所占比例从1952年的57.7%下降到1978年的32.8%，降幅为25%，然而同期农业部门的劳动力从83.5%下降至73.3%，降幅仅为10.2%。1980年中国的城镇化水平只有19.4%，

比 1952 年只提高了 6.9%。重工业和国有企业的高就业率阻碍了就业结构的转变，而这种转变应当与经济发展和城镇化进程同时实现。

4. 经济更加封闭和内向型

当资源投向资本密集型产品时，中国需要从国际市场进口的资本货物的比重下降；同时中国应当出口的劳动密集型产品也在下降。进出口双双下降表明经济变得越来越内向型。进出口价值占工农业总产出价值的比重从 1952~1954 年的 8.16%跌至 1976~1978 年的 5.89%，下降了 2.27%。

5. 企业生产效率低下

在中央计划经济体制下，政府决定生产要素的分配和生产成本。企业的职责就是执行生产计划，将产品上交政府。企业扩张与经济效率脱钩，或者工人的收入与贡献脱钩。这样的企业管理体制严重地抑制了工人的工作动力，导致企业层面的效率低下。由于效率低下，劳动力不能充分就业，因此生产只能在生产可能性边界线内进行。重工业发展战略下的经济成效表明，改革开放前造成中国高投入、低效率的经济增长模式的根本原因在于选择了不恰当的发展战略。

第三节　改革开放后的发展战略——以比较优势为基础的发展战略

如本章前文所述，跨越式发展战略忽略了中国的要素禀赋，导致了严重的经济问题，如城市和农村地区贫困的加剧、持续的高通胀以及产业结构的严重不平衡——这些破坏了中国经济的稳定和持续发展的机遇。当中国经济改革开始后便放弃了以重工业为导向的发展战略而选择了另一条经济发展道路。

一、比较优势发展战略的理论解释

古典国际贸易理论利用劳动生产率的相对优势来定义比较优势。大卫·李嘉图在亚当·斯密的绝对利益说的基础上提出了国际贸易的比较优势理论。赫克歇尔和俄林进一步解释说明比较优势说中各国生产率的差异源自各国生产要素的稀缺程度，而生产要素稀缺程度源于各国资源禀赋和发展阶段的不同。

比较优势原则不仅适用于国际贸易，也是一国经济发展的一项基本原则。即使在一个封闭的经济体中，也仍然存在着如何在国内生产中选择适当技术的问题。在生产一种产品时，总是存在着资本和劳动的替代问题。以粮食生产为例。生产过程中的每个阶段，从播种、生长到收割既可以由人力完成，也可以通过大规模机械作业完成。当每个国家可获得的技术是一样的时候，是选择劳动密集型的技术还是资本密集型的技术取决于劳动力和资本的相对价格。一方面，在劳动力相对匮乏而资本相对充裕的国家，劳动的相对价格较高而资本的相对价格较低。因此，根据成本最小化的原则，生产者会使用资本密集型的技术。由于每个劳动所占用的资本较高，因此劳动生产率就较高。另一方面，在劳动力比较充足的国家，成本最低的生产技术是劳动密集型技术。这就是所谓的诱导性技术创新。

在生产的三个基本要素土地、劳动力和资本中，土地要素禀赋大致是固定不变的，无论该经济体是发展中国家还是发达国家。土地资源有丰裕或稀缺的差异，但总体而言，增加某个经济体的土地禀赋的可能性非常小。因此，土地资源在一个经济体中属于既定条件。

一个经济体劳动力的供给随着该经济体人口的增加而增加。但是劳动力的增加取决于自然出生率，并且每年最多可以增长两个或三个百分点。一个经济体的资本增长情况却不同。一般来说，在一个经济体的早期发展阶段，资本的增长速度非常缓慢。根据一国的储蓄倾向和资金盈余，资本增长率可以达到20%~30%，甚至更高。由于经济发展起始点的不同，发展中国家的资本比发达国家稀缺得多。

要素禀赋的结构和生产要素的相对充裕取决于一个经济体的自然禀赋和所处的经济发展阶段。在较早的发展阶段，资本通常是最稀缺的要素。这样的经济体在土地和劳动密集型产品——农产品和矿产品上具有比较优势。随着资本的积累和劳动力的增加达到一定水平，土地的相对稀缺性就会增加，劳动密集型的制造业成为该经济的比较优势。随着资本的进一步积累，劳动力成本逐渐上升，资本成为相对丰裕的生产要素，资本和技术密集型产业成为该经济体的比较优势。

每个经济体不论处于什么经济发展阶段都有自己的比较优势。在经济发展的梯次中，一些经济体是先行者而另外一些是后继者。比较优势具有连续性。一个经济体的比较优势会随着要素禀赋结构的变化而呈现动态变化，其比较优势的改变一般通过产业结构和贸易结构的变化体现出来。表1–3利用贸易结构的变化说明了1899~1986年4个东亚经济体的“显性”[①] 比较优势的变化。

表1–3　东亚国家在农产品、纺织和服装产品方面的比较优势（1899~1986年）

经济体	年份	农产品	纺织与服装
日本	1899	>1.0	1.5
	1913	0.7	2.6
	1929	0.7	2.9
	1937	0.5	4.1
	1954~1956	0.4	5.5
	1964~1966	0.3	2.7
	1971~1973	0.2	1.7
	1976~1978	0.2	1.0
	1982~1984	0.1	0.7
	1985~1986	0.1	0.5

① 显性比较优势的计算方法是一国某商品出口在一国出口总额中的权重/世界该商品的出口在世界出口总额中的权重。在国际贸易标准分类中，农产品包括项目0，1，2（除了27，28）和4。纺织品和衣服包括项目65和84。

续表

经济体	年份	农产品	纺织与服装
中国香港	1954~1956	n.a.	5.4
	1964~1966	n.a.	7.0
	1971~1973	n.a.	7.6
	1976~1978	n.a.	9.2
	1982~1984	n.a.	7.2
	1985~1986	n.a.	6.9
韩国	1954~1956	2.7	n.a.
	1964~1966	1.6	4.3
	1971~1973	0.7	6.3
	1976~1978	0.6	6.6
	1982~1984	0.5	4.8
	1985~1986	0.3	4.1
中国台湾	1954~1956	2.6	n.a.
	1964~1966	2.1	2.2
	1971~1973	0.8	4.8
	1976~1978	0.7	5.0
	1982~1984	0.6	4.1
	1985~1986	0.5	3.4

数据来源：Kym Anderson. 中国经济比较优势的变化［M］. 北京：经济科学出版社，1992：26.

表 1–3 中所列的 4 个经济体以自己的资源比较优势为发展的出发点使自己具有了竞争力，并且取得了较快的增长速度和资本积累，呈现外向型经济的特征。这些经济体经历了禀赋结构的快速转变并且获得了产业结构的不断升级。它们出人意料地实现了追赶发达国家的目标，而采用跨越式战略的国家却遭到失败。

一个经济体比较优势的动态变化取决于该经济体资源禀赋结构的动态变化，而禀赋结构的变化又取决于经济行为主体在选择技术和产业时如何利用现有的比较优势。当一个经济体采取跨越式发展战略时，该经济体的比较优势被扭曲的宏观政策导致的扭曲的要素和产品价格所掩盖。如果现有的比较优势没有得到利用，整个经济将不具有竞争力，这样该经济体禀赋结构和比较优势的动态变化将会放缓。

一个经济体的禀赋结构将随着经济的发展变化而不断变化。因此，一个经济体的比较优势也会发生变化。为了保持竞争力，企业必须考虑比较优势的动态变化，同时以不断创新来应对这一变化。政府在比较优势的动态变化过程中可以扮演如下两个角色。

第一，企业需要获取由于国家比较优势的变化而产生的新技术和新产业的信息，而信息收集和处理属于规模经济。信息还具有公共产品的属性。一旦获取了信息，将它提供给其他企业的边际成本几乎为零。因此，政府在使企业获取信息方面可以起到一定的作用，如制定指示性的工业政策。

第二，和其他类型的创新一样，技术和产业创新也存在外部效应。新兴产业或技术革新者有时不能得到创新带来的所有收益，而且有时创新所得的收益不能抵补付出的成本。

因此政府可以提供有限的信贷、税收或其他形式的补贴以补偿创新产生的外部效应。但是，政府也不能介入太多。如果政府无视本国的要素禀赋结构，而试图用行政手段去诱使产业或技术结构大跃进，那么它就必须在信贷、外汇以及其他要素和产品市场上建立一整套扭曲的政策，并反过来利用行政干预来直接配置这些资源。如此经济将会变得非常低效，最终生产和技术结构整体升级的努力将会招致失败。

二、比较优势发展战略的实际成功

比较优势战略和跨越式发展战略的核心差异是宏观政策环境的不同。充分利用比较优势的前提是建立一个价格体系，它能通过市场竞争反映供求关系以及产品和生产要素的相对充裕程度。因此，在采取比较优势战略的国家的宏观政策环境中，产品和要素的价格由市场决定，技术和制度创新由市场决定的价格信号引导。值得一提的是，在一些国家和地区，决策者们对比较优势战略对经济发展影响的认识有一个渐进的过程。因此，相应的宏观政策环境以及其他相应的经济体制都不是一蹴而就的。但是，决策者们越清楚地了解改变发展策略的重要性和必要性，经济改革或调整就进行得越早。具体说，经济改革的核心是通过开放国内产品和生产要素市场、开放一系列的价格形成机制和贸易自由化来实现经济发展战略的转变。

亚洲“四小龙”是通过发挥资源的比较优势取得经济快速稳定增长的一些经济体的代表。同其他许多发展中经济体一样，这 4 个经济体都是从第二次世界大战后的低水平踏上经济发展之路的。在 20 世纪 50 年代初，它们的工业化水平很低，资本和外汇极为稀缺，人均收入约为 100 美元。同其他发展中国家一样，它们也面临着选择适合自己经济发展道路的问题。除了中国香港，它们一开始都采取了进口替代战略，但不久就放弃了发展重工业战略而采取了二次进口替代战略。它们基于自己的资源结构，大力发展劳动密集型产业，促进出口，扩大外向型经济，通过发挥市场功能实现充分利用比较优势的目的。市场决定的相对价格充分反映了要素的稀缺程度或要素禀赋条件。在相对价格的引导下，它们开发那些可以利用自己比较优势的行业。这些经济体取得了快速的经济增长，成为经济发展的新星。亚洲“四小龙”的成功为中国树立了榜样；反过来，中国的成功再一次证明了依靠比较优势战略发展经济的正确性。

探索世界经济发展中的比较优势，其逻辑和可能性在于不同国家的工业结构的改善和产业转移。20 世纪 60、70 年代在发达国家，如欧洲国家、美国和日本，劳动密集型产业正逐步被技术密集型和资本密集型产业取代，因为这些国家资本充裕，工资在不断增长。而当时的中国香港、中国台湾、韩国和新加坡的廉价劳动力供给丰富。因此，当发达国家的比较优势更多地转向资本和技术密集型产业时，这些经济体就可以充分利用这一动态发展机遇。由于贸易的相互关联，也由于这些国家的经济开放，发达国家的劳动密集型产业被转移到了这些亚洲国家和地区，这些国家因此能够维持 20~30 年的快速增长。随着资本和技术的积累，它们的产业结构逐渐向资本密集型和技术密集型产业转移并首先成为新兴工业化经济体，并逐渐达到或接近发达经济体的水平。如此不平凡的成就令世人瞩目。

利用一个经济体的比较优势是一个选择该经济体国内产业结构的过程。因为不同的商品需要不同的生产要素投入组合，每个国家应根据自身的资源禀赋去选择最有利的产业结构。例如，与服装生产相比，汽车生产要求更高的资本密集度。显然，在资本相对丰裕的国家中以服装衡量的汽车的相对价格低于劳动力相对丰裕的国家的价格。因此，在一个国家发展的早期阶段，国家应该发展服装业而不是汽车业。

自 1978 年中国实行改革和开放政策以来，中国乡镇企业的发展速度高于任何其他部门。它们的年均增长速度也一直大大高于国有企业，而且对国民经济的贡献越来越显著。乡镇企业的崛起主要得益于它们根据市场所反映的资源的相对稀缺以及供求的变化信号来配置资源的能力，而不是依靠政府的保护。由于无法获得低息贷款和价格补贴，乡镇企业必须以市场价格购买原材料和销售产品，通过市场竞争求发展。事实上，正是市场信号反映了资源的相对稀缺和“优胜劣汰”，这使得乡镇企业在选择行业和技术时更加充分地利用相对丰富和廉价的劳动力的比较优势。例如，在 1996 年乡镇企业发展的巅峰时期，乡镇企业的就业人数比国有企业多 2300 万以上，但乡镇企业的固定资产净值只有国有企业的 1/4。这个对比表明，乡镇企业更好地发挥了我国相对丰富和廉价的劳动力资源的比较优势，所以，乡镇企业能够建立自己的实力并成为中国经济的重要组成部分。

乡镇企业首先在人口密集的江苏、浙江、山东、福建和广东这些沿海省份发展起来，因此这些省份的乡镇企业也发展得最好。大量闲置的劳动力曾经是这些省份最严重的问题。后来大量的工厂和公司成立了，并且生产的是劳动力密集型产品。目前，这些省份开始从中国的其他地区吸引劳动力以满足日益增长的对劳动力的需求。各省对比较优势的利用也拉动了地方经济的发展，产生了更多的利润和外汇，从而刺激了资本的积累，而这又加快了禀赋结构和产业结构的升级。这些省份开始发展资本相对密集的产业，随后是技术密集型产业。劳动密集型产业正在大量转移到中国中部和西部的省份以利用当地廉价的劳动力。这些省份的出口结构显示了它们在国际市场上竞争力的变化：原来纺织品出口换来的是电子产品而后来换来的是高科技产品。现在作为资本和技术密集型产业的汽车行业正在迅速发展。汽车出口的大幅增长即将到来。

中国沿海地区的经济发展之所以能取得成功是因为它们将依靠比较优势作为加速经济发展的一个途径。它们的成功有力地证明了比较优势确实可以加速像中国这样的经济体的经济发展。

扩展学习

一、问题与思考

1. 比较进口替代和出口导向型发展战略与重工业为导向的发展战略和比较优势发展战略，讨论它们的相同点和不同点。

2. 新中国成立时中国的要素禀赋情况是怎样的？现在的要素禀赋结构改变了吗？

3. 为什么大跃进的发展战略失败了？

4. 为什么比较优势理论可以运用于一国经济发展中？

二、案例研究

一个运用比较优势战略的例子——中国台湾经济的发展

中国台湾的经济发展说明了一个经济体如何依靠自身资源的比较优势来实现经济发展的目标，以及一个经济体如何调整自己的经济结构以适应内部比较优势的动态变化。

20 世纪 50 年代初，中国台湾的资金稀缺，人均国民生产总值仅为 144 美元。基于这个出发点，中国台湾没有采取以重工业为导向的发展战略和全面的进口替代战略。相反，为了符合自己资本稀缺和劳动力丰富的资源禀赋特点，中国台湾依靠发展劳动密集型产品和技术含量低的产业来推进整个经济的工业化。例如，1953~1960 年，工业总产值的年均增长率为 11%，增长速度最快的产业是农产品加工、食品、纺织、胶合板、水泥、玻璃等，由于劳动密集型产业的发展，这一时期工业在经济结构中所占的比重由 17.7%上升至 24.9%，工业产品在总出口中的比例也从 8.4%上升至 32.2%。这样的发展为后来的经济起飞奠定了坚实的基础。

一开始选择劳动密集型的轻工业作为关键部门并没有妨碍中国台湾经济的增长。相反，因为它的产业结构反映了资源禀赋的比较优势，中国台湾经济在世界经济中相当具有竞争力。在这个过程中资本、人力和物资都得到了积累。那时，日本和其他发达资本主义国家随着本国资本和技术的积累升级，其经济结构包含了更多资本和技术密集型产业，而且开始逐步向发展中经济体转移劳动力密集型制造业。中国台湾的禀赋结构决定了它能够充分利用这一机会。它升级了劳动密集型和以出口为导向的加工工业，扩大了劳动密集型产品的出口，并进一步加快了经济增长。通过发展利用具有比较优势的产业，中国台湾加快了工业化和经济结构升级的步伐。1961~1973 年，中国台湾国民生产总值的年均增长率超过了 10%，工业产品的年均增长率超过了 18%。工业在经济中的比重上升至 43.8%，工业产品在总出口中的比重达到 84.6%。

随着经济的发展和人均国民生产总值的增加，中国台湾的劳动力成本逐渐上升，而且其资本积累水平也大大上升。中国台湾的比较优势开始从更多的劳动密集型产业向更多的资本密集型和技术密集型产业转变。为了符合比较优势的变化，中国台湾的产业结构也作了相应的调整。附表 1–1，以 1986 年为基期，显示出中国台湾各工业部门增长率的上升和下降。从表中我们可以看到，在整个发展进程中中国台湾的产业结构都对比较优势的变化作出了相应的调整。

附表 1–1　中国台湾制造业增长指标（1986=100）

年份	食品	纺织品	服装	纸制品与印刷品	塑料制品	非金属制品	金属制品	电子与电气产品	运输机械
1981	80.13	82.83	77.70	71.55	54.83	76.37	67.81	47.52	75.23
1982	80.91	79.02	78.93	71.49	56.79	78.89	65.16	47.38	71.09
1983	87.13	84.17	76.68	74.03	65.08	86.07	75.25	62.06	79.78
1984	91.60	92.70	86.88	80.46	78.37	90.38	84.02	81.56	87.41
1985	99.79	92.24	93.24	85.59	82.45	94.80	88.61	78.13	83.17
1986	100	100	100	100	100	100	100	100	100
1987	104.57	104.73	102.66	106.29	113.18	105.99	111.50	123.68	122.82
1988	105.77	94.03	85.61	110.02	118.92	110.08	120.01	136.27	125.17
1989	103.54	97.55	83.57	120.79	116.35	115.77	126.64	142.60	148.23
1990	108.57	92.05	75.75	126.37	107.03	117.87	122.41	141.15	152.48

数字来源：池田哲夫，胡欣. 台湾结构重组与发展前景. 北京：中国经济出版社，1993：68.

相对于采用大跃进战略的经济体，中国台湾实现了经济的较快增长。不管成功的衡量标准是经济发展水平还是人均国民生产总值，中国台湾都已实现了赶超发达国家的目标。同时，中国台湾经济结构中的主导产业已经从依靠廉价劳动力的轻工业变为资本密集型和技术密集型的新兴工业。例如，根据轻工业和重工业的分类，1952 年中国台湾轻工业占总制成品的 75.2%，但 1990 年下降至 44.25%。相应地，重工业的比重从 24.8%上升至 55.75%。根据要素密集度分类，中国台湾 1981~1990 年劳动密集型产业的比例从 50%下降至 43.8%。1996 年这个比例进一步降低至 37.9%，而资本和技术密集型产业的比例从 50%上升至 56.2%，之后又上升至 62.1%。

可以得出结论，正是因为在发展经济的过程中，中国台湾的经济依赖于自身的比较优势，其禀赋结构才可以迅速变化，而提升产业结构和提高生活水平才得以成功。

讨论题：

（1）根据附表 1–1 分析 20 世纪 80 年代中国台湾制造业部门比较优势的变化。

（2）您认为如果中国台湾和“四小龙”的其他成员保留自给自足的经济制度，他们能够取得现在的经济成就吗？

三、专家观点

中国经济未来 20 年发展展望

展望未来，中国依靠后发优势仍然可以保持 20 年以上的强劲增长，原因如下：

（1）2008 年中国的人均收入按照购买力平价计算只相当于美国的 21%。中美之间的收入差距表明中国与工业化国家之间仍然存在着巨大的技术差距，因而中国在弥补这一差距的过程中仍然可以利用后发优势。

（2）根据英国经济学家麦迪森的预测方法，相对于美国，中国目前的状况与 1951 年的日本、1977 年的韩国和 1975 年的中国台湾类似：日本在 1951~1971 年的年均经济增长率是 9.2%；韩国在 1977~1997 年的年均经济增长率是 7.6%；中国台湾在 1975~1995 年的年均经济增长率是 8.3%。中国自 1978 年经济改革开始后所采取的经济发展战略与日本、韩国和中国台湾类似，因而中国具有持续 20 年保持 8%增长率的潜力。20 年后以购买力平价衡量的中国人均收入可以达到美国人均收入的 50%（按购买力平价计算，日本 1971 年的人均收入达到美国人均收入的 65.6%、韩国 1997 年人均收入达到美国人均收入的 50.2%，中国台湾 1995 年人均收入达到美国人均收入的 54.2%）。中国的经济总量以购买力平价计算将是美国的两倍；而按照市场汇率计算，中国可能达到美国的经济规模。

目前中国正在逐渐成为自主技术的开发者。作为一个中等收入国家，中国在许多领域具有比较优势。一些高收入国家已经或正在从一些产业退出，如家用电子产品、高速列车等。中国若要保持在这些领域的领导地位，就需要在取得领先地位后进行产品技术开发与创新，如此中国才能成为这些产业的全球技术领导者。当然还有一些新的技术领域如绿色技术对中国的持续增长具有重要意义，而巨大的国内市场使中国具有成为该领域领导者的潜力。

资料来源：林毅夫，前世界银行副行长，首席经济学家，摘录自 2011 年 3 月 23 日香港科技大学讲话。

四、在线学习

通过中国商务部的网站（www.mofcom.gov.cn）查看中国前十大出口商品的变化情况以了解中国出口结构的变化。从上述变化中分析中国的国际竞争力是否提高了？

第二章　计划经济及其转型

【本章内容】

本章首先对比了计划经济和市场经济的主要特征，之后介绍和分析了转型国家及其从计划经济向市场经济的转型方式。本章选择俄罗斯作为转型国家的代表并介绍了它的转型方式与效果。本章最后讲解了中国经济改革道路与取得的巨大成功。

【本章要点】

- 市场经济与计划经济的不同点。
- 计划经济的优劣势。
- 俄罗斯经济转型战略、过程与结果。
- 中国的经济改革、过程与成就。

计划经济曾经是众多社会主义国家采取的经济体制。从1978年开始，中国率先开始了经济转型，即从计划经济向社会主义市场经济转型。然而从20世纪80年代末期和90年代初期更大规模的经济转型发生在俄罗斯及苏联的盟国。那么这些国家及中国为什么要进行经济转型，转型所采取的路径有何不同，产生的后果又是什么，这是本章重点阐述的内容。

第一节　计划经济和市场经济的内涵

在世界各国以往的经济体制中，各国或者采取计划经济体制，或者采取市场经济体制，但目前更多的是采取以市场经济为主的混合经济体制。纯粹的计划经济体制自20世纪90年代以后退出主流。为了更好地理解这一现象，有必要了解计划经济和市场经济的内涵。

一、计划经济

计划经济是一种由中央政府控制产业，在货物和服务的生产和分配中，由政府作主要决策的经济体制。它常被叫做指令经济、中央计划经济或指令和控制经济。

计划经济体中可以包含国有企业、由国家指导的私营企业或两者的结合。虽然“计划经济”和“指令经济”常被用做同义词，但是二者仍有区别，其区别如下：在指令经济中，生产资料是公共所有的。而在计划经济中，生产资料不一定是公共所有。因而计划经济是生产、分配、价格等都由政府控制和规范的经济体制，而指令经济虽然也包含上述管制特征，但其产业含有大量的公有制成分。在中央计划经济或是指令经济中，大多数经济活动都由中央政府规划，形成从上到下的管理机构。在这个管理链条中，有关投资、生产产量的决策都由最高层或接近最高层的计划者来决定。因此，指令经济属于计划经济，但计划经济则不一定是指令经济。

从20世纪八九十年代开始，许多以计划经济为主导的政府开始放松对经济的控制(如苏联的计划经济体制的崩溃)，通过允许私营部门自行决定价格、生产和分配等，逐步向市场经济转型。虽然如今大多数经济体为市场经济或混合经济（仍部分采用计划经济)，但计划经济在极少数国家依然存在，如古巴、利比亚、朝鲜、沙特阿拉伯、白俄罗斯和缅甸。

二、市场经济

市场经济是指货物和服务的价格由自由价格机制决定。市场经济体制依靠价格机制配置资源，预测趋势，提供激励。如果一种商品价格上升，则意味着该商品的稀缺性提高，同时消费者会减少对这种商品的购买，而生产者会增加其生产。同样一种要素价格上涨就等于告知厂商这种要素变得更为稀缺，因而促使它们减少对该要素的使用，增加其他相对便宜要素的使用。上述现象通常与国有或计划经济的情况相悖。市场经济包含纯粹假想的自由放任的经济到现实世界的混合经济，这种混合经济的价格体制既有受国家一定程度控制的，也有受国家严格控制的。在混合经济体制中，国家主导的经济计划并不像在计划经济体制中运用得那么广泛。

在现实世界中，纯粹的市场经济并不存在，因为社会团体和政府会在不同程度上调节市场经济，而不是让经济完全依靠市场力量进行自我调节。自由市场经济常常被认为是“市场经济”的同义词，但是，正如路德维希·艾哈德曾指出的那样，这并不排除某种经济体制具有一些有悖于自由放任体制的社会特征。

市场经济这一术语本身在某种程度上具有误导性。例如，美国由于实行大量的市场调节、农业补贴、大量政府资助的研发、医疗保险/医疗补助等政府行为，因而被视为一个混合经济体，但这种混合经济体根植于市场经济。政府在引导市场经济和处理市场产生的不平等问题时应起多大的作用，对此存在不同的看法，如在中央银行和社会福利这样的问题上缺乏普遍共识。

三、计划经济的优势与劣势

任何一种经济体制都有两面性，计划经济的优势和劣势如下：

1. 计划经济的优势

（1）稳定性。稳定性是计划经济最重要的一个优势（20 世纪早期的社会主义经济学家非常看重这个优势），它指计划经济不易受到市场经济和市场导向的混合型经济衰退的影响。从理论上讲计划经济不受经济周期的影响；不会产生导致“大萧条”爆发的生产过剩现象。计划经济实行更为严格的失业控制。在投资方面，计划经济倾向于投资长期的稳定的基础设施项目。

（2）集体利益。计划经济重视国家和全体公民的福利。由于经济的计划性，国家可以提高全民族的福利，而非使财富集中于少部分人手中。计划经济还可以均衡地分配工资、奖金、原材料和服务，而非只关注有选择的个人的财富与机会。

（3）资源在特殊情况下的有效和快捷的配置。由于生产计划由政府部门提供，因此在做计划时可以充分考虑可使用的资源，并将其投入到最急需的部门，特别是在非正常情况下，如战后重建、经济危机时期，以及私人投资不愿进入的项目。计划经济可以保证生产的安排充分考虑了当前国家的需求。

2. 计划经济的劣势

（1）缺乏激励机制的僵化体制。在计划经济体制下，政府决定从生产到分配，生产者只是被动接受产品和服务的生产指令，因而缺少竞争和利益动力。由于信息的不完整和事后调节，整个经济并不能真正反映市场的供求，这导致资源配置的不效益。此外，由于缺乏激励机制，因而大家缺少创新的动力，导致产品和服务的质量低下。

（2）资源配置无效率。中央计划经济依靠政府计划来决定生产什么、生产多少以及生产要素的价格。为了按照计划配置稀缺资源并且监督计划的实施，政府建立了一套垂直的管理体系和一套水平的地方行政体系。这两个体系功能重叠。结果，以投入产出关系为基础的不同部门和地区之间有秩序的联系被破坏了，取而代之的是争夺投资和资源的关系。

事实上，计划的制订者们并不能获得制订计划所需的全部信息，因而计划变成了一种事后的调整。同时，当经济结构和政策目标存在差异时，计划制订者便使用扭曲的价格、各种直接和间接的补贴（软预算约束）、数量调节方法来安排和调整国家的经济。结果，所有部门的生产均属于以下两种情况之一。

如图 2–1 所示，在第一种情况下，企业以低于均衡水平的计算价格进行生产，由于生产价格低于均衡水平，结果造成 Q_1~Q_2 的短缺。

例如，前苏联虽然早在 20 世纪 40 年代就有自己的汽车产业，但是其国内人民不可能随时走进商店购买汽车，因为整个汽车产业的产量早在多年前就已经确定好了。以现在的观点看，这种短缺是供给与需求之间的错配，表明计划者们错误估计了产品需求以及均衡价格。这种不均衡在自由市场经济条件下在几年时间内便会自动更正，而在计划经济体制下则持续了几十年，而中央计划者们却视而不见。

经济学家路德维格·冯·米赛斯首先注意到这个困境，他将其称为“经济估算问题”，而经济学家亚诺什·科尔奈将其发展成为“短缺经济理论”（提倡者们认为短缺不是由于缺少供给）。

在另一种情况下（见图 2–2），企业以高于均衡水平的计算价格进行生产。由于该生产部门以高于均衡价格生产，结果形成了 Q_1~Q_2 的盈余。该部门的供给曲线 SS′实际上是该部门的边际成本曲线。因此较高的价格事实上使该部门以较高的边际成本生产盈余。

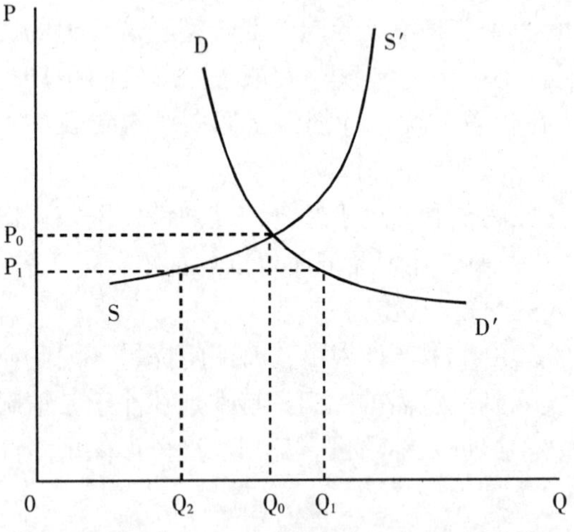

图 2–1　价格扭曲造成供给短缺

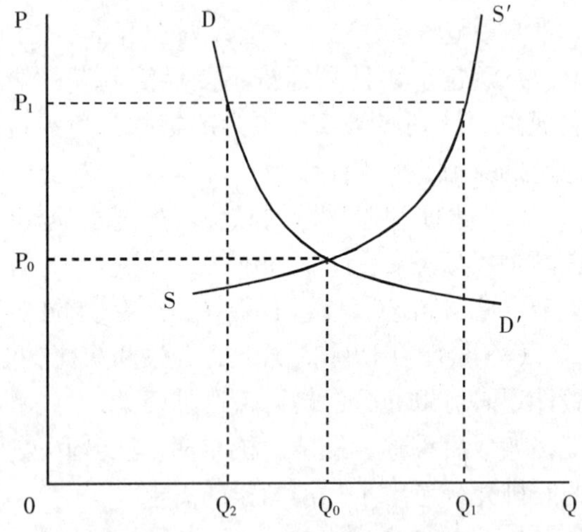

图 2–2　价格扭曲造成供给盈余

生产剩余是对劳动力与资源的浪费，因为它们可以用于其他更迫切的社会需求。对中央计划经济持批评态度的人认为市场经济可以防止长期的生产剩余，因为当供给超过需求时供给与需求的相互作用会使价格下降，这预示着生产者将停止生产或面临亏损。这个预期将释放资源以满足其他商品的短期短缺，而当价格上升时则预示着需求开始超过供给。

市场这个“看不见的手”能防止长期的短缺或过剩，能最大限度地满足消费者需求。批评者认为由于计划经济的价格无法自由浮动，因而缺少准确确定什么产品的产量正大幅过剩，什么产品的产量生产不足的机制。他们认为市场经济是最有效的方式，市场经济使每个个体生产者在利益的驱使下决定各自的生产。反对计划经济的观点认为唯一决定确切的社会需求的方式是允许私有企业使用资源来满足消费者的需求，而不是政府剥夺他们的资源，不顾市场的需求自行决定投资。

第二节　中央计划经济的痛苦转型

由于长期实行计划经济，计划经济体制的弊端逐渐显现，中东欧国家的经济面临越来越多的困难，改革势在必行。

一、转型国家及其经济成效

转型经济国家是指从中央计划经济向自由市场经济转变的国家。国际上泛指中东欧国家和俄罗斯。但就“经济转型”的含义来说，转型经济国家还应包括中国等其他地区的转型国家。在本文中，转型国家指中东欧国家和俄罗斯。

1989~1991 年，东欧和前苏联的经济和政治改革渐成规模。采用计划经济体制的政府接连倒台，新上任的政府声称承担起由计划经济向市场经济艰苦转型的重任。在这个过程中，每个国家所面临的问题和挑战既有个性又有共性。

虽然分析家们一致认为苏联、中欧和东欧的经济在市场经济体制中的表现将大大超过计划经济体制时期，然而经济形势却在好转之前不断恶化。随着市场的开放，需求转向了质量更好的西方制造的产品。大量国有工厂失去了它们唯一的市场。经济互助委员会随着成员国的贸易转向西方也不得不解散。一些曾经依赖工业制品出口的国家，如匈牙利和捷克斯洛伐克目睹了在国际市场上本国产品遭遇同类高质量产品时价格的崩溃。一些经济体试图向西方出口，但他们落后的技术再加上发达国家的贸易壁垒使出口在短期内受到限制。

一些转型期国家较早地开始了大规模的改革，标志着向以市场为中心的巨大转变。对于这些国家，包括阿尔巴尼亚、波罗的海共和国、捷克共和国、蒙古、波兰、斯洛伐克共和国和斯洛文尼亚，转型的短期冲击已经结束，虽然经济增长速度还不稳定但增速不断上升。其他国家由于改革较晚，或是过于谨慎，或是存在特殊的困难，如大量的腐败、武装冲突等其经济到 2000 年仍然处于转型期的低迷阶段。表 2-1 显示除匈牙利、波兰、斯洛伐克共和国和斯洛文尼亚以外，大多数转型国家在 20 世纪 90 年代都是负增长。乌克兰遭遇了最严重的经济下滑。

表 2-1　转型经济体实际 GDP 的增长（1990~2000 年）

单位：%

国家 \ 年份	1990	1991	1992	1993	1994	1995	1996	1997	1998	1999	2000	1990~2000
保加利亚	-9.1	-11.7	-7.3	-1.5	1.8	2.9	-10.1	-7.0	3.5	2.4	5.0	-23.01

续表

国家 \ 年份	1990	1991	1992	1993	1994	1995	1996	1997	1998	1999	2000	1990~2000
克罗地亚	−7.1	−21.1	−11.7	−8.0	5.9	6.8	5.9	6.8	2.5	0.4	3.5	−13.45
捷克共和国	−1.2	−11.5	−3.3	0.1	2.2	5.9	4.8	−1.0	−2.2	−0.2	3.1	−1.68
爱沙尼亚	−8.1	−13.6	−14.2	−8.5	−2.0	4.3	3.9	10.6	4.7	−1.1	6.4	−12.70
匈牙利	−3.5	−11.9	−3.1	−0.6	2.9	1.5	1.3	4.6	4.9	4.5	5.3	8.09
拉脱维亚	−3.5	−10.4	−34.9	−15.0	0.8	−1.0	3.3	8.6	3.9	0.1	n.a.	−38.71
立陶宛	−6.9	−5.7	−21.3	−16.2	−9.8	3.3	4.7	7.3	5.1	−4.2	2.9	−31.58
波兰	−11.6	−7.0	2.6	3.8	5.2	7.0	6.0	6.8	4.8	4.1	4.1	43.61
罗马尼亚	−5.6	−12.9	−8.8	1.5	3.9	7.1	3.9	−6.9	−5.4	−3.2	1.6	−18.24
斯洛伐克	−2.5	−14.6	−6.5	−3.7	4.9	6.7	6.2	6.2	4.4	1.9	2.2	5.03
斯洛文尼亚	−4.7	−8.9	−5.5	2.8	5.3	4.1	3.5	4.6	3.8	4.9	4.7	19.85
乌克兰	13.0	−8.7	−9.9	−14.2	−22.9	−12.2	−10.0	−3.2	−1.7	−0.4	6.0	−59.99

数据来源：欧洲发展银行。

转型国家整体上在 1997 年取得了 7 年来的第一次经济增长。每个国家在持续的改革开始后总产量平均经历了连续三年的下降。大多数国家的工业在总产出中的比例都在下降，而各国的服务业和农业的比例则有升有降。在转型开始的第一个 10 年的后半期，各国的经济和政策表现产生了巨大的差别。一些国家开拓了令人瞩目的改革之路并且有望加入欧盟，而另外一些国家还没有踏上改革和复兴之路。

表 2-2　转型国家人均 GNP（1990~2000 年）

单位：美元

国家 \ 年份	1990	1991	1992	1993	1994	1995	1996	1997	1998	1999	2000
阿尔巴尼亚	n.a.	n.a.	n.a.	340	380	670	820	750	810	870	n.a.
保加利亚	2250	1840	1330	1140	1250	1330	1190	1140	1230	1380	1510
捷克斯洛伐克	3140	2470	n.a.	n.a.	n.a.	n.a.	n.a.	n.a.	n.a.	n.a.	n.a.
捷克共和国	n.a.	n.a.	2450	2710	3200	3870	4740	5200	5040	5060	4920
斯洛伐克共和国	n.a.	n.a.	1930	1950	2250	2950	3410	3700	3700	3590	3700
匈牙利	2780	2720	2970	3350	3840	4120	4340	4430	4510	4650	4740
波兰	1690	1790	1910	2260	2410	2790	3230	3590	3900	3960	4200
罗马尼亚	1640	1390	1130	1140	1270	1480	1600	1420	1390	1520	1670
南斯拉夫	3060	n.a.	n.a.	n.a.	n.a.	n.a.	n.a.	n.a.	n.a.	n.a.	n.a.
克罗地亚	n.a.	n.a.	n.a.	n.a.	2560	3250	3800	4610	4520	4580	4510
马其顿	n.a.	n.a.	n.a.	n.a.	820	860	990	1090	1290	1690	1710
斯洛文尼亚	n.a.	n.a.	n.a.	n.a.	7040	8200	9240	9680	9760	9890	10070
苏联	n.a.	n.a.	n.a.	n.a.	n.a.	n.a.	n.a.	n.a.	n.a.	n.a.	n.a.
亚美尼亚	2380	2150	780	660	680	730	630	530	480	490	n.a.
阿塞拜疆	1640	1670	740	730	500	480	480	510	490	550	610
白俄罗斯	3110	3110	2930	2870	2160	2070	2070	2150	2200	2630	2990
爱沙尼亚	4170	3830	2760	3080	2820	2860	3080	3330	3390	3480	3410

续表

国家＼年份	1990	1991	1992	1993	1994	1995	1996	1997	1998	1999	2000
格鲁吉亚	2120	1640	850	580	n.a.	440	850	840	930	620	590
卡扎克斯坦	2600	2470	1680	1560	1160	1330	1350	1340	1310	1230	1190
吉尔吉斯斯坦	1570	1550	820	850	630	700	550	440	350	300	270
拉脱维亚	3590	3410	1930	2010	2320	2270	2300	2430	2430	2470	2860
立陶宛	3110	2710	1310	1320	1350	1900	2280	2230	2440	2620	2900
摩尔多瓦	2390	2170	1300	1060	870	920	590	540	410	370	400
俄罗斯	3430	3220	2510	2340	2650	2240	2410	2740	2300	2270	1660
塔吉克斯坦	1130	1050	490	470	360	n.a.	340	330	350	290	170
土库曼斯坦	1690	1700	1230	n.a.	n.a.	n.a.	940	630	n.a.	660	840
乌克兰	2500	2340	1820	2210	1910	1630	1200	1040	850	750	700
乌兹别克斯坦	1340	1350	850	970	960	970	1010	1010	870	720	610

数据来源：世界银行. 世界发展报告；联合国. 人类发展报告，2002~2005 年.

表 2–2 表明在经济复苏较快的国家，人民的收入也提高得较快，这与表 2–1 的情况基本一致。然而直到 2000 年，所有苏联国家的收入水平都没有恢复到 1990 年时的水平。一些国家的人均收入甚至不到原来水平的一半。

二、改革时间表及其前景

改革刚开始时转型国家面临着艰巨的任务。转型期的主要任务包括取消价格控制、引入市场决定价格机制、削减政府对工业的补贴、取消对私有制和市场活动的限制、削减军事支出、降低政府在经济中的作用、保持宏观经济稳定、采取措施鼓励生产力和质量的提高、企业私有化、设计有效的公司管理体系、创立独立的中央银行以制定货币政策和外汇政策。苏联则需要进行更多基础性的改革，如建立保护私有财产的法律体系、合同执行的框架以及透明的财务制度（现在仍然需要）。中欧和东欧的一些经济体由于中央计划经济体制的历史短暂，因而在完成以上目标时相对比较幸运。

大多数分析家和政策制定者对多数改革目标意见一致，但是仍对两个问题存在争议。

第一个是关于改革的合适速度和顺序。面对繁重的改革项目，转型国家是否应当同时进行所有的改革项目，而且越快越好？还是应该在一段时期专注于几个改革项目，而且允许有较长时间的调整期？历史对于这样一场广泛的政治和经济变革几乎没有先例。因此，在改革的问题上存在着巨大分歧。波兰在 1990 年 1 月 1 日采取了激进式的改革方法，降低关税，推进本国货币兹罗提的自由兑换。许多经济学家认为开放对外贸易可以支持其他必要改革的进行，如通过国际贸易获得市场价格的信息，使国内企业在竞争压力下改进产品质量，以及获取新技术的渠道，而新技术是大多数转型经济体远远落后于西方国家的领域。除少数例外，大多数前苏联成员国采取的是渐进的改革路径，结果只取得了部分成功。中国的渐进改革始于 20 世纪 70 年代末的农业自由化并逐渐扩张到工业，取得了更大的成功。总体上讲，中欧和东欧国家的改革最为彻底，而中亚国家却进展缓慢。

第二个有关改革的争论在于怎样缓冲改革对个人和公司的影响。一方面，社会缓冲的缺乏将激发社会和政治不满进而威胁改革的进程；另一方面，缓冲剂过多会使基本的改革动力消失，延长转型期不可避免的痛苦。由于价格控制被取消，尤其是能源、食物、住房这些关键商品的价格控制被取消后，老百姓施加了极大的政治压力要求上调工资以保持自己的购买力。但许多部门由于生产力低下而无法提高工资，由此产生的政治压力延长了伴随高失业率存在的转型期。

东欧和前苏联各国的短期经济前景差别巨大。在像匈牙利这样的国家中，中央计划经济从来没有彻底实行，国内拥有大量具备市场经济经验的人才。而在像前苏联这类国家中，较长期和较完全的社会主义历史意味着国内几乎没有十分丰富的市场经济经验的人才。转型国家在改革前国内公有部门在经济中所占的比重差别很大。如20世纪80年代中期，捷克斯洛伐克、东德和前苏联国内97%的增值来自国有部门，而匈牙利仅为65%。因此改革进程中一项缓慢和困难的目标——私有化的程度在各国间存在着很大的差别。一些国家的人民坚决支持改革，但另外一些国家却面临着更为困难和更加不稳定的国内政治环境，甚至是国内或国家间的冲突。

与其他发展中国家一样，转型经济体也面临着发达国家贸易壁垒的问题。新兴经济体具有比较优势的产业，如农业、纺织品、钢铁等正是许多发达国家设置最高贸易壁垒的领域。乌拉圭回合谈判试图解决所有转型经济体的市场准入问题，因此，虽然改革要求拥有世贸组织成员资格（WTO）的转型经济体成员国继续取消本国的贸易壁垒，然而WTO对转型经济体成员国和发展中国家的开放时间表与发达国家相比仍然较为宽松。截至2013年，包括俄罗斯在内的许多转型经济体已经获得了完全的WTO成员国资格。大多数其他转型国家也提出了入世申请。

改革仍然有困难在前头，特别是改革资本和金融市场、企业重组和管理、政府税收体制和腐败等问题。然而人们有理由保持乐观。所有经济体都应当通过企业重组获得巨大的生产力。而且大多数经济体都拥有高教育水平和高技术含量的劳动力。目前所有国家都意识到了建立市场机构和政策是项长期的工作，需要坚持不懈，更需要智慧和策略。

三、俄罗斯的经济改革及其成效

俄罗斯曾是最大的计划经济体，它的转型是整个转型经济国家中最具有典型性和代表性的国家。特别是由于它采用的转型战略与中国的战略截然不同，因而经济学界常常将两国的转型战略、路径与结果进行对比。因而在此将俄罗斯的转型经历作一个简单介绍。

（一）休克疗法及其效果

俄罗斯的经济转型开始于20世纪90年代初，其改革计划听取了美国哈佛大学教授的意见，被称为激进的“休克疗法”，该疗法使用紧缩的货币政策来解决高通胀的问题。计划包括如下内容：

（1）施行紧缩的货币和财政政策，控制信贷规模，减少预算赤字并消除总需求和总供给之间的差距。

（2）放开大多数产品的价格（3/4的价格仍然由政府控制），让价格机制去配置资源。

（3）进口自由化，开放国内市场，实现货币的自由兑换。

（4）对大多数国有企业实行私有化，建立以私有制为基础的混合经济体制。

上述激进的改革方式的结果是国民经济更加恶化。经济在改革的最初几年遭到严重的破坏。激进的改革带来了严重后果：

（1）较之1989年总产出减少了一半多。1993年的生产力是1989年的61.2%。

（2）价格失控而且通货膨胀严重。1992年的通胀率为2510%，1993年为840%，1994年为300%。1992年6月卢布对美元的汇率为112/1，两年后贬值为4000/1。

（3）预算赤字和严重的资金短缺导致公司之间的支付危机。生产不景气甚至全部停止。

（4）人民的福利水平下降。1993年俄罗斯人收入仅为改革前的一半。失业人数达到劳动力总数的13%。

从1995年1月开始，政府似乎终于稳定了宏观经济形势，或者至少降低了通胀水平。尽管政府的财政失衡仍然存在，但是到1995年7月国内的月通胀率下降到了5%以下。在1998年8月金融危机之前通胀率一直保持在这一水平。

（二）私有化改革

俄罗斯改革中最重要的一个方面就是私有化。私有化改革之初，改革者们将公共资产原则上分给了一直拥有这些资产的人：公共大众。每个俄罗斯公民都得到了一个“凭证”，据此可以换取私有制企业的股份、投资于凭证基金或是换取现金。与股票的直接置换在“凭证拍卖”会上进行，期间凭证持有者可将其兑换成股票。1992年10月，从布尔什维克饼干公司开始，俄罗斯政府开始拍卖国有企业的股票。改革者们实现了迅速将大批企业私有化的目标。1992年1月~1994年6月，政府对16500家公司实行了私有化，4100万俄罗斯人或是直接或是通过凭证投资基金持有了这些公司的股份。然而由于私有化的速度太快，人们无法真正理解和参与到这个过程中来。拍卖会虽然迅速在全国举行，但许多拍卖会却很少有人知晓。

俄罗斯最有价值且价格最高的公共财富——储量丰富的天然气、石油以及矿产资源没有被列入到大规模私有化的范围内。1992年末签署的一系列总统令中主要针对的都是这些“战略性”产业，并决定随后由国家资产委员会（以下简称国资委）接管这些部门。1995~1997年，当国资委确实开始对这些资源部门实行私有化时，国资委却制造了一场持续10年之久的冲突，结果削弱了公众对改革进程的支持。

1995年3月，欧尼克斯姆（Oneksim）银行的董事长弗拉基米尔·普塔宁（Vladimir Potanin）提出了一项解决叶利钦政府财政危机的方案。普塔宁在咨询了几家实力雄厚的银行领导后建议由这些银行向俄罗斯政府提供一大笔一年期贷款。作为贷款抵押这些银行可以持有和经营政府在俄罗斯29家大企业拥有的大宗股份，这些公司中的大部分是国有石油和矿产企业。每个企业的大宗股票在一次公开的竞争性拍卖后托付给某个银行管理，这种形式政府称之为“抵押拍卖”。每次拍卖所得资金将“借给”俄罗斯政府。如果在1996年9月1日（夏季总统选举之后）财年结束之前当选的俄罗斯政府无法归还贷款，那么大宗股票的所有权将属于赢得抵押拍卖的公司，这家公司便可以一直持有和管理这些股票。

政府最终只举办了12次抵押拍卖会。抵押拍卖计划的首倡者普塔宁以及其他组织者们从看似大打折扣的交易中获得了最大的利益。政府从拍卖中得到的8亿美元适时地注入联邦预算中，西方媒体称之为“贷款与股票的交易”。

抵押拍卖之后，私有化的进程大幅下降。1997~1998年，政府只出售了8家大企业的股票，到1999年私有化进程实际上已经停止。

（三）改革成效

1. 1998年8月的危机

在1998年金融危机中，政府被迫拖欠国内债务，卢布贬值，延期偿付国外私人贷款。尽管俄罗斯1995年稳定的宏观经济政策降低了通胀率，但是政府的税收问题仍然没有得到解决。政府实际上停止了通过货币政策方式为预算赤字融资，转而从新建的政府债券市场和国际资本市场上借入资金。政府债券给予有限的取得市场交易资格的国内银行慷慨的回报（通常年利率为30%~40%）。这类银行中的大多数银行大量借入美元贷款，将其兑换成卢布后再购买更多的政府债券，结果使国外贷款者面对政府拖欠贷款的风险增加。此外，政府最终对外国人开放了国内政府债券市场，使外国人可以直接购买俄罗斯国债。截至1998年夏，外国人直接或间接持有了40%~50%的政府国内债券。

1998年的经济危机对俄罗斯及其邻国的经济产生了严重的影响。俄罗斯国内的实际收入水平、生活水平以及就业率锐减。经济危机导致支付与清算体系暂时瘫痪，使以政府债券为主要股份的大型私有银行的资产负债表恶化。政府拖欠了相当于400亿美元以卢布计价的债券，造成了私人投资部门的重大损失。

2. 人口危机

20世纪90年代俄罗斯的经济改革带来了人口危机。到90年代末，俄罗斯的公共健康状况陷入危机。在这10年当中有6年俄罗斯人的预期寿命处于下降状态。俄罗斯妇女的平均寿命尚可达到72岁，但俄罗斯男性的平均寿命却很难达到60岁。1990~2000年，人口死亡率增长了将近3倍，而出生率却下降了近40%。俄罗斯的人口逐年减少，从1992年的1.48亿下降到1999年的1.46亿。

俄罗斯的公共健康基础设施由于资金严重短缺正在走向崩溃。一度被控制住的传染性疾病案例也惊人地上升。联合国据此认为俄罗斯人口在从转型开始后的未来50年内可能缩减至1.2亿。

20世纪90年代俄罗斯经济陷入低迷。1998年俄罗斯经济似乎降至最低点，GDP下降到了1989年的55%。1988~1995年，俄罗斯处于贫困线以下的人口比例从2%上升到了50%。在经济转型的这些年中，经济变革带来的总收益分配不均，只有少数俄罗斯人获得巨大利益。1989~1995年，俄罗斯的基尼系数几乎翻倍，从0.27上升到了0.48。一种流行的观点认为当时俄罗斯100个家族拥有了国家60%的财富。

第三节 中国经济改革及其成就

中国的经济改革战略及路径与俄罗斯大相径庭。后者走的是自上而下的激进式道路；中国采用的是渐进式道路，从中国社会的最底层开始改革。中国的改革可以分为以下4个阶段。第一阶段（1978~1984年）的重点是农村改革；第二阶段（1984~1992年）的改革从农村转向城镇，以国有企业的改革为重点；第三阶段（1992~2000年）是建立社会主义市场经济的试验期；第四阶段（2000~2020年）为社会主义市场经济的完善阶段。下面将从4个领域介绍中国经济改革的发展：农村改革、国有企业改革、体制改革和贸易与投资改革（与世界经济的融合）。

一、农村改革

改革浪潮首先在农村掀起。1978年，多数农民仍然生活在农村公社，按照生产计划生产固定数量的农产品。在一些地区，地方官员开始允许农民在计划数量之外保留一些产品，并允许农民在市场上出售这些产品。中央政府在受灾省份地方领导的催促下还采取了一些措施以增加农作物产量，提高农村收入，并指示地方官员提高中央计划收购部分的价格，并允许收购之外的产品自由出售。这一举措产生了“双轨”价格体系，即计划内产量上交以完成计划，所有超出计划外产量按市场价格销售。中央政府还增加了国家在农业方面的投资，放松了农产品跨省贸易的限制。

农村改革的一个创新是“家庭承包责任制”。许多公社尽管没有得到中央政府的允许还是开始将土地租给单个家庭。作为回报，承包家庭负责生产并且将产出中固定的份额上交公社。这一体系将生产决策的控制权从公社转移到了承包家庭，对农民的生产积极性产生了极大的促进作用。1979年后“家庭承包责任制”得到快速传播。1981年中央政府正式批准“家庭承包责任制”时，45%的家庭已经实行了家庭承包责任制。截至1983年，已经有98%的农民家庭实行了“家庭承包责任制”。

改革措施起到了立竿见影的效果，各种产品的产量迅速增长。农业产量在1978~1984年增长最快，粮食产量以5.7%的速度增长，油料的产量翻倍，棉花产量增长了两倍。猪、牛、羊肉的产量均以80%以上的速度增长。农村的变化引发了良性循环。产量的增加和收购价格的提高增加了农民的收入，结果是储蓄激增。收入的增加提高了对供给不足的消费品的需求。为了满足需求的增长，地方政府开始引导储蓄投入到“乡镇企业”（TVE）这种集体制企业中，许多这样的企业是在“大跃进”时期为了促进农村的工业化而建立的。农业生产力的提高养活了农村的剩余劳动力。农村的工业生产蓬勃发展。到1984年中央政府正式批准农村工业的发展时，乡镇企业在工业生产中的比例已经从22%上升到了30%，1988年又上升到30.8%，之后一直基本保持在这一水平上。在整个20世纪80年代，乡镇企业的生产以每年30%的速度增长。到1996年顶峰时期，全国共有2300多万家乡镇企业，雇用劳动力超过1.35亿，占农村总人口的29.43%。

二、国有企业改革（SOE）

1. 改革前的国有企业

农村和经济特区的改革带来了生产和收入的激增，但同时也给城市经济的支柱——国有企业带来了压力。国有企业是中央计划经济的产物，在1978年国有企业占工业总产出的78%，就业人数占总就业人数的19%（农业就业人数占72%）。关键部门的国有企业如重工业、采矿业、能源产业以及银行业直接由中央政府负责；其他国有企业则由省政府或地方政府负责。企业以政府定价购买原材料并卖出产品，按照指标进行生产并向国家上缴所有利润，也包括经营损失。截止到1978年国有企业是政府收入的主要来源，国有企业缴纳的所得税相当于国民生产总值的19%，另外还上缴了相当于国民生产总值19%的利润。与大多数其他国家的国有企业一样，中国的国有企业也存在着企业超员、效率低下和管理不善的问题。根据世界银行的估算，1978~1983年国有企业的生产力以每年1.2%的速度下降。然而在城市，国有企业是社会服务的主要提供者，包括住房、教育、医疗以及为员工提供一份终身工作，甚至许多时候孩子又继承了父母的工作。这一体系被人们称作“铁饭碗”。

2. 20世纪80年代的国有企业改革

20世纪80年代早期，一些地方官员开始尝试一种特殊的“管理责任制”，类似于农业部门的“家庭承包责任制”。企业逐个就所能享有的自主权进行谈判，内容分为三大类，包括对生产和投资决策的更大自主权、保有一部分利润的权利、以市场价格出售计划外生产的产品。到1984年，利润提留和自主生产权已经广泛落实，但是计划外产品的生产仍未得到批准。1984年10月，中央政府正式批准了计划外生产，随后便得到广泛传播。从1980年开始，政府放松了对（计划外）最终产品的价格控制，1985年引进了半成品的双轨制价格体系。

与农村改革不同，对国有企业改革的初衷在于改善企业的运营情况，但改革只取得了部分成功。国有企业在工业产出中所占的比例持续下降，从1978年的78%下降到了1990年的55%。尽管在总产出中所占比例不断下降，但国有企业从业人数在总就业人数中所占的比例下降幅度很小，从19%下降到了18%。随着非国有企业竞争力不断提高，国有企业的垄断地位受到威胁，它们对中央政府的贡献大大减小（从1978年占GNP的38%下降到了1990年的3.6%）。1992年，将近2/3的国有企业亏损，政府对亏损企业的补贴从1985年GNP的2.0%上升到了1990年的3.1%。国有企业生产力的提高落后于乡镇企业和私营部门。

3. 寻租

管理责任体制对于改进国有企业的运营作用有限，但它却为腐败提供了机会。企业负责人利用自己与地方和国家领导的关系商谈工业原材料价格。企业负责人通常使用质量最差的原材料去生产国家计划指标内的产品，而将资源和精力都集中在生产超出计划指标外的产品。价格双轨制使企业负责人有机会将计划指标内的产品转移到不受管制的市场出售，从而赚取高额利润。由于上交国家的指标数量可以商谈，因而诱使国有企业的经理去贿赂地方官员。

图2–3说明当一种生产要素或产品的价格由市场决定时，市场的均衡价格为P_0，相应的供给和需求均衡量为ob。当价格受计划操纵并被人为降低到P_1时，市场决定的供给量仅为oa，供给大大低于需求。在这一供给水平下，市场价格（黑市价格）应当是P_2。如果一家企业可以以计划规定的价格获得资源，便可以获得图中X面积的利润。有权利获得低价格资源的部门或企业由政策和政府机构决定，因此由此获得的利润称为“机构租金”。凡属此类的行为，如伪造成本、欺骗负责部门、走“后门”、贿赂负责资源配置部门官员，以及游说所有相关利益集团来获取低价格资源等都属于“寻租”行为。

寻租行为从价格双轨制发展而来。寻租行为取决于可获得的行政资源的数量、取得租金的可能性和存在的风险。当资源严重短缺以及当政府定价与市场价格的差异扩大时，寻

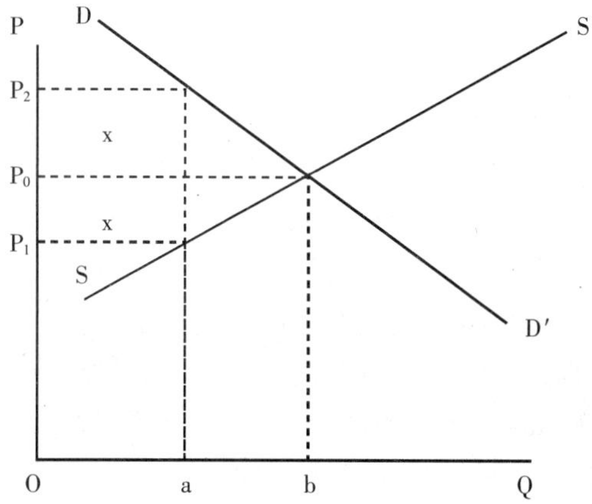

图 2-3 寻租

租行为便异常活跃。

4. 20 世纪 90 年代以来的国有企业改革

尽管 1984 年以来进行了大量的改革，国有企业的经营状况仍然每况愈下。20 世纪 90 年代，随着乡镇企业、私有企业和外资企业的兴盛，国有企业控制的生产部门逐步缩小。截至 1994 年，国有企业仅在 9 个部门处于控制地位。这些部门由于受到政策或技术壁垒保护而被限制进入，因而为处于困境的国有企业提供了一个安全的港湾。然而根据政府的估算，1996 年有一半的国有企业处于亏损状态，30%的国有企业实际上已经破产。

从 1994 年开始，中国政府对国有企业采取了“三头并进”的新型改革方案，可以用一个口号概括，即 “抓大放小”。第一个方面是保持政府对大型国有企业的控制，同时通过企业合并为企业集团以及通过改变这些公司的管理结构对其进行改革。第二个方面是允许地方政府控制的小型国有企业改变所有制。第三个方面是允许实际亏损的国有企业破产和合并。1997 年 9 月，在第十五届中国共产党代表大会上中国的领导层正式批准了这一政策。

所有制改革是振兴国有企业的另一个重要措施。在以后的改革中，大中型国有企业的所有制成为改革的重点。所有制改革形式包括国有独资企业、有限责任公司或股份公司、控股公司、合作股份制公司等。国有企业的改革到 2005 年取得了显著的成效，累计实现销售额 11.5 万亿元，利润 9047 亿元，政府财政收入 9957 亿元。

三、制度性改革

除了农村和城市改革，中国于 1978~1995 年实施了一系列制度性改革。四项特别重要的改革包括：价格改革、税制改革、金融改革以及货币改革。

1. 价格改革

价格改革经历了两个阶段。第一阶段从 1978~1984 年。政府提高了短缺商品的价格，降低了过剩商品的价格，使计划价格接近均衡价格，但政府仍然在价格形成中起决定性作用。第二阶段从 1985 年开始，政府逐渐放松了对产品价格的控制，让市场发挥更大作用，但同时也形成了价格双轨制，即计划内分配的产品和物资的价格由政府制定，而非计划内的产品和物资的价格由市场来决定。到 2005 年，由市场决定价格的产品占零售商品总价值的 95.6%，农产品总采购的 96.5%和生产资料销售总额的 87.4%。受政府影响的工业产品占总产品的 5%，与 1979 年的水平相比下降了 70%。

2. 税制改革

1984 年中央政府在税收和产业发展方面给予了省级政府更多的自主权。地方政府通过“税收合同制”被给予重大的税收征管权力。按照这个制度，当地政府征税后向中央政府上缴一定数额的税收，并以很高的比例保留一切超出上缴部分的税收。省级政府利用所给予的资金自由向地方国有企业和乡镇企业调拨资金。新制度导致中央政府的财政收入急剧下降，1986~1992 年中央政府的财政收入从国民生产总值的 9.6%下降至 6.0%。中央领导从这种发展中看到了危机，因为中央政府的财政紧缩削弱了政府稳定经济以及影响收入跨区域转移的能力。

1994 年，中央政府实施了一项广泛的税制改革，建立了一个国家税收服务机构负责直接征收国家税款，这使中央税收征管在很大程度上独立于地方。1994 年的改革还将税种从 32 种减少到 18 种，同时还出台了增值税。改革之前，企业所得税因企业的所有制不同而不同，也由于企业和各种税收征管机关之间讨价还价的结果不同而有所区别。改革后所有国内企业的所得税得到统一。新体制扭转了财税紧缩局面，中央政府在综合税收中的比重大幅度提高，从 1993 年的 22%上升到 1996 年的 50%。改革最终朝着统一国内和国外投资企业税收的方向发展。2007 年政府宣布国内、国外企业所得税统一为 25%。

3. 金融改革

金融改革在五个领域内进行：建立一个全面的银行体系，放宽银行之间的业务限制，使利率多样化，增加信贷来源，发展金融市场。经济改革以前中国的金融体系是一个单一、统一的体系。中国人民银行是中国唯一的银行，肩负多种职责，包括发行法币、发放工业和商业贷款、承担保险等。金融改革的第一步就是建立一个新的银行体系。从 1979~1985 年，四大国有银行先后成立，包括中国农业银行、中国银行、中国工商银行和中国建设银行，同时成立了中国保险公司。新制度鼓励银行之间的竞争，允许它们从事不同的业务，并且取消了专业银行之间业务的严格划分。

然而，国有企业的财务困境通过金融部门不断恶化的财政状况体现出来。20 世纪 80 年代末，中央政府为了控制财政赤字指示国有银行给国有企业贷款以弥补亏损。到 20 世纪 90 年代中期，国有企业吸纳了国有银行超过 70%的贷款。中国政府估计，相当于 8%~10%国内生产总值的国有银行贷款将被迫注销。为了解决这样的问题，应当将银行的政治、政策职能与商业职能分离。1994 年旨在提供政策贷款的三个新的政策性银行国家开发银行、中国农业发展银行和中国进出口银行成立。这使其他银行，主要是四大国有银行，得以专门从事商业性金融活动。商业银行逐渐地将政策贷款职能移交给政策性银行。

利率管理体制的改革就是区别对待利率，使利率发挥调节资本的供给与需求的杠杆作用。信贷体系的改革为非银行金融机构的发展以及更多的金融工具运作提供了机遇。例如，改革引发了信托投资公司、保险公司、租赁公司、证券公司、证券交易以及城市和农村信用社的快速发展。金融改革的另一个重要方面是金融市场的改革。政府设立了上海和深圳两家证券交易所，并且允许设立非银行金融机构从事有限的金融中介业务。有几家外资银行设立了代表处，但它们的活动受到严格限制。中国加入世界贸易组织之后，对外资银行业务的限制逐步解除。从2006年12月开始，外资银行和所有其他中国银行一样可以从事人民币业务。

随着改革的深化，银行间同业拆借市场、大额可转让票据的存款市场、公共债券市场、金融证券市场、企业债券市场、股票市场发挥着越来越重要的作用。

4. 货币改革

制度性改革的第四项内容是对货币可兑换性的改革。1986年以前，人民币属于不可兑换货币。通货膨胀率调整后（即“实际”）的人民币价值从1980~1993年处于稳步下降状态。外币交易直到20世纪80年代中期仍然受到严格管制，所有资本交易均需中央银行批准。企业根据所有权不同在外汇交易时的待遇有很大差异。设在经济特区的有外资成分的企业通常都可以保留外币以及自由进口和出口产品。国内厂商则需要监管部门的批准，在得到外币津贴时才能进口，而且必须将所有的出口收入上缴国有银行。20世纪80年代中期，政府推出了一个复杂的体系，规定国内企业可以保留收入的部分外汇。1986年，政府又推出了汇率双轨制，规定国内公司可以购买和出售有限数量的外币。根据这一体制，中央银行确定外汇汇率，同时允许有限的外汇在“兑换市场”交易。兑换市场中的汇率由市场力量决定，而且普遍远低于官方汇率。

1994年，政府取消了汇率双轨制，并以市场汇率统一了官方利率和兑换市场利率，结果导致人民币实际上贬值了约50%。这一举动极大地促进了中国的出口。除1993年外，经常账户自1990年以来都是盈余。贸易盈余以及大量的外国直接投资的流入使外汇储备迅速增长。2006年，中国的外汇储备已达到1.07万亿美元，超过日本成为外汇储备最多的国家。2005年，作为进一步开放外汇政策的一个重要步骤，政府宣布放弃人民币盯住美元单一货币政策，而是盯住“一篮子货币”，并且允许人民币汇率在更大范围内浮动。

四、中国的对外开放及其与世界经济的融合

正当中国处于“文化大革命”期间的自我孤立时期时，其他亚洲国家和地区的经济开始起飞。中国香港、日本、新加坡、韩国和中国台湾等国家和地区结合技术引进与出口促进经济的快速增长。中国政府相信这样的策略同样适用于中国，然而由于中国的经济极其孤立，贸易占国内生产总值的比例只有10%，没有任何的外国直接投资，因此中国有很长的路要走。然而无论有什么样的困难，经济改革的发展使对外开放势在必行，因为城市和农村地区的改革激发了对进口产品的强烈需求，特别是对化肥和资本设备的需求，此外中国的外汇储备也已经降至危险水平。

1. 对外贸易改革

经济改革的进行需要政府结束自给自足的状态，并采取开放的政策。对外贸易改革采取的也是渐进式改革方式，首先从外贸体制改革开始。外贸体制改革包括三个阶段。在第一阶段（1978~1986年年底），改革的重点是减少中央政府的控制权，给予当地政府和企业更多的自主权。1979年以前，12个国有外贸公司控制了所有的对外贸易。在此之后，当地政府授权设立的外贸公司以及当地拥有贸易权力的公司如雨后春笋般兴起，在20世纪90年代中期达到近万家。第二阶段是促进外贸责任制。从1988年开始，地方政府与中

央政府签订合同，规定公司承诺的创汇金额、向中央政府上缴的外汇金额以及保证获得的利润额。地方政府和外贸企业可以保留大部分超出中央政府指标规定的外汇收入。这一体制的中心就是外贸企业自负盈亏。改革从1991年开始进入了第三个阶段。这个阶段的目标是鼓励公平竞争、减少政府补贴、推行代理制和统一生产与贸易。改革政策的目的在于终止长期的外贸补贴，促使外贸企业在国际市场上竞争。

改革产生了一些严重的扭曲现象。到1987年，中国实质上建立了两个独立的贸易体系，一个是出口加工体系。这个体系虽然十分开放，但准入受到限制，大多数国内厂商被排除在外，而大部分的外资企业均可进入。另一个是传统的但不断被改革的国内体系，该体系基本上属于进口替代体系。出口加工体系侧重于简单的、劳动密集型产品的加工，由中国企业对免税进口的零部件加工组装之后再出口。在许多情况下，中国企业仅仅是在合同的基础上进行简单的装配，而没有支配进口材料的权力。直到20世纪90年代初，出口加工的规模还十分有限，从未达到中国出口总量的10%，然而随着20世纪90年代中期外国直接投资流入的增加以及经济特区经济的飞速增长，外商投资企业的出口份额迅速增加，1995年达到了31%，2005年达到了50%。

随着我国产业结构的调整，贸易结构也经历了深刻的变化：在20世纪80年代之前，中国的第一大出口商品以自然资源为主；80年代之后，虽然劳动密集型产品如纺织品、服装和玩具仍为主要的出口产品，但制造业产品在出口商品中的排名上升到第一位。从90年代中期开始，电子产品成为出口最多的产品。自2000年以来，中国的出口达到了一个新的水平，高、中等的技术产品成为了出口最多的产品。

改革极大地改变了中国与外部世界的联系。一系列针对外贸行政管理体制的改革及其他鼓励政策使对外贸易迅速扩大。货物商品出口从1978年的110亿美元增长至2011年的18986亿美元。在同一时期出口由占国内生产总值的4.9%增长至22.89%。贸易增长速度超过了国内生产总值的增长速度。中国的开放指数得到改善，由1980年的6%增长至2011年的22.89%，外贸依存度从1978年的10%上升至2011年的47.89%，使中国成为世界大国中最开放的经济体。

2. 外商直接投资改革

外商直接投资的开放比贸易改革更具争议性，因为比起贸易的简单关系，外商直接投资与外国的联系更加密切。出于对中国历史的考虑，这是一个特别敏感的问题。因此作为一种折中方法外商投资被限制在几个地理区域内，这样一方面可以控制外商的影响；另一方面可以考察外商直接投资的成本和收益。四大沿海城市（深圳、珠海、厦门、汕头）以及一个岛屿省（海南岛）在1980年被确定为经济特区，并且获准试行新的制度，如对于外商直接投资的税率及审批程序；在经济特区经营的企业免除执行中央计划、劳动法规以及多种税收。后来实验区范围扩大到其他14个沿海城市，并且进一步深入到中国内地。经济特区拥有不同的名称和不同的功能，但都享受类似的优惠政策待遇，如经济开发区、高新技术园、自由贸易区、出口加工区和免税区等。

政策环境的改善和中国经济强劲的发展都推动了外商直接投资的流入。外商直接投资的流入量由1980年的5700万美元增加到1990年的27亿美元。自1993年以来，中国一直是世界上吸纳外资最多的发展中国家。1993年后外商直接投资激增，从1992年的72

亿美元增加到2012年的1117.2亿美元（非金融领域）。

3. 中国加入世界贸易组织

世界贸易组织（以下简称世贸组织）的前身是关税与贸易总协定。中国是关税与贸易总协定的一个原始缔约方。1950年国民党政府代表中国退出了关税与贸易总协定。新中国成立后，中国政府恢复中国在一些重大国际组织中的席位，包括联合国和国际货币基金组织。1982年，中国成为关税与贸易总协定的观察员并且于1986年7月10日正式提出申请恢复中国关税与贸易总协定缔约方的地位。从此，中国开始了为加入世界最大的经济组织长达15年的征程。

中国的经济发展战略依赖于是否能持续获得进入国际市场的渠道，而与此同时中国的贸易伙伴也越来越关心自己在中国的市场准入水平。中国只有加入世界贸易组织并遵循它的公平贸易原则，中国的出口商才能获得继续进入外国市场的保证。然而美国却因为在进口自由化速度上与中国的争论而阻挠中国加入世贸组织。美国宣称除非中国以“发达国家”身份加入世贸组织，否则美国就要对中国入世投否决票。然而中国坚持以“发展中国家”的身份加入世贸组织，因为“发达”国家必须快速达到世贸组织的标准，而“发展中”国家则允许有一个延长的过渡期，同时还可以免除与其发展水平、财政状况和贸易需求不一致的妥协要求。

中国以什么身份加入世贸组织将决定中国进一步开放进口的速度，特别是关系到“支柱”产业和国有企业主导的产业。猝然实现进口自由化将对国有企业和国有银行带来更大的压力，或使改革的进程更加复杂化。中国坚持作为一个发展中国家加入世界贸易组织的立场从国际惯例中找到了有力的依据：一个国家的发展水平取决于人均国内生产总值而不是总体经济规模。在中国承诺将采取有力措施解决知识产权侵权问题后，美国最终放弃了要求中国作为一个发达国家加入世界贸易组织的要求。

尽管存在上述入世争端，中国已采取了多项政策措施促进与世界经济更紧密的融合。人民币已经实现经常账户下的完全自由兑换，尽管资本账户仍未开放。政府实施了一系列降低关税的政策，平均关税水平从1991年的40%下降到1996年的23%。政府宣布到1998年进一步将关税降低至15%。在中国成为世贸组织的正式成员时，中国的关税平均水平已降至13%。非关税壁垒也在减少，如进口配额产品数量已经从660项减少至1996年的384项，但非关税壁垒仍然覆盖很大比例的对外贸易产品，包括许多农产品、机械以及电子产品。最后中央政府削减了有外资成分的出口企业的进口关税和增值关税的退税。

政府还采取了根本性措施改革中国的经济和法律制度。1979~1994年，超过500条法律法规相继出台，其中大部分是经济法以及关于引进国外资金和技术的法律。在中国驻世贸组织工作组举行的18次会议上，中国做出了几百项重大承诺，分别涉及外贸规划、外汇体制、价格体制、国内税收、关税和非关税、农产品和非农产品、服务和贸易、政策的连贯性和透明度等，其中大部分都比原计划提前完成。

中国于2001年加入世界贸易组织之后进一步加快了融入世界经济的步伐。据商务部统计，有2300多条相关法律法规被修订，而且有830条法律法规被废除。到2006年，关税总水平已降至9.9%，农产品的关税降至15.2%，工业产品的关税降至9.0%。同时，中国的国内市场也已经大大开放，进口急剧增加。到2010年，中国已成为仅次于美国的世界第二大进口国，占世界总进口的比重上升至9.3%。

中国经济的进一步开放主要是在服务业。中国承诺在加入世贸组织后开放其服务市场并且履行了加入世贸组织的承诺。服务产业的开放主要是证券、外贸、交通运输、银行业、保险业和旅游业。自2006年12月起，所有在华的外资银行可以享受国民待遇并与国内银行在平等的基础上竞争。中国也信守承诺开放其证券市场。自从中国加入世界贸易组织后，政府已经采取了一系列措施进一步开放资本市场。作为开放证券市场的一个步骤，政府在中国A股市场上引入了合格境外机构投资者（QFII）。QFII的门槛正在逐步降低。例如，QFII申请者操作的证券资产的最低金额从100亿美元减少至50亿美元，减少了一半。保险公司必须成立至少5年才可以成为QFII，这一规定与以前30年的期限规定缩短了很多。到2005年8月底，7家合资证券公司和23家合资基金管理公司在中国成立。外国投资者在9个基金管理公司中持有至少40%的股权，而且海外的证券机构也获准在中国的B股（海外货币为主）市场上直接交易。

五、中国经济改革的成就

1978年中国经济改革后中国的经济保持了持续发展的势头。如果将中国的省和直辖市视为独立的经济体，在同一时期世界上增长最快的20个经济体都来自中国。表2–3比较了中国和发达国家以及发展中国家的增长速度。到2010年，中国已经成为世界第二大经济体，第一大贸易国，发展中国家中最大的外国直接投资接受国。

表2–3　中国GDP增长率与世界的比较

单位：%

年份	年均实际增长率 1991~2003	1990	2000	2002	2004	2005	2006	2008	2010
世界	3.3	2.8	4.7	3.0	5.1	4.9	5.5	3.4	5.0
发达国家	2.5	3.0	3.8	1.7	—	2.6	3.1	1.0	3.0
发展中国家	4.3	2.5	5.9	4.6	—	7.5	8.1	6.3	7.1
中国	9.7	3.8	8.0	8.3	—	10.4	11.1	9.0	10.3

资料来源：IMF世界经济展望数据库。

中国经济转型的成果也通过社会指标的改善得到体现。农业部门雇用劳动力的比例从71%下降到50%，而日本用了59年才完成这样的转变。人口出生率下降了25%以上。婴儿死亡率从1975年的85人/1000人下降至1990年的45人/1000人——同一指标印度1990年为127人/1000人，印度尼西亚1990年为111人/1000人。2004年，中国的婴儿死亡率下降到30人/1000人。各种估算表明，在20世纪80年代大约1亿人口摆脱了绝对贫困。2004年贫困人口进一步下降到3000万人以下。中国的整体人类发展指数正在迅速改善，已经与中等收入国家如俄罗斯、印度尼西亚、土耳其和墨西哥处在同一水平（见表2–4）。

中国人民的收入水平在30多年的经济改革时期内大幅度提高。到2012年城镇人口的人均可支配收入从1978年的343元提高到24565元，农村人均纯收入从134元提高到

表 2-4　人类发展指数（2008 年）

单位：%

国家	中国	印度	俄罗斯	印度尼西亚	土耳其	墨西哥
贫困人口（国家贫困线下人口）（万人）	13	—	—	15.4	17.1	47.7
城市人口（万人）	44.9	29	73	52	69	77
预期寿命（年）	72.88	68.59	65.87	70.16	72.88	75.84
婴儿死亡率（每 1000 人出生人口）（%）	18	51	11	29	16	16
获得改善水源（占人口比例）（%）	89	90	97	81	99	94

资料来源：CIA，The World Factbook 2011；Report on MDGs；世界银行。

7019 元。城市与农村住房面积分别从 6.7 平方米和 8.1 平方米提高到 26 平方米和 29.7 平方米。城市和乡镇的恩格尔系数分别从 57.5%和 67.7%下降至 37.9%和 43.7%。居民消费结构从基本的食物和衣着支出向教育、文化、旅游和休闲转移。

过去 30 多年经济的快速增长以及有利于持续快速增长的内部和外部条件都使中国非常有希望成为世界上最繁荣的经济体之一。事实上，中国经济的巨大转变使许多外国观察家得出一个结论：中国这头睡狮已经苏醒，并极有可能在 21 世纪的前几十年成为世界上最大的经济体。

扩展学习

一、问题与思考

1. 比较计划经济与市场经济的优劣势，说明为何如今大多数国家采用混合经济体。

2. 比较激进式改革和渐进式改革，哪个更有效？为什么“休克疗法”在大多数中东欧国家和俄罗斯并没有取得预期效果？

3. 俄罗斯和中国曾是两个最大的中央计划经济体，它们采用了两种截然不同的改革路径。从长期和短期两方面就两国改革的效果进行评价。

4. 中国改革开放的成就说明了什么？

二、案例研究

从一个私营企业家的成长历程看中俄边贸的发展——关老板的故事

改革开放30多年以来，我国实现了封闭半封闭社会到全方位开放社会的巨大转变，其中边境贸易作为对外开放的一个重要部分，对我国经济的发展起到了积极的推动作用。在改革开放的大环境下，关先生涉足边境贸易已经19年。在这19年中，关先生经历了中俄边境贸易的兴衰起伏。从一家国有贸易公司的经理到私营企业的老板，不断适应国内外政治、经济形势的变化，长期坚持从事边境贸易并发展至今，关先生坦言，这是一个曲折艰辛的过程。

1. 中俄由计划经济向市场经济的转型促进边境贸易的兴起

20世纪90年代初苏联解体造成的俄罗斯国内的政治、经济形势不稳定，为中俄边境贸易的繁荣创造了契机。1991年末至1993年，俄罗斯政府采取的“休克疗法”致使俄罗斯轻工业生产近乎停滞，以至于远东居民对轻工业产品的需求几乎全部依赖于从国外进口。为了促进中国对外贸易的发展和对俄贸易关系，中国政府对对俄边贸给予了一系列优惠政策，如国务院相继下发的《扩大黑龙江省对苏联边境贸易与经济技术合作的若干问题》、《关于地方外贸企业同苏联及东欧相应企业建立直接经济贸易联系的通知》等文件。与此同时，俄联邦总统也于1991年11月15日签署了《俄联邦共和国对外贸易活动自由化命令》，允许任何所有制形式和活动方式的企业从事进出口贸易业务。中俄两国政府的政策都为黑龙江地区边境贸易的繁荣发展营造了良好的氛围。黑龙江省在原有的绥芬河口岸基础上，在20世纪80年代末90年代初，又建立了东宁、密山、虎林、同江、抚远、黑河等边境口岸，至此中俄边境贸易蓬勃发展。

在中俄边境贸易发展的早期双方仍以易货贸易为主，但现金交易的份额也有所增加。由于当时人民币和卢布无法实现直接兑换，交易一般用美元进行结算，因此从事边境贸易的中国商人、企业所面临着巨大的汇率风险。此时的中俄贸易结构基本没有发生变化，中方出口仍以轻工业产品——服装、鞋帽、电子产品（如国产收音机、录音机）、副食品及少量水果、蔬菜为主；俄方则以机电类产品，如钢材、铜铝、汽车（轿车、卡车）为主要出口商品。中俄边境贸易在刚刚兴起的一段时间里，也存在着市场秩序混乱、贸易不规范等问题。许多中国商人出口的货物质量很差，一度使中国商品在俄罗斯的信用大减，但是由于俄罗斯当时急需轻工业产品，所以双方的边境贸易依然十分活跃。

2. 边境贸易的繁荣成就了企业发展

20 世纪 90 年代初的中俄边境贸易主要是以国有企业为主体进行的。在中俄两国贸易日益密切的形势下，1992 年，东宁县电业局成立了约 15 家贸易公司。关先生原本是东宁县电业局的一名工程师，中俄边贸开始后，他抓住机遇，担任了东宁县电业局所属的一家公司——华电贸易公司的经理。这些公司的性质依然是国企，资金都由东宁县电业局担保，从银行放贷获得，因而国有企业成为了当时银行的主要债务人。从 1992 年开始，东宁县电业局所属外贸企业从俄罗斯进口大量机电产品，如发掘机、推土机、装载机、重型卡车、游艇、化肥、水泥、木材、铜铝和大量钢材等，同时向俄罗斯出口服装等轻工业产品，及猪牛肉、白糖等副食品。关先生回忆，1992 年东宁电业局所属贸易公司的贸易额过亿。由此可见，当时国有贸易企业的边境贸易规模十分可观。

然而这样的繁荣景象没有持续多久。1993 年以后，由于卢布大幅贬值、俄罗斯“灰色清关”、黑帮势力猖獗、银行贷款难等多重原因，东宁县大部分贸易公司无法运营下去。截至 1994 年，华电贸易公司亏损达到 300 万元以上。形势的转变促使华电贸易公司从 1995 年开始转变贸易品种，从事小额果蔬贸易。由于审慎经营，对俄罗斯的果蔬贸易不仅可以维持员工的开支，公司每年还能保持约 20 万元的利润，但即使这样，仍无法弥补公司之前遭受的巨大损失。这种情况一直持续到 1997 年。1997 年，东宁县国有企业组建的边贸公司大都运营不善，亏损严重，毫无能力偿还银行贷款，于是，东宁县县委县政府采取“脱壳剥离”的政策，让旧企业依法破产，同时组建新的企业以实现中俄边境贸易的更好发展。至此，所有由国有企业组建的边贸公司几乎全部破产或从企业中剥离出去独立经营，自负盈亏。与此同时，大量的私有贸易企业也相继成立。中俄边贸发展进入另一个重要阶段。

1997 年华电贸易公司破产后，关先生开始创建私营企业，在俄罗斯远东地区最大的果菜批发市场——乌苏里斯克从事对俄罗斯的果蔬贸易。那时企业员工只有 5 人，企业出口的水果、蔬菜虽然价格便宜，但由于果蔬的质量、包装、运输条件较差，造成的损失也比较大。当然，起步的这一年还是有收获的。1997 年，关先生有了固定的客户，一改 20 世纪 90 年代初的易货贸易，客户都使用现金直接交易，赊账额较小，违约风险大大降低，因此关老板的企业在这一年实现平稳运营。

1999 年开始，俄罗斯经济渐渐从亚洲金融危机的影响中恢复过来。1999~2007 年末，卢布对人民币的汇率维持在 1：0.26~0.30，卢布币值稳定。在这段时间内关先生的企业无论是发货量还是出口额都在稳定增长（附图 2–1）。时至今日，关先生的企业员工已由 5 人发展至 20 多人，企业的销售渠道也由单一的东宁—乌苏里斯克扩大到寿光、牡丹江—绥芬河、东宁—乌苏里斯克，其中寿光和牡丹江是企业的供货地，绥芬河和东宁是企业对俄的过货口岸，乌苏里斯克则是企业的销货地。企业的发展状况如附图 2–1 所示，它呈现出阶段式增长态势。截至 2010 年末，企业的发货量已经超过 6000 吨，出口额为 2863.50 万元。

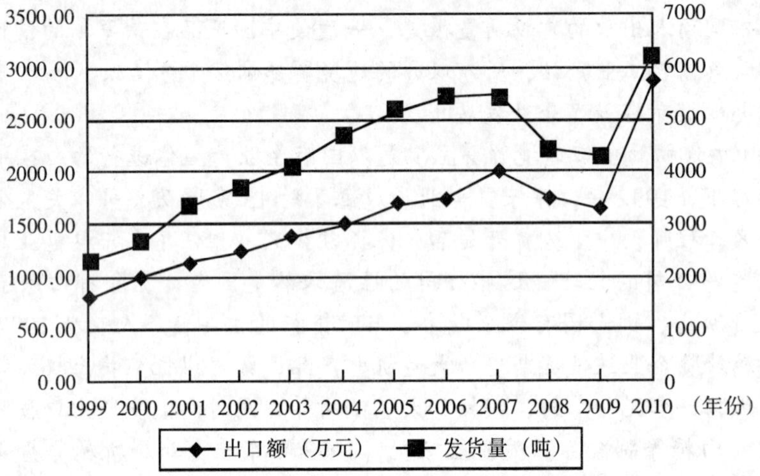

附图 2–1 关老板企业 1999~2010 年的发货量和出口额变化

3. 企业发展中的困难与挫折

任何企业的发展都不可能是一帆风顺的。关先生在从事边境贸易的 19 年中，经历了 3 次金融危机，遭受了许多挫折，但正是这些挫折才使他的企业能够不断壮大，继续经营下去。

第一次遭遇金融危机。1993~1994 年是俄罗斯的经济转型时期。当时俄罗斯国内通货膨胀严重，卢布贬值，金融体系几乎崩溃。关先生回忆，俄罗斯规定 1000 单位的旧卢布只能换 1 单位新卢布，使旧卢布变得如同废纸一般。国有贸易企业由于储存了大量卢布，因此与规模小、运作灵活的私营企业相比损失惨重。雪上加霜的是，由于国有企业亏损严重，在 1993 年下半年，银行不再对由国有企业担保的边境贸易公司发放贷款，这些公司由于缺少流动资金，很难运营下去，许多员工除了回到单位继续工作，就是面临下岗。关先生所在的华电贸易公司也不例外，也在中俄易货贸易中遭到重创。不仅如此，俄方的违约也使企业遭受重大损失。其中一件事让关老板记忆犹新。他在与俄罗斯商人签订的一份合同中规定以 8 个机保车皮的蜜橘换取俄罗斯 11 车皮钢坯，但是关老板发货后，俄方却将货物扣留，拒绝履行合约，这使华电贸易公司损失惨重。俄罗斯在经济转型时期治安混乱，关先生及其他中国商人都曾遭受过黑帮势力威胁。关先生回忆，在乌苏里斯克他所认识的人中，遭遇黑帮图财害命的中国商人超过 10 人；中国商人在乌苏里斯克遭到敲诈勒索的事件至今也仍未断绝。

第二次遭遇金融危机。1998 年亚洲金融危机爆发，卢布急剧贬值 70%，俄罗斯的经济几乎陷于瘫痪。中国的边贸企业受到重大打击，在乌苏里斯克从事果蔬贸易的企业中有 1/3 撤出市场。同时，随着贸易的深入，国外客户的赊账额也不断增长。关先生的企业在 1998 年的发货量仅 2000 吨左右，出口额为 700 万~800 万元，其中赊账约 50 万元。这些欠款由于卢布的贬值给关老板造成了相当大的损失。

第三次遭遇金融危机。2008 年金融危机席卷全球，由于俄罗斯的开放程度不断加大，它的经济也遭受了非常严重的打击，卢布大幅贬值，1 单位卢布只能换 0.17 单位人民币。关老板的企业由于俄方的高额赊账和卢布的贬值，损失达到 150 万元人民币。金融危机过后，俄罗斯经济逐步好转，关老板的企业也渐渐从金融危机的打击中恢复过来。随着边境贸易的继续，关先生的企业有了更多的固定客户。

4. 新的机遇与挑战

2004 年，中国人民银行和俄罗斯中央银行达成在两国边境地区进行银行合作的协议。根据这份协议，从 2005 年 1 月 1 日起，参与中俄边境贸易的中俄两国企业，可以把卢布和人民币作为结算货币。当然，一项新的政策的全面普及是需要时间的。2010 年开始，在俄罗斯远东地区经营果菜生意的关先生终于实现了卢布与人民币的直接兑换，这样，由于减少了在货币兑换中美元这一中间环节造成的汇率损失，关老板面临的汇率风险有所减少，企业经营变得更加顺畅。

但是在改革开放带来的各种优惠政策面前，边贸企业也面临着新的挑战。

首先，贸易支付方式单一，中俄通汇渠道不畅。虽然中俄两国自 2003 年起开展边贸本币结算业务以来，本币结算取得较大发展，结算量不断增加，为中俄边贸带来了活力。然而，中俄边贸本币结算还处于探索阶段。企业受困于卢布汇率波动大、俄方银行信誉差、中方银行步调慢等因素影响，中俄边贸本币结算比重较小、人民币和卢布结算不均衡、相关监督制度滞后等问题依然存在。俄罗斯为推动卢布国际化整体发展战略，采取不同措施，促进在边贸本币结算中扩大使用卢布结算，限制使用人民币结算。由于俄罗斯的这一政策我方企业在对俄贸易中处于相对不利的地位。

其次，近几年人民币升值与我国国内通货膨胀严重，使中国出口的农产品价格大幅上涨。关先生所在的私营企业出口水果的价格几乎同欧美出口到俄罗斯的水果价格持平，而这种现象在 10 年以前是不可能存在的，那时欧美水果的出口价格至少是中国水果出口价格的 2 倍。由此可见，中国边贸企业正在丧失原有的价格优势，因此保证良好的供货源和充足的流动资金，即解决中小企业贷款难的问题就变得十分迫切了。

最后，俄罗斯政策变动频繁，而我方企业特别是民营企业获取信息的渠道有限。俄罗斯对从我国进口的大宗商品普遍征收高关税。加上俄罗斯经贸政策不统一、不规范、不透明，中方企业只能从贸易实践中了解到某一类商品的税收、管理政策，对其他商品的政策则无从知晓。从事边贸的中小企业因缺乏外经贸技术人才，对俄边贸的市场研究不够、信息不灵，对复杂多变的国际市场供求关系和价格波动难以驾驭，像关先生这样的企业家更多的是凭感觉从事外经贸活动，因而如今的边境贸易仍带有很大的盲目性和随意性。

尽管有以上的种种困难，中俄两国的边境贸易正向着更加多元化的方向发展。如今黑龙江省对俄贸易的结构一改 20 世纪 90 年代的情况，出口到俄罗斯的商品已不仅仅局限于轻工业产品，钢材、汽车等重工业产品也成为了主要的出口商品，劳务输出的比例也在逐年增加。时势造英雄是不变的真理。没有中国改革开放这个大的背景，关先生不可能有机会从事边境贸易，成为边贸企业的老板；没有俄罗斯政治、经济形势在这 20 年的变化带给中俄边贸企业的机遇，关先生的企业也不可能发展强大起来。关老板是中国对外开放和经济贸易体制改革的一个缩影，也是中俄边境贸易的一个范例。我们有理由相信，在中俄两国贸易更加繁荣的今天，关先生的企业会越来越好，中俄边境贸易将会向着更加规范的方向发展，向着新的领域迈进。

三、专家观点

中俄经济转型的经验与教训

俄罗斯实施经济转型时所采用的经济战略有几种叫法，最具描述性的称谓为“新自由主义转型战略”（简称 NLTS）。由西方新古典主义经济学家设计的这个战略要求限制政府在转型过程中的干预，而主要依赖个体的、以自我利益为主导的激励机制实现经济转型。其他从苏联独立的国家，以及隶属于苏联集团的中东欧国家也采取了 NLTS 转型战略。

中国这个大型社会主义国家则于 1978 年更早地开始了向市场经济的转型。中国的转型战略或许可以被称为“国家主导的转型战略”（简称 SDTS），这一战略与 NLTS 有重要的不同点。正如 SDTS 其名所含的意义，政府在转型过程中扮演了十分积极的角色。尽管“渐进式”是中国战略的一个重要特点，但中国的 SDTS 与 NLTS 相比远远超出了转型速度的不同。中国的转型不是简单地将国企与计划经济直接转型为私企和市场经济，而是以国企和计划经济为基础建立一个全新的非国有、以市场为基础的经济体制。中国的战略是“双轨”战略，这不同于从前苏联独立出来的国家和其他中东欧国家的“单轨”方式。中国在鼓励发展非国有企业的同时成功地保留和促进了国有部门的发展。

到 1996 年俄罗斯的历史性转型已经进行了 5 年而中国的改革已经进行了 18 年。所有人都同意中国的经济表现显著地超过俄罗斯。中国经济保持持续快速增长而俄罗斯经济则坠入谷底。尽管存在这样显著的不同，但主流新古典主义经济学派，除个别人外仍然坚持他们的主张，认为 NLTS 大大优于中国的 SDTS。以下将分析尽管 SDTS 明显是一种成功的选择，而且 NLTS 的结果令人失望，为何新古典经济学家仍坚持选择 NLTS。

1. 俄罗斯的转型经历

新自由主义转型战略，有时也称为“休克疗法”，主张在几年时间内尽快完成从国家社会主义向资本主义的转变。这个战略依赖三个主要政策：自由化、稳定化和私有化。自由化指取消国家对定价和其他市场行为的限制。稳定化的目标在于通过削减政府开支、紧缩货币政策来控制由于自由化带来的通货膨胀。私有化则是将国有企业转变为私有企业。除以上三项政策外，NLTS 还坚持立即终止国家对资源的配置，取消国际贸易和投资自由化的壁垒。总之，NLTS 主张通过消除国有企业和国家对经济的控制实现从国家社会主义体制向资本主义市场经济的过渡，通过私有化动力和市场力量实现以往由国家所起到的启动和调节经济活动的作用。

自 1992 年以来，大多数从前苏联独立的国家和中东欧社会主义国家也相继采用了 NLTS 的转型方式。这些国家的经济表现各异，但在实行了 NLTS 转型方式后都经历了严重的经济危机。虽然有几个国家恢复了经济增长，但是到 1995 年没有一个国家恢复到转型前的 GDP 水平（世界银行，1996）。

2. 中国和国家主导的转型战略

中国的改革不是简单地放开价格而是保留了价格双轨制，在这一体制下国有企业必须以较低的计划价格生产一定数量的产品，而将多余的产品以市场价格出售。许多零售商品的价格控制在转型开始13年后的1991年还在实行（世界银行，1994）。政府的行政管制与定期、有选择的紧缩信贷相结合来控制通货膨胀。政府支出非但没有削减而是大量投入到基础设施建设以促进经济的增长。中国政府也没有采取紧缩银根政策，而是允许大规模的信贷扩张，通过政府对银行信贷的控制将资金投入到生产部门。银行没有被私有化而是保持国有性质，国家鼓励通过工人集体方式、乡镇企业方式、最终私人企业方式建立新的非国有企业。

国家持续向国有企业注入资金使其继续在国家的控制下。中央计划经济没有被立即取消，而是通过国有部门来实施，但计划控制在不断放松。新的非国有部门增长迅速，到1995年对GDP的贡献超过55%（世界银行，1996）。在农村，个体家庭可以自主耕种一块地，但他们不是土地的所有者。中国的政府控制的转型战略也遇到严重的经济和社会问题。环境与就业安全问题逐渐凸显，中国的经济增长速度可能无法满足上百万持续离开土地进城务工农民的就业需求。犯罪与腐败显然在扩展，但是尽管如此中国的SDTS战略按照一般的宏观经济指标判断肯定是取得了非凡的成功。

3. 主流经济学家对俄罗斯/中国经济发展战略比较的观点

尽管中国与俄罗斯作为两个社会主义大国所具有一定的相似性，但俄罗斯于1991年、中国于1978年开始经济转型时不仅所采取的转型战略不同，而且还有许多其他的不同点。但无论怎样，俄罗斯与中国的宏观经济指标存在巨大差距，这有力地说明中国采取了可行的策略，而俄罗斯却没有。许多采用NLTS战略的从苏联独立的国家和中东欧国家，虽然各自都有独特的历史、政体和转型前的背景，但它们无一例外都经历了严重的经济下滑和5年或更多的负增长。一些西方经济学家从一开始就怀疑NLTS的效果，而且随着中东欧国家转型困难的逐渐显现，持批评态度的人也在增加。然而这种批评意见属于非主流观点，特别是来自研究前苏联经济的专家和转向研究经济发展的制度与历史问题的专家。

持批评意见者指出了NLTS的6点问题，特别以俄罗斯为例：①建立市场经济体制需要几十年的努力，需要政府的积极参与；②在建立有效的市场经济体制前全部取消原有的中央调控体制会导致经济混乱；③立即开放原来严格控制的经济将引发难以控制的通货膨胀；④从紧的财政与货币政策导致经济长期低迷，而且阻碍产业的重组与现代化，因此它们需要政府大规模的投资和充足的信贷；⑤在一个没有合法的富裕阶层的社会，私有化将变质为对国有资产的窃取，而对社会没有经济贡献；⑥转型国家的自由贸易政策使本国的生产者在没有获得竞争力之前不得不面对强大的国外竞争者。

主流经济学家显然不受俄中两国令人印象深刻的对比结果的影响，也不接受批评者的观点。主流经济学界对俄/中两国对照的反应可以在世界银行研究中找到，即“从计划到市场”（世界银行，1996），该研究寻求对经济转型经历提出一个全面的分析，它也为了解主流经济学家对俄/中对比的反应提供了一个窗口。研究的确承认对正统的新古典主义者的一项批评。或许是感到中国例证的压力，它在立即私有化方面闪烁其词，声称“私有化的必要性不是在所有情况下都一样紧急。降低私有化的速度是可行的”，然而研究又立刻指出降低私有化速度“并非是最优的”（世界银行，1996）。

有些研究建议，如果中国立即采取私有化措施，它的经济增长速度就会超过年均9.4%。尽管研究说明了中国惊人的转型速度和俄罗斯及其他转型国家遭遇的严重经济衰退，但它回避就显而易见的事实做出最重要的结论。下面一一分析这三点：①降低俄罗斯经济暴跌的严重性；②将俄/中两国的转型结果归结于转型开始时的情况不同，而非转型战略的不同；③认为中国令人惊叹的成就是“尽管”，而非“由于”转型战略的不同。

（1）降低俄罗斯经济暴跌的严重性。这体现在研究中“官方数据夸大了产量的下降”（世界银行，1996）的表述中。在此未纳入官方统计的经济活动成为被怀疑对象。然而以俄罗斯为例，政府统计者事实上将对未报道的经济活动的估计也纳入到了官方统计数据中。如果研究所说的正确，很难理解的一点是俄罗斯政府为何有目的地低估这些经济活动，反而使自己显得很差。

面对28个国家中26个国家5年或更长时间的经济负增长，该研究却只是说“一些处于转型的国家”“经历了短期生活水平的下降”（世界银行，1996）。然而经济学家一般并不将5年视作“短期”。研究中另一处甚至忘记了短期问题。该研究声称，转型期间收缩的只是过度建设的部门，然而在俄罗斯所有产业部门都经历了大幅下降。显然相对于人们的需求来说，俄罗斯的农业、食品加工和纺织业不存在建设过度问题。在这里显然固有的观念战胜了现实。俄罗斯经济暴跌的一些重要的方面可以在图表中看到，但在研究文字中却只字未提。最惊人的疏漏是没有对俄罗斯、其他从俄罗斯独立的国家和中东欧国家投资暴跌的评论。虽然经济增长不仅仅需要高投资，但高投资是实现现代化和快速增长不可或缺的部分。

（2）转型基础条件与俄罗斯/中国记录。该研究将中国令人印象深刻的增长记录以及其他转型国家的经济大幅下跌主要归结为“中国在转型初期良好的基础条件”。该研究所提到的俄罗斯与中国在基础条件上的主要不同点包括中国更为低下的人均收入水平和更为庞大的农业人口（中国占71%，俄罗斯占13%）；更为有限的社会保障体系和更为分散的经济与政治结构。研究报告因此得出结论认为，转型时的基础条件和结构特点在很大程度上解释了转型结果的不同。即使中俄之间的这些不同点可以说明中国具有取得更快增长速度的潜力，但却很难说明俄罗斯为什么遭受了重大经济衰退。

该研究报告的确在随后的部分讨论了其他转型国家出口暴跌的原因，主要有三点：自由化导致的需求变化；经济互助委员会（前苏联贸易集团）和苏联的解体，以及在新的市场机制建立前中央计划经济体制的消失导致的供给瓦解。三个因素中的两个因素属于NLTS的问题，这也是中国战略所避免的措施，然而该结论却没有得出转型战略是问题的主要原因的结论。“过度追求稳定”有可能具有副作用，这个可能性没得到重视，原因是证据不足，虽然对这一结论也没有证据支持。

（3）中国令人惊叹的成就是“尽管”，而非“由于”转型战略的不同。该报告对中国的转型经验作如下描述，“为什么中国非全面、分阶段的改革仍然取得了快速增长？”这个现象被看做是一个“疑惑”，因为作者认为中国的战略显然不如NLTS。如前文所述，该报告对这个“疑惑”的回答是中国的快速增长得益于初期良好的基础条件，主要是更为落后和中央集权程度较低。研究指出，“体制发展是中国保持改革可持续性发展势头的关键因素"，报告担忧"中国在这个方面依然落后，因为中国银行业与中东欧国家相比不是以市场为基础，许多贷款仍然通过中央信贷计划来发放"。

报告显然低估了这样的可能性，即中国的国有银行和政府主导的信贷配置体制可能有益于提高国内投资效率；相反，中东欧国家虽然是市场主导的信贷体制但却效率低下。出于同一思路，报告担心中国的"国有部门是经济发展的累赘"，至于为什么是累赘没有做出解释，可能是由于显而易见国有企业天生不如私有企业，因此一定是经济发展的累赘。这个"经济发展的累赘"不仅自 1978 年以来取得了与经济增长几乎同样的速度，而且提供了稳定和可靠的资源投入和市场产出，以及新的非国有部门。

该报告声称有证据说明了一个"清楚的信息，可持续和持久的改革是值得的"，然而报告作者认为中国改革最成功之处在于它的"渐进"式。在报告作者的改革框架中，中国的方式是不可持续的，因为它结合了计划与市场、国有与非国有资产、固定和自由价格。

4. 结束语

综上所述不难得出结论，尽管俄罗斯和其他转型国家的经济低迷，尽管存在有另一个成功战略，为什么大多数西方主流经济学家一直支持新自由主义转型战略。NLTS 来自于几个世纪以来核心西方经济学思想，是对教科书中这一经济学理论的应用。这一理论认为，私有财产和自由市场经济是最优经济体制。因而所得出的推论是，如果私有财产和自由市场经济是最优选择，那么在政府控制下使资产私有化和市场自由化永远是最合适、更快和更好的。然而，教科书中所强调的私有财产和自由市场是概念化的、静止的平衡模型，它无力说明从一种经济体制向另一种体制转变时最好的模式是什么。如果存在着不均衡，那就是经济体制转型。经验似乎说明大多数经济学家依据标准的新古典经济学平衡模型得出的对转型战略的结论是不可靠的。

事实雄辩地说明俄罗斯为从国家社会主义体制转变为资本主义市场体制所采取的 NLTS 战略是不可行的，而 SDTS 则证明是可行的转型战略。如果俄罗斯政府倾向于采取 SDTS 战略，这一战略在 1992 年的转型中可能取得经济上的可行性。还有理由相信，即使经过多年的自由化、私有化和经济暴跌，SDTS 仍然可成功运用于俄罗斯（Kotz，1998）。然而国际货币基金组织和世界银行的经济和政治势力将使这些转型国家很难改变自己的转型战略，但是俄罗斯这个资源丰富的大国可以抵制这些压力。然而俄罗斯转变发展战略的真正阻力既不是外部压力也不是国内实施另一个经济发展路径的经济阻力，而是更多地来自俄罗斯新贵的政治权利，尽管 NLTS 给国家经济带来灾难性的影响但他们却是受益者。

资料来源：美国马萨诸塞大学经济学部 David M. Kotz。

四、在线学习

以 HDI 和人均 GDP 为衡量标准的发展中国家排名一直在变化。找出中国近 10 年来以 HDI 和人均 GDP 为衡量标准的排名并进行比较。可以在互联网上搜索"人类发展报告"或 IMF 的年度报告。

第三章　中国农村及农业的改革与发展

【本章内容】

本章首先从中国农业政策理论、农业政策分析和政策发展三个方面介绍了中国农业政策理论和实践，其次进一步梳理了中国农业改革的发展历程，简述了发展现状并指出了在发展中所存在的问题，最后初步预测了中国农业改革的未来，包括未来发展战略、面临的机遇与挑战。

【本章要点】

● 掌握农业价格政策工具、宏观经济政策工具、公共投资政策工具等概念，理解农业政策变化的原因。

● 了解中国农业改革发展的四个阶段，包括改革的原因、方法和结果等方面；了解中国农村的现状及存在问题。

● 了解中国农业未来面临的机遇和挑战，理解未来农业发展的策略。

在过去的 30 多年里，中国已经实现了它的农业政策目标：农业产量急剧增加，农村工业已经吸纳了大量的农村劳动力，贫穷极大地减少，食物消费的水平和质量显著提升。政府工作的重点已经从增加供给转到了最近的改善经济和环境保护。中国在全球农业食品市场上扮演着越来越重要的角色。然而中国在农业现代化的道路上仍然面临着很多的挑战。各种资源正显露出过分使用的倾向，农业中化学物品大量使用，土地和水资源亟须得到保护。而且，因为劳动力离开农业，更加灵活的土地管理方案的需求日益上升。由于消费者增加了从超市和各种现代化市场购买产品的比重，并且对品质、安全、便利和种类的要求跟发达国家的消费者类似，因此中国面临很多市场挑战。由于工业的提前发展和农业的落后，给农户提供额外的收入支持已经成为一个核心，这在同等发展水平的国家中也是很常见的现象。中国正努力跟上发达国家的农业技术，包括生物技术和生物燃料技术，这对于保证将来的食物和能量需要是至关重要的。

本章分成三节，第一节分析了中国农业政策的理论和实践。第二节描述了中国农业改革的发展。第三节对中国农业改革的未来进行了展望。

第一节　中国农业政策理论

中国居住在农村的人口超过了 7 亿，因此中国还是一个典型的农业国家。尽管生活水平有了实质性的改进，但中国农村仍旧很落后。城乡收入和服务的不均衡以及随后出现的农民工进城都对未来的发展形成巨大的挑战。十六届五中全会提出："建设社会主义新农村"，实施相关的管理和财政改革，提出创新的方法解决挑战并且已经在农村地区投入大量资金。

一、农业政策的框架

一个框架是一个有组织的，持续一致的清晰思考的方法。它的设计允许进行经济系统内的关联研究。农业是指以土地资源为生产对象的部门，它是通过培育动植物产品从而生产食品及工业原料的产业。目的是改变生产者和消费者的行为。分析是指对政府改变经济行为的决定的评价。一个政策框架包括四个部分——目标、约束条件、政策和策略。目标是指政策制定者设计经济政策时想要实现的经济目标。约束条件是局限目标实现的经济现实。政策是指政府能够使用的改变经济结果的工具。策略是政府官员使用的取得他们目标的一系列经济工具。这四个要素连接的顺时针循环构成了政策框架。政策制定者通过一系列政策实现改变经济结果的目标。要使选择的政策能够发挥作用，就要通过设置经济参数来考虑约束条件。约束条件通常被设定为供给、需求和世界价格条件。对目标影响的评估之一就是对给定策略的合适性的评估。绝大多数政府政策要取得三个基本目标之一——效率、公平、保障。当资源的分配产生了最大的收入，货物和服务的分配产生了最高的消费者满意度的时候，效率便实现了。公平是指收入在群体和地区的分配实现了政策制定者的目标。典型的是，更高程度的公平通过更多的收入分配实现。当政治和经济的稳定性允许生产者和消费者最小化调整成本的时候，安全的目标就实现了。食物保障是指食物在能够支付得起的、合理稳定的价格上供给充足。为了促进一个目标却阻止了另一个目标时，就需要权衡了，即在一个目标上获益却导致了在另一个目标上的损失。政策制定者——不是经济分析者——有责任去进行价值判断并对各个目标赋予权重。在极少无须权衡的情况下，政策分析和政策制定变得很容易。然而，典型的是经济分析者需要评估政策，政策的制定者需要对目标设置权重。农业政策的约束条件是资源、技术、人口、收入、偏好、管理能力、相对投入价格、相对产出价格、世界价格。

二、农业政策和工具的分类

1. 农业政策的分类

影响农业的政策分为农业价格政策、宏观经济政策、公共投资政策三类。农业价格政策是关于具体商品的。每一种价格政策对应的目标是一种商品。价格政策同样影响农业投入。宏观经济政策覆盖全国范围，影响所有的商品。公共投资政策是公共预算中的资本花费。它们能够影响各种农业集团——生产者、贸易者和消费者，不同点在于投资的具体地区不同。

2. 农业政策工具的分类

农业政策工具也分为农业价格政策工具、宏观经济政策工具和公共投资政策工具三类。

（1）农业价格政策工具。农业价格政策使得预算在受影响商品的生产者、消费者和政府之间转移。一些价格政策仅影响这三者之间的两个，另一些影响三个。在所有例子中，实施农业价格政策工具一般至少使一群体受损失，一个群体获益。农业价格政策工具包括税收、补贴、国际贸易管制、直接控制。

对农业产品的税收和补贴导致了资源在公共预算和生产者、消费者之间的资源转移。税收将资源转移给政府，补贴将资源从政府处转走。例如，一个直接产品补贴就将资源从政府预算转移到农业生产者。

国际贸易管制是限制出口或者进口的税收或者配额。通过限制贸易，这些价格工具改变了国内价格水平。进口限制提高国内价格水平到可比较的世界价格水平之上，出口限制使国内价格降低到可比较的世界价格水平之下。

直接控制是政府对价格、市场利润或种植选择的管理。典型的，直接控制必须伴随着贸易管制或者税收和补贴才能有效，否则，不合法交易的“黑色市场”将导致直接控制的无效。在没有配套实施贸易管制的情况下政府仍有充足的政策能力去实施直接控制的情况比较少见。种植选择的直接控制能够被强制，如果政府分配灌溉用水或者限制购买投入。

（2）宏观经济政策工具。农业生产者和消费者会受到宏观经济政策的重要影响，即使他们较少受到这种覆盖全国范围的政策的影响。宏观经济政策分为三类影响农业。

货币和财政政策是宏观经济政策的核心。因为它影响价格通胀率，价格通胀率通常是由消费价格指数和生产价格指数来测量的。货币政策指的是对一个国家货币供给和总需求的增长率的控制。如果货币供给增加快于总货物和服务增长，通胀的压力就会出现。财政政策指的是募集政府收入的政府税收政策和使用政府收入的公共消费政策之间的平衡。当政府花销超过收入，政府运营就出现财政赤字。此时如果通过增大货币供给来填补财政赤字，那么就会导致通胀。

外汇兑换率政策直接影响农业价格和成本。外汇兑换率是国内货币和国外货币的兑换率。绝大多数农业商品参与国际交易，大多数国家既进口一部分农业需求品，也出口一部分农业供给品。对于国际交易商品，在没有贸易管制的情况下国际价格就设定了国内价格。因此兑换率直接影响一种农产品的价格，因为一个可交易的商品用国内货币表示的国内价格等于用外币表示的国际价格乘以兑换率。

要素价格政策直接影响农产品成本。首要的生产要素是土地、劳动力和资本。土地和劳动力成本典型地构成了发展中国家大多数农产品生产成本的大部分。政府经常颁布宏观政策影响土地租赁率、工资率或者利息率。政府颁布的要素价格政策，如最低工资或最高利息率对一些部门的影响超过了其他部门。有一些政府引入特殊政策以控制土地使用或者管理自然资源的开发，如矿产品或者水。这些宏观政策同样能影响农业产品的成本。

（3）公共投资政策工具。对基础设施的公共投资能够增加对农业生产者的返还或者降低农业生产成本。基础设施指的是必要的资本资产，如公路、港口和灌溉网络工程。私人部门不愿提供的资产，这些资产被称为“公共产品”，它们一般由政府预算提供。基础设施的投资根据具体地区的自然情况，主要受益者为当地的生产者和消费者。由于基础设施必须被维持和更新，所以公共投资政策就变得复杂。

政府财政预算中人力资本的公共投资部分花费相当大的比例用于提升农业生产者和消费者的技能与健康水平。政府利用财政预算对正式学校、培训拓展中心、公共健康设施、诊所和医院的投资都是公共资金花费能够提升农业部门人力资本水平的例子。

对基础设施、人力资本等的投资对长期发展至关重要，但一般要经过很多年才能看到其对农业的红利。

在研究和技术领域的公共投资将使农业生产者和消费者直接受益。享有较快农业增长的国家通常主要投资在农业科研上，去培育和改造在海外国际科研中心开发的高产出的食品和商品作物的多样性。这些“奇迹种子”经常需要新的农业生产技术，利用较好的水控制和更多购买的投入品的运用。对于一些商品，公共投资支持的技术突破是在农业生产过程而不在种植过程。

政府选择一系列政策，然后形成农业策略，进一步推进在约束条件下的农业经济的目标的实现。

三、中国农业政策分析

（一）农业政策的目标

类似于其他国家，中国农业的整体目标是支持经济发展。1979 年农村改革之前，中国有两个农业政策目标：为城市居民生产充足廉价的粮食，出口农产品换取外汇为城市工业化进口先进的技术和设备。从 1979 到 2001 年底中国入世的二十多年里，这些具体的目标得到了发展和扩充。这些变化体现在以下七个方面：减少对城市工业化的支持；减少通过农产品贸易换外汇，因为制成品出口贸易已经到达了高峰；增加对农民收入的关注；更加强调国内市场稳定和长期食品安全；强调政府预算和国营企业的负债；为了加入世贸逐渐放开农业贸易；关注环境保护。

中国“十一五”发展规划（2006~2010年）中农业政策目标不仅包括促进农业发展增加农业收入，而且还包括新的目标：提高农业部门生产效率；改善农村地区的服务；提升农民教育水平；加大对农村地区的公共投资和私人投资；深化全面农村改革。

“十一五”发展规划也号召建立工业部门支持农业部门、城市支持农村的机制。总结起来，粮食自给自足、维持稳定的国内生产销售、农产品价格水平有利于农民利益等传统的目标。2008年11月中旬，中国政府宣布国家的中长期粮食保障计划，到2020年粮食自给自足率达到95%，从现在的98%稍微有所下降。

“十二五”规划提出粮食生产95%自给自足率，2020年农村住户的收入实现翻一番，提高食品安全，改善环境，提高农业竞争力，完善农村地区社会和技术的基础建设。

（二）农业政策分析

自从2001年12月“入世”后，中国采用了混合方法制定农业政策。中国已经放弃了全面中央直接计划，国家垄断并且继续朝着更加市场化导向的经济迈进。中国已经按照世贸组织的要求采纳了一个更加开放的贸易体制。而且，中国的政策制定者已经储备了重要的政策杠杆用于指导农业经济。

尤其作为世贸组织成员，中国削减了农产品关税，主要的农业政策工具之一，达到平均15.3%；取消了绝大多数的国营垄断；减少了非关税壁垒；允许外国公司在中国经营农业；同意设立卫生和安全标准并且同意公开标准和管理规则。使用关税配额限制某些商品的进口，大米、小麦、玉米、棉花和糖配额内的进口关税较低在1%~5%，但是进口超过配额后关税明显增加。分配给国营贸易公司的配额仍然相对较高。比如2007~2008年，分给国营贸易公司的全部小麦、糖、玉米、大米和棉花的配额比例分别是90%、70%、60%、50%和33%。

自从入世后，中国已经宣布和实施了一些重要的农业政策，体现在：

（1）中国国内农业政策——减税、农业补贴、投入补贴、价格支持和农业创新金融支持——入世后都被重新修订了，部分地抵消了中国农民对进口农产品影响的预期。

中国对农业征税的历史是世界上最长的国家之一，已经超过了2000年。然而，当工业已经很先进时，近年来每年农户的平均收入已经远远落后于城市家庭的收入。2004年中国政府宣布逐步取消上缴给政府的农业税，到2006年，中国全部取消了历史长达几个世纪的农业税。

在20世纪初，政府在粮食生产，价格制定，销售领域从一个直接控制角色转变到股份制参与，但是这个趋势有所减慢甚至有反向逆转的兆头；现在，政府已经建立了最低价格采购政策，这使得政府又一次成为粮食谷物的主要购买者。

2004年，政府开始设置大米最低采购价格，然后在2006年政府又将最低采购价格适用到小麦确保农民生产更多的粮食谷物。比如，中国政府在2004年为早产水稻、中产水稻和旱地水稻设置的最低采购价是0.7元、0.72元和0.75元每市斤，到2007年分别提高到0.77元、0.79元和0.82元每市斤。2008年，政府按照最低采购价格从市场采购了超过80百万吨的小麦。2009年，政府又将最低采购价格适用到东北的玉米和大豆、扬子江的油菜和新疆自治区的棉花。

2004年，中国政府开始货币补贴粮农以鼓励其粮食种植的积极性。补贴的主要形式包括直接补贴粮农生产商和补贴购买高品质种子、高产谷物品种、更好的动物品种和大型机械设备。2008年，政府直接补贴每亩增加了超过了40元（一亩相当于1/15公顷），从2008年每亩平均17元，到现在某些地方每亩的补贴超过了70元。2008年中央对农业的金融支持超过951亿元人民币，而2004年的金融支持只有117亿元人民币，如表3-1所示。

表3-1　中国农业补贴项目与金额

（单位：10亿元人民币）

项目	开始的年份	2003	2004	2005	2006	2007	2008
直接支付	2004	——	11.6	13.2	14.2	15.1	15.1
投入补贴	2006	——	——	——	12.0	27.6	63.8
高品质种子	2003	0.4	——	3.9	4.2	6.7	12.1
器械补贴	2004	——	0.1	0.3	0.6	2.0	4.0
最低采购价	2004	——	——	——	5.9	——	——
奶牛补贴	2006	——	——	——	0.1	0.1	0.1
总计		0.4	11.7	17.4	37.0	51.5	95.1

数据来源：Estimated by DRC，State Council，April，2008.

（2）中国通过增加出口退增值税、削减特别关税、颁发进口许可证、扩大进口配额、出口税和出口配额补充了传统的贸易措施——关税和配额。

中国农产品进口一般要征收增值税。对进口农产品的税率一般是13%，比国内生产产品的税点低4个百分点。农产品进口要受到许可证和进口限制。自动许可证用于管理常规进口；非自动许可证用于履行中国的国际责任并管理关税配额。自动许可证涵盖的农产品种类有一些肉制品、食用油和烟草产品。国营出口的农产品包含棉花、大米、玉米和烟草。农产品出口的增值税退税率在出口时依据商品种类的不同有不同的退税率。所有农产品的增值税一般是13%。出口农产品的退税率一般是5%。使用本国农产品作为原料生产的产品出口退税率从2007年的5%增加到11%~13%，以促进本国出口产品使用农产品作为原料。

考虑到世界农产品的高价格和本国农产品市场的通胀，中国财政部在2007年12月17日在官网上宣布从2007年12月20日起取消部分农产品的增值税返回（包括小麦、大米、水稻、玉米和大豆），用于限制农产品出口。这个政策旨在缓解国内市场的粮食价格通胀。

而且国务院在2007年12月30日宣布，54种主要的粮食和油籽产品（包括小麦、玉米、水稻、大米和大豆）和它们的加工品如果出口不仅取消出口退税，还将征收5%~25%的税。这个政策是为了进一步控制主要农产品的出口。出口控制政策表明了政府控制国内粮食和食用油价格通胀的决心。2008年的中国海关管理年中报告显示因为出口关税和取消出口退税，2008年第一季度小麦和玉米的出口分别下降了46%和96%。

（3）政府使用“早期预警系统”跟踪交易、价格和其他指标以便通过各种政策措施纠正市场失灵。商务部运营的这套管理系统，决定了是否进口的数量过多超过了消费总量，尤其是大豆和玉米的量；而且更重要的是防止进口伤害国内产品的生产和国产商品出口需求。

（4）在中国，一般是由中央层次的政府制定农业政策，但是省级和地方政府在实施时有一定的回旋余地。上面提到的很多政策仅仅适用于个别具体的省份或者地区。有的时候，除了中央给予补贴，地方政府可能额外给予了一定数量的补贴。有的时候，有些地方政府扣留中央对农业补贴弥补财政赤字。

第二节 中国农业改革的发展

过去 30 多年里，中国已经显著提升了农村人群的生活标准。1978 年，我国贫困人口为 2.5 亿人。截至 2010 年按照人均纯收入 1274 元的扶贫标准，全国农村贫困人口已减至 0.21 亿人，农村家庭纯收入从 1978 年到 2009 年几乎翻了八倍。

但是这一进展现在受到威胁。全球的金融和经济危机一直在冲击着农村经济：很多进城务工人员正在从城市返回农村，并且希望在农村找到工作。那些依靠进城务工人员寄回的生活收入的家庭会明显感到收入的减少。一些学者估计有进城务工人员的家庭收入增加了大约 13%，现在这些家庭将会感受到经济萧条的影响。

一、中国农业改革的发展过程

1978 年开始的改革，在整个过程中国农村经济取得了巨大的进步，实现了各个目标：农业产量快速提升，农村工业吸收了大量的农村劳动力，贫困急剧减少，食品消费的水平和质量显著提升。人民公社制度被一个个体家庭租赁集体土地，确保了几乎所有的农村家庭都能获得土地的制度所取代，实现了最低程度上的食物自给自足。中国 30 多年的农村改革分为 4 个阶段。

1. 第一阶段：1978~1984 年

以 1984 年中央提出土地承包制 15 年不变为标志，第一阶段的关键点是家庭联产承包责任制。1978 年底，安徽省凤阳县小岗村 18 位农民开创了家庭联产承包责任制的先河。1980 年，中央政府在文件中明确指出在农村领域广泛实现各种责任制。自此，各种责任制如包产到户、以家庭为基础的合同制等都逐渐确定和普及起来。到 1983 年底几乎全部的中国农村地区都采纳了统分结合的双层经营体制。1984 年，中共中央委员会提出土地承包制 15 年不变。以这种方式，家庭联产承包责任制成为了全国范围内的基本生产方式。这个阶段的改革取消了人民公社制度，理清了农村产品分配关系，赋予了农民生产经营决定权，打破了大锅饭的分配体制，极大地激励了成千上万的农民的积极性，解放了农村生产力，并且为农村进一步的改革奠定了基础。

2. 第二阶段：1985~1991 年

以 1990 年 10 月中央在郑州建立小麦批发市场为标志，第二阶段改革的关键点是农产品的流通体系，调整农村产业结构，发展乡镇企业。中央政府改革了对农产品由政府依据配额统购的制度。国家不再向农民下达农产品统购派购任务，实行合同定购，并且逐渐减少定购合同的数量。在价格方面，粮棉的收购价格提高，其他农产品由市场定价，粮棉统购实行定购比例价。在调整农村产业结构方面，决不放松粮食生产、积极发展多种经营，优化种植业结构。改革使农、林、牧、副、渔业得到综合发展。同时，鼓励农民从事非农产业，如工业和商业，发展乡镇企业。这个阶段的改革取消了农产品的统购制度，农产品的分配体制逐渐活跃，通过引入市场机制激活了农村经济，破除了粮食生产在农业经济中一支独大的单一结构。

3. 第三阶段：1992~2002 年

以 1992 年邓小平南方谈话和同年 10 月的十四大召开为标志，第三阶段的关键点是稳定农村的基本政策，建立和完善农产品的市场体系，促进农村劳动力的合理流动，完善经营结构。政府提出在原定的承包期限到期之后，再延长 30 年不变。完善了农产品分配体系，并建立了社会主义市场经济分配体系。完善了乡镇企业所有权改革，调整个人和产品结构。由于技术和内部管理的极大改变，乡镇企业迅猛发展。

4. 第四阶段：从 2003 年至今

以入世为标志第四阶段的关键是通过全面考虑经济社会的全局去调整城乡关系，建立能够提升农村经济发展的长期机制。在清理收费系统和调节税的制度下，基于改善税收体制，农业税被废止了，这意味着已经实施了 2600 多年的“皇粮国税”体制结束了。同时，改善了农村组织，改革农村义务教育和农村金融体系。粮食的买卖市场更加开放。农民的许多问题得到了解决，也为愿意进城务工的农民创造了更好的条件。依据努力实现城乡平衡发展的目标，社会主义新农村建设全面展开，国家大力支持农业和农村发展。这个阶段的改革改变了城乡的分配关系，改善了农村经济发展的条件。

30 多年持续和深度的农村改革给中国大地带来了巨大的历史性改变。

二、中国农村的现状

2006 年中国农村人口有 73700 万人，占全国总人口的 56%，1981~2007 年，农村的人均实际收入增长了几乎五倍，每年大约 6%的增长率（见图 3-1），农村贫困率显著下降。这个进步既反映了农村社会经济条件的进步，也反映了流向城市的农村外出务工人员的流动，2006 年达到 13210 万人口。这些外出务工人员对促进经济发展和农村地区收入多元化发挥了很大的作用。外出务工人员返回农村家庭的收入提高了农村人均家庭收入 8.5%~13.1%。然而，不同的城市地区和农村地区之间的差距仍然在拉大。2007 年人均收入的名义城乡比例达到历史新高 3.3。农村的人均收入水平在省份之间差异很大，因为农村地区的非农业工作的就业机会不同，农业劳动生产率差异很大。最贫穷的农村地区的特点就是主要依靠农业。

农业人口占总就业人口的 40.8%，然而 2007 年农业对国内生产总值的贡献只占到 11.3%（包括林业和渔业）（见表 3-2）。农业的劳动产出率低，仅占其他产业平均水平的 1/5，2007 年创造了城乡收入差距的最高纪录，城市地区平均每个人的收入是农村地区的 3.3 倍。农业比经济的其他部分参与全球经济的比率低，仅占中国总出口的 3%，总进口的 4.3%。而且因为食品价格增加，2007 年食品占总生活消费支出的比例增加到 38%。

中国农村经济发生了显著变化，农业在农村就业和收入中所占的比例下降（见图 3-2）。尽管农业产量显著增加，结构重组持续进行，但是农业劳动力产出仍然很低。目前农业再吸收返乡工人是很困难的，除非农村劳动生产率和每个农民的平均收入显著下滑。乡

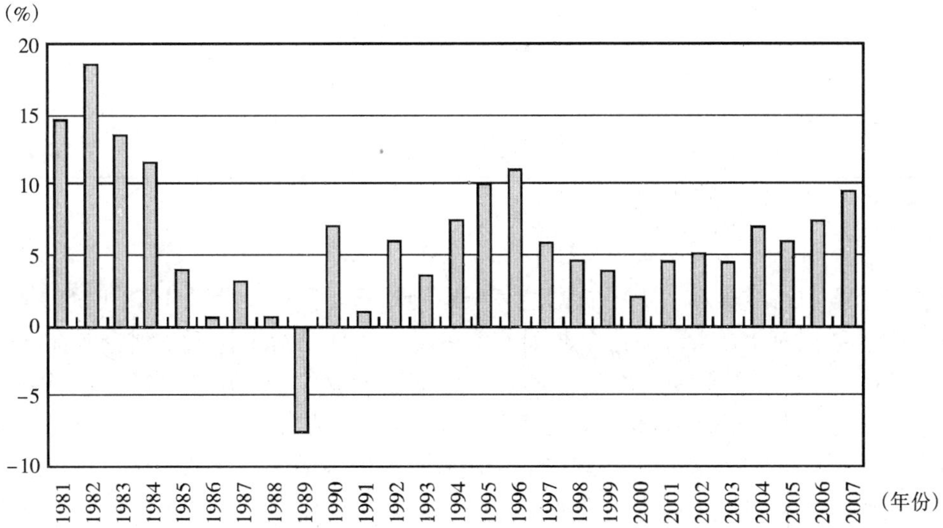

图 3-1　农村人口人均净收入的增长率（1981~2007 年）

资料来源：根据中国统计年报整理。

表 3-2　中国基本经济和农业指数（2005~2007 年）

年份	2005	2006	2007
基本经济指数			
国内生产总值（美元，10 亿）	2244	2658	3280
国内生产总值增长率（%）	10.4	11.6	11.9
人均国内生产总值（美元）	4088	4682	5345
通胀（年均，%）	1.8	1.5	4.8
汇率（年均，每美元的当地货币）	8.2	8.0	7.5
人口（百万）	1305	1312	1320
农村地区人口（%）	57.0	56.1	55.1
占国内生产总值的比例（%）			
农业	12.5	11.3	11.3
工业	47.5	48.7	48.6
服务业	40.0	40.0	40.1
占就业的比例（%）			
农业	44.8	42.6	40.8
工业	23.8	25.2	26.8
服务业	31.4	32.2	32.4
食品支出占收入的比例（%）	39.3	37.9	38.2
基础的农业指数			
农产食品出口（% 占全部出口的比例）	3.6	3.2	3.0
农产食品进口（% 占全部进口的比例）	4.3	4.0	4.3
农产食品贸易平衡（美元，百万）	−1464	−960	−4350
全谷物产量（百万吨）	427.8	451.0	456.0
总肉类产量（百万吨）	77.4	70.9	68.7
自然资源和农业结构			
平均农业规模（公顷）	0.5	0.6	0.6

续表

年份	2005	2006	2007
农业用地（百万公顷）	556.3	n.a	n.a
人均耕种土地（公顷）	0.1	0.1	0.1
种植农作物的土地（百万公顷）	155.5	153.0	153.6

注：n.a 表示：没有找到此项数据。
资料来源：根据中国统计年报整理。

镇企业的快速增加已经显示了中国农村经济结构的转型。乡镇企业从 1978 年的 150 万家扩展到 2006 年的 2300 万家，在这个时期共创造了 11900 个新工作。乡镇企业在 20 世纪 90 年代初期得到迅猛发展，在 90 年代的后半期明显下滑，并且在 21 世纪头 5 年稳步提升，每年新增价值、出口和利润的增长率都达到 20%。在按照乡镇企业“产出价值”排名的前 10 个省份中，有 8 个位于沿海地区。中国农村有巨大的未开发的经济多样化的潜力。然而当前的经济下滑为经济多样化增加了压力。中国是世界上环境最多样化的国家之一，并且农村地区有丰富的文化遗产。而且，有政府资金支持的，未开发的可再生资源充沛。但是因为较快的经济增长已经给环境施加了相当大的压力，威胁了潜在的多样化。土壤侵蚀和沙化是中国农村各地方的严重问题。

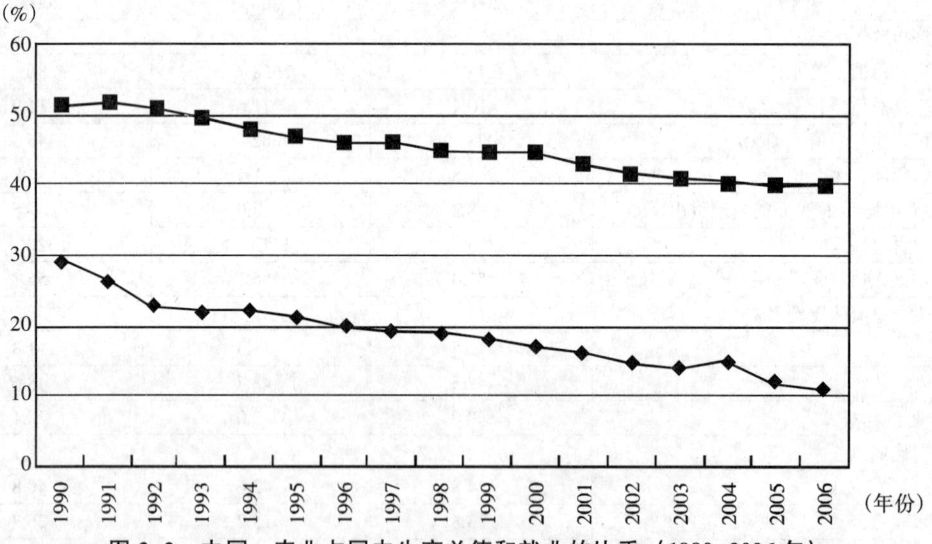

图 3-2　中国：农业占国内生产总值和就业的比重（1990~2006 年）

注：下面的线代表农业占 GDP 的比例，上面的线代表农业人口在全部就业人口的比例。
资料来源：世界发展指数，2008。

三、中国农村现存的主要问题——收入差距

改革期间最显著的成就之一就是实际人均纯收入的增加，主要来源于非农业就业机会的增加。从 1980~2000 年实际农村收入增加了 3 倍多。农村地区收入的全面提升，包括贫穷地区，已经导致贫穷的急剧下降。更重要的是中国贫穷人口中 99%生活在农村。按照中

国的标准每天生活费在 0.6~0.7 美元以下的算贫困人口，中国生活在贫困线下的人口从 1978 年的 25000 万人减少到 2003 年的 2900 万人。换句话说，在这个阶段受贫困影响的农村人口的比例从 31%下降到 3%。按照世界银行对贫困的定义（每天收入低于 1 美元），2002 年中国农村生活在贫困线以下的人口仍然高达 8800 万人，但是消灭贫困的过程仍然是非常富有成效的，从 1979~2002 年共有 40000 万人口脱贫。

中国的贫困地区主要集中在西部省份和那些遥远的、人口稀少、自然和人力资源都很贫瘠、发展缓慢、与其他的经济缺乏联系的地区。这使得进一步减少贫困变得困难，而且也是 20 世纪 90 年代中期消灭贫困速度减慢的部分原因。而且，刚刚脱贫的农村地区对天气状况的依赖程度还是很高，一旦自然条件恶化，它们很可能有重新跌入贫穷。在中国农村几乎不存在社会保障体系，那些最需要的家庭很少能得到公共援助。

尽管快速地减低了贫困的程度，中国农村收入的全面提升还不足以弥补城乡差距，因为农业和经济的其他部分之间的劳动生产率存在较大差异。事实上，在改革的过程中，收入差距在扩大。20 世纪 80 年代中期城市地区的人均收入是农村地区的 1.85 倍，但是到了 2003 和 2004 年，这个数据升到 3.2 倍，这是整个改革阶段的最高值。这主要是由于有限的要素流动，尤其是劳动力和资本。剩余农村劳动力和低的劳动生产率已经导致了农村的低收入和隐形失业。在教育，医疗，公共服务上的差异进一步拉大了城乡差距。

第三节 中国农业改革的未来：机遇和挑战

目前，中国是世界上最大的经济体之一，一个重要的出口国和进口国，一个跨国公司纷纷落户的地方。农民在自己管理的土地上种植各种农作物，从事家庭的牲畜和副业生产，并且到全国各地从事工业和服务业。绝大多数制成品是在沿海地区生产的，并通过市场流向全国。国有部门仅代表了经济产出的 1/3，许多现存的国有企业在股票市场上募集资金并且与外商合资。人民生活水平显著提高。

农业改革在过去 30 多年对中国经济复兴发挥了重要的作用。重建家庭农业生产是火种，“点燃了”建立市场和放弃政府直接控制经济的过程。改革的结果是农民收入提高，几百万人成功脱贫，丰富了城市人口的“菜篮子”。到 20 世纪 90 年代，城市和工业部门也进行了改革，其增长开始超越农业和农村的增长。但是农业仍然扮演着重要角色，满足了城市人口对水果、蔬菜和家禽产品以及传统的粮食的需求。从集体农业中解放出来的数不清的廉价劳动力流入中国繁荣的生产和城市建设部门。

一、中国农业发展的机遇

中国当前的农村发展战略和相关改革是合理的，具有创造性。鉴于区域不平衡，国家增加了对农村地区的公共投资，尤其是对农业、基础建设和公共服务领域的投资。同样，一个全面的农村税费改革成功地减轻了农民的财政负担。

中国解决2008年以来的经济刺激方案中包含了很大部分的地区和农村政策。这些政策同样也给农村经济发展提供了很好的机遇。

1. 国家进一步健全强农惠农政策体系，推动资源要素向农村配置

第一，继续加大国家对农业农村的投入力度。中央明确要求，要按照总量持续增加、比例稳步提高的要求，不断增加"三农"投入。确保财政支出优先支持农业农村发展，预算内固定资产投资优先投向农业基础设施和农村民生工程，土地出让收益优先用于农业土地开发和农村基础设施建设。各级财政对农业的投入增长幅度都要高于财政经常性收入增长幅度。耕地占用税税率提高后，新增收入全部用于农业。新增建设用地土地有偿使用费全部用于耕地开发和土地整理。继续增加现代农业生产发展资金和农业综合开发资金规模。

第二，完善农业补贴制度和市场调控机制。增加良种补贴，扩大马铃薯补贴范围，启动青稞良种补贴，实施花生良种补贴试点。进一步增加农机具购置补贴，扩大补贴种类，把牧业、林业和抗旱、节水机械设备纳入补贴范围。落实和完善农资综合补贴动态调整机制。逐步完善适合牧区、林区、垦区特点的农业补贴政策。继续提高粮食最低收购价。扩大销区粮食储备规模。适时采取玉米、大豆、油菜籽等临时收储政策，健全国家收储农产品的拍卖机制，做好棉花、食糖、猪肉调控预案，保持农产品市场稳定和价格合理水平。

第三，引导信贷资金和社会资源投向"三农"。落实和完善涉农贷款税收优惠、定向费用补贴、增量奖励等政策。进一步完善县城内银行业金融机构新吸收存款主要用于当地发放贷款政策。拓展农业发展银行支农领域。积极推广农村小额信用贷款。加快培育村镇银行、贷款公司、农村资金互助社。扩大农业保险保费补贴的品种和覆盖的范围，加大中央财政对中西部地区保费补贴的力度。鼓励对特色农业、农房等保险进行保费补贴。健全农业再保险体系。鼓励社会力量参与农村产业发展和公共设施建设。企业通过公益性社会团体、县级以上人民政府及其部门或者设立专项的农村公益基金会，用于建设农村公益事业项目的捐献支出，不超过年度利润总额12%的部分准予在计算企业所得税前扣除。抓紧健全科技、教育、文化、卫生等下乡支农制度。

第四，开拓农村市场。加大家电、汽车、摩托车等下乡实施力度，大幅度提高家电下乡产品最高限价。增加补贴品种，补贴对象扩大到国有农林场（区）职工。大力发展物流配送、连锁超市、电子商务等现代物流方式，支持商贸、邮政等企业向农村延伸服务，鼓励农村信贷消费。

2. 加快农业基础设施建设，提高农业发展的科技支撑能力

第一，大力实施农业生产扶持项目。全面实施全国新增千亿斤粮食生产能力规划。加快建立健全粮食主产区利益补偿制度，继续减少直至取消主产区粮食风险基金地方资金配套。加快优质油菜、花生生产基地县建设，积极发展油茶、核桃等木本油料。扩大粮棉油糖高产创建实施规模，年内覆盖全国所有农业县（农场）。实施新一轮菜篮子工程建设，加快园艺作物生产设施化，畜禽水产养殖规模化。支持畜禽良种繁育体系建设。加强重大动物疫病防控，完善扑杀补贴政策，推进基层防疫体系建设。增加渔政、渔港、渔船安全设施等建设投入。加快农产品质量安全监管体系和检验检测体系建设。

第二，抓好农业基础设施建设。加快大中型水利枢纽工程建设，搞好蓄滞洪区建设和

山洪灾害防治。大力推进大中型灌区续建配套和节水改造，加快末级渠系建设。启动大中型病险水阀除险加固。加快大型灌排泵站更新改造。大幅度增加中央和省级财政专项补助资金，新增一批小型农田水利建设重点县。支持山丘区建设雨水集蓄等小微型水利设施。加大财政对农民用水合作组织的扶持力度，加强基层抗旱排涝和农村水利技术服务体系建设。支持农田排灌、土地整治、土壤改良、机耕道路和农田林网建设，把800个产粮大县的基本农田加快建成高标准农田。继续增加农业综合开发、农村土地整治投入，推进中低产田改造。扩大测土配方施肥、土壤有机质提升补贴规模和范围。推广保护性耕作技术，实施旱作农业示范工程。

第三，提高农业科技创新和推广能力。继续实施转基因生物新品种培育科技重大专项。推动国内种业加快企业并购和产业整合。实施农村科技创业行动、科技富民强县专项行动计划、科普惠农兴村计划，推进现代农业产业技术体系建设。抓紧建设乡镇或区域性农技推广等公共服务机构，扩大基层农技推广体系改革与建设示范县范围。积极发展多元化、社会化农技推广服务组织。推进农用工业技术改造。大力推广机械深松整地，支持秸秆还田，水稻育插秧等农机作业。

第四，健全农产品市场体系。支持重点农产品批发市场建设和升级改造，加快建设粮棉油糖等大宗农产品仓储设施，加快发展农产品期货市场，全面推进双百市场工程和农超对接完善全国鲜活农产品绿色通道政策。

第五，构筑生态安全屏障。巩固退耕还林成果，延长天然林保护工程实施期限，继续推进重点林业生态工程建设。提高中央财政对属集体林的国家级公益林森林生态效益补偿标准。开展造林苗木、森林抚育试点补贴。启动森林经营工程。加强草原生态保护建设，加大退牧还草工程实施力度，延长实施年限，提高补贴标准。加大草原鼠虫害防治力度。实施国家水土保持重点建设工程。加强农业面源污染治理，发展循环农业和生态农业。

3. 加快改善农村民生，缩小城乡公共事业发展差距

首先，促进农民就业创业。建立覆盖城乡的公共就业服务体系，加强技能培训。完善促进创业带动就业的政策措施，将农民工返乡创业和就地就近创业纳入政策扶持范围。健全农民工社会保障制度，深入开展工伤保险全覆盖行动，加强职业病防治和农民工健康服务，将与企业建立稳定劳动关系的农民工纳入城镇职工基本医疗保险，抓紧落实包括农民工在内的城镇企业职工基本养老保险关系转移接续办法。落实以公办学校为主，以输入地为主解决好农民工子女入学问题的政策。

其次，继续发展农村社会事业。巩固完善农村义务教育经费保障机制，继续实施中小学校舍安全工程，推进农村中等职业教育免费进程，逐步实施农村新成长劳动力免费劳动预备制培训。完善农村三级医疗卫生服务网络，逐步实施免费为农村定向培养全科医生和招聘执业医师计划。推进新农村新家庭计划和少生快富工程。建立农村文化投入保障机制，推进重点文化惠民工程建设和综合利用。逐步提高新型农村合作医疗筹资水平、政府补助标准和保障水平。继续抓好新型农村社会养老保险试点。合理确定农村最低生活保障标准和补助水平，实现应保尽保。落实和完善被征地农民社会保障政策。逐步提高农村五保户集中供养水平。加大对农村残疾人生产辅助和生活救助力度，农村各项社会保障政策优先覆盖残疾人。

最后，加强农村水电路气房建设。加大农村饮水安全工程投入，鼓励有条件的地方推行城乡区域供水。抓紧实施新一轮农村电网改造升级工程，继续实施小水电代燃料工程。全面完成“十一五”农村公路建设任务，推进城乡客运交通一体化。加快推进农村户用沼气、大中型沼气和集中供气工程建设。支持农村开发利用新能源，推进农林废弃物资源化、清洁化利用。加快推进农村危房改造和国有林区（场）、垦区棚户区改造，继续实施游牧民定居工程。推动建材下乡，鼓励有条件的地方支持农民建设自用住房。实行以奖促治政策，推进农村环境综合整治。

4. 推进农村各项改革，增强农业农村发展活力

第一，稳定完善农村基本经营制度。加快制定具体办法，确保农村现有土地承包经营权登记试点范围。加强土地承包经营权流转管理和服务，健全流转市场。继续推进草原基本经营制度改革，稳定渔民水域滩涂养殖使用权。开展农村集体产权制度改革试点。

第二，有序推进农村土地管理制度改革。建立耕地保护补偿机制，加快划定基本农田，实行永久保护。落实政府耕地保护目标责任制。加快农村集体土地所有权、宅基地使用权、集体建设用地使用权等确权登记办证工作。有序开展农村土地整治，农村宅基地和村庄整理后节约的土地仍属农民集体所有。按照严格审批、局部试点、封闭运行、风险可控的原则，规范农村土地管理制度改革试点。

第三，提高农业生产经营组织化程度。大力发展农民专业合作社，深入推进示范社建设行动。支持有条件的合作社兴办农村资金互助社，扶持农民专业合作社自办农产品加工企业。积极发展农业农村各种社会化发展组织。支持龙头企业提高辐射带动能力，推进“一村一品”强村富民工程和专业示范村镇建设。

第四，积极推进林业改革。健全林业支持保护体系，建立现代林业管理制度。深化集体林权制度改革，加快推进配套改革。规范集体林权流转，深化集体林采伐管理改革。完善林权抵押贷款办法。逐步扩大政策性森林保险试点范围，扶持林业产业发展。启动国有林场改革。

第五，深化农村综合改革。深入推进乡镇机构改革。继续推进省直管县财政管理体制改革，提高县乡基本财力保障水平，落实村级组织运转经费保障政策。中央和省级财政继续支持农村义务教育历史债务的清理化解，推进其他公益性乡村债务清理化解试点。加大村级公益事业一事一议财政奖补力度，扩大试点范围。继续开展农民负担重点治理。深化农垦体制改革。加强对农村改革试验区工作的指导。

第六，推进城镇化发展的制度创新。深化户籍制度改革，加快落实放宽中小城市、小城镇特别是县城和中小城镇落户条件政策。改善农民工居住条件，鼓励有条件的城市将有稳定职业并在城市居住一定年限的农民工纳入城镇住房保障体系。大力发展县域经济，促进特色产业、优势项目向县城和重点镇集聚。完善加快小城镇发展的财税、投融资等配套政策，安排年度土地利用计划要支持中小城市和小城镇发展。继续推进扩权强县改革试点。

二、中国农业发展的挑战

我国农业农村发展面临的形势依然十分严峻，长期制约因素尚未根本消除，新的矛盾

问题不断显现，农业稳定发展和农民持续增收的基础尚不稳固。

第一，农业农村经济发展的基础仍然薄弱。耕地、水资源下降的趋势不可逆转、资源与环境约束进一步趋紧，依靠扩大面积实现增产的余地越来越小。农业基础设施薄弱的局面没有根本改变，抵御自然风险的能力仍然较低，自然灾害多发频发重发，严重威胁农业发展。农业科技进步滞后，对农业持续发展的支撑能力有限，长期制约我国农业农村发展的因素和深层次问题短期内很难得到根本改变。

第二，农业已持续增产，基数越来越高，继续保持稳定发展的难度加大。

第三，农民收入保持较快增长的难度加大。随着结构调整和产业升级进程加快，农民转移就业增收空间正逐步收窄。而农资价格上行压力加大、劳动力成本上升，使得农业特别是粮食生产的比较效益趋于下降。

第四，农村公共事业保持快速发展的难度加大。农村基础设施建设和社会事业发展依然严重滞后，公共服务水平仍然明显偏低，再上一个台阶需要进一步提高标准，扩充内容，所需投入的资金越来越大，在国家财力偏紧的情况下，农村公共事业继续保持快速发展将面临很大的资金瓶颈。

第五，农产品价格保持基本稳定的难度加大。国际市场影响农产品价格的因素日益复杂，除供求基本面的变化外，石油价格变动、投机资本炒作等的影响更加突出。国内农产品价格在成本推动和通胀预期影响下存在上行推力，但连年丰收之后也将使农产品价格上涨的空间受到抑制。此外，宏观经济形势的复杂性和不确定性也将影响农业农村经济的稳定发展。世界经济复苏过程缓慢而复杂，不确定性较大，国内经济回升也存在内在动力不足的问题，存在的风险尚难以预料。这些都会通过多种形式、多种途径对农业和农村经济发展产生不利影响。

三、中国农业发展的未来

在未来，中国的农业和农村发展面临新的环境和问题。中国农业改革依然是个很艰辛的过程。为了深化中国农村改革和发展，我们必须高举具有中国特色的社会主义伟大旗帜，谨慎实施工业反哺农业，城市支持农村，多予少取放活方针，持续提升整体农业生产力，保护粮食和主要农作物的供给，促进农村经济的全面发展，显著增加农民收入，努力加强农村基础设施建设和社会事业发展，并全面提升农村生活环境和条件。我们将继续扩大农民的民主政治权利，保护农民的权利和利益。为了达到“发展生产，改善生活，文明农村，整洁乡镇，民主管理”的目标，我们将促进农村经济，政治，文化和社会发展，党政建设的协调发展，创造农业领域的全面改善，形成一个整合城乡经济和社会发展的新模式。

1. 进一步巩固和改善农村基本经营制度

实践证明农村基本经营制度是适合中国国情的，极具生命力的。开拓具有中国特色的农业现代化，我们必须坚定不移地继续长时间实行该制度。我们应该稳定农村土地承包关系，依据法律保护农民拥有的土地承包权利。认真地实施后续工作确保农村土地承包证书的延续有效。进一步签订长期的土地承包合同，并且在条件允许的地区，培育一个规模经营和多种形式的市场环境。合理使用土地资源，并且在“合法、自愿、有偿”的原则下建立一个土地承包经营权转让的理性市场。为了更好地适应农村经济社会和人口结构上的深远变化，我们将使土地所有权更加清晰，土地承包经营权更加稳定，更加放松土地使用权。我们需要发展专业的农民合作组织，改善农业社会服务体制，努力提高农业组织的效率。我们将实施一系列的支持性政策去引导企业走向农业工业化和专业农民合作社，鼓励和指导农民个体，私人和其他非公有制经济取得更大的发展，深化征地制度改革，提高征地补偿标准，并且安排好土地被征用农民的长期生活。我们将进一步深化集体林权制度改革。

2. 进一步加强农业保护和支持

进一步加强农业保护和支持，应从以下四个方面着手：

(1) 增加农业投资。国家财政部将实质上增加对农业、农村和农民的投入，同时，指导和鼓励农民和社会力量有效增加对农业和农村的投资。社会资金投入农业的项目享受税率奖励。

(2) 建立和完善农业补贴制度。补贴农业是一个大多数国家的普遍现象，并且是激励农民的积极性的最直接最有效的措施。这也是中国的一项长期国策。我们将在考虑国情，长期规划的条件下增加农业补贴，并改进这一机制。

(3) 保护主要农产品市场。对重点粮食品种实施最低收购价政策，保护农民的基本收入。通过完善价格管理，储量规定，进出口规定等，农产品的价格保持在一个合理的水平。

(4) 加强农业市场信息服务。我们将建立一个强大的农业信息平台为农民提供可靠的免费的市场信息。

3. 进一步改进农业和农村的基础设施

我们促进公共财政支持农村发展，国家基础设施建设的重点转向农村地区，并且建立一个具有财政投资和农民主要积极参与的农村公共基础投资系统。我们将加强对农田水利的基础设施建设，并且继续提升农业生产力。我们将保证在农村地区安全饮用水的供应，建立农村地区安全饮水工程，加速农村道路建设，促进农村道路建设的融资和维护机制。我们继续改进农村电网，发展农村地区的可再生资源，全面利用农村沼气，强调农村环境建设，加强农村地区的污染控制，改善农村生态环境，完善生态补偿机制。

4. 进一步促进农村社会事业管理系统改革

我们将提升农业科学技术的独立创新能力，加速农业科技成果的运用，强化基本的农业技术推广体系，促进科技的合理公共基金保障体制。我们将有力地发展农村的义务教育体制，提升教育品质，取得农村和城市平等的教育资源。我们将加强农民培训，全面提升农村地区的工人素质，加强农村公共文化服务系统并且进一步改善农村合作医疗体系、农村医疗卫生基础设施和公共服务。我们将按照生活的基本需要增加农村地区的生活补贴标准，再到逐步建立基本养老保险系统的顺序，加速建设涵盖城乡居民的社会保障体系。

5. 进一步深化农村综合改革

我们将继续有效促进乡镇机构和县乡财政管理体制的改革。我们将深化乡镇机构改革，加速乡镇政府职能转变，强化基层政权建设。我们将依靠现实，清楚指出任务，重点集中在不同地区的乡镇工作，强化公共服务和社会管理，并且创造一个有利于农村经济和社会发展的环境。我们将改善县和乡镇的财政体系，提高基层金融实力，改善村级组织的资金保证机制，支持为村级公共服务建立金融奖励和补偿系统。

6. 进一步加速农村金融体系改革

我们将建立一个具有合理劳动分工的村级金融组织，多方投资，综合功能，有效服务，农业银行和农业发展银行在农村金融中发挥骨干和支柱作用，充分利用农村信用合作社和邮政储蓄银行对农业、农村和农民的服务功能，并且有效地发展各种形式的农村金融服务组织。我们将秉承专注于扩大农村信用的规模和提升为农业、农民金融服务的品质，依据农产品的季节性有效改进农业信用管理。为具有较高比例与农业相关贷款的金融机构实施更多的优惠存款准备金政策和更加灵活的利息率政策，尽快为农业贷款建立风险补偿机制。我们将扩大农业政策性贷款的经营范围和农业保险的范围，形成农业保险政策。

7. 加速形成一个新的模式协调城乡经济和社会发展

为了改变农村地区的落后情况，我们将会调整经济社会发展策略形成城乡一体化发展规划，调整工业布局，改进基础设施建设、公共服务、就业和社会管理等。并且要建立一个城乡统一的市场促进生产要素的有序流动，协调经济社会发展。我们将增加对农业、农民和农村的公共财政投入以及城市对农村的支持。我们要促进金融、人力资源、技术信息等城市要素流向农村，延伸城市教育、医疗、文化和其他公共服务到农村，同时，加紧打破城乡二元体制障碍，允许合格的农民工成为城市居民，并且逐渐融入城市的社会。我们将坚持具有中国特色的城市化发展，并促进城乡的协调发展。

扩展学习

一、问题与思考

1. 农民工进城打工，会对整个社会产生什么影响？
2. 贫富差距拉大的社会后果是什么？
3. 中国农业出口的优势在哪里？
4. 请从农民福利的角度评价取消增值税出口退税政策。
5. 食品安全在中国已经成为一个日益严重的问题，你有何建议？

二、案例研究

中国的食品通胀

2007 年，中国的 CPI 增长了 4.8%，达到了过去 10 年的最高水平。食品价格上涨了 12.3%，占到了中国 CPI 的 1/3，粮食价格上涨了 6.4%，肉类价格上涨了 31%，食用植物油和脂肪上涨了 26.3%，蛋类上涨了 21.8%，新鲜蔬菜上涨了 7.9%。政府为 2008 年设定了一个 CPI 增长的上线 4.8%，但是 2008 年的头半年价格已经上涨了 7.9%。2008 年 8 月，中国食品的高通胀已经部分影响到全球市场发展。因为中国已经基本上融入了全球市场，国内价格是国际市场在国内的延伸，尤其是那些中国主要依靠进口的商品，如油籽和植物油。当然，存在一些短期的影响因素，如增加的食品需求，较高的农业投入成本（能源、化肥、水）和减少的农业用地，在某些特定食品分类上季节性的国内劳动力短期供给短缺等因素对食品价格有更加直接的影响，但是这些影响因素也显露出长期发展的趋势。最重要的影响因素是猪繁殖和呼吸综合症，或者蓝耳病在 2007 年的爆发，导致了大约 4000 万头猪的损失，结果猪肉价格对比 2006 年上涨了 45%（GAIN-CH8025，2008）。猪肉供给的下降使需求转移至其他肉类，尤其是家禽。2007 年 5~7 月玉米的产量受到中国东北部持续干旱的不利影响。几乎是 50 年不遇的最严重的雪灾从 2008 年 1 月中旬至 2 月上旬袭击中国，2008 年 5 月四川的灾难性地震同样刺激了食品价格进一步上涨的预期。

控制通胀和稳定食品价格成了政府 2008 年的首要任务。政府采取了相应的宏观经济政策，如允许人民币升值以屏蔽国际市场增长的商品价格对国内市场的影响，更大范围的政策直接针对农业和食品市场。

抑制粮食出口：2007 年 12 月，政府取消了粮食、大豆及其面粉制品的增值税出口退税，2008 年 1 月，又对它们开始征收临时出口关税，而且，粮食和粮食的面粉制品还要接受出口许可证管理。

抑制乙醇出口：2007 年 1 月，政府取消了 13%的乙醇出口增值税退税率，在 2007~

2008年政府停止审批任何新的基于粮食的燃料加工厂。

抑制化肥出口：2008年2月中旬，政府对四种化肥征收出口税，在2008年4~9月，这个措施被强化，开始对化肥及相关材料出口征收100%的特殊关税。

为2008年的农业生产增加资金支持：购买农业机械给予更高的支持，对于燃料、化肥和改良的种子等投入增加补贴，对于粮食生产商增加直接支付，给农作物和牲畜生产商提供新的保险方案。

提高2008年小麦和大米的最低收购价格。

食品价格上限和消费补贴：为了减少通胀预期，2008年1月政府宣布对食用油、猪肉、蛋类、方便面、牛奶和粮食实施价格控制，而且对汽油、天然气和电力实行临时性的价格封冻。

资料来源：2010年中国农业发展报告。

思考题：

（1）引起中国食品价格上涨的原因都有什么？

（2）你如何评价政府所采取的这些措施？

三、专家观点

中国农业政策的两难困境

中国农业政策的目的是要实现多重目标，然而它们之间经常是相互矛盾的。虽然所有国家的政策制定者都面临着平衡政策，消费者福利和生产福利，但是中国这些目标间的矛盾尤其突出。

几十年来，食品生产的自给自足一直是中国政策制定者的首要目标。在集体经济时期，中央集中资源以增加粮食、棉花和其他战略性农作物的生产。这种做法在20世纪90年代中期的大生产期间仍被沿袭。当中国进一步融入世界经济时，对于绝大多数产品自给自足的目标被放松了，但是对于大米、小麦和玉米还维持着几乎是自给自足的目标(95%)。

自从20世纪90年代后期，政策制定者已经寻求同时增加粮食生产和农民福利的目标。这两个目标是冲突的，因为粮食生产比其他农业生产获利少。中国农民从蔬菜和水果种植中获得的净现金收入要比从大米、小麦和玉米中高很多倍。

近来的事件显示农民收入目标同样和城市消费者福利目标也是相互矛盾的。从2007~2008年绝大多数商品的国际价格猛涨，但是中国官方通过减少粮食出口、削减大豆关税，进口植物油等手段努力限制国内价格上涨。很多种中国粮食的国内价格几乎是国际市场价格的50%。限制价格上涨保护了消费者，但是伤害了中国农民的福利。

资料来源：经济研究，数据来源中国发展改革委员会（Economic Research Service. Calculations Based on China's National Development and Reform Commission data）.

四、在线学习

www.oecd.org/document

第四章 中国国有企业的改革与发展

【本章内容】

本章首先介绍了我国有企业不同的所有制形式，并从正反两方面分析了国有企业存在的必要性及发展过程中面临的限制因素。其次梳理了我国国有企业改革历程，包括改革的背景、改革的不同阶段以及改革后国有企业发生的变化。第三部分以“首钢”作为案例，具体介绍了国有企业改革的实施过程。第四部分简述了我国国有企业的发展现状以及未来的改革方向。

【本章要点】

● 了解当前在中国不同所有制形式的企业的发展现状。

● 理解国有企业作为一种所有制形式，存在的必要性以及发展过程中面临的限制因素。

● 了解中国国有企业经营不善的原因。

● 了解中国国有企业改革的过程。

● 了解我国国有企业的发展现状以及未来的改革方向。

中华人民共和国成立初期，在苏联的深远影响下，中国建立了国有企业，并且很快迎来了社会主义工业化发展时期。20 世纪 50 年代，在不到 10 年的时间里，中国几乎将所有的私有工业企业进行了国有化。在 1978 年改革之前，中国完全是在计划经济下运行国有企业。政府为国有企业制定生产目标、分配资源、指定管理者并且安排投资。换句话说，国有企业由政府拥有、运营并给予资金支持，但是并不为盈亏负责。1978 年以后，中国政府开始持续不断地对国有企业进行改革和私有化。在宏观层面，国有企业改革被认为是国有计划经济向市场导向经济的战略调整；在微观层面，国有企业改革是要将中国的国有企业转变为现代企业。

第一节　国有企业的性质

本节对国有企业的背景进行介绍，首先简单介绍中国几种不同的所有制形式，其次分析国有企业存在的必要性和局限性。

一、中国企业的所有制形式①

本书选取了中国当代企业管理的三种主要所有制形式：国有企业、国内民营企业及外商投资企业。每种所有制形式在当今的中国都已有很好的发展。

1. 国有企业（SOEs）

中国的国有企业是指那些完全或主要由中央或省、市人民政府控制的企业。国有企业曾经是我国经济中最为重要的一部分，在 1980 年占到经济产出的 90%，并雇用着绝大多数的城市劳动力。由于政府采取了一些措施以重组、缩小国有企业规模，使非国有部门经济增长，国有部门相对地萎缩，其在国民经济中的地位也大不如前了。然而，国有企业在中国的产出中仍占有重要份额。如原材料、汽油、通信、银行等被视为具有国家战略价值的部门的情况更是如此。2008 年，全国共有 21313 家国有企业，其产量占工业总产值的 28%，雇用工人 1700 万（占全国工业部门劳动力的 20%）。

2. 国内民营企业（POEs）

企业家为了抓住经济环境变化所带来的机遇，逐步使国内私有制形式渗入了经济中。中国在法律修改之后出现了新的民营企业，它们中的许多始于集资形式。一些企业的前身是承包出去的集体经济，这些集体经济可由民营企业家经营，往往随着时间的推移，这些集体企业演变成私有化的民营企业。另一些是乡镇企业（TVEs）或小型国有企业。例如，从 1995 年起，国家采取了“抓大放小”的国有企业改革措施，导致一些小规模国有企业被个人收购。

① Ralston, David A., Jane Terpstra-Tong, Robert H. Terpstra, Xueli Wang and Carolyn Egri. Today's State-Owned Enterprises of China: Are They Dying Dinosaurs or Dynamic Dynamos? Working Paper.

直到1997年，民营企业才被认为是经济中的重要组成部分。在1999年，私有制及其法规被纳入了宪法，但只有个人财产才受国家保护。2004年3月，私有资产及资本最终成为合法财产并受国家宪法保护。因此，在得到正式认可之前，民营企业只能在有限的商业环境下生存。它们不能进入某些工业领域，需承担高额税负，被限制获取国有银行贷款、市场信息、土地及其他资源，也常遇到当地政府的干预。而且至今这些歧视现象在一定程度上仍然存在。因此，这些非"原生化的"民营企业在变为私有制之前已有很长的经营历史了，它们的文化反映了由之前的所有制形式继承来的传统价值观。总的来说，直到最近私有制民营企业才得到与国有企业相同的鼓励政策，获得改革的回报。

尽管生存于不十分有利的制度环境，民营经济仍被认为是中国经济最有活力的组成部分，关于这一点可从其产值的高速增长看出。2012年的统计数据表明，国内民营经济对全国的GDP贡献率超过60%。

另外，与主要依靠出口的外资企业不同的是，国内民营企业所提供的货物与服务主要针对的是国内市场。

3. 外资企业（FCB）

中国的"对外开放"政策使外商投资成为国家整体发展策略的重要组成部分，并且政府提供了优惠的政策以吸引外国资本。于是，中外合资企业及外商独资企业在中国兴起。截至2009年，外资企业产出占国内工业总产值的29%，出口的55%，税额的21%。许多中外合资经营企业参股到原国有企业或集体的所有制企业中。中方合作伙伴方经常负责提供土地、房屋及关系（人脉关系），而外资方面负责提供以下一种或多种资源：技术、知识、设备、资金、管理、市场经验及信誉。合资企业的经营及管理架构常平行于其母公司。较国有企业及国内民营企业而言，外资企业常受外国文化及价值观的影响，更有可能接受非中国式的管理。

二、赞同国有企业的依据——来自国外的成功案例①

国有企业可以很有效率并且经营良好，尽管这个观点普遍不被商业媒体及当代大众思维和舆论所认可。虽然这听上去可能是无关紧要的一句话，但却是我们摒弃对国有企业偏见、开始讨论的重要起点。

新加坡航空公司，常被选为世界最佳航空公司，是一家由政府企业，即淡马锡控股出资57%的国有企业，而淡马锡的控股股东是新加坡财政部。印度享有盛誉的孟买交通运输管理局也是一家国有企业。一些世界级公司，如巴西的区域喷气式飞机制造商巴西航空工业公司（EMBRAER），法国汽车制造商雷诺（Renault）及韩国钢铁生产公司浦项铁制（POSCO），最初都是作为国有企业取得了成功，并且巴西航空工业公司及雷诺公司目前仍然对所在国家发挥关键性的影响力。.

许多有着大型同有部门的国家取得了经济成功。除了新加坡航空公司，新加坡政府不仅拥有如通信、能源（电能及天然气）、交通（铁路、公交甚至出租车）及港口这些一般性生产部门，也进入到半导体、造船、工程、航海及银行业。新加坡拥有世界上最大的国

① Chang Ha-Joon. State-owned Enterprise Reform. UN DESA Working Paper，2007.

有企业。

中国台湾在其“多国有经济”和“少私有经济”的基础上创造了经济的奇迹。在20世纪后半期，许多国家，如奥地利、法国、挪威及西德，拥有大量的国有企业，且这些企业经营良好，尤其是在法国，国有企业常处于工业现代化的前沿。

相反的是，许多经济发展不成功的国家拥有较少的国有企业。据世界银行披露，在20世纪90年代大规模的自由化之前，阿根廷的国有企业部门不及40个发展中国家平均值的一半。1978~1991年，阿根廷国有企业产值仅占GDP的4.7%，而40个发展中国家的这一平均值为10.7%，韩国为9.9%。菲律宾的国有企业比例更小，是另一个公认的失败典型。在同一期间，其国有企业产值仅占GDP的1.9%，仅超过韩国（9.9%）的1/5，不足40个发展中国家均值（10.7%）的1/5。尽管如此，大家仍普遍认为阿根廷及菲律宾经济发展的失败是由其繁冗的国有经济造成的。

除了以上现实中的案例能够驳倒传统的“私有好、公有不好”的观点之外，还有一些国有企业必须存在的理论依据。下面是具体解释，表4–1也对此作出总结。

表4–1 国有企业存在的理由

·自然垄断：在那些受技术条件制约只允许存在唯一厂商的工业行业，垄断厂商的产量可能低于社会最优产出水平，且要获得一定的垄断租金。

例如：铁路、自来水、供电行业

·资本市场失效：私人投资者可能拒绝投资于风险高或期限长的行业。

例如：发展中国家的资本密集型和高科技型产业，像巴西的航空业、韩国的钢铁业。

·外部性：私人投资者对于那些能使其他行业获得免费收益的领域没有投资动力。

例如：钢铁、化工等基础要素行业

·公正性：提供基本商品和服务的利益驱动型企业可能拒绝盈利较少的客户，如穷人或居住在偏远地区的人群。

例如：自来水、邮政服务、公共交通、基础教育领域

最常被用来阐述国有企业存在的理论依据是自然垄断。自然垄断是在这样的情况下产生的，即该行业的技术要求只允许一个厂商存在。当存在自然垄断的时候，厂商能够从高收费中获取垄断利润。如果这家自然垄断企业恰巧是原材料的垄断买主，则该垄断企业可通过压价从其供货商手中获取利益。垄断厂商的这种地位不仅造成经济利益分配不均，也会由于垄断厂商生产的产品（如果是垄断买方则为需要的原材料）不能满足社会需求而造成经济无效率。这为国有企业的设立及其阻止滥用自然垄断的权利提供了强有力的理由。

国有企业存在的另一依据是资本市场失灵，这种失灵是由于个人投资者排斥长期内可获高回报但短期内有高风险的项目所引起的。例如，韩国政府之所以将钢铁制造商POSCO设立为国有企业，正是由于私人部门会认为该项目风险太高。既然这项投资已被证明是如此成功，那为什么私人部门不去投资呢？这是因为资本市场与生俱来地更青睐于短期获利，而厌恶高风险、大规模、投资期限长的投资项目。解决资本市场无效的有效办法是政府设立开发银行给予长期高风险项目以资金而非亲自设立运营厂商。然而，许多发展中国家的私人部门甚至是开发银行缺乏此种战略才能，而造成了必要的风险投资无法进行。此种情况下，设立国有企业而不是成立开发银行在解决资本市场无效方面会更有效。

POSCO的例子显示了国有企业存在的另一依据，即有关外部性的问题。POSCO在政

府的引导下并没有滥用其垄断地位带来的额外收益；相反，它把这些所得给予了其产品的消费者，这使得其他经济体也得到了益处。这种企业回馈给韩国政府投资于 POSCO 的“社会”回报，或者说回馈给整个经济体的利益，大于“私人”回报，即私人型企业为自身获取的利益。这种经济术语中称为外部性的私人收益与社会收益的差额，是设立国有企业的又一原因。

设立国有企业第四个原因是解决广义上的公平公正问题。例如，如果只有受利益驱使的私人企业，住在偏远地区的人们可能享受不到诸如邮政、自来水及交通等这样的必要服务。在这种情况下，国有企业是一种确保所有公民能够广泛得到必要服务的好方式。还有一个例子：私营的养老或医疗保健系统可能会拒绝“高风险”人群（通常是较穷的人），这样的系统若是由国有企业经营，则将会确保最脆弱的群体得到必要的社会安全保证。

三、反对国有企业的依据——限制因素①

尽管国有企业的存在有理论依据也有许多经营良好的实际例证，仍有很多国有企业经营状况不佳。究其原因，最主流的解释包含以下两种因素：委托—代理问题及搭便车问题，都是基于个人追逐私利的假设。

国有企业的定义表明国有企业是由不拥有公司的经理运营的。在人性追逐私利的假设前提下，国有企业经理不可能像营运自己的企业那样有效。如果国有企业的所有者（委托人）为普通公民，他就能很好地监督经理（其代理人），也就不会出现上述问题。然而，由于本身很难判断糟糕的公司业绩是由经理逃避责任造成的，还是由其掌控之外的环境造成的（尽管经理本人知道），委托人的监督总是显得不够有效，以致管理也是无效的。我们把这个称为委托—代理问题。

另外，个人没有动力和手段去监督国有企业经理。原因是个体所有者（公民）为监督国有企业经理产生的成本需他们自己承担，而管理改进后的利益是由全体所有者共同分享的。因此，从个人角度来说，个人毫无监督国有企业经理的动力，也就是说最终没有人监督经理。这被称为搭便车问题。

尽管现实中确实存在委托—代理及搭便车问题，并且在解释糟糕的国有企业业绩中显得很重要，然而这些问题也同样存在于股东分散的私有制企业。如果私人企业是由雇佣的经理经营，并且有无数的小股东的话，那么这个受雇经理同样也面临着不尽职（从股东的角度）的问题，而个体股东也没有足够的动力监督受雇经理。换句话说，无论是国有企业还是私企，都会面临监督受雇经理这样的共同问题。

如果国有企业的内部运转方式与所有权分散的私企几乎无差别，那还有哪些因素可以区分他们呢？第三个因素被称为预算软约束，它是国有企业由于其公共企业的地位所特有的。

作为政府的一部分，国有企业在损失时可获得额外的财政补贴，面临破产时可得到公共资本的救助。从这一角度讲，国有企业似乎可在有伸缩性或称为“软性的”预算约束条件下运营。

---

① Chang Ha-Joon. State-owned Enterprise Reform. UN DESA Working Paper，2007.

预算软约束这一术语是由著名的匈牙利经济学家詹诺斯·科尔奈（Janos Kornai）创造的，用来解释中央计划经济体制下社会主义企业的行为，但也可把它用于资本主义经济的国有企业中。例如，谈到国有企业的软预算，人们就常常会引用印度的“问题企业”永不破产的例子。

这种由政治性目的形成并得以维持的预算软约束鼓励了懈怠的管理行为，因此约束需变得严厉些。然而，也应该注意到预算软约束不只是在国有企业产生。如果政治上需要，诸如在军备或医疗行业这样企业规模大或政治上敏感的领域，私人企业也同样能得到软预算约束，尽管比起私人企业，国有企业更容易获得支持。有趣的是，公开宣布自由市场的政府反而对大型私人企业进行大量政府救助。

在意识到软预算约束的存在性之后，务必强调一下，它并不一定会增加国有企业经理的惰性。原因为何？

对于职业经理来说，不论是经营国有企业还是私营企业，如果他们知道自己将会为他们的管理不善受到严厉惩罚，如削减工资或失去饭碗，他们将绝不会失职。确实，如果我们只相信追逐自身利益，那么经理们关心的将只会是个人的福利，而不管他们所在公司是否在政府的救助下存活下来。如果他们知道自己管理不善也将被认可，那么可能的政府救助措施并不会减少经理们错误经营的可能性。

因此，即使我们承认国有企业中出现软预算约束的可能性较大，但只要国有企业经理要为其经营管理负责，软预算约束对国有企业经营效率产生的负面影响也会被降低。

我们在这一部分的讨论说明了，无论是受股权分散因素还是政治因素的影响，公共所有制本身并不一定会造成国有企业业绩差。反对国有企业的所有主要论据——委托—代理问题、搭便车问题、预算软约束问题（见表 4–2）——也同样适用于所有权分散的大型私有企业。

表 4–2　反对国有企业的理由

委托—代理问题：国有企业不是由其所有者经营的。由于所有者们不能很好地监督经理，也因此不能界定业绩不良有多少是由管理不善造成的，又有多少是由外部因素造成的。这使得经理们不会竭尽全力经营企业。

搭便车问题：国有企业有无数的所有者（全体公民）。个体所有者（公民）没有动力监督国有企业经理，因为监督成本由监督人承担，而由监督带来的利益将使全体所有者收益。

预算软约束：作为政府的一部分，国有企业在业绩不良时可得到额外的财政补助。这种便利条件使国有企业经理对其管理更为懈怠。

第二节　中国的国有企业改革

中国大规模的国有企业改革开始于 1978 年，在很多方面具有独特性。不像俄罗斯激进式的私有化改革方式（这种改革方式导致苏联成员国的经济在 20 世纪的最后 10 年近乎崩溃），中国渐进式的改革方式使得国有企业的资产和利润稳定增长，并且为国有企业积累了力量和影响力。与需要应对城市高失业率和工业基础设施薄弱的印度不同，中国国有企业改革伴随着大规模基础设施的改善和相对低的城市失业率。①

一、中国国有企业不成功的原因②

1949~1979 年，中国是一个计划经济体制的社会主义国家。企业是政府部门的附属机构。中央政府设立产量目标、分配劳动力、指定管理者、安排原材料的供应及产品销售。在 1978 年，97%的零售商品、94%的农产品和 100%的资本商品都是以计划的价格出售。企业实际上是工厂而非真正的企业。企业只需关心如何生产，而无需操心如何经营。那种生产热情是建立在忠诚于党的奉献精神上。

有很多原因来解释国有企业为何无竞争力也不赚钱，即使有政府支持且可从国有银行轻松获得资金，国有企业仍无竞争力，效益也低。原因如下：

1. 更加激烈的竞争

中国的经济改革是一个权利转移和分散以及鼓励竞争的过程。国有企业不再是市场上的唯一主体了。更多的民营企业、集体所有制企业、乡镇企业及外资企业加入了争夺更大市场份额的角逐过程。竞争直接导致了国有企业利润的下降。通过对竞争的鼓励，中国在过去的 20 年间经济高速增长，取得了巨大的成功。

2. 所有权的界定模糊，或称代理问题

国有企业为国家拥有，由国家指派代表经营管理。这种所有权结构本身的性质就决定了国有企业的经理掌握了真正的权利。在这种不成熟的经济环境下，企业的合理治理结构及有效监督机制的缺失将最终破坏国有企业的经营效率，也抵消了国有企业可轻松从政府和银行获得资金的优势。此外，党对国有企业经理的任命，更看重关系、资历和政治觉悟，实际的管理能力不是经理升迁考核的唯一标准。这同样为腐败提供了条件，包括私吞资金、剥离资产、双方串谋以歪曲和隐瞒事实。

3. 历史上国有企业与非国有企业的非公正待遇

长期以来，在历史上相对于非国有企业，国有企业需上缴更高的所得税，非国有企业包括国内集体所有制企业、民营企业和外资企业，这种情况即使在 1993 年税法大修订及税率标准化时仍未改变。内资企业和外资企业的税率待遇也不同，外资企业享有更多的税率抵减及优惠。

不仅如此，国有企业背负了更多的社会负担。大型国有企业需为其职工的子女开办中小学校，甚至是高中，为员工提供医疗保险服务。雇用关系也是终身制，而且企业要支付养老金。在大型老牌国有企业中退休职工占有相当大的比例。而住房福利是国有企业的另一项额外支出，企业还需担负包括人寿保险、就餐补助、交通补助等其他福利。

许多国有企业还因为政治原因（主要是为了社会稳定）而雇用额外的劳动力，即使当时企业已经人满为患了。长期以来，国有企业解雇富余劳动力都是不被鼓励的。即使 1998

① Geng, Xiao, Xiuke Yang and Anna Janus. State-owned Enterprises in China: Reform Dynamics and Impacts. Working Paper.

② Zhong Hongfei. Where is the Future: China's SOE Reform. Working Paper.

年以后，在政府倡导下，在企业改革中国有企业解雇了大量富余职工，国有企业还必须建立“再就业中心”，并为下岗职工支付 1/3 的最低工资和保险，直到他们找到新工作为止，中央政府和地方政府各负担其余的 1/3。

4. 不成熟的宏观经济环境

中国经济仍处于变革时期，金融市场也尚未发展成熟。能够覆盖所有人口的社保体系仍需完善。如果政府不能解决这一问题，国有企业的发展仍会受阻。另一个问题是法律执行环节仍然薄弱。法律体系仍需健全，相关法律法规不是空白就是执行困难。破产法倒是包含于公司法中了。然而，要么是执行力度不够，要么是根本就没打算执行。经济法律法规的执行到位不仅为单个企业的经济行为打下坚实基础，也为各家企业提供了公平的竞争环境。

5. 公司治理不完善

在国有企业改革的前 10 年里，下放权力和鼓励竞争成为焦点。国有企业开始独立选择自己的产品种类，自行定价及制定营销策略。直到 20 世纪 90 年代，国家开始鼓励公司制的发展，公司治理才得到认识。也是直到 90 年代，国家才制定出全面的《中华人民共和国公司法》。然而，由于多数管理人员是由政府而不是董事会指定的，管理层的权限受到限制。公司的董事会要么不存在，要么没有正常发挥作用。一些董事会成员甚至不关心管理层的决定，也不明白他们负有监督管理的职责。

管理层的渎职行为非常普遍，包括购买豪宅、豪车以及公费旅游。更可怕的是大范围的腐败行为和错误的业务决策。资源可能浪费在毫无保障的业务扩张上。企业面临着产能过剩的问题。为了隐蔽资产剥离问题，公司会设立一些隐蔽的子公司。企业的资金可能被用于私人利益。为了合同能够达成，公司也会贿赂官员及拿回扣。

中国加入 WTO 后，国有企业面临着激烈的国内外竞争，为了生存，国有企业不得不做大做强。许多国有企业开始了与其他企业合并或兼并。然而，并购本身并不能自行改善公司治理。更确切地说，并购只是改变了公司名称而没有做到真正的重组。之前所有权利转移分散的努力成果被新形式的个人贪婪与腐败所毁坏。

6. 错误的经济政策

在中国，政府在国有企业发展中扮演了重要的角色。政府由于缺乏对发展模式的正确理解而制定了错误的政策，导致了某些工业领域的产能过剩而另一些领域亟待发展。许多轻工业工厂由于产能过剩而倒闭。政府投资受到各级计划委员会的控制，这些委员会不是进行缺乏可靠依据的盲目投资，就是向许多小规模、低产量、低效能的单位投资，结果导致了许多业绩不佳的中大型国有企业和低效的小型国有企业的出现。频繁的政府重组造成了部门间的利益冲突、决策制定过程当中合作的缺失以及资源的浪费。政府投资对国有企业的直接干预应让步于经济规律及市场的判断。

二、国有企业改革的各个阶段①

在过去的 30 多年，中国进行了深入的经济改革并取得了巨大成就。改革的主要特点

① Zhong Hongfei. Where is the Future：China’s SOEs Reform. Working Paper.

反映在宏观经济的去集中化、市场的自由化以及国有企业的私有化。中国经济发展经历了四个阶段：①计划经济；②市场调节下的计划经济；③市场经济；④21 世纪 WTO 框架下的新市场经济。鉴于 1978 年以前，国有企业占计划经济的很大份额，国有企业的改革就成为经济改革的关注焦点，因而国有企业改革与整体经济的改革具有近乎相似的发展阶段。

1. 计划经济体制下的国有企业改革（1978 年之前）

1978 年前，国有企业是计划经济体制下经济的绝对主力。国家拥有国有企业，并控制其日常经营。所有所需原材料均由政府调配，所需资金由政府或国有银行提供，多数国有企业都有政府补贴。生产出的产品和服务也由政府分配。国有企业的利润上缴国家，亏损由国家补贴。国有企业经理由国家指派，通常都是党员（中国共产党）。这个阶段的政府就像是一个大型的“母公司”，所有国有企业都只是这个“母公司”的一部分，无权也无须去决定生产什么，何处以及何价去购买原材料，雇用哪些工人以及以何价格销售产品，等等。国有企业是政府部门的延伸。国有企业的雇员享受政府雇员的全套福利。在此制度下，国有企业没有决策的自主权，也没有有效经营的动力。

2. 市场调节下的计划经济国有企业改革（1978~1992 年）

在市场调节下的计划经济时期，主要变化是国有企业经理被赋予了更多的自主权和经济利益激励。1984 年 5 月，国务院颁发了《关于进一步扩大国营工业企业自主权的暂行规定》，这使得国有企业在生产决策和利润留存方面得到了更多自主权。1987 年 1 月，政府大力推行“联产承包责任制”。这一体制允许经理分享多于同政府签订的合同之上的利润。加上允许国有企业以市场价格出售高于计划配额的“双轨价格体系”，这些给予了国有企业经理更多经济上的激励，也改进了国有企业的业绩表现。截至 1987 年底，大约有 80%的大中型国有企业采用了联产承包责任制，到 1989 年，几乎所有的国有企业采用了该制度。

1992 年 7 月，国务院颁发了《全民所有制工业企业转换经营机制条例》，进一步放宽了国有企业在制定产品价格、工人工资、招聘和解雇劳动力、国有资产投资及对外贸易方面的权利。该条例赋予了国有企业更多摆脱政府干预的权力。在条例颁发之后，许多国有企业为了改善业绩开始裁员。

此外，政府对乡镇企业发展的鼓励（1979 年）也加剧了竞争，并使整个经济受益。这些非国有企业作为新的竞争者推动了国有企业的进一步改革。

这一阶段的特征就是引入了计划与市场双轨制——在资源配置、产品定价和利润分配方面，指令性计划和市场经济方式同时并存。但是尽管国有企业在决策方面拥有一定的自主权，市场也更加自由，计划经济仍占有主导地位。

1990 年和 1991 年上海和深圳股票交易所分别成立，这标志着经济发展步入了新的时代，也为进一步的经济改革提供必要的前提。

3. 社会主义市场经济下的国有企业改革（1992~2001 年）

1992 年，中国共产党第十四次代表大会宣布，经济改革的最终目标是建立“社会主义市场经济”，将现代公司制引入国有企业中。因此，1992 年是中国转型为市场经济的重要转折点。1993 年，中国全面修改其税收体制，使大多数税种得到统一和标准化。在新的税收体制下，国有企业、非国有企业及外资企业适用同一所得税，即使税收抵免原则有所差异。公司法也于 1994 年生效。

包括民营企业和外资企业在内的非国有企业的快速发展，以及市场的不断自由化，暴露了国有企业在其经营上的劣势。因此，国有企业引进了现代企业制度，通过改变其组织结构、改进企业管理及改革所有权体系，以改善其经营状况。在随后几年，国务院宣布了国家级的"100 强企业"。这 100 个大中型国有企业被选出来参与 1995 年中的改革。中央政府对这些领先企业的公司治理和产权改革给予帮助。这掀起了中国国有企业组织结构改革的开始。在之后的几年里，该"实验性"改革在全国范围内展开。

1997 年召开的中国共产党第十五次全体代表大会认可了股份制为新的所有制形式，计划把国有企业转变为股份制企业。到 2000 年，许多大中型国有企业完成了组织结构改革。据调查，当时有 2016 家国有企业已实施了股份制改革，占调查总数的 81.5%，其中 603 家（占 29.9%）变更为有限责任公司，713 家（占 35.4%）变更为股份有限公司，另外 700 家（占 34.7%）变更为国有独资企业。国有企业的组织结构改革也推动了其他企业，尤其是集体所有制企业的相同改革。在这次改革中，所有权多元化了，国家所有权被稀释，但国家仍拥有绝大多数的大中型国有企业。

4. WTO 体制下的国有企业改革（2001 年至今）

2001 年，中国加入世界贸易组织（WTO）。这迫使中国打开国门迎接公平的国际市场竞争，且需逐年降低关税。显然，除了国内企业，国有企业还要面对更多的国际竞争者。国家力图加强保留下来的国有企业的实力，并通过对国有企业的"关停并转"，创造一个更有活力的经济。

在国门打开的同时，关税也随之降低，国内民营和外资企业也迅速成长。国内外竞争将国有企业推入了生死存亡的关键性阶段。国家的国有企业政策和战略受到了挑战：哪些国有企业能够保留，又为什么？如何解决国有企业遗留问题，即社会稳定及失业问题？如何解决由于许多国有企业经营不善及破产而引起的国有银行坏账难题？

在这一阶段，所有制改革成为国有企业改革的焦点，股份制已为国有企业的主要形式。对于所保留的大型国有企业的管理，政府在 2003 年成立了国务院国有资产监督管理委员会（简称国资委）。国有资产监督管理委员会代表国家，完成其作为国有企业股东对其资产、人事及经营的管理监督职责。2004 年，国家设立了省一级的国资委。中央政府直接管理对国家安全及国家经济命脉有重要影响的大型国有企业。其他国有企业由当地政府管理。

2003 年 10 月召开的党的十七届三中全会通过了《关于完善社会主义市场经济体制若干问题的决议》。决议做出了一些思想上的突破，这些突破将对未来中国公司治理的进一步发展有深远影响。

（1）党首次承认财产权是所有制改革的核心问题，并把建立"现代产权体系"作为未来改革的重要方向。

（2）党重新定义了社会主义经济下的公有制，使股份制公司成为公有制的主要组织形式。进而把促进经济"融合"作为其目标。

（3）应鼓励民营企业，并允许其在融资和征税上与国有企业享受同等待遇。

国有企业公司化自20世纪90年代中期以来，就被政府作为重要改革措施来实现在市场经济体制下建立现代企业的目标。在经历了所有制改革后，其中一些国有企业已经公开上市。

三、改革后国有企业的变化①

企业经营者被赋予了定价、投资、财务、人力资源、原料供给和收购以及其他与企业经营有关决策的自主权，这些都是之前计划经济中所没有的。在“文革”时期曾被废弃的奖金制度，被重新引进，用以奖励优异，从而达到提高员工工作积极性的目标。自20世纪80年代中期起，我国新雇职工不再是终身合同，而是被短期可续订的合同所取代。近年来的大量裁员已经向所有国有部门传递了一个清楚的信号，国有企业的员工在其法定退休年龄之前也是可以被解雇的。提高效率已成为对新国有企业表现的主要要求。为了减少劳动力过剩，大量的培训以及再培训活动被组织起来以帮助员工适应新的工作需求带来的挑战。此外，20世纪90年代初期采用的现代企业制度也迫使国有企业重组，按照西方管理思路来塑造自己。

现代企业制度使得企业管理除了受国有企业投资者的监管外，还受监事会和董事会的监管。总而言之，国有企业的内部工作环境不再是稳定的、一成不变的，而是越来越充满活力和挑战性。

具体来说，我们可以将这些变化细分为以下几类：

1. 管理者的年薪

一般而言，管理者的年薪在此期间是增长的，但差距在逐渐拉大。如果一个管理者将企业经营得很好，他会得到非常可观的回报，甚至高出职工收入的6倍多；但如果企业不盈利，他可能只能得到和职工一样的工资。这取决于管理者的表现以及企业的薪酬模式。现在，越来越多的国有企业采用红利、风险抵押金以及其他形式的薪金结构，这意味着一个基于风险的薪酬体系正在国有企业中形成。

2. 管理者的任用

被上级政府部门任命的管理者越来越少，与此同时，更多的管理者是被董事会任命或是招聘的。通过后者确定的管理者可能效率更高，更符合企业的需求。这种变化说明，国有企业更重视专业化的管理。与西方管理情况相似的是，中国的经理人可以在国有企业中找到他们适合的位置。

3. 人力资源管理

现在，国有企业的人力资源管理更接近于西方模式。员工的学历更被重视，而不是关系和家庭背景。员工的工资更多的是取决于其表现。尽管如此，有两件事并没有改变，一个是工会的角色，在全民福利制度还不完善的情况下，工会提出优先保证国有企业职工的福利待遇；另一个是申诉制度，这意味着个人自由仍旧没有得到法律的充分保护。

4. 内部结构

中国的国有企业由于其等级结构和需要逐级上报而“著称”。其组织结构通常还包括一些非生产性的部门，如负责政治教育的部门。改革进程导致了国有企业的重大内部改

① Su, Yi. The Changing Management Style for SOEs in China [J]. China and World Economy, 2001 (4).

组，一些部门被合并了，非生产性部门则被关闭。

5. 同上级的关系

在改革过程中，国有企业管理部门认为其本身独立于党和政府部门的程度非常受关注。自1979年以来，中国的改革方案就一直试图让企业远离政府，给予其更多自主管理的权利和责任。在20世纪80年代，上级仍旧是企业决策信息最普遍的提供者。国有企业一直依靠官方信息的原因，是主管工业的政府部门对有限的材料和其他要素的供给来源拥有更准确的信息。它们对于最近政府有什么可能冲击企业的政策变化也有先一步的消息。1990年以来，尽管中央政府层面仍保有一些权力，政府作为企业管理决策信息来源的作用越来越小。

第三节　具体改革措施——首钢集团案例分析[①]

本节以首钢集团（以下简称首钢）为例，介绍中国国有企业改革的具体措施。首钢集团是中国的四大钢铁集团之一，在包括现代企业制度改革的若干国有企业改革阶段中一直被选为先期改革企业，因此，以首钢集团作为案例具有典型性。

首钢成立于1919年，20世纪50年代在苏联的帮助下发展成为一家大型钢铁厂。70年代中期，首钢成为中国第八大钢铁厂。自1981年起，首钢在历经15年的承包制中经历了极大的变化。在早期和中期的承包制中，首钢实现了令人难以置信的成绩。尽管如此，自1992年接近承包制的尾声起，由于承包制其自身的局限性和首钢本身的一些问题，如大规模的扩张、技术投入减少、管理腐败等，首钢开始面临一些严峻的问题，尤其是几乎导致其破产的融资问题。

1995年，首钢的承包制结束，当时现代企业制度已经开始实施，而伴随着新的发展，首钢也进入了一个调整变换的阶段，事实上，首钢也迅速地加入了实施现代企业制度的大军，并成为先行者。因此，选择首钢作为我们的案例分析对象有着特殊的意义。

一、企业重组

1. 集团化改革方案和公司化

当1995年2月承包制结束时，首钢仍处于传统的组织结构状态。168个工厂全都在首钢集团的集中化管理之下，而首钢作为唯一的法人也要为所有工厂承担连带责任，其中，还包括那些主要为企业内部生产提供服务的非钢铁厂。

自1995年11月起，作为现代企业制度的一部分，集团化改革方案开始在首钢予以实施。国务院指定北京市政府行使股东职责。首钢公司（其核心企业）更名为北京首钢集团

① Zhang Jie. China's State-owned Enterprises Development under the Modern Enterprise System-the Case of Shougang Group. Working Paper, 2007.

有限公司，并重新注册。北京市政府指定首钢集团为核心企业，在集团内部的二级公司之上行使其股东权利。

该核心企业是由行政管理部门和与主产品线（如生产钢和铁）主要相关的部门组成的母公司。这样一来，其他部门，包括特殊炼钢厂和那些从事非核心以及与业务无关的事务的公司则成为二级子公司，并被转制为法人。它们有管理和财务的自主权，并且自负盈亏。核心公司与二级公司之间（或二级公司相互之间）所进行的经济交易必须基于市场价格。

1998 年，公司集团化制度的第一阶段结束，集团当时在 18 个省总共有 83 个成员单位。一年后的 1999 年，首钢选出 7 个盈利的核心生产单位，包括炼焦、烧结、炼铁、炼钢、铸件组成了北京首钢股份有限公司，在中国 A 股市场上市。在总共 23.1 亿股当中，国家股（首钢核心企业）占 84.85%，流通股占 15.15%。随着股权分置改革和转债转股的实行，至 2007 年 1 月，国家股减少至 73.18%。

接下来，2000 年 8 月，在债转股政策的基础上，另外 7 家单位（包括主生产线中未上市的公司和一部分特种钢铁公司的前身）组成了北京首钢新钢有限责任公司。在借鉴东欧经验的情况下，中国对于选择要进行债转股的对象很严格。被选中进行债转股的公司在改组之后，应该具有盈利潜力，或至少应保持收支平衡。

在企业改组的过程中，一个由核心企业和二级公司的董事会、经理、监察委员会组成的分级管理体系成立了。核心企业的董事会由北京政府指派，任期为三年，一名工人代表被授权进入董事会。总经理和监察委员会成员也由政府指定。任何成员不得同时兼任董事和总经理。

这样一个由董事会、经理以及监察委员会组成的分级管理体系的成立是用来区分政府行政职能和管理职能的，在一定程度上，管理部门享有更高的自治权力。不过，由于首钢是一个比较典型的国有企业，尽管对首钢的介入越来越少，党仍旧扮演着一个非常重要的角色。事实上，自现代企业制度在首钢实行以来，政府一直指派人员同时担任董事长和党委书记。同样的，总经理也一直兼任党委副书记。这样，党委书记也成为管理人员中的一员，既减少了行政成本，也减少了管理部门与党务部门之间的权力斗争和责任推诿。

2. 行政管理上的变化

很长一段时间以来，中国钢铁业的整体发展都在冶金工业部的控制之下。自改革以来，大部分快速增长的产出都是由国内企业生产，并且部分是由非国有企业生产的。自 20 世纪 80 年代起，尤其是随着现代企业制度的实行，市场力量变得越来越重要，即便是对于重要的大型的国有企业。1998 年，冶金工业部被取消，取而代之的是冶金工业局，计划经济的环境变化在这样的体制改革中得以反映。事实上，之前冶金工业部的一些职能并没有移交给新的冶金工业局，而是下放给了省级部门或企业。

在首钢案例中，1998 年之前，首钢是在冶金工业部和北京市政府的双重管理之下的，冶金工业部主要负责首钢生产投资的管理，北京市政府则管理其人事、工资和财务。因此，冶金工业部有权任命和罢免首钢的总经理，北京市政府则相应的有任免党委书记的权力。这样的双层行政管理使得事情非常复杂，甚至会引起管理双方的矛盾。

因此，冶金工业部的取消对首钢来说是件好事，因为从那时起，首钢只需要直接向北京市政府进行汇报。新成立的冶金工业局不会像之前冶金工业部那样对首钢进行管理控制，这样，就跟我们之前说过的国务院指定北京市政府对首钢行使股东职责相一致了。

二、剥离社会负担

在相当长的一段时间内，中国国有企业的职能被严重扭曲，即企业不得不担负许多社会性事务，如消化剩余劳动力、养老金福利、医疗保健以及提供住房，等等。庞大的社会福利负担长久以来被认为是国有企业效率不高和竞争力低下的一个主要原因。首钢作为一个典型的大型国有企业，其负担异常沉重。因此，首钢一直致力于在以下几个方面将自己从社会负担中剥离出来。

1. 减少剩余劳动力的包袱——缩编和裁员

中国钢铁制造业劳动力严重过剩，因此在现代企业制度下，一些钢铁企业计划在核心钢铁业务中裁减16%~50%的员工。

从承包制起，首钢开始减少核心业务线上过剩的工人，并重新指派他们去第三产业部门。在现代企业制度实行后，持续的裁员开始了。1998年，首钢估算大概有1/3的员工是过剩的，而事实上他们裁掉的数量要大于1/3，大概有一半员工被裁掉，从1996年的23.9万人，到2004年的12万人，意味着每年裁员1.3万人。

这的确是一个劳动力急剧减少的方案，一方面是由于首钢实际劳动力过剩；另一方面是由于首钢要搬离北京地区的计划。首钢的管理层敏锐意识到在北京这个环境里失业的政治敏感性，因此首钢进行了很多努力来帮助下岗人员重新找到工作。

经过努力，集团内的再就业率在1999年达到75.05%，2003年在北京地区和迁安地区达到89.5%，与大部分国有企业相比，这个比例很高。

2. 通过政府减轻福利负担

传统上，提供社会福利是国有企业的责任，国有企业有责任提供职工从摇篮到坟墓一生的福利，包括住房、教育、卫生保健以及退休金。

在现代企业制度建立之前，在中国国有企业改革的若干阶段中，这方面什么都没做。在这种背景下，1995年，中国政府开始建立一个独立于企业的新的社会保障制度，目的就是减轻企业的负担。

1998年1月1日，首钢开始在养老保险、医疗保险和失业保险方面进行改革，2002年，该项改革基本完成。北京和迁安地区首钢92个成员单位的17.8万个职工，包括已经退休的职工，全都参加了北京市政府的社会保障制度，其他地区的企业也都参与了当地政府的社会保障制度。

社会保障制度的建立使得很多国有企业，尤其是像首钢这样有着悠久历史和大批退休员工的国有企业，从社会负担中解脱出来。就首钢来说，它每年仅在退休金开支上就可以节省1.5亿元。

同时，首钢顺利将一些学校和幼儿园移交给当地政府的教育部门。

自从首钢将以往属于集团的住房以低于市场的价格出售给员工，住房商品化基本得以实现。

通过这些改革措施，首钢的业绩得到改善。这从首钢的利润增长趋势可以看出来，尽管在 1999 年和 2000 年情况有所波动，不过波动是由其上游产品价格上升带来的。当然，利润的上升并不仅是因为以上涉及的措施，将亏损部门从集团中剔除也起了很大的作用。

三、剥离亏损的非钢铁业务

由于历史原因，在现代企业制度实施之前，首钢就进行了一些行政性合并。例如，1988 年，首钢被要求将 13 个以前的军事装备工厂并入，以挽救亏损中的企业。这 13 个工厂中，有 12 个是亏损的，尽管经过很长时间的努力，到 1996 年末，仍有 7 个工厂是亏损的，并且其中 6 个严重亏损，一些工厂的生产几乎停止。为了帮助这些工厂维持生产，开发新产品，调整生产结构，改进技术，首钢投入了大量资金。据资料显示，2002 年末，投入总值为 20.36 亿元人民币。

随着现代企业制度的建立和管理层被授予自主权，1996 年起，首钢试图将这些前军事装备工厂转让给其所在地的当地政府。在转让的同时，首钢还申请让这些亏损的工厂宣布破产。

让这些亏损企业得以转让和宣布破产并不是一件容易的事情，毕竟这牵连着 4.7 万职工的生计问题。为了让事情顺利，北京市政府和首钢核心企业一起，与国务院、国家经济贸易委员会、国有资产管理委员会和财政部的办公厅，以及相关当地政府进行了多次沟通。

2005 年末，这 13 个军事装备工厂中，6 个成功转让给当地政府，2 个正在转让中，2 个已经结束了破产的前期工作，还有 1 个将宣布破产的工作转交给了当地政府。

四、结论

作为一个案例研究，这一部分考察了中国四大钢铁厂之一的首钢集团，通过介绍首钢在促进国有企业公司化的现代企业制度之下的发展，我们可以看到，通过引进一些典型西方企业架构的特色，减少政府干预，企业会更具有企业精神而更少依赖于国家。

当现代企业制度导致一些中小型企业轻率地进行私有化时，大型国有企业采取了不同的转换方式，那便是如首钢案例所示，保持国有制。

通过建立首钢集团和分级管理体系进行企业重组，首钢正在经历政府和企业的分离，并且政府以此来试图减少行政控制。通过大量减少剩余劳动力和将社会福利的责任转交给当地政府，首钢将其自身剥离于社会负担，以提高其效率和盈利能力。通过消除亏损的非钢铁业务，首钢管理部门充分利用被赋予的自主权力来摆脱不盈利的因素，使得首钢的竞争力能够迎合变化着的环境和激烈的竞争带来的挑战。

这些都显示了，在现代企业制度下，国有企业经历了重大的改革，朝着真正的现代企业发展，企业管理和业绩都得以改善。

第四节　中国国有企业的现状和未来

即便经历了30多年的以市场为导向的改革，国有企业在中国经济中仍旧扮演着一个突出的角色。

2001~2009年，国有企业和国家控股企业共盈利58462亿元，2009年的账面利润比2001年增加了3.89倍。净利润总额达40517亿元，2009年的账面净利润比2001年增加了4.37倍。

2010年，央企的总利润达到13415亿元，占国有企业总利润的67.5%。2009年，其中10家企业的利润占央企净利润总额的70%，即中国石油天然气集团公司、中国移动有限公司、中国电信集团公司、中国联通集团有限公司、中国石油化工集团公司。其中，中国石油天然气集团公司和中国移动有限公司分别盈利1285.6亿元和1484.7亿元，二者总额超过了央企利润总额的1/3。可以看出，央企的利润主要是靠垄断企业实现的。

2009年，中国前500强企业中有66.3%为国有企业，占营业收入的85%，并创造了总利润的87%。与此同时，中国国有企业也成为了一股引起世界关注的力量。2010年，中国有30家国有企业列入了世界财富前500名，其中，中国石油化工集团、中国国家电网总公司和中国石油天然气集团分别位列第七位、第八位和第十位。

此外，2006年世界员工最多前五个企业中，中国国有企业占了3个，亚洲收入最多的前5个企业中，中国国有企业也占了3个。

然而，除了收入和利润增长之外，中国国有企业在效率和生产力方面仍表现出很大的不足。2007年，中国前500强企业中的国有企业，其资产收益率仅有1.4%，远远落后于非国有企业，如民营企业（6.08%）和外资企业（8.48%）。至于净资产收益率，中国前500强企业中的国有企业仅有10.07%，表现远远差于世界500强16.13%的平均水平。

这体现了中国国有企业需要继续改革。我们应该以两个主要目标为基础，为国有企业设计一个短期改革方案，这两个主要目标为，打破国有企业的行政垄断以及规范国有企业的行为。其意义在于，可以促进不同经济主体进行充分公平的经济竞争，从而更好地实现社会公平和提高经济效率。

扩展学习

一、问题与思考

1. 找到最新世界500强名单，其中有多少是中国企业？找到前100强中的中国国有企业。

2. 列出一些国有企业表现不佳的原因。

3. 找到中国石油化工集团公司的背景资料。

a. 描述中国石油化工集团公司的股权结构，谁是最大的股东？

b. 中国石油化工集团公司分别在哪些股票市场上市？各个股票市场的股价分别是多少？这些价格在目前汇率水平下是基本一样吗？

c. 中国石油化工集团公司去年业绩如何？中国石油化工集团公司付给国内和国外股东的股息分别是多少？

4. 近年来，越来越多的中国国有企业在海外上市。对此存在两种不同观点，赞成者相信海外上市能成为一个重要途径和动力以推动国有企业改革；反对者则认为海外上市会导致国有资产流向国外，因为一些国有企业在海外上市发行价格较低而支付股息更高。你的观点是什么？为什么？

5. 如何进一步改进中国国有企业的业绩和公司治理？谈一谈你的观点。

二、案例研究

案例 1　新加坡的国有企业①

新加坡的国有企业主要由两部分组成：政府关联企业（GLC’s）及政府法定委员会。政府关联企业是由政府全资控股的淡马锡控股公司直接控股，也包括其子公司和关联公司。法定委员会包括公共事业委员会、经济发展委员会、住房及发展委员会等。久而久之，新加坡政府把很多法定委员会变为政府关联企业。淡马锡控股公司在以下企业中拥有多数股权：在新加坡能源（电能和天然气）和PSA国际（港口）均控股100%，在海皇轮船（航运业）控股67%，在特许半导体制造商（半导体）控股60%，在新加坡电信（通讯）控股56%，在SMRT（铁路、公交、出租车服务）控股55%，在新加坡科技工程（工程）控股55%，在胜科工业（工程）控股51%。淡马锡控股还在以下企业中拥有控制性股权：拥有胜科海事（造船）股权的32%，新加坡星展银行（新加坡最大的银行）股权的28%。

按照在国内投资所占份额的标准，新加坡国有企业是韩国的3倍，而韩国仅拥有中型的国有企业。据世界银行1995年的报告，1978~1991年，其所研究的40个发展中国家中，国有企业在GDP所占份额的加权平均数为10.7%。相应地，韩国这一比例为9.9%。

① Chang Ha-Joon. State-owned Enterprise Reform. UN DESA Working Paper，2007.

遗憾的是世界银行研究并没有提供新加坡的数据。然而，新加坡财政部长在1993年估计，“我们的公共部门及政府关联企业占GDP的60%”。在2001年，新加坡统计部门估算，1998年，政府关联企业产出占GDP的12.9%，而非政府关联企业的公共部门产值占GDP的8.9%，总计21.8%。统计部门使用了政府关联企业的狭义定义，即政府拥有20%或更多的有效股权。

案例2　中国台湾式的私有化[①]

中国台湾以拥有高比例的国有企业而实现了经济增长的奇迹。

在20世纪六七十年代，中国台湾经济中的国有企业份额从1951年的14.7%上升到1961年的15.9%，继而上升到1971年的16.7%，之后又有些小的回落，在1981年达到16.0%。尽管中国台湾允许私有部门发展，但国有企业部门已站到经济的“绝对高度”，控制了银行体系及上游的要素行业，如钢铁和石化行业。

中国台湾在1996年正式开始了私有化道路，放弃了国有企业在银行、保险、石化、交通及其他一些行业的多数股权。

然而，由于政府仍拥有控制性股权（平均35.5%），并且在18个私有化国有企业的董事会成员中占据60%的席位，中国台湾的私有化仍然是有限的。在国防及公用事业行业的国有企业被私有化时，中国台湾可以持有“黄金股”（在重要决策方面拥有否定权）。

案例3　2011年前5个月央企实现净利同比增长14.2%[②]

属于中央政府的中国国有企业，或者称央企，共同宣布，2011年前5个月其净利润同比增长14.2%。

这个增长率比前四个月的还要低4个百分点。

国有资产监督管理委员会（国资委）于周五在其网站发布声明，在此期间，121家央企净利润总额达3695.1亿元（合美元568亿）。

管理部门并未就利润增长或增长率降低给予任何解释。

国资委表示，央企收入前5月同比上升24.7%，达到7.82万亿元。

根据声明，国有企业前5个月应交税费6967亿元，同期增长27.5%。

三、专家观点

1. 中国改革国有企业管理取得进展[③]

2005年以来，中国一直在进行改善中央企业行政管理的试行方案，及至今日，已有35个企业参与。

国务院国有资产监督管理委员会（国资委）表示，该方案已取得显著成效并将继续进行。

---

① Chang Ha-Joon. State-owned Enterprise Reform. UN DESA Working Paper，2007.

② 中国日报，2011-06-18.

③ 中国日报，2011-05-12.

国资委副主任邵宁指出，企业管理其实已经优化，不过问题仍然存在，尤其是当每个企业寻找最佳运营模式时。他认为一些国有企业的一把手负责制需要改革。一些研究人员认为企业可以通过参与该方案的试行获益。

国资委研究中心的研究人员张春晓表示，试行方案会使决策过程更逻辑化、更公平，因此规范得以强化，而运营也更标准化。通过改善业务结构和减少风险，企业会更有效率，国有资本的价值也得以提高。

2. 国有企业改革面临关键时刻①

（1）国资委的关键任务——减少企业数量。2010 年年中，国务院宣布了截至年末，要将国有企业减少至 80~100 家，大概 20 家需要在最后两个月完成合并。

2010 年 8 月前，当王勇接任国务院国资委主任时，他面临了一个艰巨的任务：在四个月内将 122 家国有企业减少至 100 家以下。

第四季度对于重组工作来说至关重要，但是哪些公司被定为目标尚未确定。

国资委下属的中国国有企业改革与发展研究会研究员李开发指出，在期待已久的新国有资产管理公司成立之后，一些满足三个标准之一的公司将作为重组目标。

国资委前主任李荣融指出，重组的最终目的并不只是减少企业数量，而是提高其竞争力。

李荣融表示，改革很重要的一个部分是改善董事会体制。

截至 9 月，其中 32 家企业已经成立董事会。

（2）艰难的改革。事实上，对国资委而言，这次改革是一个长期而艰巨的过程。十年前，国有经济就像随时等待发生的经济灾难。在 1997 年亚洲金融危机中，国有企业的平均利润跌至接近于 0，许多企业甚至有巨额亏损。

然而，到 2008 年，中国铝业公司收购力拓集团 9%的股份，标志着一个重大的改变——国营经济中一批有着国际抱负的自信的新生代企业正在经历一场安静的革命。

中国正试图在竞争激烈的行业中发展一批领军的国有企业，在竞争之中技术、设计还有营销都是关键。而这些正是国有企业受到民营对手打击的地方。

“换而言之，我们所看到的是对资本主义的一场实验，足以对国有制的传统智慧做出挑战”。专栏作家杰夫·代尔和马利德 2008 年在一份英国金融报纸上做出如此评论。

当关于是否真的存在一个经济发展的“中国模式”（国家扮演更重要的角色）的争论愈演愈烈时，中国国有企业的命运应该能帮助改变争论的结果，代尔和马利德指出。

国有企业在一系列行业领域中产生了影响，这些行业不但竞争激烈，而且需要企业具有资本优势和技术优势。

中国钢铁行业充斥着民营投资，不过行业领袖和技术最先进的炼钢厂仍旧是国有企业——宝钢。

与此同时，中国铝业公司已经迅速成为世界上铝和氧化铝最大的制造商之一，并计划成为制造多种金属的跨国公司。

同时，为了在亚洲建造新的燃煤发电厂，上海电气正在逐步与日本三菱和丸红接洽。

① 陈佳璐，中国日报，2010-11-09.

中国两大国有造船企业——中国船舶重工集团公司和中国船舶工业总公司也不甘示弱——快速扩张并开始在技术方面追赶上其竞争对手韩国和日本。

许多国有企业已经至少将其部分股权上市，使它们至少受到一些股东的约束，而经营者的薪资更多的是与其表现而非官僚等级联系起来。

“国有企业在吸引顶尖经营人才方面的竞争力越来越强”波士顿咨询集团中国办事处的主管大卫·米迦勒指出，“有许多跨国企业或民营企业当地的中国经理都去了国有企业工作。”

北大纵横管理咨询集团的一名股东尹明德也作出了类似的评论，“日益明显的征兆表示，中国国有企业正在学习企业融资的技巧，中国铝业公司突然收购力拓的股权就是一个例子。”

一些国有企业近年来已经开始接受外国战略投资，而部分企业的董事会中出现跨国公司主管，尹明德接着说，“这些关系不会导致矛盾，反而有助于提升业绩。”

这些改革只能解释国有企业成功的一部分。据麦肯锡中国地区总裁安德鲁·格兰特指出，一些成功的国有企业都有他所说的一种“混合”结构，它结合了民营和国有企业的特色。他认为，最好的国有企业从国家那里获得金融支持，但是像民营企业那样有足够的独立管理权。

(3) 事实并非那样容易。然而，国有企业改革并非全都是成功的。一些老旧国有企业拥有的是过时设备，并且可能不得不向关联企业购买原件和其他原料，而不管其质量或成本如何，上海 TERC 管理咨询公司总经理朱博山表示。更糟的是，尽管公司治理改善了，投资者经常抱怨国有企业财务缺乏透明度，尤其是上市公司和其国有母公司之间资产的转让，朱博山说。

四、在线学习

访问 http：//www.sasac.gov.cn/n2963340/index.html.

1. 国资委是什么机构？国资委的主要职能和责任是什么？
2. 找到并查看央企名单，这些央企主要从事哪些行业？
3. 找到新加坡、英国和澳大利亚国有资产管理当局的名称及网站。

第五章　中国金融体制改革与发展

【本章内容】

本章将介绍中国金融体制改革的历史背景和30多年来金融体系的改革发展历程。一国金融体系包括金融机构和金融市场两部分。对金融机构的介绍，我们将以中国金融机构的支柱——银行业，尤其是国有银行业为例回顾银行业的改革发展史。金融市场部分，我们将介绍中国两个最基本的金融市场：股票市场和债券市场。股票市场将主要介绍其具有中国特色的弊端以及改革方案。债券市场将从债券品种创新的角度回顾其发展改革历史。

【本章要点】

- 掌握不良资产、股权分置、银行间场外交易市场、企业债券等概念。
- 了解银行业的发展与改革过程。
- 了解中国股票市场和债券市场的发展历程、现状及所存在的问题。
- 了解中国股票市场和债券市场未来发展面临的机遇和挑战。

第一节　中国金融体制概述

自 1949 年新中国成立后，中国长期实行计划经济体制，通过行政命令分配资源、产品和服务，金融体系及其功能极度弱化。伴随着 1978 年的改革开放，中国金融体制经历了重大改革，金融体系逐步完善，功能日益深化，发生了巨大的变化。

1950~1978 年，中国经济处于计划经济时期，经济计划委员会是中国最重要的经济决策机构，决定着产品价格、数量以及资金分配。在那时，中国金融体系事实上只有一个机构——中国人民银行。它既是中央银行，也代表着整个银行系统，因为当时不存在任何其他的银行、保险公司和证券公司。在此期间，中国企业不发行债券，国库券也寥寥可数。它被作为存款的另一种形式发行，对其的购买被当作一种爱国行为，而不是投资。银行贷款仅仅充当辅助企业完成政府生产计划的一种资金安排。金融机构的实际角色是政府的"出纳"或"会计"，这个时期被称为"大一统金融体系"时期。

1978 年中国实行改革开放，经济体制改革的发展客观上要求金融体制也要相应进行变革。20 世纪 80 年代中国银行系统发生了两次重大变革：一是中国人民银行从财政部中分离出来，从原来财政系统的一个"会计"和"出纳"转变成为独立的金融机构，银行体系基本职能得到初步恢复。二是成立专业银行，改变银行体系大一统的格局：1979 年和 1984 年先后有四家银行从中国人民银行中分离出来，行使商业职能，分别是专司外贸和对外投资的中国银行、负责基本建设和技术改造信贷的中国建设银行、集中办理农村信贷的中国农业银行和承担工商信贷和储蓄的中国工商银行。中国人民银行中央银行地位的确定和专业银行的成立意味着我国初步形成了中央银行和商业银行并存的两级银行体制。此期间的专业银行虽然形式上有"商业银行"的雏形，但直到 20 世纪 90 年代中期，其体制建设一直带着浓厚的为计划经济服务的色彩，受中央政府直接指导和监管，并不是真正意义上的金融中介机构。

20 世纪 80 年代，中国金融系统另一个重大变化是五大银行之外其他金融中介机构的产生和发展，包括沿海经济特区涌现出一些地方政府所有银行，农村地区成立了大量农村信用合作社（受中国农业银行的监管），城市则出现许多城市信用合作社。信贷投资公司等非银行性金融机构也在这个时期产生并迅猛发展起来。然而，这些金融机构虽然数量巨大，分布地域广阔，但就资产数量而言，与四大银行相比仍然微不足道。

银行，尤其是四大国有商业银行是中国金融系统的主力军。据统计，1992~2009 年中国企业近 80%的外部融资来自于银行（见图 5-1），银行资产占整个金融系统总资产的 78.8%（保险业仅占 4%）。银行体系中，四大国有商业银行是主力军，其各项贷款占全部金融机构资金运用的比重，1992 年底高达 90%，目前虽然有所下降，但也占据半壁江山。

银行业吸纳储蓄、贷放资金的效率决定了中国金融系统整体运作的效率。然而令人遗憾的是，受多种因素影响，我国银行业资金贷放效率低下，是中国金融业乃至国民经济健

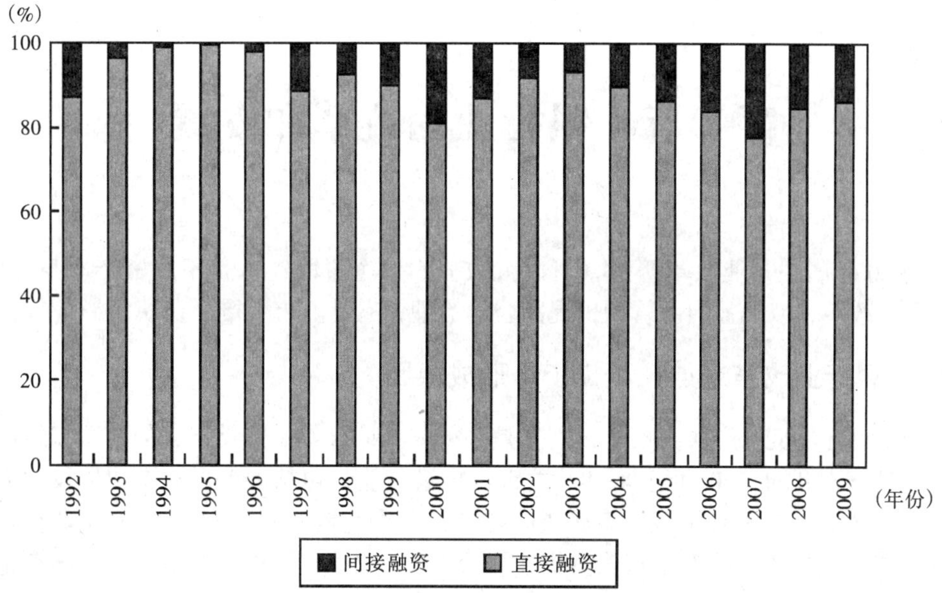

图 5-1　中国企业直接融资和间接融资比例

资料来源：中国人民银行。

康稳定发展的极大隐忧。根据官方数据，中国银行业的不良资产率在 2000 年和 2001 年甚至达到国民生产总值的 20%和 22.5%，远远高于美国和其他重要的亚洲经济体。处置不良资产，提高银行机构运作效率成为了中国金融业改革，尤其是中国银行业改革的主旋律，本书对中国银行体系改革发展的分析将围绕不良资产处置这一主线而展开论述。

鉴于国有商业银行在中国金融业的重要性，受篇幅限制，本书对中国金融机构的发展与改革分析将以银行业，尤其是国有商业银行为对象而展开。

一个国家的金融体制，除金融中介机构以外，另一个重要部分是金融市场。

20 世纪 90 年代中国金融体制发展的一个重大举措是股票市场的恢复和发展。上海证券交易所和深圳证券交易所分别于 1990 年先后成立，并保持了迅猛的发展势头。然而，相关法律体制的缺失和中介机构发展的滞后等原因制约了股票市场功能的发挥。迄今为止，与银行相比，股票市场在促进经济发展中的作用仍然有限。

中国的债券直到 1988 年才开始流通，这意味着债券二级市场开始发展。在过去的 20 多年里，中国债券市场日渐成熟，截至 2009 年中期，债券总发行量占国民生产总值的 45%。但与股票市场相比，中国债券市场发展仍然相对落后。2009 年末中国股票市场总值占全世界股票市场总值的 11.2%，债券市场仅占 2.9%。中国债券市场另一个不足是政府债券占比过高，超过 80%，企业债规模过小。

第二节　银行业的改革和发展

回顾20年的银行业改革历程，可以大致分为三个阶段：一是不良资产本身的处置；二是公司化改革，以加强内部管理，提高公司治理；三是上市，接受公众监督。

一、银行业改革起点：不良资产形成原因

中国银行业不良资产居高不下，固然是多种因素综合作用的结果，但与国家经济发展战略部署是分不开的。20世纪90年代之前，国有企业，包括大型国有企业以及地方国有企业和乡镇企业，与国有银行均隶属政府监管，本质上是“一家人”。国有企业负责承担重要的经济发展任务，国有银行为其提供资金支持。根据1999年数据显示，国有企业贷款占银行体系总贷款的75%。然而，由于一些经济任务超越了国有企业的实际能力，企业难以归还贷款，银行体系的不良贷款就这样产生了。为了配合国家经济战略的实施，银行即使知道贷款偿还存在问题，还要继续放贷，进一步加重了不良贷款的比例。

此外，为了确保国有企业能有足够的资金执行国家经济任务，政府对银行业实施严格的进入管制，国有银行体系吸纳了所有的私人领域的存款和储蓄。这些进入壁垒导致四大国有银行垄断了中国银行体系。银行体系缺乏竞争，效率低下，是不良资产形成的又一主要原因。

直到20世纪90年代中期，政府一直认为银行体系应当为国有企业改革和国家经济发展战略服务，即使出现高额的不良资产也并不可怕，可以缓以时日解决。然而1997年的亚洲金融危机让政府意识到了问题的严重性，面对事实上已接近破产的银行业，银行改革开始提到议事日程，因此中国银行业的改革比国有企业晚了10多年。

什么是不良贷款

银行的不良资产也常称为不良债权，其中最主要的是不良贷款，它是指银行顾客不能按期、按量归还本息的贷款。1998年5月，中国人民银行参照国际惯例，结合中国国情，制定了《贷款分类指导原则》，要求商业银行依据借款人的实际还款能力进行贷款质量的五级分类，即按风险程度将贷款划分为五类：正常、关注、次级、可疑、损失，后三种为不良贷款。

正常贷款指借款人能够履行合同，一直能正常还本付息，不存在任何影响贷款本息及时全额偿还的消极因素，银行对借款人按时足额偿还贷款本息有充分把握。关注贷款指尽管借款人目前有能力偿还贷款本息，但存在一些可能对偿还产生不利影响的因素，如这些因素继续下去，借款人的偿还能力受到影响。次级贷款指借款人的还款能力出现明显问题，完全依靠其正常营业收入无法足额偿还贷款本息，需要通过处分资产或对外融资乃至执行抵押担保来还款付息。可疑贷款是借款人无法足额偿还贷款本息，即使执行抵押或担

保，也肯定要造成一部分损失，只是因为存在借款人重组、兼并、合并、抵押物处理和未决诉讼等待定因素，损失金额的多少还不能确定。损失贷款指借款人已无偿还本息的可能，无论采取什么措施和履行什么程序，贷款都注定要损失了，或者虽然能收回极少部分，但其价值也是微乎其微。

资料来源：贷款分类指导原则，中国人民银行网站，http：//www.pbc.gov.cn/。

二、银行业改革：不良资产的处置

不良资产在一定程度上是国家经济发展战略的副产品，因此政府资金支持是不良资产处置的关键，这也正是不良资产处置初期的政府思路。

1. 夯实资本和减轻税负

1998 年以后政府鼓励大型国有企业上市融资，一定程度上缓解了国有银行的贷款压力。同年 8 月，财政部发行 2700 亿元特别国债以补充四大银行资本。此外，为了减轻国有银行税收负担，政府决定将银行业营业税从 2000 年的 8%下降到 2003 年的 5%。上述措施虽然未直接减少不良资产数量，但却提高了银行资本，改善了银行财务状况，有效地缓解了银行的财务困境。

2. 设立资产管理公司，接管不良资产

1999 年政府陆续成立了信达、东方、长城和华融 4 家资产管理公司，承接了 4 家国有商业银行的 1.4 万亿的不良债权，旨在通过专业化的不良资产处置手段，如债转股、证券化等提高不良资产回收比率，化解潜在的金融风险。虽然资产管理公司在不良资产处置方面基本完成了国家下达的政策性目标，但与国际同行业相比，回收率并不很理想，2001~2006 年回收率在 6.9%~35%之间波动。

国际经验表明资产管理公司良性运转的一个必要条件是资产能够重组和打包，可以实行资产证券化。符合这样条件的资产一般是房地产贷款或其他有担保的贷款等。世界上两个运转比较成功的资产管理公司均是如此，如瑞典资产管理公司中 80%的不良资产是房地产，美国资产管理公司这一数字是 49%。然而，中国资产管理公司收购的贷款绝大部分都不是有抵押担保的资产，房地产贷款仅占 7%，消费制造业贷款占比高达 46%，这是中国的资产管理公司贷款回收比率不高的一个原因。

中国资产管理公司处置不良资产的一个重要措施是债转股。价值 489.7 亿美元，占比高达 30%的不良资产采取了这种方法。该方案的设计初衷是让资产管理公司以股息和股权增值的方式获得回报。但是信息不对称使得资产管理公司难以通过股权重组来提高国有企业效率。这是因为实施债转股的国有企业产业分布广泛，资产管理公司缺乏足够数量的专业技术人才，自然难以有效监督国有企业的运营。此外，这一方案实施成功还依赖于资产管理公司代替政府对国有企业实施政治改革的能力，因为国有企业运转效率低下一定程度上是政企不分的结果。由此可见，债转股的方案的成功实施需要出台配套的制度安排。

三、银行业的公司化改革

2001 年 12 月中国加入 WTO，银行业将面临更大的挑战。为真正从体制上将银行重组成市场实体，提高竞争力，从源头上防范不良资产的形成，政府决定对国有银行进行公司化改造。

2003 年 12 月 31 日，国务院决定，选择中国银行、中国建设银行进行股份制改革试点，并通过中央汇金投资有限公司[①] 动用 450 亿美元外汇储备注资。之所以选择这两家银行，是因为四大银行中中国银行具有最高的资本充足率，建设银行具有最低的不良资产率。财政部和中央汇金投资有限公司作为两家银行的主要股东，通过股权投资获得红利和其他收益。

随后，中央汇金投资有限公司于 2005 年 4 月向中国工商银行注资 150 亿美元，2007 年 12 月向国家发展银行注资 200 亿美元（将其从政策银行转变成商业银行），2008 年 11 月向中国农业银行投资注资 190 亿美元。此外 2004 年 6 月还向中国第五大银行中国交通银行注资 30 亿美元。

为提高银行资本充足率，政府还允许商业银行发行次级债券作为附属资本。2004~2005 年，中国工商银行、建设银行、中国银行和中国交通银行四家银行共发行了 1470 亿元人民币的次级债券。资本的夯实进一步降低了银行业的不良资产率。

中国银行和中国建设银行首先按照现代商业银行的要求，逐步建立起了规范的公司治理结构和严格的内部权责制度，形成了良好的内部控制体系，同时进行了相应的财务重组，加快处置不良资产、充实资本金。在财务重组的基础上，两家银行分别于 2004 年由国有独资改组为股份有限公司。随后 2005 年中国工商银行以及 2009 年中国农业银行也都分别改制为股份有限公司。财政部和中央汇金公司是四大银行的大股东，至此中国的四家国有独资商业银行改制为国有控股的股份制银行。

四、银行业改革攻坚阶段：海内外公开上市

公司化改革后更关键的一个战略部署是实现大型商业银行在国内外资本市场公开上市。这不仅是为了融资，更重要的是通过股权多元化和市场监管机制提高商业银行的公司治理水平。

银行公开上市的第一步是引进境内外战略投资者。与东欧、拉丁美洲一些国家金融机构向外资让渡控制权的模式不同，中国金融机构是向外资战略投资者出售少数股权，并且每一家银行至少要引进两家战略投资者，因此，政府依然对商业银行保有控制权。确保首次公开发行成功固然是引进战略投资者的一个目的，但另一个更为重要的目标是旨在通过引进外资，提高银行经营管理水平，增强国内乃至全球竞争力。银行业引进战略投资者后的股权结构见表 5–1。

2004 年 8 月，汇丰银行成员中国交通银行首个海外战略的投资者。其持有交行 19.9% 的股权外资金融机构在中国银行业最高的持股比例。2005 年，美国银行和新加坡淡马锡分别购买了中国建设银行 9%和 5.1%的股权，苏格兰皇家银行、瑞银、亚洲开发银行和新加

① 中央汇金投资有限公司是经国务院批准，依据《中华人民共和国公司法》于 2003 年 12 月 16 日成立的国有独资公司，注册资本是 450 亿美元，代表国家依法行使对中国银行、中国建设银行、中国工商银行等金融企业出资人的权利和义务。2007 年中国投资有限公司成立后，中央汇金投资有限公司成为中国投资有限公司的全资子公司。

表 5-1　银行业引进战略投资者后的股权结构（截至 2006 年 10 月 27 日）

银行名称	股东名称	持股比例（%）
交通银行	财政部	25.53
	英国汇丰	19.90
	中国社保基金	14.22
	中央汇金投资有限公司	7.68
	其他	32.67
中国建设银行	中央汇金投资有限公司	71.13
	中国建设银行集团公司	10.65
	美国银行	9.00
	新加坡淡马锡	5.10
	上海宝钢	1.55
	国家电网	1.55
	中国长江电力	1.03
中国银行	中央汇金投资有限公司	79.90
	苏格兰皇家银行	9.61
	新加坡淡马锡	4.80
	中国社保资金	3.91
	瑞银	1.55
	亚洲开发银行	0.23
中国工商银行	财政部	43.28
	中央汇金投资有限公司	43.28
	高盛	5.75
	中国社保资金	5.00
	德国安联	2.25
	美国运通	0.45

资料来源：相关上市银行招股说明书。

坡淡马锡合计持有中国银行 16.19%的股权。2006 年，高盛集团、安联集团和美国运通公司合计投资 38 亿美元购买了中国工商银行 8.45%的股份。

五、银行业改革绩效

上述改革措施显著地降低了银行业不良贷款率，提高了银行业的绩效。20 世纪 90 年代末商业银行中存在的大量的不良资产已基本处置完毕，不良资产率已经从 2003 年底的 17.9%下降至 2009 年中期的 1.8%。伴随着不良资产率的下降，银行资本充足率显著提高。2003 年末只有 8 家银行（占银行系统资产不到 1%）的资本充足率达到巴塞尔协议 8%的要求，截至 2009 年底，全部银行（239 家银行，包括所有的大型商业银行，城市商业银行和农村信用社）均达到了 8%的最低要求。

2008 年金融危机冲击中，日本、美国、欧洲等发达国家银行股价大幅下跌，而中国银行业相对损失较小，2009 年 3 月底中国工商银行、中国建设银行、中国银行一跃成为世界市值最大的三家银行。这一切表明中国银行业改革取得了重大的胜利。

六、银行业未来面临的挑战

银行业数十年的改革固然取得了重大进展，但仍然面临着下列挑战。

1. 不良资产率回升的担忧

最近几年银行不良资产率的下降，财务绩效的改善固然得力于政府采取的一系列改革措施，但不可否认的是稳定持续发展的宏观经济环境也起着重要的促进作用，表现为受国家管制保护稳定的存贷利差以及经济快速增长引致的贷款规模扩大都显著地提高了银行利润。不良资产率的下降也部分归因于贷款总量增加。然而，贷款规模的迅速增长的负面影响也不可忽视，尤其是2009年金融危机后，为刺激经济增长，中国银行信贷猛增，其中地方政府贷款、房地产贷款大量增加。若未来国家宏观经济发展速度下降或房地产价格出现下滑，银行的不良资产率仍存在反弹的可能。

2. 中小型企业贷款难依然未有效解决

传统上，中国银行业的主要客户是国有大规模企业。然而，中小企业在一国发展中的经济和社会地位日益突出。2008年中小企业为我国创造了58.5%的GDP、46.2%税收和62.3%的出口创汇。此外，65%的专利技术、75%的科技革新和82%的新产品也是归功于中小企业的发明创造。2008年中小型企业个数达到4200万家，占中国企业总数的99%，吸纳了城市75%的劳动力和75%的农转非人口。但与此形成鲜明对照的是，66%的中小企业仍然存在融资难问题，资金的缺乏已经成为他们发展的主要障碍。

中小企业贷款难固然是世界难题，但在中国表现尤为突出。一个原因是抵押品制度的法律缺失。法律规定，大多数情况下，存货和应收账款不能作为贷款的抵押品。土地作为抵押品也经常受到产权模糊不清的限制。设备和其他动产抵押虽然理论上可行，但登记手续冗长，破产拍卖阶段法院处置时间漫长、费用高昂、不确定性多，从而在实践上难以操作。政府目前正在改革相关制度，预计未来这种情况将有所改善。政府和很多中国学者都认识到贷款担保是使中小企业更易获得银行贷款的关键。然而，在中国仅有不到1%的中小企业可以获得担保贷款。担保机构的运转需要政府的资助和更完善的法律框架，这是中国需要时日解决的问题。

3. 农村金融改革任重而道远

在中国，农村居民存在贷款难的问题。邮政储蓄等机构吸收了大量农村储蓄，但却不在农村放贷造成农村资金外流现象严重。2006年，农村地区人均贷款只有5500欧元（806美元），而城市地区为40000欧元（5865美元）。中国农村金融系统的主力军——农村信用社资产质量差、亏损严重，存在较大的财务风险。

自2003年启动深化农村信用社改革试点工作以来，农村信用合作社的改革取得重要进展和阶段性成果。大部分农村信用合作社正在参照商业银行的改革模式，进行公司化改造，改制成农村商业银行或者农村合作银行，以完善法人治理结构，转换经营机制。目前中国银行业监督管理委员会还要求农村银行采用与商业银行一致的贷款评价体系，贷款分类标准和其他管理制度。目前农村信用社基本明晰了产权，但他们能否理顺和政府的关系，独立地进行商业贷款决策仍待考察。

2007年邮政储蓄和汇款业务从中国邮政中分离出来，邮政储蓄银行正式挂牌成立，这是中国农村金融体制改革的重要一步，意味着邮政储蓄系统从农村信用社吸收的存款将可自主运用，从而有助于减少农村资金的外流问题，促进农村经济的发展。中国农业银行在补充资本和公司化改造后也重新强调了服务农村的重要性。然而，农业的弱势地位决定了它们能否增加农业贷款比例，并提高农户贷款的效率仍是一个需要长期努力来解决的问题。

第三节 中国的股票市场

股票市场对于我国完善市场经济体系，促进国民经济发展发挥了重要作用。本节将首先介绍新中国成立后中国股票市场的发展历史和主要特征，然后回顾过去 30 多年一些重要改革，最后探讨未来面临的挑战。

一、中国股票市场的演变

1949~1978 年，中国实行严格的计划经济体制，资金通过行政手段逐级下拨到生产企业，并不存在股票市场。1978 年后随着经济体制改革的推进，作为微观经济主体的企业对资金的需求日益多样化，成为中国资本市场萌生的经济和社会土壤。20 世纪 80 年代初，城市中一些小型国有和集体企业开始进行了多种多样的股份制尝试，1983 年深圳市罗湖区宝安联合投资公司成为中国第一个首次公开发行股票的公司。它的成功吸引了众多追随者。随着股份公司数量的增加，股份转让需求也日益强烈，20 世纪 80 年代末，股份公司集中的上海和深圳两地成立了场外股票交易系统。为确保股票交易规范有序，政府于 1990 年 12 月和 1991 年 7 月陆续成立了上海证券交易所和深圳证券交易所。这意味着关闭长达 50 年之久的股票市场在中国大地重新复苏。

随着股票市场的发展，政府逐渐认识到，股份制作为一种现代企业组织制度具有明晰产权和为国有企业改革积累社会资本的优越性，是中国社会主义市场体系不可缺少的一部分，而不在纠缠于股份制姓“社”还是姓“资”的辩论。在政府的大力支持下，股票市场发展迅猛。20 世纪 90 年代，股票市场成立初期只有 10 家上市公司，但到 2010 年底数量已经上升到 2063 家。2010 年末 A 股、B 股的总市值是 23 万亿元，而在 1992 年这一数字是 1048 亿元。

二、中国股票市场的特点

尽管中国股票市场发展很快，但由于其脱胎于计划经济体制下的中国，因而具备一些迥异于西方国家股票市场的鲜明特点。

1. 股权分置

中国股票市场的一个显著特征是股权分置。国家股、法人股等发起人股权尽管与公众股具有同样的投票权和分红权，但却没有流通权，不能通过股票市场公开转让。该制度安排的初衷是确保政府可通过控制发起人股的转让而行使对国有上市公司的控制权。这部分不可流通股权在中国上市公司股权结构中占据着相当大的比例。截至2000年末，74%的股权是不可流通的，主要由政府或国有全资企业持有。这样一种制度安排具有如下重大的缺陷：

第一，流通股的股东通常是难以影响公司决策的小股东，主要获利模式是股息和股票升值，但由于拥有控制权的大股东难以从股票升值中获利，并且股息分配是与小股东分利，拥有控制权的大股东往往通过关联交易来谋取私利，损害了上市公司及小股东的利益。

第二，大量股份的非流通特性降低了股票市场的流动性，股票市场投机、内幕交易严重。

第三，国内股票市场的低效率导致大量优质企业海外上市，国内投资者不能分享优秀企业的投资收益。

第四，大量股份非流通也导致控制权市场难以形成，使得并购不能有效地发挥作用，降低了资本市场的效率。

2. 国有企业是股票市场的主体

中国股票市场的另外一个特点是国有上市公司占据了股票市场的主体。股票市场成立之初的10年，中国对发行上市实行配额制。中央政府每年设定股票发行额度，分配给各地方政府或部委，最后由各级政府和部委决定上市资格的分配名单，因此发行上市过程几乎完全是政府驱动的结果，而非市场机制的推动。企业获得上市资格并不是因为其盈利能力突出，而是与政府关系密切。由于国有企业与政府具有先天的血缘关系，因此这样一种配额制度安排倾向于支持国有企业上市，民营企业几乎被排斥到中国资本市场之外。这与民营企业在中国经济体系中日益重要的地位形成了强烈的反差。

3. “政策市”色彩浓厚

中国股票市场的另一个特点是“政策市”色彩浓厚。股票市场行情不仅是市场力量角逐的结果，也是政策导向的反映。

中国股票市场创立初期，缺乏系统的证券法律和法规。零星的法律条文以及各部门行政规章构成了股票市场的监管框架，因此政府政策可以对股票市场发挥直接的影响。股市低迷期，政府往往出台宽松的政策来救市；反之，股市高涨期，政府又实行从严政策，给股市降温。然而与明确的法律法规相比，政府政策在信息含量、公布时间等方面往往缺乏确定性，因此政府的干预往往不当或者过度，从而加剧了股票市场的波动。

三、股权分置改革

正如前文所述，股权分置是中国上市公司所有权结构的一个特殊性的制度安排，是资本市场健康发展的一个主要障碍。在多次改革尝试失败后，2005年中国掀起了一场新的旨在解决股权分置的改革，这是目前新兴市场经济国家股票市场所经历的重要改革之一。2005年4月29日，中国证券监督管理委员会宣布启动股权分置改革试点，四个试点公司的非流通股东分别采用送股、付现金和授予股票期权等不同的对流通股东的补偿办法，以期将非流通性股份转换成流通股。这次改革与前几次改革的最重要的区别是由各个公司的非流通股东和流通股东相互协商讨论解决办法，提高了方案的灵活性。这种强调协商，尊重个性的改革制度安排获得了重大成功。

2005 年 6 月，中国证券监督管理委员会开始了第二批 42 个公司的试点，这大约占总股票市值的 10%。8 月 19 日，第二批试点公司全部顺利完成任务。几天后，政府宣布股权分置改革推广到剩余所有公司，以彻底消除中国的股权分置弊端。2007 年底，98%的上市公司已经完成了改革。

股权分置改革以及前文讨论的新股上市发行审核手续和定价制度等的改革为中国股票市场健康发展奠定了重要基石。然而改革的效果尚需时间考验，转换身份的非流通股并不能立即上市流通，而是有一定的“锁定期”。未来几年能上市流通的股份只占一小部分，股份全部可流通预期到 2012 年才能实现。

四、中国股票市场其他重大改革

除股权分置改革以外，中国股票市场在发行上市等制度建设和多层次股票市场体系的建设方面也有了重大进展。

1. 制度的建设和逐步完善

如同其他新兴股票市场，中国股票市场经历了一系列制度改革，旨在建设一个“公开、公正、公平”法律监管架构。

1993 年 5 月 4 日，国务院颁布了《股票发行与交易暂行管理办法》。这是一项规范中国股票市场发展的重要制度安排。它确立了中国股票市场的管理机构，规定了股票发行和交易的具体细则，制定了上市公司信息披露基本办法，规范了证券案件的调查和惩罚等。

政府随后又出台了《中华人民共和国公司法》和《股票交易管理规定》。1999 年 7 月，政府推出了酝酿七年之久的《中华人民共和国证券法》（以下简称《证券法》）。这项法律旨在保护投资者利益，规范股票市场发展，促进中国股票市场与国际标准接轨。2005 年以来，中国政府在资本市场的制度建设上又取得了显著进展，进一步消除了发展障碍。

2004 年国务院颁布了《关于推进中国资本市场改革开放和稳定发展的若干意见》，此后中国在加强资本市场法规建设方面取得了重要突破。期待已久的《公司法》和《证券法》的修订工作已完成，并于 2006 年生效，再加上 2004 年生效的《中华人民共和国证券投资基金法》共同为中国资本市场、中介机构和机构投资提供了一个系统性的法律框架。2007 年 6 月生效的破产法以及 2009 年 10 月新修改的《中华人民共和国保险法》更为上述法律的有效实施提供了保障。

2. 发行上市制度的改革

自 1999 年起中国不断推进股票发行上市制度的市场化改革。首先，废除了额度制，取消了地方政府和行政主管部门对企业发行上市的干预，目前采取的是类似美国具有一定市场化色彩的“核准制”。其次，中国证监会对拟申请上市的金融机构信息披露制定了更高的审计标准；最近，证监会正在尝试建立新的发行价格定价方法，以实现发行定价的完全市场化操作。最后，股票交易所可以将表现不佳的公司摘牌，退市制度的出台同样是一项重要的制度安排。为实现国家“十一五”发展规划制定的“建设和完善多层次股票市场，满足股票发行交易的多样化需求”目标，中国的股票市场也进行了一系列重要改革。

3. 建设多层次股票市场，完善股票市场体系

为充分满足股票发行交易的多样化需求，中国目前正在加快建设和完善多层次股票市场。2004年6月推出了中小企业板，降低了中小企业的入市门槛，便利了高科技企业的融资。截至2010年，已经有607家中小型企业发行上市。中国创业板也于2009年10月登陆深圳证券交易所。首批上市公司为28家，截至2010年，发行上市企业数量猛增到257家。这些股票交易市场的成立为民营企业上市融资创造了有利条件。

五、未来面临的挑战

中国的股票市场虽取得了可喜成就，但仍处于初级阶段，仍然面临很多挑战，下面进行简要介绍。

1. 股票市场投机氛围浓厚

宏观经济条件，如2007年初至秋天，股票指数几乎翻了一番，上交所A股股票平均市盈率高达70倍，随之股票市场又大幅下挫，长期低速至今。流动性过剩和负的实际利率可能是股价飙升的主要原因。股价难以反映公司的真正价值，同一上市公司的A股较其在香港上市的H股有较高的溢价就是一个明证。

2. 推进整体上市，提高公司治理

很多上市公司仅将股票市场作为一个融通资金和提高知名度的场所，而忽视了公司治理的改进。尽管政府已经认识到完善公司治理的重要性，并提高了信息披露要求，但上市公司对于投资者来说仍是一个“黑箱”。该问题的主要原因是中国很多上市公司是一个企业集团的子公司，而该集团并未上市。这些企业集团往往通过种类繁多的关联交易“支持”或者“掏空”上市公司，从而显著影响上市公司绩效。企业集团的非上市身份使得投资者难以获得充分透明的信息对上市公司进行价值评估，最终使股市投机氛围浓厚。因此推进企业集团的整体上市对于改善上市公司治理，确保股票市场价值挖掘功能的发挥具有重要意义。自2003年以来，中国出台了一系列支持企业“整体上市”的重要举措，取得了重要进展，但是这一改革涉及中国企业集团，尤其是国有企业集团的彻底改革，而这正是中国国有企业改革的攻坚部分，其难度要远远大于股权分置改革，这是中国股票市场未来面临的一大挑战。

此外，政府要积极引导上市公司制定符合国际标准的股利政策以及募集资金管理政策，改变目前上市公司“重融资、轻回报”的局面，从而提高中国上市公司的投资价值，降低股市的投机气氛。只有完善上市公司治理，完善监管标准，中国上市公司才能更有效率和竞争力。中国的股票市场任重而道远。

3. 推进股票发行制度的市场化改革

截至目前，尽管政府采取了一系列措施，推动股票发行制度的市场化变革，包括从审批制到核准制，但股票的发行上市仍受行政管理的影响。中国股票市场期盼一个更加自由的发行上市制度，也就是公司只要满足了发行标准并进行了充分的信息披露就可以上市，而这仍需要长期努力才可实现。

第四节　债券市场

过去 30 多年，中国债券市场发展迅猛，2009 年中期已达到了 GDP 的 45%，总体规模与主要的新兴市场经济体相当，本节将首先回顾中国债券市场的历史；其次以债券产品创新为主线阐述债券市场的改革成就；最后探讨未来面临的挑战。

一、中国债券市场的历史

1949 年新中国成立后，为稳定物价和加快经济建设，政府曾以行政分配的办法发行过几期公债。①这些债务主要被爱国人士和资本家购买。这些债券几乎不交易，这时中国基本上不存在债券市场。②随后的 30 年，中国经济受中央计划控制，仅仅发行过几期公债。债券市场基本陷于停顿。人们购买债券也并非将其当作投资对象，是基于爱国热情将其视为储蓄的替代品。③20 世纪 80 年代初，中国开始实行改革开放，债券市场也逐渐复苏，1981 年财政部以私募方式恢复国债发行。1988 年债券开始上市流通，这意味着国债交易市场探索的开始。在过去的 20 多年里，中国的债券市场大致经历了三个阶段的发展。

1. 场外交易市场与交易所市场并存（1988~1993 年）

为促进债券发行，政府开始了国库券流通转让试点。1988 年 4 月和 6 月财政部先后批准在 61 个城市的商业银行柜台成立债券交易市场，意味着中国债券交易市场正式开始运作。1990 年 12 月国债分别在上海证券交易所、证券交易自动报价系统上市交易，国债二级市场不断完善。这一时期被称为场外交易市场与交易所市场并存时期。

2. 交易所债券市场阶段（1994~1997 年）

1993 年上海证券交易所推出了债券期货品种，国债期货市场初步形成。遗憾的是，国债期货市场秩序混乱、投机严重，政府不得不于 1995 年关闭了所有品种的债券期货市场，并于 1995 年关闭了场外债券交易市场。结果，上海证券交易所和深圳证券交易所成为了仅存的债券交易法定市场。

1995 年财政部开始在两个交易所发行记账式国债，1996 年上海证券交易所推出债券回购品种。银行资金通过债券回购的方式流入到证券公司，证券公司以此资金投机股票，导致股票市场投机氛围浓重。为斩断银行资金对股市投机的支持，商业银行被要求撤出交易所市场，另成立银行间场外交易市场。至此，中国的债券市场分割为交易所市场和银行间市场两大部分。

3. 以银行间场外交易市场为中心的两大市场并存阶段（从 1997 年至今）

1997 年 6 月，在原国家外汇交易中心和银行间同业拆放市场的平台上成立了银行间场外交易市场。为整顿国债市场秩序，保证市场安全、高效、低成本运行，促进债券市场的健康发展，中国人民银行和财政部共同议定并报经国务院同意后，在原中国证券交易系统有限公司的基础上改组设立了中央国债登记结算有限责任公司（以下简称中央结算公司），承担国债和国内其他债券的统一登记、托管和结算职能。至此，银行间场外交易市场成为了中国债券交易市场的主体，其交易量占债券总交易量的90%以上。

二、中国债券市场的产品

经过30年（1979~2009年）的发展，中国的债券投资品种日益丰富，以满足投资者不同的风险收益偏好。主要品种包括政府债券、中央银行债券、金融债券、非金融公司债券、资产支持证券和外国债券。除了债券现货交易外，还有债券回购和衍生品种。

1. 中国的债券品种

现货交易是债券市场最主要的交易品种，2009年交易额达到49333.10万亿元（见表5-2）。其中99%的交易是通过银行间交易市场达到的。现货交易中，中央银行债券和政策性银行债券是两个交易最为活跃的品种。

表5-2　2009年中国债券市场交易品种构成

交易品种	交易规模（万亿元）
现货	49333.10
回购	76170.53
债券远期	640.94
债券互换	461.13

债券回购是另一个重要的债券品种，其交易量现在已经超过了债券现货交易，2009年达到76.171万亿元人民币。债券回购包括质押回购和买断回购，其中前者是主要的交易品种。银行间市场是债券回购的主要场所，2009年交易规模是72573.01万亿元（见表5-3）。回购利率是中国货币市场重要利率之一。

表5-3　2009年不同市场交易规模比较

（单位：万亿元）

	债券现货	债券回购
银行间市场	48868.22	72573.01
上海证券交易所	387.70	3592.93
深圳证券交易所	70.90	4.59
银行柜台交易	6.28	0.00

利率互换是银行间市场2006年2月引进的新品种。银行和客户之间可以进行人民币互换，中国人民银行的存、贷款利率，七天回购利率和上海银行间同业拆借利率是利率互换中常用的三种基准利率。

债券远期2005年5月引入银行间市场，2009年债券期货交易额已达到640.94万亿元人民币。

2. 债券发行人构成

在中国，债券主要发行人是财政部、中国人民银行、地方政府、三家政策性银行、商业银行、非银行金融机构、国有企业、上市公司和国际机构。其中国债、中央银行票据和政策性银行债券是中国债券发行市场的主体，2009 年占据了 80.9%的份额。国债和央行票据分别是政府实施财政政策和货币政策的工具，政策性银行债券则有助于政府执行经济政策。截至 2009 年底政府债券、央行票据、金融债券和非金融公司债券分别占整个市场的 32.2%、23.8%、28.6%和 14.8%（见图 5-2），公司债券占比较小，是亚洲新兴经济体中公司债券比重最小的国家。

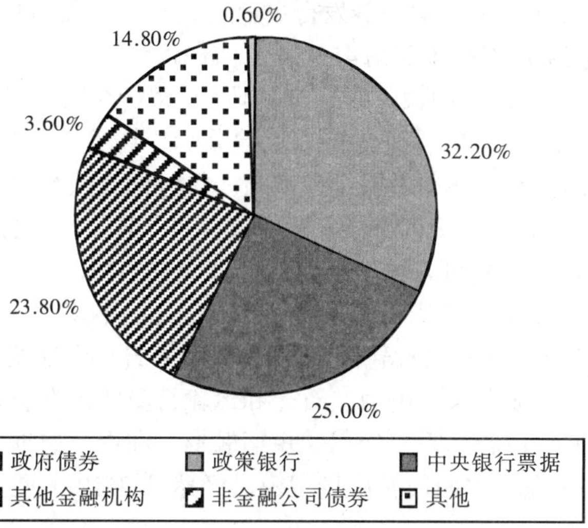

图 5-2 2009 年末中国债券市场发行余额构成

资料来源：www. Chinabond.com.cn.

在中国非金融公司债券主要有六种：企业债券、上市公司债券、短期融资券、中期票据、中小企业集合债券和可转换债券。

（1）企业债券。企业债券是由国家发展改革委员会（以下简称发改委）批准发行的债券，是中国目前公司债券市场的主体品种，包括中央企业债和地方企业债。2009 年末，479 家企业债券余额 10000 亿。

最近几年中国企业债券市场发展很快，过去 7 年年均增长率达 49%。这主要是归因于地方企业债券的大规模发行。传统上，企业债券的发行者主要是中央企业，但 2006 年，地方企业发行债券的数量开始超过中央企业债券。例如，2009 年，地方企业发行债券 153 只，而中央企业仅发行债券 39 只。由于地方企业债券发行数量多，发行规模也在 2009 年首次超过中央企业债券达到 2220 亿元。

（2）上市公司债券。上市公司债券由证监会负责监管，是 2007 年 10 月推出的一个新品种。其不同于企业债券需要发改委审批，而是像 A 股和可转债一样只需要证监会的审核。其产品设计遵循市场导向，监管和运作体系符合国际惯例，是中国公司债券市场发展进程中的一个里程碑。2007 年 5 月颁布的《公司债券发行试行》法规有力地推动了债券市场的发展。

自推出以来，上市公司债券发展迅猛。截至 2009 年底，67 家上市公司债券发行余额1130亿元。上市公司债券全部为期限5~10年的中期债券，其中金融企业债券占据半壁江山。

（3）短期融资券（商业票据）。为丰富债券市场投资品种，2005年5月23日中国推出了到期期限不超过1年的短期融资券，类似于国外的商业票据。它在银行间债券市场发行和交易，并接受中国人民银行的监管。与企业债券和上市公司债券相比，其最大的优点是申请手续简单且不需担保，不足之处则是只有信用等级很高的非金融企业才能有资格发行。由于短期融资券利率低于银行贷款利率，信用等级高的一些内外资企业对其表示了极大的热情。2005~2009年，短期融资券发行数量为1116家，融资规模为16000亿元。截至2009年底，短期融资券的发行余额是4560亿元人民币。

（4）中期票据。继推出短期融资券后，中国人民银行在银行间债券市场又推出了一个新的品种——中期票据。其由银行间交易商协会作为市场成员代表实行自律管理，实行注册、监管机构备案制，不再逐项进行行政审核。央行作为银行间债券市场法定的监管部门，重点制定市场发展规划、把握市场发展的节奏和方向。中期票据的推出不仅是中国最市场化的一个债券产品，而且弥补了2~5年债券市场的空白，受到市场热烈追捧。2008年4月首次发行，短短70天，15家机构发行了755亿元的中期票据。然而由于监管协调等原因，中期票据在发行两个月后被暂停。同年10月6日，中期票据再度恢复发行。中期票据多为大型上市公司或者煤、电力、石化和运输行业的国有企业发行，他们通常具有很高的企业信用，发行债券不需要担保。短期融资券和中期票据是中国近几年发展最快的债券产品。2009年底，中期债券市场规模已经达到8620亿元，成交额是市场余额的7.6倍。

（5）中小企业集合债券。2009年中国债券市场推出了“中小企业集合债券”，以解决中小企业的融资难问题。根据中小企业集合债券发行指南，中小企业集合债券是将2~10家的非金融中小企业债券以捆绑方式集合发行的债券，每家发行规模不超过2亿元，截至2009年底，银行间债券市场已发行了四起中小企业债券，发行规模是12.65亿元人民币。不同于短期融资券和中期票据，中小企业债券发行需要银行担保，这可能是中小企业债券发行规模远远小于短期融资券和中期票据的主要原因。

（6）可转换债券。可转换债券是中国上市公司一个重要的融资工具。作为一个混合金融工具，可转换债券具有普通股和普通债券的双重特性，因此具有一定的特殊性，如低的转股溢价，一年一定的转股价以及银行担保，受到一些公司的青睐。这些基本特征反映出中国债券发行人的一些特殊目的以及中国股票市场的独特性，这使得可转换债券是股票的重要的投资替代品。

三、中国债券市场所面临的挑战

公司债券占比偏小是中国债券市场的主要问题。发展公司债券对于化解中国信贷风险过度集中于银行以及丰富保险公司和养老保险投资品种具有重要的意义。自2007年8月以来中国已经采取了一系列措施促进公司债券的发展，如上市公司债券的推出等。但是由于中国会计审计制度不完善，信用评级发展滞后，公司债券市场的发展仍相对缓慢，因此积极培育中介机构的发展，创造良好的法律等制度环境是中国未来债券发展的重要问题。

扩展学习

一、问题与思考

1. 请简要回顾中国股票市场发行价格决定机制的历史变革。

2. 为接收四大银行体系剥离的不良资产而于1999年成立的四大资产管理公司，原定的寿命为10年，目前是否“寿终正寝”了呢？其目前的功能和定位是什么？

3. 中国银行业引入境外战略投资者的改革曾经备受争议，争论的一个焦点是外资的入股价格是否适当，国有资产是否被贱卖，这种争论在中国建设银行以不到1.5倍的市净率价格引入美洲银行和淡马锡时达到顶点。请结合价值评估的相关理论对此问题进行剖析。

4. 2008年美国次贷危机席卷世界金融市场和金融机构，但中国的银行业却受冲击有限。这说明中国银行业经过数十年的改革后具有更强的风险防范能力吗？

5. 什么是股权分置？世界其他股票市场是否存在类似的制度？

6. 2005年中国推出新的股权分置改革方案之前，曾于1999年和2001年也采取过改革措施，但遗憾的是，均以失败告终。2005年的改革方案却成功解决了这一历史遗留难题。请比较这几种方案，分析2005年方案成功的原因。

7. 登陆中国人民银行（http：//www.pbc.gov.cn/）和银监会（http：//www.cbrc.gov.cn/）网站，查询四大国有商业银行过去10年在中国银行业的市场份额，并分析其市场份额下降的主要原因。

二、案例研究

中国化解地方债危机

巨额债务即将到期，而债务人无力偿还，因此政府同意延长到期日。你可能以为这是在描述希腊纾困方案，但实际上，这是中国为防止数十个省市无力偿还银行贷款而做的事情。这意味着中国是另一个希腊？答案绝非如此。

首先，中国经济2012年将增长8%以上，而欧元区则很有可能陷入衰退。如此持续的高速增长将让中国地方政府更容易慢慢还清债务。

更重要的一点是，中国的债务危机与欧洲或美国完全不同。发达国家的问题在于它们累积的债务数额过高，而中国的问题不在数量上，而是在结构上：中国地方政府往往通过不透明的银行贷款，而不是发行债券来融资。

中国顶尖投行中国国际金融公司首席策略师黄海洲表示：“问题源于国家的财政制度。如果新一届政府能够在未来3~5年成功实施财政改革，那么这个问题将只是一场暂时性的冲击。”

中国财政制度的问题在全球金融危机期间暴露无遗。危机期间，中国政府推出了主要由地方政府实施的刺激方案。中国各省市资金不足，同时由于过去的过度借贷而被禁止贷款，他们创造了数千个融资工具来绕过规定筹集资金。

他们选择向国有银行贷款，而这些银行在中央政府的鼓励下，很乐意发放巨额贷款。

2008 年，中国地方政府债务还相对显得微不足道，但到了 2010 年底，它们已经高达 10.7 万亿元人民币（合 1.7 万亿美元）。

中国国家审计机构报告称，逾 1/3 的债务将在今年年底到期。

上海高级金融学院副院长朱宁表示："我们不是在谈论现金流问题。我们谈论的是巨大的资金短缺问题。即便我认为事情将最终得到解决，但在这个特殊年份里，如果不采取某些措施的话，大量的地方政府融资工具将很可能违约。"

中国政府已经向银行发布了一套准则，指导它们重估即将到期的贷款，看看哪些贷款支持的是商业上可行的投资项目，从而可以安全地延长这些贷款的到期日。

与此同时，中国开展了具有里程碑意义的改革，以避免重演 2009~2010 年的放贷狂潮。2011 年底，少数几个省市获准发行债券，这是中国自 20 世纪 90 年代初期以来首次由地方政府发行债券。

发行的债券总数虽然不多，但方向是明确的。中国国家信息中心首席经济学家范建平表示："今后的 5 年或 10 年内，地方政府从银行获得的贷款将会非常少。它们的债务结构将几乎完全是债券。"

批评人士已经指出了延长贷款到期日计划的风险。延迟还贷将影响银行的放贷能力。一些不良贷款只是被延期而不是确认。问题将依然被掩盖起来。

标准普尔警告称，对中国的银行业而言，延长贷款到期日将是一种"倒退"，可能会"影响投资者的信心"。

但中国国际金融公司的黄海洲表示，此类批评是错误的。现在收回为金融危机期间启动的刺激项目发放的贷款，肯定会出现问题。黄海洲表示："如果你让大量的项目只完工 90%，那它们就毫无用处。你只有完成项目才会获得收益。"

彭博社援引中国官方媒体新华社的报道称，中国前总理温家宝表示，对经济政策的预调、"微调"从一季度就要开始。

温家宝表示："要见事早，动作快。"但他补充称，中国不会放松旨在促使房价回归合理水平的房地产调控措施。

资料来源：欧阳德. 中国化解地方债危机［N］. 金融时报，2012-02-13.

思考题：

（1）请说明地方债的形成原因及商业银行的影响。

（2）有些专家认为，地方债危机将可能摧毁银行业多年改革成果，你如何看待这个问题？

（3）你认为该如何化解地方债危机呢？

三、专家观点

中国金融体制改革的关键

中国金融体系并不发达，银行服务质量不高，但最大的缺陷是缺乏中小银行以及缺乏区域性资本市场。

虽然在2008年的全球金融危机中，中国国有银行业绩良好，但是其巨额利润主要来源于垄断地位和缺乏中小型银行的竞争。中国只有18家主要的商业银行和110余家的城市商业银行，这同美国7500家商业银行，886家存贷款协会，400家储蓄银行和9900家信用合作社形成了鲜明的对比。中小型银行会更倾向于为中小型企业提供贷款，这将有助于缓解中小型企业长期存在的融资难问题。

最近几年，中国储蓄率超过50%，而国内投资比例只有42%，这意味着一方面每年高达GDP 10%的储蓄处于闲置状态；另一方面相当多的中小型企业在融资困境中挣扎，这是一种不正常的现象。然而，只要国有银行巨头主宰着银行业，这种不平衡就很难改变，因为它们更愿意依赖其雄厚的资金实力为大企业贷款，从而获得高额回报。与大银行不同，中小型银行更愿意向中小型企业发放贷款，虽然中小型银行资金有限，但其经营灵活，更便于为中小企业提供金融服务，从而推动国内投资增长和增加就业机会。

缺乏区域资本市场是中国金融体系另外一个很严重的缺陷。中国各个省份人口众多，地域辽阔，就人口和面积而言可以与一些国家的规模相比。但是中国目前只在深圳和上海有两个股票市场，1500多家上市公司。即使把创业板市场包括进去，资本市场的规模也不能满足一国的需求。

此外，中国还缺乏企业债券市场，更别说其他形式的融资了。区域性资本市场的缺少导致非法集资事件频发，不仅扰乱了金融市场秩序，而且侵害了集资者权益。集资诈骗事件的发生也揭示出中国民营中小企业对融资存在着强烈的渴望，广大公众也期盼着能有提高闲置资金收益率的机会。因此，如果允许中小企业进入债券市场，将会显著降低非法集资需求，广大居民也有了正常的投资渠道。

金融市场不应该仅充当投资中介，同时还应成为经济快速增长所创造出的财富再分配的桥梁。金融体制改革将有助于提高公众的投资收益。中国银行业既然已经对外资银行开放，仍然对国内民间资本设置障碍则有碍公平。诚然，提高私人投资比例可能会给金融体系引致风险，但是我们却不能因噎废食，正确的选择应该是建立一个有效的监管银行的体系。20世纪90年代，中国区域资本市场曾有迅猛的发展，但却由于配套法律和监管体系而最终失败。现在中国急需进行重大结构调整以实现经济平稳发展。政府不应该像20世纪90年代那样错过这个改善我们银行系统的宝贵的机会。

资料来源：姚洋. 中国金融体制改革的关键［N］. 中国日报，2009-08-28.

四、在线学习

请登录中国债券信息网（http：//www.chinabond.com.cn），查阅2005~2010年中国债券市场公司债券品种的构成并分析其发展潜力。

第六章　中国财政税收体制改革与发展

【本章内容】

本章的主要内容是从中国财税改革的整体进程、税收体系的历史沿革和近年来税制的主要调整三个方面来介绍中国财政税收体制的改革与发展。首先在对财政分权理论进行阐述的基础上对中国财税改革的进程进行了回顾；其次介绍了中国税收体系的沿革和近年来税制的主要调整；最后对中国财税体制改革的经验和下一步财税改革面对的挑战进行了总结。

【本章要点】

- 大致了解财政分权理论的主要内容。
- 初步掌握财税改革的历史进程。
- 了解中国税收体系的沿革，掌握 1994 年税制改革的主要内容。
- 掌握近年来增值税改革、消费税改革、所得税改革的主要内容。
- 了解中国财税体制改革 30 年的经验和中国下一步财税改革面对的挑战。

第一节 财政分权理论

中国财政税收体制改革的核心议题实际上是中央政府和地方政府的权责分配，这属于财政分权理论的研究范畴。财政分权，也称为财政联邦制，是指中央政府给予地方政府一定的税收权和支出责任范围，允许地方政府自主决定其预算支出规模和结构。

财政分权的前提是财政职能的明确，只有在公共部门和私人部门的边界得到确定后，政府才能在公共领域内部划分政府间的职能范围。1959 年马斯格雷夫（Musgrave）出版的《财政理论》一书，给出了财政职能的经典定义，即经济稳定、收入再分配和资源配置，这实际上是政府的横向分权。在这个基础上，财政分权理论主要讨论的是中央政府和地方政府的职能范围的划分。根据财政分权理论的发展，可分为第一代财政分权理论和第二代财政分权理论。

一、第一代财政分权理论

第一代财政分权理论始于 20 世纪 50 年代，其理论基础可称为 AMS 视角，即由萨缪尔森、马斯格雷夫和埃择（Arrow）所构筑的对于公共部门性质的基本理解。根据这一视角，公共部门的主要职责是干预由于各种原因而失灵的市场，通过恰当的政策手段纠正这种失灵。它的一个潜在假设就是政府是公共利益的守护者，会尽一切可能实现社会福利的最大化。①

而在一个多层次政府体系中，由于各个地区居民的偏好不同，有所区别地由地方政府来提供地方性公共物品，更能够增加社会福利，因此，中央政府应当赋予地方政府提供相应地方性公共物品的财政收支权力。这就是“分权定理”（Oates，1972）。

此外，由于某一地方政府所提供的公共物品有可能出现溢出效应，即它所提供的某种地方性公共物品，不仅使本辖区居民受益，而且使其他地区具有相同偏好的居民也从中受益，从而导致该地方政府不愿足量提供该地方性公共物品。为了解决这个问题，中央政府就必须向该政府提供相应的与提供该类公共物品数量相关的补贴，以保证地方政府有足够的激励来提供公共物品。

因此，在第一代财政分权理论下，中央政府与地方政府职能划分的基本思路是，地方政府负责地方性公共物品的提供，中央政府负责全国性公共物品的提供，此外，中央政府还要向地方政府提供足量的补贴，来确保溢出效应不会减少地方政府的公共产品供应。

① 刘晓路. 财政分权理论：国内外比较［J］. 公共经济评论，2010（7，8）：6.

二、第二代财政分权理论

第一代财政分权理论 AMS 视角中的政府行为均被假设为是基于社会福利最大化的考虑，中央政府和地方政府的分权是为了满足不同地区或不同规模社会群体偏好上的差异，但加入公共选择理论的视角后，这个假设就出现了问题。现实中政府追求的很可能不是社会福利的最大化，而是自身预算的最大化，如果不对政府的规模进行限制，政府就会不断增加对社会经济资源的榨取来扩大自身的规模，最终损害社会福利。而限制政府规模的办法就是在政府内部进行分权，通过政府内部各级政府间的竞争，创造出一种类似于市场的预算约束机制。因此，第二代财政分权理论也称为“市场维护型的财政联邦主义”。

随着公共选择视角的引入，中央和地方的关系也有了新的理解方式。在第一代理论中，中央政府和地方政府目标一致，只是分工不同。但第二代理论不再将各级政府视作利益一致的整体，由于注意到了政治结构对于分权效果的影响，因而更加强调信息不对称在财政分权理论中的核心意义。在这种情况下，中央政府和地方政府不再像第一代理论所设想的只是静态的职能分割关系，民选的议会代表、中央政府、地方政府和各级官员等之间构成了各种类型的委托代理关系，此时，需要建立制度激励机制来促进社会福利最大化的实现。

此外，和第一代分权理论中与财政分权相关的资源配置效率、收入再分配和宏观经济稳定三个政策目标相比，第二代分权理论将经济增长纳入了与财政分权相关的政策目标之中。在相关的研究中，一方面经济增长这一短期政策目标成为了研究的重点；另一方面为了支持一种可持续的长期经济增长模式，财政分权的长期制度意义也得到了充分的重视。

第二节　中国财税改革的回顾

从 1978 年改革开放开始进行财税体制改革的进程以来，中国的财税体制几经变革，初步建立起了适应社会主义市场经济体制要求并符合公共财政运行规律的财政、税收体制，基本规范了政府间财政关系和财政资金分配管理。

一、传统的财税体系（1949~1978 年）

由于一系列的原因，自新中国成立之后到 1978 年之前，中国逐渐形成了高度集中的计划经济体制，由中央政府直接配置绝大部分的社会资源和产品。在这样的体制下，中央政府和各级地方政府实行“统一收入和支出”的政策，即财政权力主要集中在中央政府，所有财政收入全部收归中央，一切开支均需列入预算，地方需按月、按季报中央政府核定执行，并在年度终了报请中央审查，同时建立全国统一的财政预决算制度和严格的审计、会计及财政监察制度。

在这种情况下，各级地方政府并没有任何的财政自主权。全国的财政收入主要来自非税收入，其中大部分是国有企业上缴的利润。在低价收购农副产品和低工资制的基础上，国有的工商企业可以获得较高的利润，而绝大部分的利润又都上缴给了政府。另外，从支出的角度而言，政府的公共支出主要都集中在城市，有限的针对农业和农户的支出则主要是为农产品生产提供补贴。

二、改革开放后前 15 年（1979~1994 年）：财税体制改革方向的艰难探索

自从 1978 年中国共产党的十一届三中全会召开以来，中国开创了自己改革开放的新时代，在整个经济体系改革中，财税体制改革一直是先行者。为了解决中央政府对企业和地方政府过分干预的问题，1980 年开始的财政税收改革采取“放权让利”作为突破点。“放权让利”是指为了激发各个方面的改革积极性，政府放出一定的财政上的管理权，让出一定的财政在国民收入分配格局中的份额，以协调政府与企业、中央政府与地方政府之间的分配关系。

这次改革主要侧重在两个方面，一方面是针对国有企业的“利改税”，另一方面是中央政府和地方政府财政管理权的改革。

1. 利改税

这次改革的核心是要求国有企业向国家缴税，而非向国家上缴利润，改革分两步走。

在经过深思熟虑和一些地区的试点工作之后，从 1983 年开始，国家开始对国营企业实行“利改税”的第一步改革。第一步改革主要是对有盈利的国营企业征收所得税，小型国营企业在缴纳所得税后，由企业自负盈亏，而大中型国有企业缴纳所得税后的利润则还需要采取递增包干等多种形式上缴给国家。

为了实现纯粹的“利改税”，1984 年的第四个季度开始了第二步改革，第二步改革就是将原先的“税利共存”改为纯粹的“利改税”。这一步改革的主要措施是将国营企业原来上缴国家的财政收入改为分别按 11 个税种向国家缴税，企业可以自主使用税后的利润。并且在改革过程中，国家也对企业发布了一系列的鼓励政策，来刺激国有企业改善经营管理、增加收入。

2. 财税管理体制改革

财税管理体制是指处理中央政府和地方政府之间分配关系的一项基本制度。从 1980 年开始，在中央和省级为代表的地方间的财政分配关系方面，实行的是“划分收支，分级包干”的财税管理体制，也就是根据经济体系的具体情况和企业的所属关系来确定中央政府和地方政府的收支范围，而确定地方政府收支根据的则是经过适当调整后的 1979 年的预算。实行这种方法后，地方政府的支出不再由中央政府来决定，而是在地方政府划定的收支范围内自行决定，也就是说，地方政府拥有了一定程度的财政自主权。

1985 年在国有企业的两步“利改税”完成后，财税管理体制的表述调整为“划分税种，核定收支，分级包干”，主要内容是对中央和地方的财政收入进行重新分配，将国家财政收入分为中央固定收入、地方固定收入和中央地方共享收入。在早期的实践中，由于一些地方税种尚未建立，为了稳定中央与地方之间的分配关系，国家规定把地方固定收入和中央地方共享收入加在一起，与地方预算支出挂钩，确定一个分成比例，实行总额分成。

但在改革实践中还是发现一些问题，如欠发达省份的征税热情无法被激发等。1988年，针对原定体制存在的问题，中央决定对各地区实行不同形式的包干办法，主要的包干形式包括“收入递增包干”、“总额分成”、“总额分成加增长分成”、“上解递增包干”、“定额上解”和“定额补助”等。

其中，收入递增包干是以1987年的决算收入和地方应得的支出财力为基数，参照各地近几年的收入增长情况，确定收入递增率（环比）和地方留成、上解比例，在递增率以内的收入，实行中央与地方固定比例分成，超过递增率的收入，全留地方，地方收入达不到递增率影响上解中央的部分，由地方自有财力补足。实行这种包干办法的有北京等10省（市）。总额分成则是根据前两年的收支情况核定收支基数，再以地方支出占总收入的比重，确定地方留成、上解的比例，实行这种包干办法的是包括天津在内的3省（市）。总额分成加增长分成是指在总额分成的基础上，综合考虑过去几年地方支出的增长，将增长部分的分成比例另计，采用此法的有大连等几个计划单列市。上解额递增包干则是以1987年收入上解中央的金额为基数，每年按一定的比例递增上缴，广东、湖南实行这种办法。定额上解是按照收入超出支出的金额来确定向中央上解的固定数额，上海等3省（市）采用这种办法。定额补助是指中央按照地方支出超过收入的金额确定出一个固定的数额来定额补助地方，吉林等16个省或自治区实行这种办法。

前15年的财税管理体制改革以“放权让利”为主要目标，激发了各经济主体的改革热情。不过也存在一些问题。经常调整的财税管理体制、不同体系的共存、中央政府和地方政府间一对一的谈判模式都不利于一个统一、公平和透明的财税体系的形成。这些因素进而又造成中央收入和地方收入之间的不均衡以及中央财政调控能力严重不足的问题。

三、1994年后的改革进程：适应社会主义市场经济的财税体制的确立

1992年10月，中国共产党第十四次全国代表大会将建立社会主义市场经济确立为改革的目标，因此财税改革的目标就是建立适应社会主义市场经济的财税体制。

经过充分的调查和讨论后，国务院于1993年12月发布了《关于实行分税制财政管理体制的决定》，新体制从1994年开始在全国实行。为了保证改革的顺利推进，分税制体制虽对财政收入进行了调整，但这个调整却是在保证原先体制下地方政府支出和中央补助的基本模式基本未改变的前提下进行的。这次改革的主要内容可以用“三分一返还”来概括：

1. 中央财政与地方财政的税收划分

根据事权和财权相结合的原则，将收入划分为中央政府收入和地方政府收入。按照1994年税制改革后的税种设置，将维护国家利益、实施宏观调控所必需的税种划分为中央税，把同经济发展直接相关的税种划分为中央与地方共享税，将适合地方征管的税种划分为地方税。

根据这个划分，中央财政固定税收及收入包括关税，海关代征的消费税和增值税，消费税，中央企业所得税，地方银行和外资银行及非银行金融企业所得税，铁道部门、各银行总行、各保险总公司等集中缴纳的收入（包括营业税、所得税、利润和城市维护建设税），中央企业上缴利润等。

地方财政固定税收及收入有营业税（不含铁道部门、各银行总行、各保险总公司集中缴纳的营业税）、地方企业所得税（不含地方银行和外资银行及非银行金融企业的所得税）、地方企业上缴利润、个人所得税和其他一些税种的收入。中央与地方共享税收包括增值税（中央分享 75%，地方分享 25%）、资源税（海洋石油资源税归中央，其他资源税归地方）、证券交易税（当时规定中央和地方各分享 50%）。

2. 中央与地方事权的划分

根据中央政府和地方政府不同的管理权限，对各级财政部门的支出事项进行了划分。中央财政主要承担国家安全、外交和中央国家机关运转所需经费，调整国民经济结构、协调地区发展、实施宏观调控所必需的支出，以及由中央直接管理的企事业单位的事业发展支出。地方财政则主要承担本地区行政机关运转所需支出以及本地区经济、事业发展所需支出。

3. 两套税务机构的建立

1993 年之前我国只有一套税务征收机构，中央税收主要依靠地方税务机构代为征收，这种做法导致了很多问题，因此，在这次改革中，与收入划分相配套，国家建立了中央和地方两套税务机构，负责分别征收各自的税款。国家税务局负责征收中央固定收入和中央与地方共享收入，地方税务局则负责征收地方固定收入。

4. 税收返还

为了保证这次财税改革的顺利推进，维护地方既得的利益格局，中央财政继续对地方政府进行税收返还，并且对不同地区的返还数额进行了确定。中央财政对地方财政的返还数额是以 1993 年为基期年，按照 1993 年地方实际收入以及税制改革和中央与地方收入划分情况来确定。以 1993 年中央从地方净上划的收入数额作为中央财政给地方政府税收返还的基数。1994 年以后，税收返还基数在 1993 年基数上逐年递增，递增率按本地区增值税和消费税的平均增长率的 1∶0.3 系数确定，也就是说，当增值税和消费税增长 1%时，中央财政给地方财政的税收返还就会增长 0.3%。

总之，1994 年的分税制改革建立了财政管理体系的基本框架，对中央政府与地方政府、国家与企业之间的分配关系进行了合理化的调整。

四、公共财政框架的构建

“公共财政框架”一词是于 1998 年提出的。它的主旨是建立一个公正而透明的适应于社会主义市场经济的公共管理体系，包括一系列的改革。

自从 1998 年以来，中国已经在建立公共财政框架方面取得了很大的成就，这中间包括部门预算的实施、市级政府管理乡镇财政、省级政府管理市级财政等。这些再加上财政支出绩效评价体系的建立，为今后进一步的公共财政改革都奠定了坚实的基础。

第三节　中国税收体系的沿革

作为重要的经济工具之一，税收一直在国家的财政体制中发挥着关键的作用。从1949 年新中国成立以来，中国的税收体系的发展经历了税制的建立与发展、税制的改革与完善两个阶段。

一、新中国成立后到改革开放前（1949~1979 年）：税制的建立与发展阶段

从新中国成立到改革开放政策的实施，中国税收制度的建立与发展经历了一个曲折的过程。

1950 年 1 月 30 日，中央人民政府发布相关文件，规定全国一共设立 14 种税收，即货物税、工商业税、盐税、关税、薪给报酬所得税、存款利息所得税、印花税、遗产税、交易税、屠宰税、房产税、地产税、特种消费行为税和使用牌照税。除了上述税种以外，还有一些其他税种，如农业税，需要由地方政府报经中央批准以后征收。

在随后的 29 年中，中国的税收体系经历过三次重要的改革。1953 年为适应当时的经济形势，对税制进行了第一次修正，主要内容是试行商品流通税。1958 年是第二次大规模的税制调整，目的在于通过将原有的商品流通税、货物税、营业税和印花税合并为试行的工商统一税来简化工商税体系。1973 年为了进一步简化工商税体系，中国开始了第三次税制调整。此时，中国主要有 7 种税收，即工商业税、工商收入税、城市房产税、车船牌照使用税、屠宰税、工商统一税和市场交易税。同时还有其他税，包括农业税、牧业税、契税、关税和船舶吨税等。

总之，在改革开放之前的 20 多年间，中国的税制越来越简化，税种越来越少，使得税收在中国经济发展和社会生活中的影响逐步下降，这同时也妨碍了税收功能的充分发挥。

二、1979 年改革开放之后：税制的改革与完善阶段

在 1979 年实施改革开放政策之后，中国的税收制度进入了改革与完善阶段。这个阶段可以 1994 年的税制改革为分水岭分为 1994 年税制改革之前和 1994 年税制改革之后的税制调整。

1. 1994 年税制改革之前的税制调整

在 1978 年中国共产党的十一届三中全会召开之后，为适应改革的需要，财政部门总结以前税制改革的经验教训，提出了一系列改革的新举措。从 1980 年 9 月到 1981 年 12 月，第五届全国人民代表大会通过了《中华人民共和国中外合资经营企业所得税法》、《中华人民共和国个人所得税法》和《中华人民共和国外国企业所得税法》，同时国务院还宣布对中外合资企业、外国企业和外国人都将征收工商统一税、城市房产税和车船牌照使用税。这样，一套比较完整的涉外税收制度在中国初步建立。

1983 年，国务院开始对国营企业课税，随着“利改税”改革的推进，国务院开始从 1984 年 10 月起对工商税制体系进行改革，先后颁布了相关税收条例，对国营企业征收所得税、国营企业调节税、产品税、增值税、营业税、盐税和资源税。

此后，国务院陆续颁布了关于征收集体企业所得税、私营企业所得税、个体工商业户所得税、个人收入调节税、国营企业奖金税（1984 年发布，1985 年修订发布）、集体企业奖金税、事业单位奖金税、国营企业工资调节税、房产税、城镇土地使用税、耕地占用税、车船使用税、印花税、城市维护建设税、固定资产投资方向调节税（其前身为 1983 年开征的建筑税）和筵席税的行政法规，并决定开征特别消费税。

1978~1991 年，随着经济的发展和改革的深化，工商税制体系也进行了大幅度的改革，通过改革，建立起了包括不同内外税制的全新的税制体系，这个税制体系以流转税和收入税作为核心。

到 1993 年底，中国的税制体系中一共设立 37 种税收，即产品税、增值税、盐税、特别消费税、烧油特别税、营业税、工商统一税、关税、国营企业所得税、国营企业调节税、集体企业所得税、私营企业所得税、外商投资企业和外国企业所得税、个人所得税、城乡个体工商业户所得税、个人收入调节税、国营企业奖金税、集体企业奖金税、事业单位奖金税、国营企业工资调节税、房产税、城市房地产税、城镇土地使用税、耕地占用税、契税、资源税、车船使用税、车船使用牌照税、印花税、城市维护建设税、固定资产投资方向调节税、屠宰税、筵席税、牲畜交易税、集市交易税、农业税和牧业税。

2. 1994 年的税制改革

随着改革的深化，财政体制急需改革。1993 年 8~9 月，国务院常务会议和中央政治局常委会讨论并通过了工商税制的改革方案。到当年年底时，相关的法律和规章颁布，规定从 1994 年开始生效。

1994 年的工商税制改革是新中国成立以来规模最大、范围最广、内容最深刻、力度最强的结构性改革。这次税制改革以“统一税法、公平税负、简化税制、合理分权”为指导思想，通过这次改革建立起了符合社会主义市场经济要求的统一而完整的税制体系，在这个体系中，流转税和所得税为主体，其他税种作为补充。

这次的税制改革主要实现了下列目标：

（1）在流转税方面，建立了以增值税为核心、消费税和营业税为补充的流转税体系。

（2）在所得税系中，新税制合并了原有的国营企业所得税、国营企业调节税、集体企业所得税和私营企业所得税，在此基础上，实行了统一适用于国内所有企业的企业所得税制度。

（3）在个人所得征税方面，新税制合并了原有的按照中国公民、外国公民和所得种类分别设置的个人所得税、城乡个体工商业户所得税、个人收入调节税等税种，在此基础上，公布了一部统一适用于中国公民和外国公民，以及各自不同来源所得的个人所得税法。

（4）对很多其他税种也都进行了调整，对资源税、特定目的税、财产税和行为税进行了修订，增设了土地增值税，废除了盐税、奖金税和市场交易税，将屠宰税和筵席税下放给地方政府管理，将遗产税和证券交易税列为准备开征的税种。

1994 年税制改革后征收的税种减少至 23 个，可以分为流转税、收入税、资源税、财产税、特定目的税和行为税等几组，见表 6–1。

表 6–1 1994 年税制改革之后的税种类型

类型	税种
流转税	增值税、消费税、营业税、关税
收入税	企业所得税、外商投资企业和外国企业所得税、个人所得税、农业税
资源税	矿产税、城乡土地使用税
财产税	房产税、城市房地产税
特定目的税	城市维护建设税、耕地占用税、固定资产投资方向调节税、土地增值税
行为税	车船使用税、车船使用牌照税、船舶吨税、印花税、契税、屠宰税、筵席税

1994 年税制改革是新中国成立以来规模最大、范围最广泛、内容最深刻的一次税制改革。改革的方案是在中国改革开放以后税制改革的基础上，经过多年的理论研究和实践探索，积极借鉴外国税制建设的成功经验，结合中国的国情制定的。经过这次税制改革和后来的逐步完善，中国初步建立了适应社会主义市场经济体制需要的税收制度。这个税收制度对于保证财政收入，加强宏观调控，深化改革，扩大开放，促进经济与社会的发展，都起到了重要的作用。

3. 1994 年税制改革之后的税制调整

1994 年的税制改革确定了市场经济条件下我国税收制度的基本格局，在此后的十几年间，结合国内、国外客观经济形势的变化，国家又推行了取消农业税、完善商品税制、完善所得税制等调整措施。

（1）推进农村地区的税制改革。2005 年全国人民代表大会常务委员会决定从 2006 年开始废除农业税。同一年，牧业税、屠宰税和除烟叶之外的农业特产税也被取消。这其中，农业税的废除对中国的税收体系有着深远的影响。

（2）完善商品税制。商品税制方面，中国于 2001 年开始征收车辆购置税。2003 年国务院公布新的关税条例，自 2004 年起施行。2008 年国务院修订增值税和营业税的暂行条例，对这些税种的征收做出调整。

（3）完善所得税制。2005~2007 年，全国人民代表大会常务委员会先后 3 次修改个人所得税法。2007 年 3 月，全国人民代表大会颁布新的企业所得税法，将过去对内资企业和外资企业分别征收的企业所得税合并为统一的企业所得税，自 2008 年起施行。

（4）完善财产税制。从 2007 年开始，国务院将车船使用税与车船使用牌照税合并为车船税。而且还修改城镇土地使用税暂行条例和耕地占用税暂行条例，将对内征收的城镇土地使用税和耕地占用税分别改为内外统一征收。此外，自 2009 年开始，取消城市房地产税，将对内征收的房产税改为内外统一征收。

第四节　近年来税制的重要调整

近些年随着国际、国内经济形势的变化，针对原有税制中暴露出的一些问题，国家对税制又进行了一些重要的改革和调整，这其中最重要的调整包括增值税的改革、消费税的改革和所得税的调整等。

一、增值税的改革

增值税是政府财政收入的主要来源之一。以改革之前的 2008 年为例，根据财政部的数据，当年增值税收入达到 17996.94 亿元，占全国税收总收入的 33.2%，是占比最大的税种。

增值税改革的主要内容是由生产型增值税向大多数国家实行的消费型增值税进行转换。最初的增值税暂行条例是于 1993 年 12 月颁布，自 1994 年开始施行的。当时实行的生产型增值税，即在计算增值税的应纳税额时，不允许扣除外购固定资产所含的增值税进项税金。由于在购买包括机器设备、交通工具和其他设备等固定资产时，这些资产已经缴纳了相关的税收，因此对这些固定资产就进行了重复征税，这样虽然增加了政府的收入，但却不利于鼓励企业的投资。

2008 年 11 月 10 日，国务院颁布了修订后的《中华人民共和国增值税暂行条例》，自 2009 年 1 月开始，在全国范围内实施增值税转型改革，类似的试点方案早先已在东北和中部地区进行了实施。改革后的消费型增值税，允许企业将外购固定资产所含增值税进项税金一次性全部扣除。这一改革降低了企业的税负，并且有助于鼓励企业设备更新和技术升级。

二、消费税的改革

消费税最初是在 1994 年间接税改革时引入的。它属于流转税的一种，以消费品的流转额作为课税对象。根据 1994 年的税制体系，消费税税目有 11 种消费品，包括烟、酒及酒精、化妆品、贵重首饰及珠宝玉石、鞭炮焰火、护肤护发品、汽油、柴油、摩托车轮胎、摩托车和汽车。征收消费税的目的是限制奢侈品的过量生产和消费，主要影响奢侈品的生产者和最终消费者。

随着时间的推移，香烟、啤酒、汽油和护肤品等征税对象的税率也几经调整，但由于消费税制本身的原因，其调节作用却在不断减弱。随着时间的推移，原先的消费税制存在几个问题：一是消费税没有及时更新，将一些新出现的奢侈品纳入征税范围；二是由于收入增长等原因，一些原先在消费税征税范围内的商品已不再属于奢侈品的范畴；三是消费税并未充分发挥其鼓励节约能源、保护环境的作用。

为了适应经济发展，促进社会公平，进一步完善消费税制，2006 年国家发布了《财政部、国家税务总局关于调整和完善消费税政策的通知》，对消费税的课税对象、税率、相关政策都进行了调整。

这次消费税改革主要有以下变化：

（1）新增成品油税目，原汽油和柴油两个税目作为此税目的两个子目，同时新增石脑油、溶剂油、润滑油、燃料油和航空煤油五个子目。

（2）将小汽车税目重新分为“乘用车”和“商用车”两类。把“乘用车”原先的3%、5%和8%的三档税率调整为按排量大小分别适用从3%~20%的六档税率，对气缸容量在4.0升以上的征收高达20%的消费税率。对中轻型商用车统一适用5%税率，不再适用原先的3%和5%两档税率。

（3）新增实木地板、木制一次性筷子、高档手表、游艇、高尔夫球及球具等税目。其中实木地板和木制一次性筷子适用5%的税率。

（4）取消了护肤护发品税目，将原属于护肤护发品征税范围的高档护肤类化妆品列入化妆品税目，征收30%的税率。

（5）摩托车的消费税率由原先的10%变为气缸容量在250毫升及以下的3%，250毫升以上的10%。

（6）汽车轮胎的税率由10%降为3%，子午线轮胎继续实行免税政策。

（7）取消了粮食白酒和薯类白酒以前25%和15%的差别税率，改为20%的统一税率。

三、所得税的调整

所得税的调整主要包括企业所得税和个人所得税两个方面的调整。经过调整之后，企业所得税真正做到了“内外统一”，而个人所得税也日趋规范。

1. 企业所得税内外统一

所得税是针对企业或个人的所得进行课征的一种税收。2008年之前，所得税包括企业所得税、外商投资企业和外国企业所得税和个人所得税。由于2008年以前，我国的企业所得税按内资、外资企业分别立法，因此，内资企业是根据1993年国务院发布的《中华人民共和国企业所得税暂行条例》征收企业所得税，而外资企业则根据1991年通过的《中华人民共和国外商投资企业和外国企业所得税法》征收外商投资企业和外国企业所得税。

长期以来，中国“内外有别”的企业所得税制一直备受诟病。在这个体系下，国内企业的名义税率为33%，而外资企业受益于鼓励投资的各项优惠政策——平均税率大约为15%。实际上，综合考虑国家和地方的各项税收减免和优惠政策之后，国内企业的税率大致在24%，外资企业大致在14%。在这种情况下，显然外资企业的税负更轻，因此，许多经济学家、政府官员和企业家都公开批评这个政策对国内企业不公平，使外资企业更具竞争优势。

在多年的批评之后，新的企业所得法终于颁布，从2008年1月1日起取代原先的两部法规。新税法将内资企业和外资企业的税率都统一为25%，这个税率和企业所得税国际平均水平相比仍具有一定的竞争力。新税法对符合条件的小型微利企业实行20%的优惠税率，2008年之前，根据所在地区或行业不同，这些企业的税率是18%或27%。

对于成本费用扣除方面，新税法允许内资企业像外资企业一样对工资支出实行全额据实扣除，直到2007年，大多数内资企业仍旧只能按照每人1600元计税工资进行扣除。这个措施有利于内资企业与外资企业的平等竞争。

由于改革之前的企业所得税税制过于复杂，不利于内资企业在加入世界贸易组织（WTO）之后面对更激烈的竞争，因此统一的企业所得税法有助于为所有企业建立一个公平的竞争环境。

2. 个人所得税的调整

中国最早的个人所得税法可以追溯到1980年，该法的征税对象包括中国公民和中国境内的外籍人员，但由于规定的免征额较高，而当时国内居民工资收入普遍很低，因此绝大多数国内居民不在征税范围之内。接着中国又对国内居民陆续开征了城乡个体工商业户所得税和个人收入调节税。而真正建立起内外统一的个人所得税制度则是在1994年我国颁布个人所得税法之后。

自1994年之后，政府又对个人所得税法进行过几次修订，最新的一次修订是2011年。2011年6月全国人大常委会通过了关于修改《中华人民共和国个人所得税法》的决定，将个税每月免征额由原先的2000元（307.7美元）提高到3500元（538.5美元）。同时还把原先的9级超额累进税率调整为7级，去掉了15%和40%两个级距，把第一级税率由5%调整为3%。

除了2011年这次调整之外，个人所得税的免征额已经有过两次调整。第一次是2006年将个人所得税每月的免征额由原先的800元提高至1600元。第二次则是在2008年，再一次对个人所得税的免征额进行了提高，达到每月2000元。

第五节　中国财税体制改革的经验和挑战

改革开放以来，中国的财税体制改革经历了一系列的进程，各项重大改革措施的推出都具有一定的与当时国内外经济环境相适应的阶段性特征，但中国的财税体制改革还是有一些基本经验可以总结的。同时，财税体制下一步的改革还会面对诸多挑战。

一、中国财税体制改革的基本经验[①]

1. 财政职能的转变必须与政府职责的转换同步进行

1994年分税制前的财政包干制，事先确定中央和地方各自的预算收支范围以及地方预算收支包干基数，地方依照基数收支包干，在划定的范围内自求平衡。政府职能未能突破计划经济的框架，各级政府的事权、财权划分含混不清。1994年的分税制改革，改变了传

① 邹东涛. 发展和改革蓝皮书　中国经济发展和体制改革报告：中国改革开放30年（1978~2008）[R]. 北京：社会科学文献出版社，2008.

统“放权让利”的改革思路，在初步划分中央与地方各自事权的基础上，按税种划分中央与地方的财政收入。尽管为了使改革顺利推进，不得不保持了地方的既得利益格局，在存量上依然存在包干制的痕迹，但在增量的安排上，则倾向于向新的体制过渡，这标志着财政体制改革迈出了关键性的一步。1994 年的分税制改革，虽然在划分政府间收支方面取得了明显的成效，但由于政府机构改革和职能转换的相对滞后，各级政府职能划分上还存在着诸多不具体、立法程序未能及时跟进等问题，从而使分税制改革的进一步深化与完善遇到了障碍。因此，在财政体制改革过程中，必须明确划分政府与市场的界限，处理好财政职能转变与政府职责转换的协调性问题。

2. 财税体制改革必须与现实国情结合，走渐进式改革道路

我国的特殊国情决定了改革只能走渐进式的道路，以照顾各方面的利益，减少改革的阻力与成本。在改革的探索期，“放权让利”的改革思路有利于冲破高度集中的计划经济体制带给企业、农村、农民和地方政府的重重束缚，逐渐引入竞争和激励机制，塑造多元利益主体，增强微观经济主体和国民经济的活力。尤其是在改革初期，这对于打开改革的突破口至关重要。在利益激励之下，长期以来在计划经济体制下被压抑的创造力瞬间释放出来，创造了国民经济长足发展的奇迹。

3. 改革过程中必须强化政府财政的宏观调控能力

市场经济在处理政府与市场关系时，要求发挥市场在资源配置中的决定性作用，政府活动范围以弥补市场失效为界限。事实证明，符合这一要求，即可收到政策功能与机制作用双向协调、共同促进、相得益彰的良好效果。但对于一个由计划经济体制向市场经济体制转轨的发展中大国而言，加强财政宏观调控能力的一个重要原因还在于改革过程的复杂性和艰巨性。改革是一个利益重新分配的过程，在改革尚未创造出新增利益之前，改革的初始成本，也就是对改革的利益受损害的价值补偿，只能由财政来负担。中共十七大提出全面建设小康社会的战略目标，构建和谐社会，解决民生问题成为当前改革的着力点，这也需要政府财政加强转移性支出的力度，注重解决经济发展中的公平问题，这同样也需要政府财力的保障为前提。另外，经济全球化所带来的不确定性，也是需要加强财政宏观调控的重要原因。总之，无论从改革还是从发展、稳定的角度看，加强以充足、强大的财政实力为后盾的国家宏观调控，都是免于使改革陷于被动的重要举措。

4. 财税体制改革与国有企业改革，金融、投资体制改革协调推进

构建社会主义市场经济体制不是财政单兵推进的改革，需要国有企业、金融体制、投资体制等领域改革的协调推进。财税体制改革的推进，进一步理顺政府与国有企业的分配关系时，必须以国有企业改革的同步推进为前提，构建自主经营、自负盈亏的国有企业经营实体，国家以对国有企业的出资额享有经营管理权限。以“放权让利”为特征的财政体制改革并非否定财政的调控地位，强化金融在国民经济运行中的地位。财政职能的不健全和宏观调控的功能“缺位”，不仅极大地限制了财政政策的选择空间，同时又反过来对银行信用造成了畸形的依赖，对货币政策产生了“缠绕性”的干扰与冲击，必然使财政、货币政策各自作用的正常发挥及二者的协同配合出现困难。

二、中国下一步财税改革面对的挑战

财税体制改革是一个漫长的过程，中国下一步的改革还需要面对诸多挑战，如刚开始不久的资源税改革，还有增值税的深化改革都会对财政收入、经济发展产生一定的影响。

1. 资源税改革

为适应经济发展的需求，中国的税制体系仍需要进一步的改革。继 2010 年 6 月在新疆试行 5%的资源税继而推广到其他 11 省之后，从 2011 年 11 月起，中国将对原油和天然气销售额的资源税推广到全国。在这之前，原油和天然气一直是从量计征资源税的，原油 8~30 元/吨，天然气 2~15 元/千立方米，现在它们都按照产品销售额的 5%~10%来计征资源税。

根据这次的资源税改革方案，除新增从价定率之外，部分资源从量定额标准也相应提高。焦煤的税额变为 8~20 元/吨，而其他煤仍旧是原来的 0.3~5 元/吨。稀土矿税额则由原来的 0.4~30 元/吨提高到 0.4~60 元/吨。

此次改革的目的是保护能源，降低国家对能源的依赖和对环境的损害。同时它也有利于增加地方政府的收入，进而使内陆经济得以发展。但事实上这次改革是否能够达到预期目的犹未可知，并且可能会引发很多问题。例如，从直接影响来说，显然这次改革会大幅度提高石油企业的税负，特别是在能源价格和商品价格都在波动的情况下。根据穆迪高级分析师胡凯的分析，修订后的资源税可使中国三家石油及天然气生产商支付一年约 440 亿元的税金。同时这项改革还有一些其他挑战，如何时将从价计征扩展到其他类型的资源产品、改革是否会造成经济波动等。

2. 深化增值税改革

自 1994 年增值税开征以来，增值税深化改革就一直在进行酝酿和讨论。最终，2011 年 10 月 26 日召开的国务院常务会议决定在上海市进行深化增值税改革的试点。为了解决营业税中的重复课税问题、改善税制体系，促进现代服务业的发展，深化增值税改革的试点方案从 2012 年 1 月 1 日起，在部分地区和行业先进行改革试点。

这次改革将首先在上海交通运输和部分现代服务业展开试点。原先征收营业税的这些行业将逐渐改为征收增值税。除了现行的两档增值税 17%和 13%的税率外，试点方案还新增了 11%和 6%两档税率。

深化增值税的改革肯定有利于解决重复课税的问题，并且可以促进现代服务业的发展，因此，长远说来，当条件成熟时这项改革应该会推向全国，但这项改革必定会对中央政府和地方政府的收入分配产生影响。在上海的试点方案中明文规定改征后的税收收入仍归地方政府，但事实上，在目前的税制体系中，增值税作为一个共享税种，按规定 75%的增值税收入都应属于中央政府，而来自目前营业税的收入则属于地方政府，因此，如果这项改革向全国推广，地方政府的收入就会减少，则中央和地方政府的收入分配关系就需要重新协调。

除了这些之外，财税领域还有一些其他挑战。1994 年的改革将很大一部分财政收入从地方政府转移给了中央政府，但同时却并没有把相应的事权转移给中央。因此，在 1994

年税改之后，地方政府只有46%的财政收入，但却要负责77%的支出。[①] 资金的短缺迫使地方政府去积极寻求新的资金来源，而来自土地的收入则成为了最重要的预算外的资金来源。政府先就土地的农业使用价值给农户进行补偿，然后把土地转为城市用地，以更高的价格将其出让。这中间的差额就由地方政府获得。从长期来看，这样的"土地财政"并不利于中国经济的稳定发展。

此外，中国2011年的审计报告披露截至2010年底，全国地方政府的债务余额超过10.7万亿元（1.7万亿美元），报告同时也警示了偿还的风险，以及对土地财政的过于依赖。怎样处理这些难题也是未来必须面对的挑战。

① 满燕云，康宇雄. 转型中的中国地方公共财政［M］. 北京：经济管理出版社，2012.

扩展学习

一、问题与思考

1. 中国传统财税体系有何特征?

2. 为什么中国在1983年要实行“利改税”的改革?这项改革是如何推进的?

3. 1994年之前中央政府和地方政府的财税管理体制是怎样的?

4. 1994年税制改革的深层次根源何在?如何认识这次税制改革对中国财税体系的作用?

5. 1994年税制改革之后中国的税制体系是怎样的?

6. 中国原先实行的是什么类型的增值税?对经济有何影响?2009年之后的增值税又是怎样的类型?

7. 从1994年中国引入“消费税”开始,消费税税制有怎样的变迁?

8. 外资企业征收企业所得税曾有哪些优惠?2008年企业所得税内外统一之后对这些优惠政策又是怎样处理的?

二、案例研究

地方债之惠①

几十年来,上海市政府首次以己之名举债。

1861年上海遭到了太平天国的攻击,这次农民起义的领导人洪秀全自称是耶稣基督的弟弟。为了筹资进行防御,中国的地方政府以上海的海关收入作为担保,从外国投资者的手中借款。外国投资者欣然接受这个条件,因为当时的海关恰由他们自己掌管。

地方债务有其自身的用途。除了使上海免于成为太平天国的属地之外,它也是一种为长期的基础设施提供经费的合理手段。但自从1994年以来中国禁止地方省市政府举债。这种状况在2011年11月15日得到了改变,在新的方案下,上海首次发行了地方债券,募集71亿元人民币(约合11亿美元)。

允许上海发债意味着中央政府已经默认1994年的禁令现已产生了不良后果。很显然1994年的禁令并不能阻止各级地方政府举债。中国各级地方政府成立了超过10000家的融资平台公司,以它们的名义从银行贷款投入如道路建设、灌溉设施修建之类的公共事业。中央政府正力图统计清楚这些地方债务,以图独自对其控制。有分析师猜测这些地方债务中的30%~60%已成为坏账。

如果允许地方政府举债,则用它们自己的资产负债表当然会更好,使用每个人都能够计数和询价的金融工具。通过发行债券,地方政府可以用透明债务来替换不明债务,如一

① 地方债之惠[J].经济学人,2011-11-19,http://www.economist.com/node/21538760.

位分析家所说："纠正地方政府以前犯下的错误。"

不过，在允许地方政府自由进入资本市场之前，中央政府仍旧还有很长的一段路要走。目前的先行试点方案仅包含两个最富裕的城市上海和深圳和最繁荣的两个省份广东和浙江。计划发行的债券规模也很小。

中央政府不会允许地方政府滥用债券市场。而且即便是出现了这种状况，中央政府也绝不会对债券市场的崩溃放任不管。这或许就是为什么上海的五年期债券收益率仅为3.3%，与央行债券收益持平，仅为上海某家融资平台公司不到一个月之前发行的息票的一半。

从收益率上来讲，投资者们可以把上海债券看做是中央政府的债券，除了名字稍有不同。如同清末上海的关税一度要经过外国人之手一样，息票支付实际上也要通过中央政府的体系。这就说明，地方债券的发行是中央政府向同样的对象、以同样的条件来募集资金，所不同的只是计在了地方的资产负债表上。换句话讲就是开始悄悄地援助地方政府了。地方政府或许能发行自己的债券，但它们却仍旧无法书写自己的财政命运。

思考题：中国地方政府的债务状况如何？请查阅有关资料，总结相关信息。在你看来，能够采取什么样的措施来解决地方政府的债务问题？

三、专家观点

中国的增值税改革将使税收收入减少1000亿元[①]

如果正在进行的增值税改革向全国推广的话，税收收入将减少1000亿元（大约158亿美元），这是一位政府高官引用增值税改革量化模拟分析的测算结果后所说的话。

这个测算结果也显示营业税改征增值税以后，大体上可以带动GDP增长0.5%，第三产业的增加值大体上可以提高0.3%，居民消费可以增长1%。出口的增长能够拉动0.7%，这是前国家税务总局局长肖捷周日在广州一个论坛上所讲到的。

中国从2012年1月开始在上海的诸如交通等行业对增值税进行试点改革，上海有12.6万户纳税人进入了改革范围。

试点方案中服务业引入了11%和6%两档增值税率，而当前通常的增值税率为17%和13%。根据肖捷所说，2009~2011年，中国从原先的生产型增值税转型为消费型增值税，使税收收入减少了5000多亿元。

在生产型增值税下，企业只允许抵扣直接成本，而不能抵扣固定资产的购置成本，导致了重复征税。

随着试点方案的推进，更多的城市和行业将会加入，肖捷还提到，他希望广东省2012年能够开展这项改革试点。

肖捷说，珠三角加入这个试点，将会为营业税改增值税试点增添新的示范效应。

早些时在2月末，据说在北京的地方税收官员正在申请从7月1日开始进行营业税改

① Reform of China's Value-Added Tax System Could Cut CNY100 Bln in Tax Revenue: Official.财经网，http://english.caijing.com.cn/2012-03-26/111775414.html.

征增值税的试点。

增值税是中国政府最主要的财政收入来源，特别是中央政府。2007 年，来自增值税的收入达到 154.7 亿元（约 22 亿美元），是当年中国税收总收入的 33.9%。

四、在线学习中国的各项税收政策

如有兴趣，可参阅如下网站进一步学习相关内容：

1. 中华人民共和国财政部，http：// www.mof.gov.cn.
2. 国家税务总局，http：//www.chinatax.gov.cn.

第七章　中国对外贸易改革与发展

【本章内容】

本章先从中国对外贸易理论创新、体制改革和政策变革三方面介绍了中国对外贸易的过程，然后进一步梳理了中国对外贸易的发展历程，简述了发展现状并指出了在发展中所存在的问题，最后初步预测了中国对外贸易的未来，包括未来所处环境、面临的机遇与挑战。

【本章要点】

● 掌握对外贸易、国际贸易、对外贸易体制、贸易依存度等概念。

● 了解中国对外贸易的改革过程，包括理论创新、体制改革和政策变革等方面；理解国际贸易理论对中国对外贸易的适用性问题。

● 了解中国对外贸易的发展历程、现状及所存在的问题。

● 了解中国对外贸易未来面临的机遇和挑战。

对外贸易亦称“国外贸易”或“进出口贸易”，简称“外贸”，是指一个国家（地区）与另一个国家（地区）之间的商品、劳务和技术的交换活动。这种贸易由进口和出口两个部分组成。对运进商品或劳务的国家（地区）来说，就是进口；对运出商品或劳务的国家（地区）来说，就是出口。这在奴隶社会和封建社会就开始产生和发展，到资本主义社会发展更加迅速，其性质和作用由不同的社会制度所决定。它不同于国际贸易，国际贸易是各国对外贸易活动的总和。

中国对外贸易作为国际贸易的一部分，从新中国成立以来，特别是改革开放的 30 多年来，经过一系列的变革，中国对外贸易发生了翻天覆地的变化。外贸体制、政策以及功能等均有变革、发展。截至 2012 年，中国货物贸易跃居世界第 2 位，服务贸易出口和进口分别居世界第 5 位和第 3 位，外贸管理政策与制度严格履行国际承诺，贸易透明度不断提高。

在国际上，中国已从昔日的一个游离于国际市场边缘的经济相当落后的发展中国家成长为当今世界上重要加工制造基地，成为名副其实的贸易大国和多边贸易体制和区域经济合作的积极参与者，并与其他新兴经济体一起，成为世界经济和国际贸易增长的重要驱动力量。但是，目前中国仍停留在贸易大国的水平，要想发展成为名副其实的世界贸易强国，我们还有很长的路要走。

对外贸易的迅猛发展是与改革开放的进程是密切联系的。实际上，正是 1979 年以来一波又一波的对外贸易自由化改革，推动了进出口的快速增长。在此，有必要回顾中国对外贸易在过去的几十年里所发生的系列改革，包括理论创新、体制改革、政策变革以及所取得的一系列成就，并对中国对外贸易的发展历程进行梳理，以明确中国对外贸易的发展现状。在此基础上，还需要结合当今世界经济和国际贸易的发展形势，充分估计中国对外贸易在未来的发展道路上可能遇到的机遇与挑战。

第一节　中国对外贸易改革：理论与实践

中国的外贸改革大体可理解为由点到线，由线到面的渐进过程。这一过程可以分为三个阶段：第一个阶段是中央政府在广东和福建设立了四个经济特区，分别为广东的深圳、珠海、汕头和福建的厦门。在这四个经济特区内，出口加工业进口产品免税。第二个阶段是中国政府在 1978~1979 年开放了广东和福建两省的贸易管道，目的是为实现全国范围内的对外开放做实验。第三个阶段是进行广泛的“面”上的改革，即第一波贸易自由化进程。在广东和福建的对外贸易改革取得了突破后，中国政府开始对国内广大地区实行贸易自由化。1984 年开始实行全面的自由化政策。

自此，中国开始了长达几十年的对外贸易改革历程。到目前为止，中国已经一跃成为世界第一贸易大国，对外经贸已成为拉动中国经济发展的“三驾马车”之一，在中国对外开放和国民经济又好又快发展中具有重要的战略地位，发挥了巨大的推动作用，为世界经济的发展作出了巨大贡献。[①]

现如今，中国对外贸易领域所取得的骄人成绩是与过去几十年里所进行的一系列的改革密不可分的，这些改革主要包括理论创新、体制改革和政策变革。

一、国际贸易理论的发展

国际贸易理论对于理解和指引国际贸易实践具有重要意义。依据贸易实践的发展，可以获得贸易理论历史演进的线索。

1. 传统国际贸易理论

传统国际贸易理论主要包括绝对成本论、比较成本论和要素禀赋论等理论。这些理论从供给角度，在一系列基本假设前提，包括完全竞争市场，资源和产品同质，生产要素在国际间不能流动，技术和资源固定不变，不计运输成本，没有政策干预等条件下，来论证比较优势的生成和国际贸易的动因。其中大卫·李嘉图的比较成本论是从生产商品的劳动生产率不同引致的价格差来说明，而赫克歇尔—俄林的要素禀赋论则认为在生产同一商品技术水平相同的情况下，生产要素的丰裕程度最终导致价格差，从而成为贸易的动因。

由于这些理论均有完全竞争、生产规模报酬不变等严格的假设前提，而现实中难以满足这些前提。因此，其适用性也受到越来越多的挑战。

2. 新贸易理论

第二次世界大战后，国际贸易产品结构和地理结构均出现了新特点。服务贸易迅猛发展，同类产品之间以及发达工业国之间的贸易量大大增加，对外直接投资兴起，这与传统贸易理论认为的贸易只会发生在劳动生产率或资源禀赋不同国家的产业间的经典理论相悖。在这样的背景下，众多的国际贸易新理论相继涌现，主要围绕揭示产业内贸易发生、发展的动因而给出不同的解释。

产业内贸易，也称部门内贸易，即一国既出口同时又进口某种同类型产品。解释产业内贸易的原因大致包括产品差别、消费者偏好差别、规模经济等，而消费者偏好的多样性、国际直接投资活动成为产业内贸易最基本的推动因素。显然对于产业内贸易理论，市场的不完全竞争性、产品异质性、技术的可变性等都成为其区别于传统国际贸易理论假设的重要方面。

首先就产品差别而言，在水平、垂直、技术三种差异中，尤为值得重视的是垂直差异和技术差异，它们一方面揭示了由于消费者对商品档次需求的差异而形成的相互之间的产业内贸易，另一方面通过产品生命周期理论解释了处于产品生命周期不同阶段的同类产品在不同类型国家进行生产，继而进行进出口贸易，便会产生产业内贸易。对中国而言，目前在经济发展水平、居民收入水平、技术水平上与发达国家有一定差距，因此差异产品的产业内贸易主要针对垂直和技术两种差异产品。

其次从消费者偏好差别来看，偏好相似理论指出，国际贸易是国内贸易的延伸，在本国消费或投资生产的产品才能够成为潜在的出口产品；两个国家的消费者需求偏好或需求结构越相近，一国的产品也就越容易打入另一个国家的市场，因而这两个国家之间的贸易

① 陈家勤. 新中国对外经贸发展 60 年的伟大实践和理论创新及主要经验［J］. 财贸经济，2009（9）：33–46.

量就越大。该理论从需求角度，围绕需求偏好和结构，特别是决定需求偏好的平均收入水平差异来论证和支持产业内贸易的发生和发展。那么，我们不妨将其称之为贸易的需求结构和收入水平相似动因。

最后从规模经济角度来看，规模收益不变是传统国际贸易理论的重要假设，即假定厂商无论生产多少数量的产品，每多生产一件产品，增加的成本总是不变的，即边际成本不变。事实上，现代许多工业部门具有规模经济特点，即收益递增、成本递减。规模经济愈大生产效率愈高，投入增加一倍，产出可以增加一倍以上。规模经济贸易理论以不完全竞争、规模经济等假设为前提，认为企业的长期平均成本随着产量增加而下降，企业面对的是市场需求曲线，市场需求量会随着价格的下跌而增加。在参与国际贸易以前，企业所面向的只是国内的需求。由于国内市场需求有限，企业不能生产太多，从而使生产成本和产品价格不得不保持在较高的水平上。如果企业参与国际贸易，产品所面临的市场就会扩大，国内需求加上国外需求，企业生产就可以增加。由于生产处于规模经济阶段，产量的增加反而使产品的平均成本降低，从而在国际市场上增加了竞争能力。规模经济效应使资源禀赋即使无差异的国家之间也能凭生产规模大的优势形成竞争力，取得贸易利益。

新贸易理论不同于传统国际贸易理论，就模型构建而言，它把产业组织和市场结构理论引入国际贸易理论研究中，认为市场中完全竞争不现实，普遍存在的是不完全竞争，而且规模经济报酬并非不变，产业领域存在规模经济报酬递增现象。总之，新贸易理论较传统贸易理论更具适用性，它更能解释现实中的国际贸易现象。

3. 竞争优势理论的兴起

竞争优势理论是由美国经济学家迈克尔·波特提出的，该理论认为具有比较优势的国家未必具有竞争优势，一国的主导产业是否具有竞争优势决定了这个国家的兴衰，而主导产业的竞争优势又源于企业是否具有创新机制从而提高了生产效率。可见，一个国家只要具有了生产力发展水平上的竞争优势就具备了竞争优势。据此波特提出了“钻石（菱形）体系”的分析架构，即从宏观上来看，国家竞争优势是由四个基本因素和两个辅助因素所决定的，基本因素分别为：生产要素条件（包括基本要素和推进要素）；国内需求状况；相关支撑产业；企业的战略、结构与竞争。辅助要素指一国所面临的机遇和政府所起的作用。波特认为竞争是竞争优势形成的根本点，因为竞争有利于培育推进因素，竞争优势形成的关键是建立优势产业，而产业只有提高生产效率才能具备优势，不断提高生产效率的源泉在于企业自加压力、不断进取的创新机制。因此，四个基本因素是相互制约、相互强化的一个系统。

4. 国际贸易理论对中国对外贸易的适用性

中国是世界上最大的发展中国家，也是世界上人口最多的国家，拥有丰富且廉价的劳动力资源。根据比较优势理论，长期以来中国基本上是以劳动要素和资源禀赋差异形成的比较优势参与国际分工和国际贸易的，即出口资源密集型和劳动密集型产品，进口资本密集型和技术密集型产品。20 世纪 80 年代后期，中国对外贸易特别是出口贸易发展迅猛，对经济的拉动作用明显，人们更有理由相信比较优势理论在中国的成功。改革开放的前十几年，人们对比较优势理论在中国的实践深信不疑。90 年代中后期，随着中国外贸体制改革的步伐加快，中国的出口产品的竞争优势明显削弱，外贸出口开始出现了明显的趋缓，外贸企业的利润空间大幅缩减，出口贸易的后劲严重不足等问题凸显。严峻的形势又迫使经济学界重新思考比较优势理论在中国的适用性问题，其中有代表性的观点有“比较利益陷阱”理论和“国际竞争优势”理论。

“比较利益陷阱”理论认为，比较利益理论是不能指导中国参与国际分工的基本理论。因为比较利益结构的本质是一国产业的比较优势，按照这种格局来进行分工的结果是，发达国家进口劳动密集型产品，出口资本和技术密集型产品。虽然从理论上分析，劳动或资本密集型主要不是用产品本身来区分的，而是按照投入要素来区分的，但“比较成本”是相对于本国的产品进行比较的，它并不代表劳动密集型产品在世界市场就有竞争能力。所以建立在比较优势基础上的对外贸易虽然能获得利益，但不能缩短与发达国家之间的经济差距。而且还可能陷入“比较利益陷阱”，即以劳动密集型和自然资源密集型产品出口为主的国家总是处于不利地位，它进一步强化了该国低水平的产业结构，同发达国家的经济差距越拉越大。该理论的实质是要告诉人们不要静止地看待比较利益理论，它并没有完全否定比较利益的思想，而是要求人们应当动态地看待比较利益理论，并不能以此作为长期发展战略。

“国际竞争优势”理论在前面已经有所阐述，在此不再赘述。“国际竞争优势”理论和“比较利益陷阱”理论的出发点是相同的，即都认为比较优势与竞争优势是有区别的，二者不能画上等号。因此告诫发展中国家一定要在出口贸易过程中及时调整出口导向，优化和提升出口产业结构。它将人们研究的重点从比较优势理论转向国际竞争优势理论的研究上来，不仅是对中国近年来对外贸易实践的经验总结，而且更加符合中国的实际。

总之，为了打破中国参与国际分工和对外贸易的僵局，保持中国对外贸易的可持续性发展，就必须要求指导中国对外贸易的理论思想从传统的比较优势理论中解脱出来，以国际竞争优势理论来指导中国的对外贸易活动。

二、中国对外贸易体制改革

贸易理论有助于理解贸易实践，而外贸体制的形成及变革则成为贸易实践的重要组成部分，对外贸发展产生极为重要的影响。

1. 对外贸易体制

(1) 对外贸易体制概念。对外贸易体制，是指一国或地区对对外贸易进行管理和经营所采取的管理机构、管理权限分配、管理方式以及经营组织形式、经营分工、利益分配等方面的制度。对外贸易体制是一国经济体制的重要组成部分，与经济体制的其他组成部分，如外汇、计划、税收、价格、财政、金融等体制存在密切的联系。对外贸易体制包括宏观管理体制和微观经营体制两部分。其中，宏观管理体制是指一国或地区政府在对外贸易管理过程中所采取的管理机构、管理权限分配、管理方式等方面的制度。微观经营体制是指一国在对外贸易业务经营活动中所采取的经营组织形式、经营分工、利益分配等方面的制度。

就其性质而言，对外贸易体制和其他经济体制一样，属于上层建筑的范畴，是由经济基础决定并为经济基础服务的。同时，对外贸易体制只是上层建筑的组成部分之一，与上层建筑的其他组成部分存在密切的关系，彼此也必须保持协调运行。因此，要发挥对外贸易体制的促进作用，避免体制阻碍，就必须根据经济基础、上层建筑其他组成部分的要求，并随着它们的发展变化做相应调整，形成与经济基础、上层建筑其他组成部分发展要求相符的对外贸易体制。

（2）对外贸易体制的影响因素。对外贸易体制的形成受多方面因素的影响，主要表现在：

第一，经济基础因素，包括所有制关系、分配关系、经济体制、生产力水平等方面。生产力决定生产关系，以所有制、分配方式体现的基本生产关系，又通过一系列具体的实现形式表现出来，从而表现为具体的经济体制层面，它与实际的经济运行紧密联系。因此，一国的生产力发展水平直接决定其经济发展水平。而经济体制必须符合经济发展规律的要求，不能超越或落后于经济发展水平，因此，对外贸易体制也必须符合经济发展水平。

第二，上层建筑因素，包括社会政治、政党、政策、社会思想意识形态。经济基础决定上层建筑，因此，上层建筑各个方面的因素均必须服务于经济发展的需要。换言之，无论是政党所制定的政策还是社会思想意识形态，都必须以经济建设为中心。为了促进经济又好又快地发展，政府机构制定出一系列的方针、政策，其中就包括对外贸易体制。因此，对外贸易体制的形成直接受上层建筑诸因素的影响。

第三，国际因素，包括国际政治因素和国际经济因素，尤其是国际经济贸易因素。对外贸易本身就涉及国与国之间的经济往来，因此，国际政治、经济因素自然会影响到一国对外贸易体制的制定。实际上，随着国际形势的变化，对外贸易体制也必须做出相应的改革，只有这样才能跟上时代的步伐，为世界经济发展服务。

因此，一国的对外贸易体制是随着国家的发展而呈阶段性变化的。从奴隶社会开始，历经封建社会、半殖民地半封建社会，直至新中国成立前夕，中国对外贸易活动从未间断过，只是在不同时期指导外贸活动的体制不同。但真正意义上的传统对外贸易体制的建立与形成是在改革开放前期，即1950~1978年。

2. 改革开放前中国对外贸易体制

改革开放前的中国对外贸易体制经历了不同发展阶段，表现出独有的特征，总体看来，有利有弊。

（1）改革开放前中国对外贸易体制发展的两个阶段。

1950~1957年为第一阶段。1949年11月起，中国对外贸易由贸易部对外贸实行统一领导和管理。1952年9月起，实行内外贸分管，由新成立的对外贸易部集中领导和统一管理对外贸易。1953年，按各大类商品分工经营的原则，组建15个外贸专业进出口公司，各口岸和内地分公司由总公司和当地外贸局实行双重领导。1956年完成社会主义改造，对外贸易全部集中由外贸部所属各专业总公司经营。在该阶段内，国营外贸占整个对外贸易的比重从1950年的66.8%发展到1957年的99.9%。由此，基本形成了对外贸易国家统治的体制。

1958~1978年为第二阶段。鉴于“大跃进”期间出现的经营混乱，中央于1958年8月发布“关于对外贸易必须统一对外的决定”。所有外贸业务均由各专业总公司经营，其他各部门、各地区的任何地方和任何机构均不得从事外贸。同时，财务上实行国家统收统支、统负盈亏，企业所收外汇全部上缴国家。这种高度集中的外贸体制一直延续到1978年。

（2）改革开放前中国对外贸易体制的特征。改革开放前中国对外贸易体制服务于当时的社会经济发展，表现出如下特征：

第一，经营主体为单一的公有制。1956年，中国在完成生产资料社会主义改造后，就确立了由政府职能部门领导、国营外贸公司集中经营的对外贸易经营体制，对外贸易领域的生产资料所有制是完全的公有制（全民所有制）。

第二，实行对外贸易统制。对外贸易统制集中表现在：①对外贸易国家垄断经营：对外贸易统制政策的贯彻，主要表现在对经营主体的严格限制方面。②高度集中的计划管理：计划管理体制是传统对外贸易体制的轴心。

第三，统负盈亏的财务管理 。各外贸进出口公司经营活动全部由计划调节，由此发生的全部盈利或亏损也全部由国家财政平衡，即统一经营，统一核算，统收统支，统负盈亏。

第四，实行贸易保护政策。中国的贸易保护是关税壁垒和非关税壁垒并重的多重贸易保护。平均关税水平一直维持在高水平上，非关税壁垒方面是以强有力的直接行政干预为特征。

（3）改革开放前中国对外贸易体制的利弊。从当时的情况来看，这种高度集中的外贸体制既有利也有弊。

第一，有利之处：①便于集中统一运用人力、物力、财力从事有效的对外贸易活动，统一执行国家对外贸易方针政策和计划措施；②为增强国力、顶住国外经济压力和封锁、禁运，配合外交斗争，发挥了重要作用；③便于统一组织力量，集中行动，相互配合，以保证对外竞争的有效性。尤其是能有力地运用行政手段乃至经济手段来促使对外贸易目标的实现。

第二，不利之处：①独家经营，不利于调动各方面的积极性，特别是造成工贸隔离、产销脱节，使生产企业不能直接面向国际市场，发展优质适销的出口产品，提高对外竞争能力；②国家通过指令性计划和行政干预，对企业限制过多，忽视经济调节，造成政企不分，不利于外贸企业发挥自主经营能力，难以积极主动地参与国际市场竞争；③外贸财务统收统支、统负盈亏，既加重了国家的负担，不利于调动企业的积极性，兼顾国家、企业和个人的利益，不利于加强企业经济核算和改善经营管理，又阻碍了外贸事业的发展。

鉴于此，中国对外贸易体制的改革势在必行。从中国当时的国情出发，对外贸易体制改革必需与中国改革开放密切联系。一方面，外贸体制改革是改革开放的结合点。“改革”和“开放”的合力对中国对外贸易体制改革市场取向的牵引力比对其他领域改革的牵引力更强，因为对外开放的前沿阵地就是商品市场的开放，实行对外开放，传统对外贸易体制的改革必然率先进行。另外，对外贸易体制改革的推进在许多方面（价格改革、汇率改革）推动了传统经济体制向以市场为取向的新体制的蜕变，对对外开放向纵深发展起巨大的促进作用。另一方面，外贸体制改革是改革开放的基础和先驱。对外贸易是对外经济交流活动的主渠道，也是其他各项经济交流活动的基础，对外贸易的发展决定着对外开放的深度与广度。另外，对外贸易体制改革的成效不仅作用于对外贸易活动本身，而且对其他以贸易为基础、与贸易密切相关的各项对外交流活动都势必产生重大影响。

3. 改革开放后中国对外贸易体制

改革开放后中国对外贸易体制变革主要分以下三个阶段完成：

（1）初步改革（1979~1987 年）。改革初期，以下放外贸经营权为导向，进行了诸多方面改革，主要涉及：

第一，下放外贸经营权。通过组建工贸公司及地方贸易公司等措施，下放外贸经营权，扩展经营渠道，引入竞争机制。

第二，开展工贸结合试点。针对长期以来工贸分家、产销脱节造成的出口产品不适销对路等问题，开展了多种形式的工贸结合试点。

第三，简化外贸计划内容。缩小指令性计划范围，扩大指导性计划范围，扩大市场调节的作用。

第四，实行出口承包责任制。为了打破统负盈亏的“大锅饭”财务体制，1987 年对外经贸部所属外贸专业总公司实行出口承包责任制。承包的内容是承包企业向国家承包出口总额、出口商品换汇成本、出口盈亏总额三项指标。

（2）深化改革（1988~1993 年）。深化改革阶段，以外贸承包经营责任制为体制改革突出特点，并且在实践中逐步完善。

第一，1988~1990 年全面推行外贸承包经营责任制。由外贸总公司、工贸总公司及地方政府分别向中央政府承包出口收汇、上缴外汇和承包基数内中央定额补贴三项指标，承包指标一定三年不变。为了落实对外贸易承包经营责任制，使地方和企业能承包经济效益指标，国家采取了一系列配套措施：放宽外汇管制、实行出口退税政策等。

第二，1991~1993 年完善外贸承包经营责任制。新一轮外贸承包经营责任制是在调整汇率的基础上，取消国家对外贸出口的财政补贴，通过原来的承包渠道向国家承包出口总额、出口收汇和上缴中央外汇额度。

（3）1994 年以后至加入世界贸易组织前的外贸体制改革。该阶段的改革方向是尽快建立适应社会主义市场经济发展的、符合国际贸易规范的新型外贸体制。在朝着这一方向前进的道路上，采取的主要措施有：

首先，深化外贸宏观管理体制的改革。通过深化外贸管理体制改革，在中国建立起以法律管理手段为基础、经济调节手段为主、辅之以必要行政管理手段的外贸宏观管理体制。具体措施表现为：

第一，强化经济手段。主要包括进行汇率并轨，实行以市场供求为基础的、单一的、有管理的浮动汇率制度；降低进口关税水平，取消部分进口减免税；改革所得税制，由包干制改为分税制；完善出口退税制度，出口退税全部由中央财政承担；实行鼓励出口的信贷政策等。

第二，加强立法手段。1994 年 5 月 12 日出台对外贸易基本法——《中华人民共和国对外贸易法》，并制定了与之相配套的《反倾销和反补贴条例》等法规，标志着中国对外贸易的发展进入法制化轨道。

第三，改革外贸行政管理手段。按国际经济通行规则完善配额、许可证等行政管理手段，使其做到规范化和制度化。

其次，深化外贸经营体制改革。具体措施表现为：

第一，进行企业制度改革。通过建立现代企业制度，实行企业股份制改革，转换企业经营机制。

第二，进行经营制度改革。从单纯追求创汇数额转向重视效益；从商品经营转向资产经营；从单一经营转向一业为主、多种经营；从传统的收购制度转向服务型的代理制；从分散经营转向规模经营。

第三，建立、健全外贸协调服务体系。充分发挥进出口商会的协调、服务、纽带职能；发挥研究咨询机构和学会、协会的信息指导和服务功能；完善金融、保险、运输等配套体系。

经过多年的改革，中国外贸体制发生了根本变化。形成了与社会主义市场经济体制基本相适应的崭新的对外贸易体制。具体表现为：

一是行政性直接干预大大弱化，外贸宏观管理逐步走上以经济、法律手段调控为主的轨道。

二是外贸经营主体多元化格局初步形成，自负盈亏的经营机制不断得到加强和完善。从国有和外资企业进出口额占贸易总额的比重（见表 7–1）中我们可以看出，国有外贸企业从计划经济体制下国家计划的执行者转变为社会主义市场经济条件下自主经营、自负盈亏、自我约束、自我发展的经营者。

表 7–1 国有和外资企业进出口额占贸易总额的比重

单位：%

年份	1990	1997	1998	1999	2000	2001	2002	2003
国有企业	81.90	56.18	52.67	47.88	45.42	42.53	38.23	32.95
外资企业	17.43	46.95	48.68	50.78	49.91	50.83	53.19	55.47

资料来源：国家统计局。

三是外贸政策的统一性和透明度进一步增强，涉外法规日益健全。

四是外贸中介服务体系开始形成。

五是外贸经营的领域和渠道进一步拓宽，总体效益和竞争能力大大提高。

4. 中国加入世界贸易组织后对外贸易体制改革的继续深化

经过了 15 年的谈判后，中国终于于 2001 年末正式加入世界贸易组织（WTO），自此，中国外贸体制也进入了一个以 WTO 规则为基础进行全面改革的新阶段。WTO 的基本规则是建立在公平竞争和自由贸易的市场经济基础上的。“入世”后，中国至少在三个方面加快了改革。①中国在非歧视原则、自由贸易原则和公平竞争原则下，调整和修改了不符合 WTO 规定的政策法规；②加快外贸主体多元化步伐，尤其是允许私营外贸企业的迅速发展；③转变外经贸主管部门的职能，从以行政领导为主转变为以服务为主，研究世界贸易发展趋势并向全社会提供相关信息，采用国际上通行的做法来分配外贸资源。

为了符合世界贸易组织对其成员国的要求，中国在“入世”谈判中作出了一系列的承诺，主要包括降低贸易壁垒和开放服务业市场两方面。这些承诺具体体现在中国入世议定书和工作组报告等法律档中。《中国加入世界贸易组织议定书》中，对中国加入世界贸易组织后享有的权利与义务作了相应规定，由于篇幅原因，在此不作叙述。降低贸易壁垒是指中国承诺进一步开放国内市场，包括关税的大幅下降和非关税壁垒的逐步取消，为外国商品和投资进入中国提供更多机会。根据中国加入世界贸易组织时作出的承诺，到 2008 年中国的关税总水平将由 2000 年的 15.6%降至 10%。其中，工业品的平均税率由 14.7%降至 11.3%，农产品的平均税率相应地由 21.3%降至 15.1%。与 20 世纪 90 年代初的 40%左右的关税率相比，中国关税的下降幅度很大，但仍高于世界贸易组织成员国 6%的平均关税。在降低关税的同时，中国已经并还将取消许多非关税壁垒，主要包括进口配额、投标资格、贸易经营权、国产化要求、技术转让要求、政府采购等。"入世"后，民航、医疗器械和 IT 产品的所有进口配额立即被取消，汽车等产品的进口配额也将以每年 15%的速度递增直至全部被取消。自 2002 年 1 月 1 日起，中国已经取消了粮食、羊毛、棉花、经纶、涤纶、聚酯切片、化肥、部分轮胎等产品的配额许可证管理。为了履行承诺，中国外经贸部分局按照世贸组织的《货物进出口管理条例》的规定，制定了《进口配额管理实施细则》和《特定产品进口管理细则》。而国家纪委公布的《农产品进口关税配额管理办法》也已于 2002 年 2 月 5 日正式开始实施。开放服务市场指的是"入世"后，中国的服务业将成为开放幅度最大的领域。电信、金融、保险等服务业采取渐进式的开放，由管制较严的"试点"或部分禁入到可预见的逐步准入，再到完全开放。可以预见的是，开放后的服务业将成为中国吸引外资最诱人的新增长点。①

经过一系列的改革之后，中国外贸体制不断完善，更加符合社会主义市场经济发展规律，但是随着中国经济结构的不断调整和经济发展方式的不断转变，中国对外贸易体制改革仍需进一步深化。未来的改革方向依然是坚持既符合社会主义市场经济体制的内在要求，又符合国际贸易规范的基本原则，进一步转变政府职能，建立统一市场与公平竞争机制，依法行政，继续进行法律法规的清理、修订及新法的颁布，运用世界贸易组织争端机制，争取公平、宽松的国际环境。除此之外，还需继续履行加入世界贸易组织所作的承诺。唯其如此，才能使对外贸易体制跟上时代的节奏，更好地发挥其对中国国民经济发展的促进作用，更好地为世界经济发展服务。

三、中国对外贸易政策变革

随着贸易实践的变化发展，中国对外贸易政策随之发生变革，对对外贸易的繁荣发展发挥了重要的作用。

1. *对外贸易政策定义及分类*

对外贸易政策是指一国政府根据本国的政治经济利益和发展目标而制定的在一定时期内的进出口贸易活动的准则。它集中体现为一国在一定时期内对进出口贸易所实行的法律、规章、条例及措施等。它既是一国总经济政策的一个重要组成部分，又是一国对外政策的一个重要组成部分。

从国际贸易的历史考察，以国家对外贸的干预与否为标准，可以把对外贸易政策归纳为三种基本类型：自由贸易政策、保护贸易政策和管理贸易政策。

自由贸易政策是指国家对商品进出口不加干预，对进口商品不加限制，不设障碍；对

① 余淼杰. 中国对外贸易三十年（1978~2008）. 北京大学中国经济研究中心讨论稿系列.

出口商品也不给以特权和优惠，放任自由，使商品在国内外市场上自由竞争。

保护贸易政策是指国家对商品进出口积极加以干预，利用各种措施限制商品进口，保护国内市场和国内生产，使之免受国外商品竞争；对本国出口商品给予优待和补贴，鼓励扩大出口。

管理贸易政策，又称协调贸易政策，是指国家对内制定一系列的贸易政策、法规，加强对外贸易的管理，实现一国对外贸易有秩序、健康的发展；对外通过谈判签订双边、区域及多边贸易条约或协定，协调与其他贸易伙伴在经济贸易方面的权利与义务。管理贸易是介于自由贸易和保护贸易之间的一种对外贸易政策，是一种协调和管理兼顾的国际贸易体制，是各国对外贸易政策发展的方向。

2. 中国对外贸易政策变革历程

综观各国对外贸易政策的历史，基本上都经历了由保护到自由再到保护的过程。中国外贸政策的发展演变过程也始自保护贸易政策，其发展过程可以分为四个阶段：

（1）第一阶段（1949~1978 年）：计划经济下的国家统制贸易。1949 年 9 月通过的政协会议共同纲领规定，中国对外贸易政策是“实行对外贸易的管制，并采用保护贸易政策”，明确指出中国对外贸易政策的保护倾向。同时，由于发达资本主义国家对中国的经济封锁和禁运政策，使得自力更生和自给自足成为中国发展经济的指导思想。在社会主义计划经济体制下，中国选择了在资金短缺的经济中优先发展重工业的工业化战略，使对外贸易成为调剂余缺的手段，对外贸易政策的目标是换取进口必要机器设备所必须的外汇，基本上忽略了对外贸易的效率原则。

（2）第二阶段（1979~1991 年）：有计划商品经济体制下的国家统制型的开放式保护贸易政策。这一阶段的对外贸易政策着重体现在奖出限入的政策上，主要表现为：

第一，采取出口导向战略，鼓励和扶持出口型的产业，并进口相应的技术设备，实施物资分配、税收和利率等优惠，组建出口生产体系；限制外资企业商品的内销；开始实行出口退税制度；建立进出口协调服务机制等一系列措施。

第二，实施较严格的传统进口限制措施，通过关税、进口许可证、外汇管制、进口商品分类经营管理、国营贸易等措施实施进口限制。

第三，鼓励吸收外国直接投资的政策，鼓励利用两种资源、两个市场和引进先进技术。

（3）第三阶段（1992~2001 年）：社会主义市场经济体制下的有贸易自由化倾向的保护贸易政策。在这个阶段，中国政府干预对外贸易的目的尽管与改革开放前不同，但是依然受到古典重商主义观念的影响，奉行“顺差就是成绩，顺差就是目的”的“顺差至上”的重商主义思想，不遗余力地进行出口创汇。这种观点应该说没有脱离中国的传统经济思想——“未雨绸缪”、“防患于未然”等保守的观念。但是，长期越来越大的贸易顺差虽然给中国带来了某种程度的“放心”，也为中国“创造”了越来越多的贸易摩擦。

（4）第四阶段（2002 年至今）：有管理的贸易自由化。2001 年 12 月中国加入 WTO 至今，中国在市场准入、国内措施、外资待遇、服务贸易等各个领域均较好地履行了自身的承诺和义务，得到了 WTO、世界银行等国际组织的高度评价。这一阶段的最明显特征就是，中国的贸易政策体系改革已经与国际贸易体制接轨、发展同步，政策变化的动力由单纯的内生或者外生转变为内外协调。这种变化最根本的动力来源是中国经济贸易本身的高速增长，并且中国有着市场容量庞大、与发达国家经贸互补性明显、政策稳定性强并对国际高度负责等优点，中国对世界经济的良性影响也逐渐加大。

综上所述，我们可以看出，中国对外贸易政策的趋向应该是依据 WTO 的基本原则以及例外条款，以国内经济发展要求为基础，在兼顾区域经济发展的利益上进行完善，倾向于采取开放型的公平与保护并存的贸易政策。

第二节　中国对外贸易发展：历程与现状

中国有着悠久灿烂的古代文明，疆域辽阔，与众多国家及民族接壤，又有着绵长的海岸线，因此，中国对外贸易的历史源远流长。早在汉代以前通过陆、海两路，中国的古代先民已同境外国家、民族开展了贸易往来。新中国成立后，在经历了奴隶社会、封建社会、半殖民地半封建社会几个社会阶段以来，中国进入了社会主义社会阶段以后，中国的对外贸易体系从建立到渐臻成熟。2013 年中国已经发展成了世界第一贸易大国。

本节，我们将回顾中国对外贸易发展历史，简要介绍当前形势和潜在问题。

一、中国对外贸易发展历程

新中国成立前中国对外贸易的发展是比较缓慢的，故在此我们主要介绍自新中国成立以来中国对外贸易的发展历程。以改革开放为分界点，我们可以把这一过程划分为两个阶段：[①]

1. 新中国成立后至改革开放前：计划经济体制下的对外贸易

国际环境与国家关系的变化，以及国内意识形态的变化左右着中国这一时期的对外贸易发展，中国经历了由仅对社会主义国家的单边贸易，到“文革”期间的自我封闭，及至 20 世纪 70 年代末重启国门的历程。

（1）1949~1965 年的对外贸易。新中国成立之初，西方资本主义国家对新中国采取敌视和封锁政策，中国对外贸易主要与苏联、东欧等社会主义国家来往，记账贸易成为当时的主要贸易方式。20 世纪 50 年代，中国对社会主义国家的贸易额占全国对外贸易总额的一半以上，1952 年至 50 年代末，曾达到 70%以上，其中对苏联的贸易额约占到一半。20 世纪 50 年代末至 60 年代前期，亚非拉越来越多的国家赢得民族独立，新中国广泛建立、积极发展同这些国家平等互利、互通有无的贸易关系，签订政府间贸易协定，开展易货贸易、边境贸易、记账贸易、现汇贸易等灵活多样的进出口贸易，与此同时，还向这些国家提供贷款或无偿援助。此外，中国内地始终坚持对中国港澳地区长期稳定供货的贸易政策，即使在国民经济困难时期，也保证了对中国港澳地区的供应。同时经中国港澳地区的转口贸易也成为打破西方国家封锁的突破口。

① 张小瑜. 中国对外贸易 60 年：巨大的变革与成就. 商务部国际贸易经济合作研究院网站，http：//www.caitec.org.cn.

为了补足国内必需的生产和生活资料，中国利用各种机会和途径，推动同日本、西欧等西方国家的民间贸易以至官方贸易。特别在1960年中苏关系破裂后，中国对外贸易的主要对象由苏联等社会主义国家开始转向日本、西欧等资本主义国家和地区。到1965年，中国对西方国家贸易额占全国对外贸易总额的比重上升到50%以上。

（2）"文化大革命"（1966~1976年）时期的对外贸易。"十年文革"使对外贸易遭受严重干扰破坏。20世纪70年代初，中国恢复了在联合国的合法席位，对外关系迅速改善。中国同日本、德国、美国等西方主要资本主义国家建交。对外贸易重新获得恢复和发展，西方国家在中国对外贸易中的地位迅速上升，出口商品结构进一步改善，技术引进取得了重大进展。在有利的国际环境和国内形势下，中国在70年代末进入改革开放的酝酿和准备阶段。

2. 改革开放后的中国对外贸易

（1）改革开放初期的尝试（1978~1991年）。1978年底中国共产党十一届三中全会召开，确立了改革开放的战略方针，对外贸易进入了新的实践探索阶段。为吸引资金、技术、设备，拓展国际市场渠道，创造外汇收入，同时增加就业机会，1979年，国务院批准在沿海地区开展加工贸易。自此，中国陆续建立了经济特区、沿海开放城市、开发区等特殊经济区域，在进出口管理与经营政策、外汇政策等方面试点实行更灵活、更优惠的特殊政策，这些特殊区域对全国的外贸发展以至开放型经济的发展起到了平台、示范与辐射作用，是这一时期对外贸易发展最为活跃的区域。1980年深圳、珠海、厦门、汕头四个经济特区建立的第一年，进出口占全国进出口总额的1.1%，到1991年这一份额上升到8.3%。20世纪80年代中期，国际产业结构出现了新一轮调整和转移，为了抓住这一有利形势，国家进一步确立了以加工贸易为重点、扩大劳动密集型产品出口的沿海发展战略，加工贸易得到迅速发展。在当时的历史条件下，加工贸易使中国成功地承接了国际劳动密集型产业的转移，带动了国内工业发展，促进了出口商品结构的优化升级，实现了外贸出口由初级产品、资源型产品为主向以工业制成品为主的转变。1986年，工业制成品取代初级产品成为中国主要出口商品，实现了出口结构的一次根本性转变。1991年，工业制成品占出口总额的比重上升到77%。市场日益多元化，日本、中国香港、美国、欧共体成为中国最主要的出口市场和贸易伙伴，而与俄罗斯和东欧国家的贸易份额则大幅下降。

这一阶段，国家对外贸的重视程度空前提高，外贸体制改革和外商直接投资极大地促进了外贸发展。1978~1991年，进出口总额由206.4亿美元增长到1356.3亿美元，其中出口由97.5亿美元增长到718.4亿美元，进口由108.9亿美元增长到637.9亿美元，年均增速分别达到16.6%和14.6%。

（2）市场经济下的转型与发展（1992~2001年）。1993年11月中国共产党十四大确立社会主义市场经济改革目标后对外贸易从"互通有无、调剂余缺"转为市场经济条件下，充分利用国际国内两个市场、两种资源，积极参与国际分工，积极参与国际竞争与国际经济合作，发挥比较优势。国家陆续提出了市场多元化、"大经贸"、"引进来"和"走出去"相结合、以质取胜、科技兴贸、积极参与区域经济合作和多边贸易体系等战略思想。由此，中国对外贸易进入快速发展阶段，贸易规模持续扩大。其间，1997年爆发的亚洲金融危机，严重打击了日本、韩国、东盟及中国港澳等周边国家和地区的经济，中国外贸也经受了改革开放以来第一次重大挫折，1998 年进出口出现了负增长。但中国对外贸易很快克服危机的影响，重新恢复活力，1999 年实现 11.3%的增长，2000 年更达到了 27.8%的高速增长，其中出口增长 31.5%。

（3）中国对外贸易进一步发展（“入世”后至今）。以 2001 年 11 月中国加入 WTO 为里程碑，中国对外贸易进入又一个新的阶段。2002 年以来，贸易规模实现跨越式发展，增长速度明显加快，中国跻身于世界贸易大国之列。2007 年，货物贸易总额突破 2 万亿美元，居世界第三位。2008 年，尽管下半年开始受金融危机影响，全年进出口总额仍实现 17.8%的增长，达到 25616 亿美元，其中出口额为 14285 亿美元，进口额为 11331 亿美元（见图 7–1）。2002~2008 年，进出口贸易年均增速达 26.7%，其中出口 27.9%，进口 25.1%。自 2001 年开始，中国外贸顺差逐年扩大，至 2008 年已达到 2954.6 亿美元。促进进出口平衡发展成为中国外贸发展中一个新的任务。1950~2008 年中国进出口贸易情况见图 7–1。

图 7–1 1950~2008 年中国进出口贸易情况

资料来源：国家统计局。

规模扩大的同时，进出口商品结构进一步优化。出口商品国际竞争力显著增强，机电产品和高新技术产品成为出口的主要增长点，工业制成品出口比重达 95%，多种商品出口居世界第一位，成为世界的加工制造基地。原材料、零部件、先进技术设备成为主要进口产品，受同期国际能源原材料市场价格上升影响，石油、铁矿石、有色金属等能源资源产品进口额快速增长，带动初级产品进口额再度呈上升趋势。

经营主体和市场分布也有新发展。外资企业进出口占据主导地位，国有企业份额下降，其他类型企业迅速崛起。2008 年，外资企业、民营企业分别占进出口总额的 54.0%和 24.3%，国有企业份额下降到 21.7%。欧盟成为第一大贸易伙伴，欧、美、日、中国香港等传统市场仍是主要贸易伙伴，但在总额中比重有所下降，新兴市场份额不断扩大。2008 年，受外贸政策调整及金融危机影响，加工贸易进出口增速均显著回落，一般贸易在对外贸易中的地位上升，加工贸易在出口总额中所占比重降至 47.3%，为 1995 年以来首度下降至 50%以下。

在确立货物贸易大国地位的同时，中国服务贸易获得蓬勃发展。加入 WTO 后，中国服务业对外开放程度进一步加大。与货物贸易一样，服务贸易发展速度超过同期世界平均增速，在世界贸易中的地位不断上升，2008 年上升到第 5 位，占世界服务贸易的 4.23%。但总体而言，中国服务贸易与货物贸易的国际地位还不相称，服务贸易出口仍以运输、旅游、商业等传统劳动密集型行业为主，技术和知识密集型的新兴服务业仍处于初级发展阶段，服务贸易有待进一步发展。

2008 年全球金融危机使世界经济衰退，全球贸易额严重萎缩，贸易保护主义抬头。受全球金融危机影响中国出口大幅下降，2009 年，中国出口总额 12016.6 亿美元，下降 16.0%；进口总额 10055.6 亿美元，下降 11.2%。贸易顺差 1961.1 亿美元，比 2008 年减少 1020 亿美元，下降 34.2%。进入 2010 年以来，中国对外贸易延续了 2009 年年底以来的恢复性增长态势，出现较大幅度回升，但是对外贸易顺差持续下降，在 2010 年 3 月出现对外贸易逆差。①

2010 年，中国外贸实现了恢复性快速增长，进出口已经恢复到危机前水平并再创历史新高，为“十一五”外贸发展规划目标的胜利完成画上圆满的句号。2011 年第一季度，中国进出口贸易总体保持快速增长势头，结构进一步优化，平衡状况进一步改善。

二、中国对外贸易发展现状

虽然经历经济波动甚至危机的影响，中国对外贸易总体状况良好。

1. “十一五”时期中国对外贸易的发展②

“十一五”期间，面对复杂多变的国内外形势，中国坚持扩大内需与稳定外需相结合，充分利用两个市场、两种资源，克服国际金融危机的巨大冲击，继续推进对外开放，积极参与全球化进程，对外贸易规模迅速扩大，吸收外资水平不断提高，对外经济合作步伐明显加快，开放环境日趋优化，对外开放再上新台阶。

(1) 货物贸易规模迅速扩大。“十一五”期间，我国货物进出口总额累计 116806 亿美元，比“十五”期间增长 1.6 倍。其中，出口总额 63997 亿美元，增长 1.7 倍；进口总额 52809 亿美元，增长 1.4 倍。5 年间，进出口贸易年均增长 15.9%，其中，出口年均增长 15.7%，进口年均增长 16.1%，高于预定目标。

“十一五”前两年，我国进出口总额保持 23%以上的快速增长，2007 年出口总额突破 1 万亿美元，进出口总额迈上 2 万亿美元台阶。2008 年国际金融危机爆发后，在世界经济大幅下滑、国际市场需求严重萎缩的严峻形势下，我国对外贸易经受住了金融危机的严峻考验。2008 年进出口总额增长 17.8%，其中，进口增长 18.5%，进口总额首次突破 1 万亿美元大关。2009 年进出口总额虽然下降 13.9%，但我国依然是全球对外贸易表现最好的国家之一，降幅远低于全球贸易降幅。2009 年我国出口总额跃居世界第一位，占全球出口比重由“十五”末的 7.3%提高到 9.6%；进口总额上升至世界第二位。2010 年我国进出口再创历史新高，进出口总额接近 3 万亿美元，达到 29728 亿美元，增长 34.7%（见图 7-2）。

---

① 余淼杰. 中国对外贸易三十年（1978~2008 年）. 北京大学中国经济研究中心讨论稿系列.

② “十一五”经济社会发展成就系列报告之二：对外开放再上新台阶. 中华人民共和国国家统计局，http：//www.stats.gov.cn.

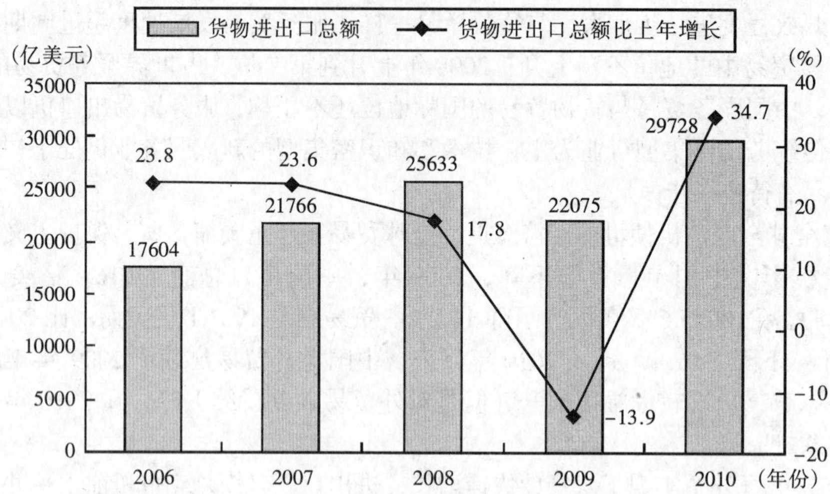

图 7-2 "十一五"期间货物进出口总额及增长速度

资料来源：中国国家统计局.

其中，出口 15779 亿美元，增长 31.3%；进口 13948 亿美元，增长 38.7%；进出口均比"十五"末增长 1.1 倍。

(2) 贸易平衡状况不断改善。"十一五"期间，我国着力促进贸易基本平衡，切实提升外贸发展的质量和效益，在努力保持出口稳定增长的同时实施扩大进口战略。认真履行开放国内市场的承诺，进口关税总水平降至 9.8%，并进一步简化进口管理，进一步完善进口促进体系，进一步提高贸易便利化程度，基本取消了进口配额管理，分批取消了 800 多个税目商品的自动进口许可证管理。进出口格局因此更趋平衡，外贸顺差在 2008 年达到 2981 亿美元历史高点后开始回落，2009 年下降到 1957 亿美元，2010 年进一步减少到 1831 亿美元。5 年间，贸易不平衡度（贸易差额占进出口总额的比重）从 2006 年的 10.1%、2007 年的 12.1%、2008 年的 11.6%、2009 年的 8.9%下降到 2010 年的 6.2%。

(3) 进出口贸易方式发生积极变化。"十一五"期间，在加大对外贸易结构调整和转型升级力度思想的指导下，我国进出口贸易方式发生积极变化。5 年间，一般贸易进出口年均增速达到 20.1%，大幅超过加工贸易 10.9%的年均增速。2010 年，一般贸易进出口达 14887 亿美元，比"十五"末增长 1.5 倍，占进出口总额的比重由"十五"末的 41.8%提高到 50.1%；加工贸易进出口为 11578 亿美元，比"十五"末增长 67.7%，占进出口总额的比重由"十五"末的 48.6%下降到 38.9%。

(4) 进出口商品结构进一步优化。从出口方面看，2010 年，工业制成品出口占出口总额的比重由"十五"末的 93.6%提高到 94.8%；机电产品、高新技术产品出口占出口总额的比重分别由"十五"末的 56.0%和 28.6%提高到 59.2%和 31.2%；"两高"产品出口得到有效控制，汽车、船舶、飞机、铁路装备、通信产品等大型机电产品和成套设备出口均有新的突破。从进口方面看，先进技术、设备、关键零部件进口持续增长，大宗资源能源产品进口规模不断扩大。2010 年，机电产品、高新技术产品进口分别达到 6603 亿美元和 4127 亿美元，分别是"十五"末的 1.9 倍和 2.1 倍；与矿物燃料、润滑油及有关原料两大类商品进口占进口总额的比重由"十五"末的 20.3%提高到 28.7%。这不仅满足了国内经济发展的需要，而且对遭遇金融危机的全球经济回稳和复苏做出了巨大贡献。

2. 2012 年前三季度中国对外贸易发展情况①

2012 年，国际金融危机深层次影响继续显现，特别是欧洲主权债务危机深化、蔓延，世界经济复苏明显减速，国际市场需求下滑。中国经济下行压力加大，截至第三季度，国内生产总值（GDP）增速连续 7 个季度放缓。对外贸易发展面临的内外部环境复杂严峻，进出口增速下滑至个位数，进出口企业困难增多。针对形势变化，中国政府及时出台一系列促进外贸稳定增长、优化外贸结构的政策措施，提振了企业信心，对外贸走势趋稳发挥了重要作用。前三季度，中国对外贸易运行呈现以下特点：

（1）进出口增速低位趋稳，“稳外贸”措施初见成效。前三季度，进出口总额 28424.7 亿美元，同比增长 6.2%。其中出口 14953.9 亿美元，增长 7.4%，比上年同期回落 15.3 个百分点；进口 13470.8 亿美元，增长 4.8%，回落 21.9 个百分点；贸易顺差 1483.1 亿美元，增长 39.1%。分季度看，第一、第二、第三季度进出口分别增长 7.2%、8.5%和 3%。在国际市场需求有所回升、前期出台的“稳外贸”政策措施逐步落实等因素带动下，9 月进出口增速低位反弹，出口增速从 8 月的 2.7%回升至 9.9%，进口从 8 月的下降 2.6%转为增长 2.4%，当月进出口和出口规模均创历史新高。

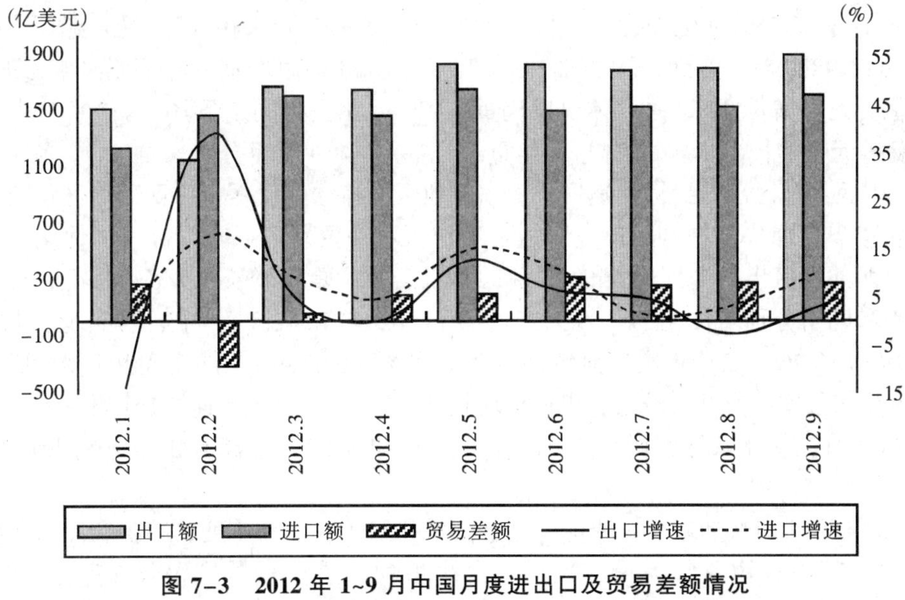

图 7-3 2012 年 1~9 月中国月度进出口及贸易差额情况

（2）机电产品出口比重稳步提高，出口商品结构继续优化。前三季度，机电产品出口 8548.3 亿美元，增长 8.3%，高出同期整体出口增速 0.9 个百分点，占出口比重从上年同期的 56.7%提高至 57.2%。高新技术产品出口 4240.6 亿美元，增长 6.4%，其中手机、集成电路分别增长 18.1%和 46.9%。劳动密集型产品出口增速放缓，其中纺织品、服装、家具、鞋类、箱包、塑料制品、玩具七大类劳动密集型产品出口增长 7%，低于整体出口增速 0.4

① 商务部：中国对外贸易形势报告（2012 年秋季），http://www.gov.cn/gzdt/2012-10/26/content_2252027.htm。

个百分点。“两高一资”产品出口继续下降，煤和成品油出口量分别下降38.6%和9.8%。

（3）对发达国家出口明显分化，对新兴市场出口总体增长较快。随着美国经济温和复苏，零售市场回暖，前三季度中国对美国出口2581.6亿美元，增长9.6%。受欧盟经济陷入衰退、市场需求明显萎缩的影响，中国对欧盟出口2504.6亿美元，下降5.6%。对日本出口1125.1亿美元，增长4.5%。由于新兴经济体经济增长相对较快，以及出口企业深入推进市场多元化，中国对新兴经济体出口总体保持快速增长势头，其中对东盟、俄罗斯和南非出口额分别为1447亿美元、325.8亿美元和107.2亿美元，增长16.6%、14.5%和10.8%。前三季度，中国自美国和欧盟进口分别增长7.7%和2.1%，自日本进口下降6.5%。

（4）民营企业进出口势头良好，一般贸易增速持续快于加工贸易。在鼓励民营经济发展政策措施的引导下，广大民营进出口企业积极调整产品结构，努力拓展营销渠道，深度开发国际市场，取得良好效果。前三季度，民营企业出口5515.2亿美元，增长19.2%；进口3264.6亿美元，增长18%，分别高于整体增幅11.8和13.2个百分点。外商投资企业出口7511.2亿美元，增长3.1%；进口6483.4亿美元，增长1.3%，分别较整体增幅低4.3和3.5个百分点；出口和进口占总体比重分别下降2.1和1.7个百分点。国有企业进出口增幅明显下滑，其中出口下降3.9%，进口仅增长0.9%。

前三季度，一般贸易进出口14989.7亿美元，增长5.9%，其中出口7297.8亿美元，增长8.3%；进口7691.9亿美元，增长3.6%。加工贸易“两头在外”，受外部环境影响较大，进出口9829.4亿美元，增长2.2%，低于进出口总额增速4个百分点。其中出口6309.4亿美元，增长3%，占总体出口比重42.2%，比去年同期下降1.8个百分点；进口3520.0亿美元，增长1%，占总体进口比重26.1%，下降1个百分点。

（5）中西部地区出口持续快速增长，东部地区出口增速放缓。中西部地区承接加工贸易产业转移步伐加快，进、出口双双强劲增长，对外贸易区域布局进一步优化。前三季度，中、西部地区出口分别增长21.5%和43.4%，其中重庆增长1.5倍，甘肃、安徽、贵州、河南和四川分别增长83%、69.9%、68.9%、62.8%和42.8%。中、西部地区进口分别增长7.9%和13.2%，其中重庆、河南分别增长69%和64.2%。东部地区由于受国际市场需求放缓和生产成本上升冲击较大，出口仅增长4.3%，低于总体增速3.1个百分点，其中广东、江苏、浙江、北京分别增长6.4%、4%、3%和3.2%，上海和山东分别下降0.1%和0.2%。

（6）农产品进口快速增长，机电产品进口增速回落。前三季度，粮食和油料作物进口增长较快，其中谷物及谷物粉、大豆、食用植物油进口量分别增长2.3倍、17.7%和18.3%。能源资源进口有涨有跌，铁矿砂、原油、未锻造的铜及铜材、氧化铝进口量分别增长8.4%、6.4%、32.6%和2.1倍，成品油、原木、钢材进口量分别下降4.4%、10.8%和12%。机电产品和高新技术产品进口额分别增长2.7%和6.4%，增速分别比上年同期回落13.6和7.3个百分点，但汽车、飞机保持快速增长，进口量增速分别达23.6%和22.5%。

三、中国对外贸易存在问题

通过回顾中国对外贸易的发展历程，中国已经由改革开放初期在世界贸易中居第三十位，上升至今天的第一位。尽管30多年来中国对外贸易事业取得了飞速发展，也让世界看到了中国对外贸易领域所取得的巨大成就以及对世界经济所作出的贡献，但是我们不得不承认，中国对外贸易仍存在结构不合理、增长质量不高等诸多问题。

当前中国对外贸易所存在的问题主要有以下内容：①

第一，贸易顺差依然较大。从中国进出口贸易总额占世界贸易的比重来看，1978年少于1%，到2007年提高至近8%。2007年全年全国进出口总值为21738.3亿美元，同比增长23.5%。其中，进、出口值占世界进、出口总额的比重分别提高到8.8%、6.7%，分别居世界第二、第三位。2007年中国进出口贸易顺差为2622亿美元，比2006年同期增长47.7%，贸易顺差继续扩大（见表7–2）。值得注意的是，过高的贸易顺差有可能会带来国内货币政策的失灵，过多的贸易摩擦，汇率波动导致汇率风险、资产缩水。

表7–2 中国近年来进出口增长情况（2003~2007年）

单位：亿美元

年份	进出口		出口		进口		差额
	金额	增速（%）	金额	增速（%）	金额	增速（%）	
2003	8509.9	37.1	4382.3	34.6	4127.6	39.8	254.7
2004	11545.5	35.7	5933.3	35.4	5612.3	36.0	321.0
2005	14219.1	23.2	7619.5	28.4	6599.5	17.6	1020.0
2006	17604.0	23.8	9689.4	27.2	7914.6	19.9	1774.8
2007	21738.3	23.5	12180.2	25.7	9558.2	20.8	2622.0

资料来源：国家商务部网站。

第二，出口商品结构中高技术产品比重依然较低（见表7–3）。从表7–3中可以看出，2001~2007年，中国高新技术产品的出口额一路攀升，2007年的出口额几乎为2001年的8倍。但是无论从其占商品出口总额的比重还是从其占工业制成品出口总额的比重来看，高新技术产品的出口量依然是很低的，而且中国高新技术产品的出口中绝大多数为外资企业的加工贸易，中资企业中一般贸易的高新技术产品出口的比例极低。在高技术产品出口的各类贸易方式中，加工贸易仍然占据着绝对主导地位，2006年出口额高达2458.2亿美元，占当年高技术产品出口总额的87.3%。2006年，中国以一般贸易方式出口的高技术产品为274.4亿美元，只占加工贸易出口产品的1/9，占高技术产品出口总额的比重不足10%，这说明中国自主知识产权的高技术产品出口还很少。

表7–3 2001~2007年中国高技术产品出口情况

单位：亿美元

年份	2001	2002	2003	2004	2005	2006	2007
高技术产品出口额	464.5	678.6	1103.2	1653.6	2182.5	2814.5	3478.3
占商品出口总额比重（%）	17.5	20.8	25.2	27.9	28.6	29.0	28.6
占工业制成品出口总额比重（%）	19.4	22.8	27.3	29.9	30.6	30.7	30.1

资料来源：国家商务部网站。

① 崔炳强. 当前中国对外贸易发展中的问题、障碍及对策［J］. 黑龙江对外经贸，2009（2）：11–13.

第三，贸易方式有待进一步改善。2007 年中国调整了加工贸易政策，扩大了加工贸易禁止类和限制类商品范围，全年加工贸易进出口总额 9860.5 亿美元，增长 18.5%，较 2006 年回落 2 个百分点。虽然加工贸易增速有所放缓，但是加工贸易在出口贸易中的比重高达 50.7%，因此这一比重仍然较高。一般贸易进出口的增速较 2006 年有所提高，但是其所占比重仍然较低，为 44.2%。

第四，外资企业出口依然占主导地位。2007 年外商投资企业进出口总额 12549.3 亿美元，增长 21.1%，比 2006 年的增长率回落 3.5 个百分点。其中出口 6955.2 亿美元，增长 23.4%，占出口总额的 57%。而国有企业进出口总额 4945. 3 亿美元，增长 18.7%。其中出口 2248.1 亿美元，增长 17.5%，占出口总额的 18.4%。2007 年，民营企业进出口 4243.7 亿美元，增长 38%，比 2006 年高出 0.9 个百分点。其中出口 2976.8 亿美元，增长 39.2%，占出口总额的 24.4%。由此可见，外资企业出口占主导地位的格局仍未改变。

第三节　中国对外贸易未来：机遇与挑战

未来中国对外贸易的发展将面临更加复杂的国际、国内社会经济形势。认清中国对外贸易未来所处环境及发展机遇与挑战，对于促进中国对外贸易健康可持续发展显然具有重大意义。

一、中国对外贸易发展环境分析①

2013 年，中国对外贸易发展面临的内外部环境可能略好于 2012 年，但制约外贸稳定回升的阻力依然存在。

从国际看，随着各国宏观政策力度加大，欧债危机略有缓和，美国经济复苏态势趋于稳定，市场信心和发展预期有所提振，2013 年全球经济发展环境可能有所改善。但发达国家主权债务问题削弱经济增长潜力，刺激经济政策措施的副作用日益凸显，新兴经济体面临的困难较多，加上贸易投资保护主义加剧，世界经济低增长、高风险态势不会明显改观。

一是全球经济增长动力依然不足。美欧日等发达经济体普遍需要持续紧缩财政，企业对新兴产业的投资短期内难以形成规模，宽松货币政策无法根本扭转有效需求不足的局面，加上失业率高企等制约，经济增长动力仍较疲弱。一些新兴经济体依赖能源资源出口、国际收支失衡等问题逐渐暴露，发展面临的风险上升，经济增速也在放缓。国际货币基金组织预计，2013 年全球经济增长 3.6%，低于金融危机前 10 年 4%的平均水平；世贸组织预计，全球贸易量增长 4.5%，明显低于危机前 10 年 6%的平均水平。

二是发达国家主权债务问题可能再起波澜。欧债危机既是欧洲货币联盟的制度危机，更是欧元区外围国家的竞争力危机。随着欧洲稳定机制启动和银行业联盟构想开始落实，

① 商务部：中国对外贸易形势报告（2012 年秋季），http://www.gov.cn/gzdt/2012-10/26/content_2252027.htm.

欧元区制度设计的薄弱环节正在逐步加强，但外围国家不仅财政缺口大，而且产业基础相对薄弱，提高竞争力将是一个旷日持久的过程，其间若经济、政治形势恶化超出预期，可能在金融市场引起新的波动。2013 年，欧元区外围国家融资需求依然高企，部分国家面临大选，对欧洲金融市场的影响值得密切关注。美国财政悬崖涉及金额约占 GDP 的 4%，若处理不好，可能拖累美国经济重返衰退。

三是国际金融和商品市场仍可能持续动荡。近期美日欧等主要经济体均采取了量化宽松政策，澳大利亚、韩国、印度、巴西等也降息刺激经济，可能引发各国货币汇率频繁大幅波动，国际资本大规模跨境流动，冲击全球金融稳定。美国、俄罗斯等粮食主产地遭受重大干旱，导致全球小麦、玉米减产，中东地缘政治持续紧张极易冲击石油供应，加上全球货币政策宽松，投机资本涌入商品市场炒作牟利，农产品和能源价格面临较大上涨压力。

四是贸易投资保护主义进一步加剧。在经济复苏没有明显起色的情况下，一些国家为缓解就业压力，对外采取部分关闭国内市场的办法，扶持本土产业，阻碍了正常的国际贸易投资活动。世贸组织监测，2011 年 10 月至 2012 年 5 月，各成员共采取 182 项新贸易限制措施，影响全球进口额的 0.9%，且限制措施应对危机的一面下降，刺激本国产业复兴的一面上升，影响更为深远。一些国家对新兴产业领域的跨国投资态度保守，想方设法加以限制。在选举政治的催化下，部分国家经贸政策甚至出现“去全球化”的危险倾向。

从国内看，随着一系列扩内需、稳外需政策措施逐步落实到位并发挥成效，中国经济运行总体平稳。党的十八大将进一步激发各方面加快发展的积极性，有利于继续推动经济平稳较快增长。国际货币基金组织等机构普遍预计，2013 年中国经济增长将快于 2012 年。但经济企稳的基础还不稳固，国内需求增长受到一些体制机制因素的制约，部分行业产能过剩较为突出，企业生产经营仍然面临较多困难。

应当看到，党的十六大以来的十年，是中国货物贸易发展最快的十年，进出口贸易额年均增长超过 20%。2011 年出口额占全球比重 10.4%，连续三年居全球之首；进口额占 9.5%，连续三年居全球第二。随着国内外环境的深刻变化，中国外贸可能难以再现前些年的持续高速增长。

针对严峻复杂的国内外环境，中国对外贸易政策应继续着力于稳增长、调结构、促平衡。一方面，立足当前，密切跟踪形势变化，确保已出台的各项政策措施落实到位，帮助企业克服订单不足、成本升高、摩擦增多等困难，努力将外部环境变化的不利影响降至最低程度，全力以赴稳定外贸增长。另一方面，着眼长远，充分利用市场环境趋紧形成的倒逼机制，加快转变外贸发展方式，培育外贸竞争新优势，大力开拓新兴市场，加快建设外贸转型升级基地、贸易促进平台和国际营销网络，增强外贸长远发展后劲。同时，完善进口政策，搭建更多进口促进平台，积极扩大国内短缺的先进技术设备、关键零部件以及部分供应偏紧商品的进口，促进对外贸易平衡发展。

二、中国对外贸易未来面临机遇

“十二五”时期将是中国深化改革、扩大开放、加快转变经济发展方式的攻坚时期，也是构建中国在国际市场新的竞争优势，实现由贸易大国向贸易强国迈进的关键时期。从对中国对外贸易未来所处环境所作的分析来看，毫无疑问，“十二五”时期中国对外贸易在发展过程中将面临诸多机遇。

1. 外部环境中潜在的机遇

从外部环境来看，中国外贸发展具有许多有利条件，世界经济缓慢复苏特别是新兴经济体较快增长将带来更大的需求空间。随着各国金融稳定、经济刺激计划的实施，2009年下半年国际金融市场开始渐趋于稳定，消费和投资缓慢恢复，世界经济下滑速度放缓并企稳回升。金融危机使原有的世界经济格局进一步向多元化转变，世界经济将步入调整发展的新周期，发达国家在国际经济中的主导地位有所弱化，发展中国家和新兴经济体的经济实力有所上升。随着世界各国经济的复苏，国际市场的消费需求日渐恢复，中国产品物美价廉的特点一贯赢得各国消费者的普遍欢迎，在短期内不会为他国产品所取代，因而金融危机过后中国产品占有国际市场的份额仍将继续增加。不仅如此，多年来中国政府和企业采取了多元化的出口战略，在稳定欧美等发达地区市场的同时，积极开拓欧美等发达地区以外的国际市场，对东盟、非洲、拉丁美洲等地区贸易不断扩大，为中国产品出口增添了新的活力和动力。综合各种因素分析，中国出口额占世界第一的地位稳固，短时间内不会动摇。中国应该抓住这一机遇，在原有的基础上进一步发展加工出口业，同时，深入落实“走出去”战略，大力发展中国高新技术产品，培育国家竞争优势，争取国际市场份额。

2. 内部环境中潜在的机遇

从内部环境来看，“十二五”期间，中国经济将继续保持平稳、较快发展。无论是从国家经济政策，还是从国家法律体制来看，都呈现出利于中国对外贸易事业得以提高发展水平的有利局面。

（1）中共十七届五中全会上提出的“十二五”时期的经济发展主题和主线，为中国对外贸易事业指明了发展方向，即在未来的五年里，我们应该加快转变中国对外贸易的发展方式，优化外贸结构，提高对外贸易发展水平，真正实现从贸易大国向贸易强国的飞跃。

（2）随着中国经济、政治体制的逐步完善，中国法律体制也在日臻完善，尤其是在对外贸易领域的法律体制也日趋规范和完善，从而为中国对外贸易事业的发展提供了强有力的法律保障。

二者相结合，既为中国对外贸易提出了战略发展要求，又为其提供了公平、规范的法律环境，因此，毋庸置疑，中国对外贸易将会进入全面发展的新时期。我们应该紧紧抓住这一宝贵的战略机遇期，继续深入改革中国对外贸易领域，从而使之更加符合社会主义市场经济的发展要求，更好地发挥对中国国民经济又好又快发展的促进作用。

综上所述，在未来的发展道路上还是有诸多潜在发展机遇的。我们所能做的，就是紧密结合当前国际国内经济发展形势，紧紧抓住发展机遇，积极地投入到加快中国从贸易大国向贸易强国转变的工作中去。相信到“十二五”时期末，中国对外贸易事业一定会呈现出全新的局面。

三、未来中国对外贸易应对的挑战

未来中国对外贸易必将面临诸多挑战，主要表现在下述三个方面：

1. 加快转变对外贸易发展方式、优化对外贸易进出口商品结构的挑战

这是时代所赋予我们的重任，也是世界经济发展形势所提出的发展要求。21世纪伊始

的这十几年来，中国对外贸易事业的发展情况已经凸显出了中国外贸贸易结构不合理、出口贸易依存度较大等弊病，而这显然不符合“十二五”期间我们所提出的科学发展的主题，更不利于中国对外贸易的转型升级和发展方式转变。所谓对外贸易依存度又称为对外贸易系数（传统的对外贸易系数），是指一国的进出口总额占该国国民生产总值或国内生产总值的比重。其中，进口总额占GNP或GDP的比重称为进口依存度，出口总额占GNP或GDP的比重称为出口依存度。因此，为了使中国对外贸易事业取得更长足的发展，加快转变中国对外贸易发展方式势在必为。为了应对这一挑战，我们必须全面、彻底地更改中国对外贸易领域的不合理之处，小到企业的进出口商品结构，大到国家的对外贸易政策和体制，凡是不符合提升外贸发展水平之处，都要尽数修改，而这就意味着我们将承受一系列繁重且复杂的任务与艰巨的挑战。

2. 应对国外贸易保护主义限制的挑战

自从金融危机爆发以来，国际上专门针对中国的贸易保护主义愈演愈烈，欧、美等主要贸易伙伴纷纷采取反倾销、反补贴或者“双反”（反倾销和反补贴措施合并采取）措施限制中国产品出口，一些发展中国家也不断采取各种手段对中国产品横加限制，这已成为当前国际贸易领域的一个独特现象，随之而来的是，中国与主要贸易伙伴之间的贸易摩擦不断加剧。中国作为世界第一出口大国的地位以及中国对外贸易持续增长的态势都决定了针对中国的贸易保护主义将长期存在，与主要贸易伙伴之间的贸易摩擦亦将持续增多，这说明中国政府和企业抗击保护主义的任务会愈发艰巨而繁重。对此，我们应当保持清醒认识并做好各方面的应对准确。①

3. 应对各种环境立法和政策的挑战

21世纪以来，环境问题逐步成为影响世界发展的全球性重大问题，各国政府和民众环境保护意识愈发强烈，各种环境立法和政策层出不穷。对外贸易的产品，无论是其生产过程中的能源资源消耗，还是其使用过程的环境影响，均涉及环境保护问题。国际环境立法、WTO多边贸易体制环境政策以及各国国内的环境立法和政策对国际贸易的影响日渐加大。当前，低碳经济、气候变化、温室效应等环境议题已成为国际贸易领域的热门话题，通过税收手段、技术法规、卫生标准等措施限制与环境相关产品进、出口将是国际贸易大势所趋，具体对中国而言则意味着，一方面能源资源产品进口的成本加大；另一方面中国的出口产品将面临更多以环境立法和政策形式出现的“绿色壁垒”，对此，我们应当予以高度重视。②

总而言之，我们既要看到有利于中国外贸发展的条件，进一步增强发展的信心，也要充分估计形势的复杂性、严峻性和不确定性，把各个方面的困难和风险考虑得更充分一些，把应对各种挑战的工作做得更扎实一些，进一步落实和完善支持对外贸易发展的政策措施，提高政策的针对性和有效性。广大企业要加强自身管理，苦练基本功，加快科技创新步伐，进一步优化进出口商品结构，努力推动外贸发展方式转变，促进对外贸易健康稳定发展。③

①② 刘敬东. 中国对外贸易未来发展的五大趋势［N］. 经济参考报，2010-8-18.

③ 2010中国对外贸易形势报告. 中华人民共和国商务部综合司，http：//zhs.mofcom.gov.cn.

扩展学习

一、问题与思考

1. 国际贸易理论对中国对外贸易的适用性如何？

2. 改革开放前，中国对外贸易体制的主要特点是什么？改革开放与对外贸易体制改革是何种关系？

3. 入世前中国外贸体制进行了哪些方面的改革？其效果如何？

4. 中国对外贸易政策经历了哪几个阶段的变革？目前我们所采取的是什么对外贸易政策？请简略描述。

5. 请简述中国对外贸易的发展历程，并明确目前的发展现状以及所存在的问题。

6. 从内外两个方面去分析未来中国对外贸易所面临的发展环境。

7. 简要分析未来中国对外贸易在发展道路上可能面临的机遇与挑战，并简述应对政策。

二、案例研究

妥善应对贸易摩擦　营造良好外部环境①

中国加入世贸组织以来，经济发展迅速，外贸规模扩大，已成为世界第二大贸易国和第二大经济体。同时，我们与美欧等发达国家贸易互补性正向竞争性转化，与某些发展中大国竞争面扩大，贸易利益冲突进一步显现，中国遭遇贸易摩擦数量增多、范围扩大、形势趋严，连续多年成为国外贸易保护主义措施首要目标国，应对工作难度加大。

据统计，入世以来（截至2010年底），中国遭受国外贸易救济调查案件692起，涉案金额389.8亿美元。中国连续16年成为全球遭遇反倾销调查最多的国家，连续5年成为全球遭遇反补贴调查最多的国家。特别是近年来中国遭遇非传统贸易摩擦的范围不断扩大，人民币汇率、自主创新政策、新能源政策、知识产权保护、投资环境、市场准入等宏观经济问题渐成贸易摩擦新热点。

在国务院和商务部党组正确领导下，公平贸易局积极开展贸易摩擦应对工作，形成以“四体联动”工作机制为基础的综合应对体系，纵向联动、横向配合、高效运转的良好工作局面已经形成，并重点做了以下六方面工作：

第一，建立机制，长效应对。对内，建立了商务部（包括驻外经商机构）、地方商务主管部门、商协会、有关企业参加的“四体联动”工作机制，形成了群策群力、共同参与、相互协作的应对格局。2010年，商务部下发了《关于加强新时期进出口公平贸易工作

① 周晓燕. 妥善应对贸易摩擦　营造良好外部环境［N］. 国际商报，2011-7-4.

的指导意见》，进一步保障“四体联动”工作机制有效运作。对外，不断推动建立双边贸易救济合作机制。目前，公平贸易局已与美国、欧盟等16个主要贸易伙伴的调查机关建立起贸易救济合作机制，积极开展对话与磋商，增信释疑，减少分歧，化解摩擦。

第二，多管齐下，综合应对。一是政治交涉。保持高层政治交涉是应对贸易摩擦的必要方式和有效途径。依靠多层次政治交涉，已有81个国家承认中国市场经济地位，有关国家对华滥用“特保”的势头得到遏制。二是法律抗辩。法律抗辩既有在贸易救济调查程序中提交抗辩意见，也包括利用WTO争端解决机制和调查国国内司法程序挑战不公平贸易救济措施。WTO争端解决379号案件的胜利标志着中国运用多边争端解决机制挑战美国滥用贸易救济措施取得重大成果。三是业界合作。通过推动中外双方产业对话协商与合作，促进互利共赢是解决贸易摩擦的重要途径。四是公关游说。加强与有关国家的智库、商会、协会、非政府组织及有关人士的民间交流，促使其客观公正地研究、评论双边经贸关系。五是新闻宣传。鉴于国内外媒体对贸易摩擦问题关注度不断提高，加强对外宣传工作，积极引导国内公众理性看待贸易摩擦。

第三，突出重点，着力应对。涉及重点国家市场、重要产品、利益影响重大的大案要案以及严重违反WTO规则的案件，具有歧视性、涉及中国经济体制和政策的摩擦纷争，始终是应对工作重点。同时，采取“以大带小”，每案必应，积累经验，锻炼队伍，提升应对其他案件的信心和决心，提升应对贸易摩擦的整体能力。

第四，重视规则，加强谈判。积极参与多哈回合规则谈判并不断加大工作力度，提高对谈判走向的影响力，推动改进、澄清规则，加严纪律，增强透明度，力阻美欧将针对中国的歧视性及不合理做法纳入多边规则。中国已成为规则谈判核心成员之一，从国际贸易规则的被动接受者成长为对规则的制订和修改具有实质影响的重要成员。在自贸区谈判中，针对不同谈判伙伴精心制定谈判方案，妥善设置贸易救济条款，既避免自贸区伙伴滥用贸易救济措施阻碍贸易自由化进程，又有效保护国内产业。

第五，信息服务，增强主动。我们将应对贸易摩擦的关口前移，积极做好预警工作，通过驻外经商机构和国外媒体等渠道，密切跟踪国外政府、协会和企业的最新动向，收集处理有关贸易摩擦信息并及时发布，建立了较为完备的预警信息发布体系。每月编发《贸易摩擦动态》、《贸易壁垒动态》，从2003年起每年发布《国别贸易投资环境报告》，在商务部网站开设贸易摩擦应对专栏。

第六，培训咨询，提升能力。我们在应对案件过程中重点加强对涉案企业的应诉指导，举办个案应诉动员培训会、案情分析会，帮助企业提高应对贸易摩擦的意识和能力。长期坚持开展公平贸易人才培训工作，每年定期举办应对培训班，为国务院有关部门、地方商务主管部门、商协会、研究机构和企业等单位培训专业人员。

“入世”十余年来，各项贸易摩擦应对工作取得明显成效：一是有效遏制国外对华滥用贸易救济措施和贸易摩擦泛滥势头；二是坚决反对国外对我企业歧视性和不公平待遇；三是有力维护企业和产业合法权益；四是帮助企业学习运用国际规则参与国际竞争；五是推动企业通过应对摩擦实现产业转型升级。

展望“十二五”时期，中国面临的贸易摩擦形势将依然严峻，应对难度继续加大。我们将总结经验，进一步强化应对工作。①继续加大政府层面的交涉、磋商和法律抗辩力度，充分发挥多双边各种机制的作用，对某些成员违反 WTO 规则的做法，坚决诉诸 WTO 争端解决机制。②继续鼓励和支持中国企业与国外产业加强沟通交流，通过协商合作化解和减少贸易摩擦，实现互利共赢。③更加有效地帮助企业提高应对贸易摩擦的能力，支持企业积极应诉，继续在全国范围内开展贸易摩擦应对培训，在预警信息、指导咨询等方面为企业和公众提供更多更好的公共服务。

问题：为什么近年来针对中国的对外贸易摩擦越来越多？我们该如何应对才能为中国外贸事业营造一个良好的发展环境？

三、专家观点

兰州商学院郭鹏辉：中国对外贸易体制改革与其他体制性改革一样，改革的目标是从无到有，从模糊到清晰，从缓解内外部压力的不自觉或摸着石头过河到向以 WTO 制度框架为核心的国际规范主动靠拢，这中间经历了一个先易后难、先表象后实质的渐进过程。其改革的路径是朝着贸易自由化的方向发展；改革的基础是由计划经济向社会主义市场经济转变；改革的内容主要是政府对对外贸易干预的方式和力度；改革的次序：第一步是松弛计划，取而代之的是非关税手段；第二步是将非关税手段转化为关税手段，然后降低关税水平。这一过程既具有中国特色，又符合国际上对外贸易体制的发展进程。

中国对外贸易体制的 30 多年改革促使中国对外贸易发展取得了辉煌的成就，对外贸易额由 1978 年的 206.4 亿美元发展到 2008 年的 25616 亿美元，世界排名由第 34 位上升到了第 3 位，增长了 124 倍。中国对世界经济的良性影响也逐渐增大，"中国经济增长带动论"逐渐取代"中国威胁论"而成为主流认识。[①]

中华人民共和国国务院新闻办公室：中国对外贸易的发展不仅推动了中国经济的现代化和综合国力的提升，提高了 13 亿多中国人民的生活水平，也使中国经济成为世界经济的一部分，促进了经济全球化向有利于世界各国和地区共同繁荣的方向发展。

改革开放和积极参与经济全球化，使中国成为世界上增长最快的经济体之一。最近 10 多年来，中国与其他新兴经济体一起，成为推动世界经济增长日益重要的力量。根据世界银行的数据，2010 年中国国内生产总值比 2001 年增长 4.6 万亿美元，占同期世界经济总值增量的 14.7%。中国国内生产总值占世界经济总值的比重增加至 9.3%。世界贸易组织的数据显示，2000~2009 年，中国出口量和进口量年均增长速度分别为 17%和 15%，远远高于同期世界贸易总量 3%的年均增长速度。

中国对外贸易在国际金融危机中率先趋稳，促进了全球经济复苏。2008 年国际金融危机爆发以后，中国政府及时采取一系列政策措施刺激经济，扩大内需，稳定进出口规模。2009 年，世界货物贸易进口量下降 12.8%，中国进口量增长 2.9%，是世界主要经济体中唯一保持增长的国家。中国因素支撑了许多受危机冲击国家的出口，刺激了全球大宗商品市场需求，提振了人们的信心，对世界经济复苏和增长起到巨大拉动作用。世界贸易组织在对中国进行第三次贸易政策审议时指出，应对金融危机期间，中国在刺激全球需求方面发挥了建设性作用，为世界经济稳定作出了重要贡献。

---

① 郭鹏辉. 论中国对外贸易体制改革历程 [J]. 现代商贸工业，2009（17）.

中国对外贸易的发展提高了中国与贸易伙伴的国民福利。随着加速融入世界分工体系，中国依靠劳动力成本优势、较强的产业配套和加工制造能力、不断提高的劳动生产率，逐渐发展成为世界工业品的主要生产国和出口国，为世界各国和地区提供了物美价廉的商品，满足了国际市场多种多样的需求。中国在全球制造业环节的规模经济优势和加工成本优势，部分地消化了上游生产要素的价格上涨，起到了抑制全球通货膨胀、提高贸易伙伴消费者实际购买力的作用。

中国对外贸易的发展为贸易伙伴提供了广阔市场。2001 年以来，中国货物进口总额扩大了约 5 倍，年均增长约 20%，中国迅速扩张的进口已成为世界经济增长的重要推动力，为贸易伙伴扩大出口创造了巨大的市场空间。目前中国已经是日本、韩国、澳大利亚、东盟、巴西、南非等国家和地区第一大出口市场，是欧盟的第二大出口市场，是美国和印度的第三大出口市场。中国工业化、城镇化正在快速推进，内需持续增长，不断扩大和开放的市场将为贸易伙伴提供越来越多的发展机会。

中国是对最不发达国家开放市场程度最大的发展中国家之一。截至 2010 年 7 月，中国已经对 36 个已建交最不发达国家原产的 4700 多个税目商品实施进口零关税，约占全部税则税目的 60%。中国已承诺将继续扩大对已建交最不发达国家的给惠范围，使实施零关税商品达到全部税则税目的 97%。零关税措施促进了最不发达国家对中国的出口。自 2008 年以来，中国一直是最不发达国家第一大出口市场。2010 年，中国自最不发达国家的货物进口总额比 2009 年增长 58%，约占这些国家出口总额的 1/4。

中国全面参与并推动了全球经济治理机制的改革。中国政府积极倡导以“均衡、普惠、共赢”作为多边贸易体制改革的目标，努力推动建立公平、公正的国际经济贸易新秩序。作为迅速成长的发展中大国，中国积极参与了 20 国集团领导人峰会、金砖国家领导人会晤、多哈回合谈判等国际对话和合作机制，努力承担与自身发展水平及国力相适应的国际责任。中国不断加强与新兴国家在经济、金融、贸易和投资等领域的合作，促进国际经济秩序朝着公正、合理、共赢的方向发展。

中国严格履行有关出口管制的国际义务。中国一贯主张全面禁止和彻底销毁一切大规模杀伤性武器，坚决反对此类武器及其运载工具的扩散。中国有关法律明确规定对裂变、聚变物质或者衍生此类物质的货物、技术进出口，以及与武器、弹药或者其他军用物资有关的进出口采取必要的限制措施。中国认真遵守有关出口管制的国际公约，履行防扩散承诺，为国际和平与地区稳定作出了积极努力。近年来，中国政府广泛采纳国际通行规范和做法，形成了一整套涵盖核、生物、化学和导弹等敏感物项和技术的完备的出口管制体系，为更好地实现防扩散目标提供了法律依据和制度保障。①

四、在线学习

如有兴趣，可参阅如下网站进一步学习相关内容：

1. 中国服务贸易网，http：//www.catis.org.cn/.

2. 中国服务贸易指南网，http：//tradeinservices.mofcom.gov.cn/index.shtml.

---

① 新华社. 中国对外贸易白皮书. 新华网，http：//news.xinhuanet.com/fortune/2011-12/07/c_111222865_2.htm.

第八章　中国利用外商直接投资与对外直接投资的改革与发展

【本章内容】

本章介绍了外商直接投资的理论背景，中国吸引外商直接投资的改革与发展历程，当前在华外商直接投资的特点，最后介绍了中国企业对外直接投资的发展、现状和展望。

【本章要点】

- 掌握外商直接投资动因的理论解释。
- 了解中国吸引外资的四个阶段。
- 了解中国对外直接投资概况。

外商直接投资又称国际直接投资，是指一国的自然人、法人或其他经济组织单独或共同出资，在其他国家境内创立新企业，或增加资本扩展原有企业，或收购现有企业，并且拥有有效管理控制权的投资行为。在经济全球化的过程中，外商直接投资是一支重要力量，如果说国际贸易推动了消费全球化，那么外商直接投资则是促进了生产的全球化，并在近几十年中成为全球化最重要的推动力量。

20 世纪 70 年代末，中国实行改革开放以来，抓住经济全球化的有利机遇，经济迅速增长，并于 2010 年成为世界第二大经济体。在这个过程中，外商直接投资成为推动中国经济与世界经济融合的重要力量。1985~2011 年，中国实际吸引外商直接投资金额从 19.56 亿美元增加至 1160 亿美元；从 20 世纪 90 年代中期开始，中国吸收外商直接投资的规模就跃居发展中国家第一位。另外，中国企业对外直接投资从 21 世纪初开始迅速增长，2010 年中国已经成为世界第五大对外直接投资母国，在发展中国家排名首位。

可见，改革开放 30 余年来，中国经济已经全面融入全球经济，成为世界经济中一支举足轻重的力量，而其中吸收外商直接投资与对外直接投资在这一过程中发挥重要作用，因为它们是资金这种生产要素在中国与世界流动的主要载体。因此，了解外商直接投资领域的改革与发展就成为了解中国改革开放进程的重要部分。本章首先简要介绍外商直接投资领域的理论，然后从政策演进、发展现状和未来趋势等方面分别介绍中国吸收外商直接投资和对外直接投资领域的改革与发展。

第一节　中国利用外商直接投资领域的改革：理论与实践

本节在介绍外商直接投资理论的基础上，介绍中国对利用外商直接投资的认识的发展，接着介绍中国政府对外商直接投资的政策演进。

一、外商直接投资理论与中国对利用外商直接投资的认识

1. 外商直接投资理论

（1）外商直接投资：国际资本流动的一种方式。理论上，外商直接投资（FDI）最早被解释为国际资本流动的一种方式。从这个意义上讲，外商直接投资的基本动机与国际投资组合的基本动机没什么不同，即跨越国界追求更高的投资回报。因此，根据以两国经济为基础的赫克歇尔—俄林模型，在封闭经济的条件下，资本—劳动比较低的国家的初始资本回报率较高（因为资本相对稀缺），而外商直接投资倾向于从资本丰裕型国家流动到资本稀缺型国家，最终使国际间的资本回报率相等。

上述解释有意义。在实践当中，我们可以找到证据证明，与纯粹的国内厂商相比，具备较强国际导向的厂商的利润率更高，利润回报也更稳定。跨国公司之所以可以在国外获得更高的资本回报，或是因为国外的经济增长率更高、税收政策更加优惠、基础设施状况

更好。跨国公司出于分散风险的考虑，也会做出对外投资的决策。

然而，这一基本动机却无法解释下述几种现象。首先，为什么资本丰裕型国家的居民不选择向其他国家贷出资金？考虑到外商直接投资涉及巨大的风险，直接借贷应该是更好的选择。其次，为什么外商直接投资主要流向发达国家？许多年来，英国和美国以及其他发达国家都是利用外资最多的国家，而这些国家无论如何也不能被认为是资本稀缺型国家。发展中国家则更多的属于资本稀缺型国家，但它们利用的外资在全世界总量中只占小部分。

（2）外商直接投资的其他动因：邓宁的国际生产折中理论。在借贷是更容易的选择时，为什么人们却选择以直接投资的方式向国外输出资本？最重要的解释就是许多大型公司（通常处于垄断竞争和寡头垄断市场结构中）通常具备一些独特的生产知识或管理技能，可以比较容易的在国外加以运用并获利，而公司又希望对其进行直接控制。跨国公司所具备的独特的技术或技能称作“所有权优势”。例如，丰田汽车公司可能具备某些特殊的汽车生产技术，丰田公司希望对其加以直接控制，在海外直接利用这些技术来服务于外国市场，以期达到比出口更好的效益，此时这一汽车制造技术就是丰田公司的所有权优势。“所有权优势”还可能包括生产管理、组织和营销系统、创新能力、对公司内部增值过程进行治理的正式或非正式的体制制度等。

即使是具有“所有权优势”，公司也可以不选择外商直接投资，它可以选择以许可的方式将“所有权优势”转移给国外的生产商。同样，考虑到外商直接投资过程中巨大的风险和环境的不熟悉，许可可能是更好的选择。然而，一些因素决定了企业更希望将其所有权优势掌握在自身的控制之下。这些因素称作“内部化优势”。基本上，当存在市场失灵时，就可能存在“内部化优势”。在存在市场失灵的情况下，所有权优势无法通过市场来实现高效率的交换，因此，相对于市场交易，企业就更偏爱在组织内部进行交易。例如，为了进行许可，公司首先需要找到一个潜在的买家，这会涉及搜寻和谈判成本。有时搜寻和谈判成本可能非常高昂。或者，公司不想将技术许可给国外企业，因为它们意识到这样做其实是在为自己树立一个潜在的竞争者。另外，一些管理技能无法被许可，因为这些技能通常内置于组织内部，嵌入式的存在于组织内部的团队当中。在上述情况下，公司可能采用“水平一体化”的方式进行外商直接投资，即将投资投向与其在国内相同的行业当中。此外，公司进行对外直接投资是由于它们希望控制原材料或其他投入品以及营销和销售渠道，这就涉及“垂直一体化”，即公司对外投资的行业与其在国内所处的行业有所不同。

“所有权优势”和“内部化优势”解释了企业为什么愿意从事对外直接投资，但没有对企业的投资区位选择做出解释。例如，为什么许多跨国公司选择中国和印度作为其投资的目的地？“区位优势”对外商直接投资的性质及流向作出解释。“区位优势”是指由于使用与某一国外区位直接相关且与企业自身特殊资产（如企业的技术、营销或管理诀窍）相结合时产生独特价值的资源禀赋或资产时所出现的优势（Hill，2007）。

一个简单的例子就是自然资源，如石油或其他矿藏，它们是与某些区位直接相关的。企业若希望开发位于国外的自然资源，往往只能通过对外直接投资的方式。这可以解释许多石油公司的对外直接投资行为，它们将资金投入到石油所在的国家，将它们的技术和管理知识与有价值的区位资源相结合。另外一个例子是有价值的人力资源，如低成本、高技能的劳动力。不同国家的劳动力技能与成本各不相同。由于劳动力在国际范围内的流动性较差，企业就需要将生产设备放到能够找到成本和技能最适合其生产过程的劳动力的区位去。

“区位优势”还可能包括产生与某些行业相关的知识的能力。比如美国的硅谷聚集了许多世界大型计算机和半导体公司。硅谷的“区位优势”在于它能够产生与计算机相关的知识和技术。这一优势部分来自其智力资源与人才的高度集中，部分来自人员之间非正式沟通的网络效应，使不同企业可以从各自的知识沟通交流中受益，这种效应大概只能在硅谷才能找到。因此，国外的计算机和半导体企业就有意愿和动力在硅谷投资建设研究设施，这样他们就可以比其他地区的公司更早地学习和利用更新更有价值的知识，从而在全球市场竞争中获得竞争优势。

上述三类优势构成了一个跨国公司对外直接投资的理论框架，这一框架由英国经济学家约翰·邓宁提出，邓宁称之为“折中范式”或“国际生产折中理论”。邓宁认为企业只有具备了所有上述三种优势，才可能从事对外直接投资。

(3) 投资发展路径理论。在国际生产折中理论的基础上，邓宁进一步提出了投资发展路径论，指出一个国家发展过程中在国际投资方面所经历的一些阶段。基本的假设是，随着一国的发展，可能投资于该国的外商投资企业以及可能进行对外投资的本国企业的所有权、内部化以及区位优势会发生变化，而且我们有可能发现这些变化发生的条件及其对发展的影响。

第一阶段：没有外商直接投资。阶段一属于前工业化阶段，一国不会吸引任何外商直接投资，也不会进行对外直接投资。前者是因为此时国家没有足够的“区位优势”，后者因为该国的企业不具备足够的“所有权优势”。能否过渡到下一个发展阶段，取决于国家能否成功地提高能力，拓展其所拥有的资源、扩大其市场，在这个过程中，国内一些企业所面临的所有权、区位以及内部化优势结构会发生变化，从而首先吸引外商投资进入资源型行业、传统的劳动密集型制造业、贸易与分销、交通与通信、建筑业或者部分旅游业。

第二阶段：“区位优势”开始出现，吸引外商直接投资进入。随着一国的发展，最先出现的将是“区位优势”，当然这也要取决于一国在多大程度上可能提供令人满意的法律体系、商业基础设施和企业文化，为国内外企业提供交通和通信设施以及必需的人力资源，还要取决于政府面向外商直接投资的政策。由于外国企业可能在生产能够满足当前需求的产品方面的经验比较多，因此内向的外商直接投资会增长。逐渐的，外商投资以及国内企业的投资会影响外资产品的供给及需求，从而影响其为获得竞争优势而将市场内部化的愿望。开始时，“区位优势”和“所有权优势”可能互补。然后随着供给能力的增强，将会出现集团化经济或集群经济，劳动生产率提高。新型机器和生产方法的出现可能导致真实劳动成本下降以及规模经济，而市场规模的扩大将进一步促进规模经济效应的实现。

第三阶段：“区位优势”增强，“所有权优势”开始出现。一国区位优势的增强也有利于本土企业产生其自身的“所有权优势”。随着国家沿着其发展路径发展，对内及对外的投资者所面临的所有权、区位及内部化优势配置也在不断变化。一些国外企业，原本是受到该国较低的劳动力成本或大量自然资源的吸引来进行投资的，在这个阶段这些企业已经不这样做了。同时，市场规模的扩大以及人力资本及创新能力的积累促使新的“区位优势”出现。这也使国内企业开始发现其自身的“所有权优势”并开始进行对外直接投资。

第四阶段：对外直接投资超过外商直接投资。最后，随着一国经济达到一定成熟度之后，其内部企业所面临的所有权、区位及内部化优势配置会促使其进行对外直接投资的倾向超过外国企业以其为东道国进行直接投资的倾向。同样，这最终是否能够成为现实，还取决于企业和政府采取何种战略来培育吸引国内外投资者的资源和能力。

2. 中国对利用外资理论的认识与发展

（1）引进外资的指导思想。新中国成立初期，马克思、恩格斯、列宁关于利用外资的论述成为中国对利用外资的看法的理论基础。如马克思、恩格斯早就在《共产党宣言》中指出：“过去那种地方的和民族的自给自足和闭关自守状态，被各民族的各方面的互相往来和各方面的互相依赖所代替了。”[①] 列宁也提出：“当我们国家在经济上还极其薄弱的时候，怎样才能加速经济的发展呢？那就是要利用资产阶级的资本。”[②] 改革开放以后，邓小平在 1978 年 10 月批示“合资企业也可以办”，并指出“吸收外国资金肯定可以作为我国社会主义建设的重要补充”。[③] 到了 20 世纪 80 年代后期，对引进外商投资主要是从对我国经济发展的利弊上分析其必要性，1992 年，党的十四大报告指出：“当前必须进一步扩大对外开放，更多更好地利用国外资金、资源、技术和管理经验”；党的十五大报告中又一次要求我们“努力提高对外开放水平，积极合理有效地利用外资”；党的十六大报告提出“进一步吸引外商直接投资，提高利用外资的质量和水平”。

（2）利用外资的基本原则和战略。改革开放之初，中国利用外资的基本原则是“弥补国内资金不足”。当时一种主流的看法是我们在利用外资时，要坚持“独立自主、自力更生、平等互利”的原则。即强调在自力更生的基础上利用外资，不能过分依赖外资，要保护自己的工业。这种看法在 20 世纪 80 年代相当长的时间内是主导性的观点。

中国生产要素禀赋结构可以说明外资在“弥补国内资金不足方面”确实可以发挥重要作用。生产要素是指现代生产过程所需要的资源。现代经济需要四种生产要素，即土地、劳动力、资本和企业家才能。作为发展中国家，中国相对缺乏资本，劳动力资源丰裕。外商直接投资成为重要的资金来源。在改革开放初期的 20 世纪 80 年代，中国的劳动力数量占世界劳动力总量的 23%，固定资产投资占世界总量不到 1%，研究投入占世界总量比重还不到 0.5%（江小涓，2007）。改革开放显著改善了中国的生产要素结构。2007 年，以固定资产形成代表资本，中国占世界的比重为 11.48%，研发投入占世界比重为 3.63%，劳动力占世界比重为 25.35%。外商直接投资主要进入中国的劳动密集型产业，对于改善中国的资本劳动不均衡发挥重要作用。

虽然“弥补国内资金不足”作为中国利用外资的原因是长期存在的，但是进入 20 世纪 90 年代中期，随着中国经济的增长以及利用外资规模的扩大，资金缺口和外汇缺口开始明显变少，对于外资作用的认识，也开始发生变化。这个时期中国利用外资的原则开始转向“推动经济发展、促进经济市场化、法制化和国际化”，强调引进外资对促进经济改革所发挥的作用。利用外资的战略要从“扩大数量”转变为“提高质量”，要积极利用外

① 张绪文. 眼界. 学风. 精神状态. 人民日报，2000-1-6.

② 列宁. 列宁全集，第 31 卷，人民出版社 1958 年 8 月版，第 392 页.

③ 邓小平. 邓小平文选，第 3 卷［M］. 人民出版社版 1993 年版，第 65 页.

资来促进我国经济发展和推进经济改革。人们开始认识到利用外资所带来的“一揽子效应”，利用外资不仅带来了资金，更重要的是以资金为载体带来的技术、制度、竞争和示范，重视利用外资对于提高资产质量、促进技术进步、提升产业结构、增强国际竞争力等方面的作用。

近年来，随着中国劳动力成本和自然资源成本的迅速提高，利用外资的战略又开始以“通过利用外资来提高全要素生产率”为核心。同时，随着中国人均收入的提高，也有观点认为中国对外开放进入新阶段，即资金等要素从单向注入为主向双向流动并重的格局开始形成。具体体现为外商直接投资的流入的比重下降，同时中国企业对外直接投资开始迅速增长。在华的国际直接投资发展趋势符合投资发展路径理论的预测。

专栏1　跨国投资与北京高新技术产业的发展

北京是全国科技实力最强的城市之一，但在20世纪90年代后半期，高新技术产业发展的技术却是以外源技术为主，跨国公司发挥着骨干载体的作用。

从各个方面看，北京的科技实力在全中国是领先的，智力资源在全国是最密集的，包括一支全国一流的科学家、教育家队伍，一个全国门类最齐全、数量最多的科研和教育系统。情报信息系统有全国最大的数据库，国际联机检索终端居全国第一。特别是“中关村优势”在20世纪90年代乃至当前一直被认为是北京自主发展高新技术产业最有利的条件。中关村地区有70余所院校和230多家政府研究机构，有38万名科研、教学和技术人员，大学、科研机构和科研教学人员的密集程度不仅在中国，就是在全世界也绝无仅有。北京高新技术产业的起步依靠北京自身的科技优势。从20世纪80年代初期开始，北京就在中关村一带开始了创办高新技术产业的探索。1988年5月，在“中关村电子一条街”的基础上，经国务院批准建立了北京市新技术产业开发试验区（简称试验区）。1999年6月5日国务院批复了北京市场人民政府和国家科技部《关于实施科教兴国战略加快中关村科技园区的请求》。根据这一报告，北京市提出，力争用10年左右的时间，把中关村科技园区建设成世界一流的科技园区。可以看出，无论是北京市还是中央政府，都对北京具有的科技优势寄予厚望，希望能形成强大的高新技术产业发展科研能力和技术开发基地。

然而事实是，北京高新技术产业的发展与全国一样，呈现出以“外源性”技术为主的特点，外商投资企业在北京高新技术产业中的地位不断上升。以出口为例，外商投资高新技术企业出口额占北京高新技术产品出口额的比例连年上升。在20世纪90年代中期，外商投资高新技术企业在北京市高新技术产品出口额中所占比重仅为1/3左右，但到2000年，外商投资企业出口额所占比重已经上升到76.3%。

资料来源：江小涓. 中国的外资经济：对增长、结构升级和竞争力的贡献［M］. 北京：中国人民大学出版社，2002.

二、利用外资政策的演进[①]

对利用外资的理论认识直接指导着外资政策的制定。刘迎秋（2008）将改革开放以来

① 刘迎秋. 中国非国有经济改革30年研究［M］. 北京：经济管理出版社，2008.

中国利用外资的政策演进划分为如下几个阶段：

1. 第一阶段：1978~1988 年

（1）引资政策的法规化开始起步。从 1978 年以来，中国对外资开放的步伐逐步展开，一系列的政策、制度、法规和法令相继出台，为中国吸引外资、调整用资结构和改善产业结构提供了重要的制度框架。比如《中华人民共和国中外合资经营企业法》、《中华人民共和国中外合作经营企业法》、《中华人民共和国外资企业法》等基本法及实施细则，以及《中华人民共和国公司法》、《合同法》等相关法律的保障。

（2）吸引外资主要依靠税收优惠和土地优惠政策等。政府制定的一系列税收、土地等优惠政策成为外企增加投资的主要动因之一。

（3）引资政策的调控机制以政府为主。政府主导的行政机制代替了市场机制成为影响外资产业流向、地域分布、技术转移等行为的主要影响因素。

（4）利用外资政策中存在大量限制性政策。在对外资企业的出口比例、技术转让、外汇平衡、进入行业都有明确限制和要求。如限制外商投资企业的进口，在大部分产业都对外商出资比例限制在 49%以下等。

2. 第二阶段：1989~1991 年

1989~1991 年的外资政策延续了上一阶段以鼓励和优惠为主的基本精神。如 1990 年 4 月中国政府对《中外合资经营企业法》进行修订并在 1991 年实施开发上海浦东新区的决策，进一步强化了外商投资中国的优惠政策。1991 年全国人大审议并通过了《中华人民共和国外商投资企业和外国企业所得税法》，实现了外商投资企业所得税制的统一，降低了外商投资企业的所得税税负水平。另外，这一阶段的外资政策弱化了产业结构调整的导向。由于各地政策的不统一和中央引进外资目标的偏误，基于优惠政策导向的外商投资流入导致进一步的地区经济差异，外商投资分布不均衡的矛盾更加突出。截至 20 世纪 80 年代末制定的外商投资政策重视了经济总量增长和解决社会矛盾，但忽视了针对外资对产业结构调整和优化升级作用的导向，主要表现是外商投资的生产性项目少、非生产性项目多，高技术项目少、低技术项目多，上游工业项目少、下游工业项目多。

3. 第三阶段：1992~2001 年

（1）外资进入的产业领域渐次放开。1995 年 6 月制定并颁布的《指导外商投资方向暂行规定》（以下简称《规定》）和《外商投资产业指导目标》（以下简称《目标》）第一次以法规形式将吸收外商投资的产业政策公布于众，提高了政策的透明度。《规定》和《目标》将外商投资的产业项目分为鼓励、允许、限制和禁止四大类，使外商投资更加符合国家的产业发展方向，奠定了指导外商进行产业投资的制度规范。根据国家经济发展的状况，1997 年 12 月，国家计委、国家经贸委、对外贸易经济合作部（以下简称外经贸部）对《外商投资产业指导目标》进行了修订。修订后的《目标》扩大了国家鼓励外商投资的范围，突出了产业重点，更加适应产业结构调整的要求和有利于引进先进技术的原则，同时充分体现了鼓励外商向中西部地区投资的政策。修订后的《目标》鼓励外商举办出口型企业，将产品 100%外销的允许类项目列入鼓励类目标。

（2）外商投资中国股权资本市场以及在中国资本市场融资的政策逐渐放开。1999 年后，在外商在华投资企业进一步要求提高在华融资规模的背景下，1999 年 8 月，中国政府出台了《关于当前进一步鼓励外商投资意见的通知》，规定“符合条件的外商投资企业可以申请发行A股和B股”。随后外商企业通过证券市场融资的政策日渐明朗，2001年5月外经贸部发布《关于外商投资股份公司有关问题的通知》。通知指出，外商投资股份有限公司申请上市发行A股或者B股需获得外经贸部同意，而且要按规定和程序设立或改造，还需符合外商投资产业政策。2001年11月，外经贸部和中国证监会联合发布《关于上市公司涉及外商投资有关问题的若干意见》，明确了设立外商投资股份有限公司的资格和条件、外商投资股份有限公司上市发行股票的程序和要求、外商投资股份有限公司B股流通应遵守的相关规定等。这些法规和政策极大地便利了外商投资企业继续增加在中国融资的规模和比重，适应和配合了跨国公司在中国企业的生产本地化和研发本地化的发展趋势，为跨国公司在华延伸产业链和促进在华企业经营战略的进一步调整发挥了积极的促进作用。

（3）延续部分限制和约束性要求的同时对外资采取普遍的激励政策。自1994年税制改革后，内外资企业在所得税以及增值税、消费税和营业税等流转税方面已经统一了税制，对外资的税收优惠主要体现在所得税减免方面。外资企业在统一的33%企业所得税项下，根据投资地区、产业等不同因素，分别享有15%、24%等程度不等的税收优惠和所谓“三减两免”等税收减免。在市场准入方面，外资受到较大程度的限制。

4. 第四阶段：2002~2008年

（1）国内证券市场对外资更加放开。2002年出台的《上市公司收购管理办法》使外资企业进入中国资本市场并从事战略性并购的壁垒已逐步消除。极大地推动外资利用中国资本市场从事战略性并购。

（2）对外商并购的规制政策逐渐规范化。为适应外国企业以并购方式进入中国的监管需要，2002年12月发布了《关于加强外商投资企业审批、登记、外汇及税收管理有关问题的通知》，对外资并购国内企业的相关审批程序和出资缴付期限做出具体规定。2007年初通过《关于外商投资举办投资性公司的补充规定》和《外资公司并购管理条例》，进一步规范了外资企业并购国内企业的行为。

（3）引进外资由优惠政策向公平政策转变。改革开放以后至20世纪90年代末的不同时期，中国制定的外商直接投资政策精神中有对外商投资的超国民待遇的政策体现，主要体现在税收优惠、进出口优惠、经营管理优惠、注册资本缴付和外汇优惠等。加入世界贸易组织以后，中国逐渐取消和调整原有的政策体系中的一些不合理的超国民待遇的规定，使内资企业和外资企业共同参与竞争的市场秩序得到较大完善，如在税收的国民待遇方面的一个主要变化是，2007年提交十届人大五次会议并获得通过的《中华人民共和国企业所得税法》，内资、外资企业将适用统一的企业所得税法，新税率确定为25%。

（4）产业政策的导向性变化。进入21世纪以后，中国政府在引进外资的区域政策、进入的产业等方面进行调整，逐渐向有利于实现新阶段中国经济社会发展战略目标的方向转变。

（5）对外资的市场准入限制尤其是服务业的市场准入限制逐渐取消。2001年加入世界贸易组织以后，中国对外资开放的产业领域已从制造业扩大到服务业，这些服务领域按照入世的相关承诺相继减少准入限制，有步骤地扩大开放程度。

可见，改革开放以来，中国利用外资的政策体现了中国将对外开放作为基本国策的原则，在不断调整中提高政策安排的合意性，从行政干预不断过渡到顺应市场要求，从鼓励外资进入的超国民待遇逐渐过渡到创造内外资企业公平竞争环境的、符合国际规范的国民待遇，从重视引资数量过渡到重视引资质量：使外资与我国经济发展以及产业调整目标相一致等。

三、利用外资政策趋势展望

1. 转向中性开放体制

长期以来，中国的开放政策一直有明显的倾向性，在商品贸易方面，鼓励出口，限制进口；国际资金流动方面，鼓励资金流入，限制资金流出，即商品奖出限进，资金奖进限出。例如，在改革开放初期，国内急需外资进入，对外商投资企业实行了一系列优惠政策。同时对资金流出，特别是使用外汇资金采取了严格的限制政策。经过 30 多年改革开放，我们已经初步形成了社会主义市场经济体制，市场配置资源的作用不断增强，资金跨境双向流动开始具有重要意义。这些变化表明，对资金跨境流动实行“奖入限出”政策的理由已经消失或弱化，未来将转向“中性”政策，同等对待资金流入和流出。这就意味着将改变鼓励吸收外资和限制对外投资的政策，在吸收外资和对外投资之间保持“中性”；同时在本土企业和外资企业之间保持“中性”，改变特别优待外资的政策导向。

2. 从政策性开放转变向制度性开放

中国对外开放的一个基本特征就是实行政策引导的渐近式开放。在这个过程中，不同地区、行业，不同类型企业、不同贸易和投资方式有不同的政策环境。虽然方向都是不断扩大开放，但政策差异明显且多变，开放体制始终没有定型，长期稳定的预期难以形成。加入世贸组织，对外开放领域中制度建设才大大加快。今后要促进体制进一步完善和定型。加快完善涉外经济法律法规体系，反映和遵循开放型经济发展的客观规律，坚持各类经济主体地位平等的国民待遇原则，对各类财产权平等保护原则、合同自由原则、公平竞争原则，同时提高执法水平；推动制度设计国际化，结合国情充分借鉴国际成果，使贸易和投资体制符合国际惯例。

3. 通过国际资金的双向流动来提高经济运行效率

改革开放 30 多年后，中国经济发展面临一系列转折性特征，如生产要素禀赋和比较优势正在发生调整变化。原本主要靠劳动力低成本和要素投入持续增长支撑的增长模式难以为继，必须要提高劳动生产率和全要素生产率才能保持未来经济快速增长，为此需要持续开放。

在这种情况下，利用外资以及对外投资都具有重要意义，但意义在于通过利用外资来组合全球资源，提高自身劳动生产率。利用外资与吸收国外各种优势资源往往是同一过程，因为利用外资时利用的不仅仅是资金，往往还搭载着先进的技术、人才、体制等优势要素。今后将进一步提高利用外资的质量，如着重服务业，尤其是生产者服务业利用外资；同时对外投资也将迅速增长，通过对外投资，也可以获得短缺的自然资源，改善资金收益水平，吸纳海外人力资本，从而改善生产要素的匹配性，充分利用全球范围内的优势资源，共同推动经济增长的效率。

4. 防范利用外资中存在的新风险

这些新的风险包括外资并购产生的垄断风险。外商直接投资可分为“绿地投资”和“并购投资”。近年，并购方式吸引外资成为新焦点。由于以并购形式出现的外商投资会减少行业的竞争企业的数量，因此与“绿地投资”相比，更容易导致垄断。因此在需要加强监管，同时将为本土企业创造平等竞争的体制和政策环境，或引入多家跨国公司的竞争，来降低垄断的可能性。另外，将加强监管短期大量资金集中跨境流动，防止其对国际收支及金融体系带来的不稳定。最后，在服务业扩大开放过程中，将保证外资企业在提供公共或半公共性质的服务时，能够保证服务覆盖整个人群，而不是仅限于利润丰厚的人口密集地区和支付能力强的人群。对服务业开放引起的消费习惯、公共服务、文化认同、社会舆情等方面的非经济影响将加以引导和控制，服务业开放在保证效率的同时，必须也要重视公平和稳定等目标，在三者之间找出平衡，做出制度和政策安排。

第二节 在华外商直接投资发展

一、中国利用外商直接投资的发展历程

1. 改革开放前的利用外商直接投资

利用外资曾一度是中国共产党的既定政策。1950 年 4 月 5 日《人民日报》发表社论指出，利用外资和技术来发展我国经济建设是一件大事。

在这一政策指导下，新中国获得了苏联 3 亿美元的低息贷款，与苏联和东欧社会主义国家建立了一些合营公司，并努力尝试和西方国家接触。[①] 相关研究表明，中国向苏联的协议贷款主要集中于 20 世纪 50 年代前期，除了用于抗美援朝战争之外，还有部分贷款用于橡胶种植等经济用途。1950 年,《中苏友好同盟互助条约》签订后，同年 3 月双方签订了关于创办“中苏民用航空股份公司”、“中苏石油股份公司”和“中苏有色及稀有金属股份公司”。此外，1951 年与波兰签署《关于组织中波轮船股份公司协定》，1951 年 6 月 15 日，“中波轮船股份公司”成立。7 月又与苏联合资在大连创办了“中苏轮船修理建造股份公司”。以上五个合资公司共同资产 2.56 亿旧卢布，中资与外资各占一半，苏联方面的投资主要是设备。

除了苏联贷款和与苏联合营之外，利用侨资也是 20 世纪 50 年代中国利用外资的重要形式。主要有两种：一是吸收侨汇；二是鼓励华侨投资。据统计，1950~1960 年，海外华侨汇款年均达 1.3 亿美元，共计约 14 亿美元。这些侨汇有的是赡家费，有些则是向祖国投资。据广州市 1952 年底的统计，华侨投资于私营经济者，商业为首选，然后是轻工业，接下来为运输、餐饮和服务业。至 1959 年 4 月，广东、福建、上海、云南、广西等地的

① 张旭东. 1978：中国利用外资政策重新确立 [J]. 党史纵横，2008 (8).

华侨投资公司共兴办企业 88 家，华侨投资兴办的农场 25 家。华侨还在各地捐资兴办 1000 多所小学、几百所中学和许多医院及其他福利事业。

20 世纪 60 年代初，由于受苏联逼债以及严峻国际形势的影响，中国政府开始放弃利用外资的设想，产生了“既无内债，又无外债”、“无债一身轻”的思想。引进外资一时成为社会主义建设的禁区。

2. 改革开放后的利用外资：四个阶段

从 20 世纪 70 年代末开始，中国吸引外资历程经过了四个阶段：①

（1）起步阶段（1979~1991 年）：以中小规模项目为主。外商直接投资是随着中国于 1979 年建立“经济特区”而开始进入中国的。1984 年，开放政策延伸到 14 个沿海城市，即天津、大连、秦皇岛、烟台、青岛、连云港、南通、上海、宁波、温州、福州、广州、湛江和北海。这几年，由于国内生产的产品标准低、技术落后，中国市场经历了对外商投资企业产品的旺盛需求。同时，国际投资者也开始对中国巨大的市场潜力和劳动力成本优势产生兴趣。然而在开始的几年中，由于中国基础设施不佳，法律与政策环境不成熟，多数国外投资者只是投资于规模较小的项目，属试探性投资，积累经验。

从 20 世纪 70 年代末到 80 年代，中国政府陆续出台了三部法律来规制外商直接投资的行为。它们是 1979 年颁布的《中华人民共和国中外合资经营企业法》、1988 年颁布的《中华人民共和国中外合作经营企业法》和 1986 年颁布的《中华人民共和国外资企业法》。20 世纪 80 年代中后期，其他一些优惠政策又陆续出台，相关体制得以改进。例如，1986 年国务院制定了《鼓励外商投资的决定》，解决了外商投资企业遇到的一些困难，对出口企业和先进技术给予更优惠的政策，外商投资环境不断改善。

1979~1980 年，外商直接投资总额达 11.7 亿美元。随着投资环境的改进，外商直接投资也稳定增长。1985 年和 1991 年，外商直接投资分别达到 16.6 亿美元和 43.7 亿美元，其中大部分来自中国的香港和澳门地区以及东南亚国家。20 世纪 80 年代早期，外商直接投资主要流向旅游业、食品纺织等行业。80 年代后半期，主要投向了加工工业特别是家用电器行业、通信设备行业、轻型机械设备、纺织服装、食品饮料加工等轻型加工业。

（2）加速增长阶段（1991~1997 年）：以大型跨国公司为主体，以制造业为主要投向。这几年当中，国外商直接投资的制度环境、政策环境和发展环境都发生了显著变化。邓小平同志 1992 年的讲话将建立社会主义市场经济体制设定为改革目标，将中国的改革开放带入一个新阶段，进一步激发了高速增长的潜力。同时加快了开放的进程，开放的范围从沿海扩展到沿江（长江）、沿线（陇海线、兰新线）地区。此前十多年的改革与发展极大地改进了基础设施、制度与政策环境，这使得境外投资者对中国发展的前景持乐观态度。随着外商直接投资规模在短期内急剧增长，外资企业与国内企业之间的竞争也开始加剧。

这一阶段，外商直接投资高速增长，7 年内增长了 10 倍，从 1991 年的 44 亿美元增长到 1997 年的 453 亿美元。这一阶段外商直接投资流入的另一重要特点是大型跨国公司投资增长显著，明显不同于 20 世纪 80 年代以中小型企业投资为主的情况。跨国公司的进入大大地改进了在华外商直接投资的行业结构、产品结构和技术结构。这一阶段大部分外商

① 江小涓主编. 中国开放 30 年：增长、结构与体制变迁［M］. 北京：人民出版社，2008.

直接投资进入制造业，占总量的62.13%。

(3) 数额保持平稳（1998~2001年）：竞争结构形成与技术水平升级。这四年当中，中国利用外资数额小幅下降，数额保持在400亿~450亿美元。大型跨国公司继续扩大在华投资，制造业依然是利用外资的主要行业，2001年制造业利用外资占总额的65.93%，这是因为中国制造业具备比较优势和竞争优势，对外资具备较大的吸引力，而外资也成为重要的推动力，促使中国成为世界制造业中心。这一阶段利用外资最多的制造行业是电子和通信设备、电器机械、交通运输设备和化学原料及化学制品等。

这四年当中，世界范围内跨国投资增长迅速，但是中国吸引外资水平却与20世纪90年代中期持平。主要原因如下：

第一，全球跨国投资主要受兼并和收购推动，而由于中国缺乏兼并与收购必要的法律和政策环境，中国吸引外资主要采取“绿地投资”方式。

第二，全球外商直接投资开始转向服务业，而中国的服务业对外开放程度较低，吸收外资较少。

第三，经过多年持续较大规模的吸引外资，外资企业在中国制造业的投资、产出、出口和其他重要指标当中已经成为重要的部分。外资已不再是稀缺资源，需要一个稳定和调整时期。

第四，1997年的亚洲金融危机对包括中国在内的发展中国家吸收外资产生了一定的冲击。

(4) 总量再上台阶（2002~2007年）：服务业比重提高和融资方式多元化。2002年以来，中国每年实际吸收外资额突破500亿美元，而后又分别在2004年、2005年和2007年分别突破600亿、700亿和800亿美元。这一阶段利用外资显著增长主要是由于中国市场的进一步开放。

第一，随着中国加入世界贸易组织，外商投资企业获得更多的国民待遇，服务业尤其是金融业开放有所突破。金融业吸引外资增长迅速，促使服务业成为外商直接投资增长的主要领域。

第二，随着相关法律与政策框架的完善，兼并与收购型的投资加速增长。

第三，中国经济在这几年增长迅速，为外商直接投资的增长带来更多的机会和空间。

不过，虽然外商直接投资增长较快，但国内投资总额增长更快，使外商直接投资占国内资本形成总额的比重持续下降，2007年其占比为7.56%。

二、当前利用外资的新特点

1. 外商独资的主导地位日益凸显

跨国公司对中国的直接投资方式主要包括合资、独资、合作和股份制。近年来，外商投资独资化倾向十分明显，独资成为最主要的方式选择。2000~2008年，中国实际使用外商直接投资金额中，以外商独资企业方式进行的投资所占比重从47.125%迅速上升到78.127%。2009年，外商独资企业所占比重略有下降，但仍高达76.128%。

外商独资比重的快速提高，是中国对外商投资放松管制，特别是中国加入世贸组织之后，进一步放松对外资股权限制并且开放更多的投资领域、政策透明度的提高以及市场机制逐步成熟的结果；同时，外商选择独资方式也在于独资方式相对于其他投资方式具有的优势。从跨国公司战略角度来讲，独资控股能够使外商保守其技术秘密，规避中外企业在制度、文化、经营理念等诸多方面差异而导致的摩擦和矛盾，从而有利于实施其全球战略目标。

2. 服务贸易领域吸收外商直接投资增势良好

近年来，我国利用外资的产业构成有所变化，体现为制造业比重有所下降，其中，信息传输、计算机服务和软件业、批发和零售业、金融业、房地产业、租赁和商务服务业、科学研究、技术服务和地质勘查业等服务业部门占全国利用外资总量的比重提升较大。2011 年，服务业吸引外资比重首次超过制造业。原因包括：一是我国兑现加入 WTO 的承诺，对外资大幅度开放服务市场。二是服务业跨国投资发展迅猛，已经成为全球产业转移的新趋势。三是中国国内新特点有利于服务业吸引外资的增长。例如，人民币升值使产品出口预期的不确定性增大，促使外资进入制造业变得更加谨慎，而对服务业的投资则受此影响很小。尽管近几年服务贸易领域外商投资增势良好，但总体来看，中国服务贸易领域总体引资水平仍远远落后于世界平均水平。

3. 跨国公司地区总部渐成规模，研究与开发投资日趋增加

近年来，上海和北京已经成为众多跨国公司设立总部的重要地点。据不完全统计，目前累计落户上海的跨国公司地区总部已达到 751 家。根据美国《财富》杂志公布的调查结果，有 92%的跨国公司已经计划近几年在中国设立地区总部。从这些发展态势看，随着我国投资环境的进一步改善，必将有更多的跨国公司将其地区总部转移到我国。

跨国公司来华设立研发机构始于 20 世纪 90 年代初。近年来，跨国公司在华研究与开发投资日益迅猛，表现在：一是外商设立研发中心的速度明显加快。2002 年以前，外商在华设立的研发机构不到 200 家，截至 2009 年底，商务主管部门批准的独立法人形式外商投资研发中心共 465 家。二是对研究与开发的资金投入明显加大。2006 年，500 家最大外商投资企业研究与开发经费达到 202 亿元。三是研发中心的技术成果显著，基础研究在加大。以往外商在华设立的研发中心主要是研究和开发与生产相关的应用技术，基础研究则大多放在公司总部的研发中心进行，近来外商已经开始将一部分基础研究放在中国的研发中心进行。

外商投资企业对华扩展研发活动主要基于以下原因：一是靠近其制造平台，跨国公司已经将大量制造能力转移到了我国。二是靠近中国市场，便于更好地针对中国市场开展适应性研发。三是充分利用中国优秀但低廉的研发人力资源。

4. 区域分布仍不平衡

中国外商直接投资的地区分布呈现显著的非均衡特征，东部在利用外商投资方面一直走在中西部的前面。以实际使用外资衡量，东部占全国比重从 1998 年的 84.192%上升到 2007 年的 87.179%，中、西部则分别从 9.152%、5.156%下降到 7.129%、4.192%。

近年来，这种地区差距曾有缩小趋势。2011 年，东部实际使用外资占全国比重下降到 83.27%。外商投资总是流向富有区位优势的地区。长期以来，东部地区因得益于国家的非均衡区域发展战略和原有的良好社会经济基础，一直是中国吸收外商直接投资的重镇。虽然中西部地区有着劳动力、土地、能源、资源等要素优势，但由于存在开放度较

低、体制和观念障碍、政策低位、人才外流、经济基础相对薄弱、产业竞争力不强、基础设施相对滞后，在利用外商直接投资的过程中落在了东部后面。为了鼓励外商积极投向中西部地区，1999 年以来，中央和中西部地方政府实施了一系列积极吸引外资的政策措施，中西部投资环境不断改善，利用外资有一定的增长。但是，由于投资环境的改善、区位优势的提升需要一个过程，中西部与东部地区的差距仍很大。

第三节　中国对外直接投资

一、经济增长与中国对外直接投资

根据邓宁的投资发展路径理论，当一国或经济体的人均 GDP 超过 2000 美元时，对外直接投资将出现迅速增长。2006 年，中国的人均 GDP 超过 2000 美元，也正是在 2006 年前后，中国的对外直接投资出现了迅速增长。2004 年，中国对外直接投资为 55 亿美元，而 2003 年这一数字为 28.5 亿美元。从 2004 年开始，中国日益成为重要的对外投资母国。2010 年，中国对外直接投资额达到 680 亿美元。与此同时，中国对外直接投资额占世界比重也在迅速提高，从 2002 年的 0.47%提高到 2010 年的 5.14%（见表 8-1）。2012 年中国对外直接投资额在全世界排第三，在发展中国家排第一。

表 8-1　中国对外直接投资　(2002~2010 年)

年份	投资额（10 亿美元）		占世界比重 (%)	
	流量	存量	流量	存量
2002	2.52	37.17	0.47	0.48
2003	2.85	33.22	0.51	0.34
2004	5.50	44.78	0.59	0.38
2005	12.26	57.21	1.39	0.46
2006	21.16	73.33	1.51	0.47
2007	22.47	95.80	1.03	0.50
2008	52.15	147.95	2.73	0.93
2009	56.53	229.60	4.83	1.20
2010	68.00	297.60	5.14	1.46

资料来源：www.unctad.org.

二、中国对外直接投资发展的四个阶段[①]

1. 第一阶段（1979~1985 年）

这一阶段，中国刚刚开始改革开放，政府对于对外直接投资的管制比较严格，当时中国的宏观经济政策重视积累外汇收入，因此只有获得出口许可权的国有外贸企业和部分省市的国际经济技术合作公司才有机会进行对外直接投资。这一阶段，受到批准的对外投资项目共 189 项，总投资金额达 1.97 亿美元。

2. 第二阶段（1986~1991 年）

这一阶段，中国政府开始逐渐允许包括非国有企业在内的更多企业从事对外直接投资活动。但是企业依然需要经过正式的行政审批程序，包括对企业资金和管理实力的审查以及国外合资伙伴的审查。1989 年国家外汇管理局首次颁布了《境外投资外汇管理办法》，明确了对外直接投资审批程序所需要的文件。同时这一时期中国的发展战略由进口替代转为出口导向，因此政府对于实物型对外直接投资提供帮助，所谓实物型对外直接投资涉及实体设备、技术诀窍和原材料的出口，而不是外汇支出。这一阶段，得到批准的对外投资项目达到 891 项，总额 12 亿美元。

3. 第三阶段（1992~1998 年）

1992 年，邓小平同志南方谈话，为改革开放注入了新的活力，也推动了中国对外直接投资的发展。但这一过程随着亚洲金融危机的爆发而中止了。为了应对亚洲金融危机，中国对外经济贸易合作部严化审批程序，对于对外投资额超过 100 万美元的项目设置了严格的审查和监督程序。在这种情况下，对外直接投资活动只保持着平衡增长态势，总投资额增加了 12 亿美元。

4. 第四阶段（1999 年至今）

中国政府开始执行“走出去”战略，一些重要的立法得到执行，以帮助对外投资活动。“走出去”战略的实质是帮助有能力的中国企业从事国际化经营，以改善资源配置、提高国际竞争力。例如，2004 年 10 月，国家发展与改革委员会和中国进出口银行联合发布通知，鼓励在下列领域开展对外投资：①能弥补国内资源相对不足的境外资源开发类项目；②能带动国内技术、产品、设备等出口和劳务输出的境外生产型项目和基础设施项目；③能利用国际先进技术、管理经验和专业人才的境外研发中心项目；④能提高企业国际竞争力、加快开拓国际市场的境外企业收购和兼并项目。国务院开始允许出口退税、财政及外汇支持以及其他优惠措施来鼓励中国企业开发国外市场。后来，政府又采取了一些措施简化对外投资审批程序。如 2006 年 7 月 1 日国家外汇管理局取消了境外投资购汇额度限制。从 2008 年 12 月开始，银监会允许商业银行为跨国兼并与收购提供贷款。2009 年，商务部发布《境外投资管理办法》，缩短了审批时间，并将部分审批权下放到省级部门。另外，中国已经签署了 120 个双边投资协定，并积极推进自由贸易区协定，包括 2010 年 1 月生效的中国—东盟自由贸易协定。[②] 这些都将为中国企业对外投资提供便利。

①② Nargiza Salidjanova. Going Out：An Overview of China's Outward Foreign Direct Investment. http：//www.uscc.gov/researchpapers/2011/GoingOut.pdf.

在上述优惠政策以及持续增长的中国经济的共同推动下，中国的对外投资流量大幅上升。2010 年，中国对外直接投资额达到 688.1 亿美元。与此同时，中国对外直接投资额流量占世界比重也在迅速提高，从 2002 年的 0.47%提高到 2010 年的 5.14%。2012 年，中国对外直接投资额在全世界排第三，在发展中国家排第一。[①]

三、当前中国对外直接投资的特点[②]

1. 中国对外直接投资存量规模

存量突破 3000 亿美元，但规模与传统对外投资大国相比仍存在较大差距。

投资存量遍布全球七成国家。至 2010 年末中国对外直接投资存量达成 3172.1 亿美元（见图 8-1），占全球的 1.6%，仅相当于美国对外投资存量的 6.5%，英国的 18.8%，法国的 10.8%，德国的 22.3%。2010 年末，中国的对外直接投资共分布在全球 178 个国家（地区），占全球国家（地区）总数的 72.7%。

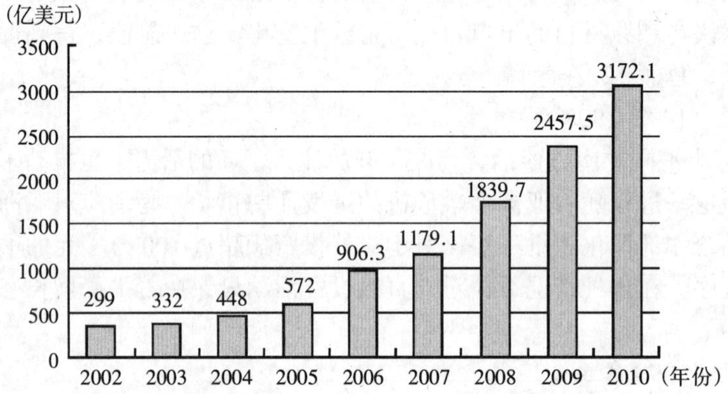

图 8-1 2002~2010 年中国对外直接投资存量情况

2. 中国对外直接投资行业类别

行业多元但聚集度较高。2010 年末，中国对外直接投资覆盖了国民经济所有行业类别，其中存量在 100 亿美元以上的行业有商务服务业、金融业、采矿业、批发零售业、交通运输业、制造业，六个行业累计投资存量 2801.6 亿美元，占我国对外直接投资存量总额的 88.3%。

3. 中国对外直接投资地理分布

亚洲、拉丁美洲是中国对外直接投资存量最为集中的地区，大洋洲、欧洲是存量增幅最大的地区；发达国家（地区）所占份额有所提高。

到 2010 年末，中国在亚洲地区的投资存量达 2281.4 亿美元，占 71.9%（见图 8-2），拉丁美洲为 438.8 亿美元，占 13.8%，两地区加起来集中了中国对外直接投资存量的 85.7%。但是大洋洲和欧洲的投资增长速度最快，2010 年末分别是 2005 年末的 13.2 倍和

① 2013 年度中国对外直接投资统计公报，商务部网站。
② 2010 年度中国对外直接投资统计公报，商务部网站。

12.3 倍。年末，中国对发达国家（地区）的直接投资存量为 296.9 亿美元，占 9.4%，较 2009 年提高了 2 个百分点。

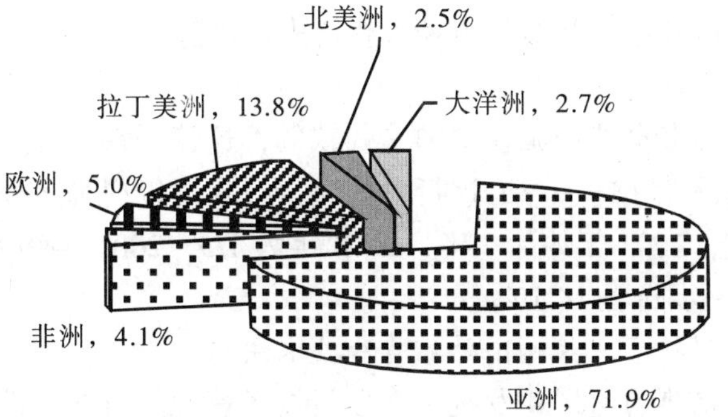

图 8-2　2010 年中国对外直接投资存量地区分布情况

4. 中国对外直接投资中国有企业占比

国有企业占较大份额，但有所下降。在非金融类对外直接投资存量中，中央企业和单位份额较高，但地方企业份额有所上升。到 2010 年末，在中国的对外直接投资存量中，国有企业占 66.2%，较 2009 年下降 3 个百分点（见图 8-3）。中央企业和单位占 77%，各地方企业占 23%，较 2009 年提高 3.2 个百分点。广东是中国对外直接投资存量最多的省份，其次为上海、浙江、山东、北京、江苏等。

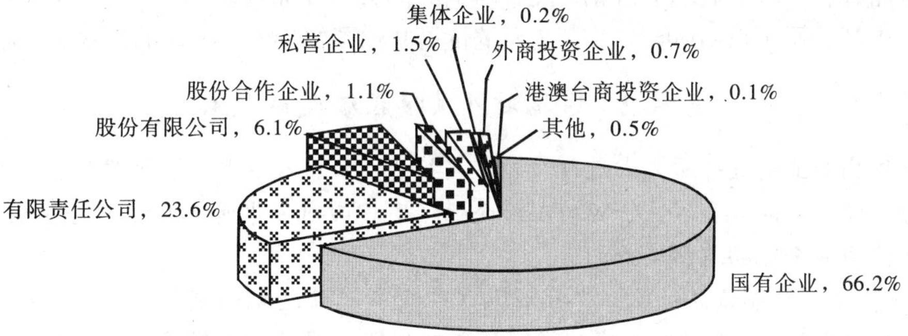

图 8-3　2010 年末中国非金融类对外直接投资存量按境内投资者注册类型分布情况

四、中国对外直接投资的动机

1. 转移过剩产出能力

对外直接投资是在国内范围内重新配置生产能力的一种方式。在经济迅速增长、结构快速调整过程中，一些过剩生产能力在国内无法得到最高效率的使用。此时，对外直接投资成为利用国内过剩产能的重要方式，可以推动国内经济结构调整，减轻国内企业压力。

目前，家电、纺织、化工和轻工等行业生产能力过剩，产品积压，技术设备闲置，造成极大浪费，急需寻找新的市场。这时，通过在国外投资建厂，建立销售网络，既可以有效拓展国际市场，又可推动国内产业结构升级。例如，杭州海兴电器有限公司截至 2009

年6月，在建和已建成的海外工厂共有8家。[①]

一些中国企业将对外直接投资作为重要的公司扩张战略。例如，一些中国公司希望成为世界级企业，表明了强烈的扩张愿望。一些企业进行国际扩张的原因在于应对国内业已饱和的市场，试图通过开拓一些海外市场来获得先发优势。[②]

2. 寻找国内稀缺资源

从人均量来看，许多自然资源在中国是稀缺的，这使得在中国对这些自然资源进行生产和提炼成本十分高昂。在这一方面进行对外直接投资可以提高企业的利润率。采矿业对外直接投资存量比重，2003年约为一半，2004年为1/3，2006年约为40%，但2009年降至16%，[③] 2010年进一步降至14.1%。[④]

3. 更好地利用离岸技术，收购国外品牌和技术诀窍

随着科技全球化趋势的出现和发展，许多新技术资源的可获得性大大增强。对于许多国内企业，这成为对外直接投资的激励。例如，一些企业通过收购国际企业来在其他国家建设研发中心，形成以前不具备的技术研发能力，提高其品牌的知名度。

有时企业进行跨国收购是为了获得国际市场和营销经验。例如，2005年联想公司收购IBM个人电脑事业部，联想可以获得在国际市场营销和广告方面的管理与商业经验，尤其是在美国进行营销和管理的经验，同时它还获得了一个世界一流的品牌。

兼并与收购是中国企业对发达国家市场进行投资的主要方式。在此过程中，中国企业擅长寻找一些美国或欧洲市场上的一些具备良好的品牌认知度却处于财务困难的公司来进行收购，从而使中国企业可以进入发达国家市场，并学习营销技能。通过简单的收购现有的知名品牌，中国企业不必再花费几十年的时间去创建品牌。例如，中国最大的汽车制造商之一吉利公司于2010年以18亿美元的价格收购了福特汽车公司的沃尔沃事业部。[⑤]

专栏2　通过对外直接投资获取技术

许多国内企业通过并购方式进行对外直接投资，目标往往是经营困难但有良好核心资产，特别是技术、品牌和客户资源的国外企业。不少国内企业通过上述方式形成了自身的核心技术能力和全球品牌影响力。

例如，生产缝制设备的上工集团收购了在世界工业缝机领域排名第三的德国DA公司，DA的技术几乎涵盖了缝机高端技术的所有领域，因而上工集团的技术水平一跃进入全球前列。浙江万向集团先后在美国、英国、德国、加拿大等国家并购多家拥有核心技术的企业，获得了这些公司的品牌、技术专利、客户资源及全球市场网络。上海明精公司收购了德国著名数控机床企业沃仑贝尔机床制造公司，获得多项专利、先进技术和品牌、客户资源。此前明精公司曾为沃伦贝尔定牌生产20多年。

资料来源：江小涓. 利用全球科技资源，提高自主创新能力［J］. 求是，2006（7）.

---

① 刘绍坚，姜荣春. “十二五”期间我国境外直接投资的机遇、挑战及对策建议［J］. 国际贸易，2009（12）.

②⑤ Nargiza Salidjanova. Going Out：An Overview of China's Outward Foreign Direct Investment. http：//www.uscc.gov/researchpapers/2011/GoingOut.pdf.

③④ 2010年度中国对外直接投资统计公报，商务部网站。

4. 跨越国际贸易壁垒

中国企业对外直接投资的最后一个动机在于避免国外对中国制造产品所设立的配额、关税和其他贸易壁垒。这一动机在中国加入世界贸易组织之前更为重要，“在中国成为WTO成员国之前，中国的纺织品、服装和鞋类产品进入美国市场面临限制，于是中国相关行业的企业就投资于澳大利亚，然后将‘澳大利亚生产’的产品出口到美国”，从而避免美国对非WTO成员国所设立的纺织品配额。[①] 虽然加入WTO后，对中国出口品的关税与配额均下降了，但中国企业依然继续对贸易更为自由的国家开设工厂，以求更容易进入美国和欧洲市场。例如，中国电视机制造商TCL收购德国电视机品牌施耐德并维持在欧洲生产，就是为绕过欧洲对中国电视机进口配额的限制。[②]

五、中国对外直接投资仍将快速增长

有多种有利因素表明中国对外直接投资仍将快速增长。2012年5月15日，中国商务部明确2015年中国对外直接投资的目标额为1500亿美元，“十二五”时期年均增长17%。美国也有研究机构，如美中经济与安全审查委员会也预测中国对外直接投资高速度增长的态势仍将继续。[③]

1. 中国经济增长速度仍然较快

邓宁的国际生产折中理论认为，随着一国经济增长，该国对外投资的能力逐渐具备，对外投资规模不断扩大。根据人均GDP，对外直接投资可以分为四个阶段：第一阶段，人均GDP在400美元以下，资金的流入和流出基本上都没有；第二阶段，人均GDP在400~2000美元，外国直接投资开始增加，但对外投资很少；第三阶段，人均GDP在2000~4750美元，外国直接投资仍然高于对外投资，但对外投资开始增加，两者差距开始缩小；第四阶段，人均GDP在4750美元以上，外资流入减少，对外投资继续增加，净对外投资存量变为正值。

中国在2006~2010年对外直接投资规模增长迅速，其原因之一是中国经济的迅速增长，这一阶段，中国的人均GDP从2070美元提高到4430美元。这正是邓宁理论中提到的第三阶段，即对外投资开始增加的阶段。到2011年底，中国人均GDP已达到5400美元，已经步入邓宁理论预测的第四阶段。今后中国经济虽然面临诸多不确定性因素，但增长速度仍将比较快。比如，中国政府已经将“十二五”规划规定的GDP增速目标定在7%。可以预见，在中国经济较快增长的背景下，中国的对外直接投资必将继续增长。

2. 金融危机引发国际优质资产贬值

世界市场经历的国际金融危机引发世界经济格局的深刻调整，新一轮国际产业重组已经启动。一些优秀的境外企业遇到较大经营困难，资产严重缩水，资金流动性亟须补充，

---

① John Wong, Sarah Chan. China's Outward Direct Investment: Expanding Worldwide [J]. China: An International Journal, 2003, 9 (1-2): 281.

② Paul Gao, Jonathan Woetzel, Yibing Wu. Can Chinese Brands Make It Abroad [J]. McKinsey Quarterly, 2003 (Special Edition: Global Directions).

③ Nargiza Salidjanova. Going Out: An Overview of China's Outward Foreign Direct Investment [E]. http://www.uscc.gov/researchpapers/2011/GoingOut.pdf.

正在考虑出售部分优质资产或者知名品牌。更为重要的是，此时出让价格比以往要低很多，直接降低投资成本。正是这种萧条的国际环境与企业内在的经营需求并存，为中国企业“走出去”实现跨越式发展提供了难得的机遇。越来越多的中国企业逆势而上，或兴建海外生产基地，或收购国际品牌，或并购国外研发企业，提升在国际产业价值链中的地位。[①]

3. 人民币升值降低了中国企业对外投资的成本

从 2005 年 7 月汇率制度改革后至 2011 年底，中国对美元汇率已经从 1∶8.28 提高至 1∶6.3009，[②] 今后人民币币值仍将提高，这会降低中国企业对外投资的成本，从而促进中国企业从事对外直接投资活动。

4. 中国企业对外直接投资成功案例提供经验

一些中国企业对外投资的经历说明中国企业已经开始具备成为跨国公司的经营能力。浙江万向集团成功收购美国“百年老店”洛克福特公司、GBC 公司，在美国、英国、德国、加拿大等国家拥有 31 家公司，建立了全球服务网络，并在美国设立了技术中心，建立了生产基地，通过成功实施全球发展战略，成为中国本土著名跨国公司。

5. 大量且仍在增长的外汇储备为对外直接投资提供了坚实的基础

到 2011 年底，中国外汇储备达 3.18 万亿美元，比 2010 年末增加 3338 亿美元，稳居世界第一，且仍在增长。大量的外汇储备使中国具备了开展对外直接投资的资金基础。这一方面说明中国作为经济大国的实力，另一方面说明中国的外汇资本存在过剩，中国需要通过对外直接投资活动来提高资金的回报率。

6. 政府将执行一系列推动对外直接投资的政策

商务部于 2012 年 5 月发布“十二五”时期对外投资主要任务和重点工作，指出 2015 年中国对外直接投资的目标额为 1500 亿美元，“十二五”时期年均增长 17%，为达到这一目标，将完善政策促进体系，健全服务保障体系，构建风险防控体系，大力支持各类企业跨国经营。可见今后中国企业开展对外直接投资活动将面临一个良好宽松的政策环境。

① 刘绍坚，姜荣春．“十二五”期间我国境外直接投资的机遇、挑战及对策建议［J］．国际贸易，2009（12）．

② 中华人民共和国 2011 年国民经济和社会发展统计公报，http://www.stats.gov.cn/tjgb/ndtjgb/qgndtjgb/t20120222_402786440.htm.

扩展学习

一、问题与思考

1. 举例说明“所有权优势”的概念。

2. 过去 30 多年中，吸引外资对中国经济产生了哪些影响？

3. 中国多年来一直是外商直接投资最大的发展中东道国，分析并说明中国在吸引外资方面具备哪些区位优势？（小组讨论）

4. “改革开放初期，我们吸引外资是因为我们缺少资金和外汇，现在中国外汇储备充足，也不再缺少资金了，因此完全没有必要再吸引外资，应该把外资企业都赶出去。”你同意上述说法吗？为什么？（小组讨论）

5. 中国企业对外直接投资有哪些动因？

二、案例研究

2011 年中国企业的对外投资

最新研究表明，2011 年中国企业在欧洲公司的投资翻了一番，这是正在寻找新资本来源和增长点的欧洲大陆决策者所希望看到的。

2011 年，中国对外直接投资总额较 2010 年同期下降，其中对美国的投资下降幅度很大，但对欧洲企业投资却从 2010 年的 41 亿美元猛增至 104 亿美元。

根据 A 资本公司即将在星期二发布的“龙指数”显示，2011 年，欧洲成为中国企业对外投资的主要目的地，占中国所有海外并购活动的 34%。“龙指数”以季度为单位跟踪中国的对外投资活动。

报告推出之际，正值欧洲和中国领导人（包括中国国务院前总理温家宝和欧盟委员会主席若泽·曼努埃尔·巴罗佐）即将于周二在北京举行一年一度的峰会。

欧洲领导人有可能敦促中国增加在欧洲主权救助基金——欧洲金融稳定基金——上的投资。中国已经表示，它已经参与了 EFSF 的债券拍卖，但购买的确切数量未知。中国在欧洲私营部门的投资虽然规模相对较小，但正在成为对欧洲企业界越来越大的支持。

中国在欧洲的投资增加，一部分是投机性的，原因是在欧元区处于债务危机时，资产估值诱人。但对欧洲投资兴趣的上升也预示着中国境外投资的性质发生根本改变，A 资本公司创始合伙人安德烈 Loesekrug-pietr 在接受记者采访时说。

中国第一波海外投资潮是以中国国有部门对矿业和能源公司收购来带动的，因此，主要集中在澳大利亚和拉丁美洲等资源丰富的地区。然而，现在越来越多的中国民营企业考虑以海外投资的方式来获得国外品牌和技术，延伸价值链，Loesekrug-pietri 先生说。

“私人公司海外投资作为一种生存策略，以保护它们的利润空间。”他说，帮助它们应对国内劳动力和其他投入成本上升的压力。

中国企业投资海外资产，以增强其在国内的竞争地位，Loesekrug-pietri 先生说。

根据 A 资本公司的指数计算，2010 年，中国企业海外并购的 61%在于能源行业，而 2011 年，能源行业比重下降到 51%；高端制造业、化工等行业的投资比重增长。国有企业的投资份额从 2010 年的 82%下降到 2011 年 72%。

最大的一宗欧洲公司收购案是中国蓝星集团斥资 68 亿美元收购了总部设在挪威的埃肯公司（Elkem）。

2011 年，中国对外投资总额达 680 亿美元，和 2010 年 688 亿美元的规模相比略有下降，A 资本公司认为部分原因在于中国投资者对动荡的市场状况持谨慎态度。

A 资本公司称，在总额 680 亿美元中，44%采取的是兼并与收购形式，56%属于绿地投资。

A 资本公司对中国对外投资规模的估计略高于中国商务部的官方数字，后者称中国对外投资上涨 1.8%，达到 600 亿美元。目前还不清楚两组数据为什么会产生偏差。

相对其经济规模，中国的海外投资仍相当有限。海外投资总存量占国内生产总值的比重从 2001 年的 2.6%上升到 2011 年的 5.3%，但仍远低于经济合作与发展组织中发达国家当中 27.7%的平均比重，Loesekrug-pietri 先生说。

资料来源：《华尔街》（亚洲版），2012-2-14.

讨论题：

1. 从案例中看出，中国企业对外投资有哪些动因？
2. 为什么中国企业越来越多地对欧洲进行投资？
3. 什么是绿地投资？中国企业对外投资的主要形式是绿地投资还是兼并与收购？
4. 在本案例中，我们可以看出中国企业对外投资在哪些方面出现了新特征？（如投资目的地结构、行业结构、模式选择等）

三、专家观点

外商直接投资与技术引进

近年来造成外向型经济的另一主张是鼓励外商直接投资，特别是鼓励跨国公司的直接投资。其理由之一是这样可以增加本国的资本存量。但是只有当一国的总需求大于充分就业的总供给、投资需求大于国内储蓄时，该国才需要外国投资以弥补总需求与总供给的缺口。而近年来困扰我国的最大问题之一一直是总需求小于充分就业的总供给，投资需求小于储蓄的供给。在这种情况下，外国投资只是夺走了本国资金的投资机会，造成本国投资减少，最终将本国资金挤出国外。实际上，自 1994 年以来我国的资金就在净外流，每年我国都有相当大的经常账户顺差。2001 年我国的资本账户有 300 多亿美元的顺差，这是大量外国直接投资的结果；但是同时我国又有近 200 亿美元的经常账户顺差。外国直接投资并不能起到增加国内资本存量的好处，而只是挤走了本国的国内资金。

对于目前的中国来说，外国直接投资唯一可能带来的直接好处只能是带来先进的技术，加快我国的技术进步。但是，外国的直接投资，特别是大的跨国公司所进行的直接投资到底能不能加快一个国家的技术进步，这在经济理论上其实并没有得到肯定的回答。

跨国公司对外国进行直接投资，一方面是因为它们具有进行自己的一部分生产经营活动的比较优势；另一方面是因为将这些活动“内部化”，即由跨国公司自己直接进行这些活动对它好处更大，这种“内部化”的好处对跨国公司在别国的直接投资极其重要，如果没有这种内部化的好处，跨国公司就不会在别国直接投资，而会将技术转让给别国的厂家并购买其产品。

为了解释将在别国的一部分经营活动内部化的好处，当代西方经济学家们强调了内部化给技术转移带来的种种好处。很多时候，技术转移会遇到极大的困难。首先，技术中的许多东西（如经营工厂的技术）是无法记录下来的，仅体现在一组个人的知识中，并且无法被包装和出售。其次，对一个潜在客户而言，要知道技术知识值多少钱也是很困难的——如果它与卖主知道得一样多，就没有必要去购买技术了。最后，知识产权经常难以界定。如果一家美国公司允许一个中国企业使用它的某项技术，其他的中国企业可能会合法地模仿这一技术。但是如果这个美国公司不是出售技术而是通过在中国设立子公司来获取技术带来的收益，就可以避免上述的所有问题。

所谓的“经营活动内部化”给技术转移带来的这些好处，也就是跨国公司的直接投资给技术转移带来的好处。但是仔细审视这几项好处就可以发现，跨国公司对别国进行直接投资在技术转移上所起的作用，恰恰是将在别的国家使用的技术保留在跨国公司内部不扩散，甚至是为了防止别国企业学到自己的技术。因此，让外国的跨国公司进行直接投资，更可能是妨碍了本国企业学到外国的先进技术，而不是加快了本国学习外国先进技术的速度。

资料来源：左大培. 外向型经济刍议［J］. 经济学动态，2002 (7).

思考题：上述观点驳斥了外商直接投资哪方面的作用，并提出了外商直接投资哪方面的负面效应？关于外商直接投资对技术转移的影响，您如何评价？

四、在线学习

通过中华人民共和国商务部网站了解外商直接投资在中国的最新进展：http：//www.mofcom.gov.cn/.

Chapter 1 China and the Development Strategies of Developing Countries

【Main Content】

This chapter firstly introduces the most popular development strategies adopted by developing countriex. Secondly, China's development strategies and their results are explained before the economic reform, which is called " heavy-industry-oriened development strategy. After 1978 China's economic reform, a developed strategy suitable to China's situation is implemented, namely "the comparative advantage strategy", which proves to be successful.

【Key points】

- Basic differences between import-substitution development strategy and export-oriented development strategy.
- China's development strategy used before its economic reform.
- Development strategy that has made it possible for China and the "Four Little Dragons" of East Asia to achieve the success of their economic development.

"Developed" and "developing" countries are the two terms normally used to describe developing stages and social welfare levels. To enjoy developed countries living standard, developing countries have adopted and practiced different development strategies in the past history, and some of the experiments have proved successful, but some of them have failed. In the following section, two most popular strategies among developing countries are introduced and analyzed.

1.1 Developing Countries and their Development Strategies

Developing countries accounts for 88% of the 223 countries and areas in the world. In addition to a small number of developing countries that has entered into the group of high income countries, the majority of developing countries share some of the following properties economically.

1.1.1 Economic Status of Developing Countries

Over 5 billion people (five-sixths of the world's population) live in countries that are considered developing countries. The typical developing country is characterized by low per capita GDP, high levels of illiteracy, high birthrates and inadequate housing and sanitation. Most of these countries devote a much larger share of their economy to agricultural production than do industrialized countries. These countries are plagued by shortages of physical capital. Their export sectors tend to be concentrated in only a few primary products, such as agricultural goods, petroleum, and minerals, or basic manufactures, such as textiles and shoes.

The fortunes of these developing countries vary surprisingly. Some have succeeded in developing, and have experienced high growth rates. Others have experienced serious economic declines and remained in backwardness. Table 1.1 shows that the wide disparity in income is a most striking pattern. Incomes have tended to grow fastest in East Asia. The "Four Little Tigers" (South Korea, China Taiwan, Singapore, and China Hong Kong) have grown so quickly over the past two decades that they now have relatively high incomes. Several other countries in East Asia also achieve high growth rate, including Malaysia and China. However, in quite a few numbers of the developing countries, income per person in fact declined between 2000 and 2005. Most of these were countries in Africa.

Table 1.1 Economic Growth Rate and Per Capita Income

Region or Nation	Annual Growth Rate 2000~2005	Per Capita GDP, 2005 (at International Dollar Prices)
23 Industrialized Countries	2.4	27848
70 Developing and Transition Countries	3.8	4032
Selected Developing and Transition Countries		
Singapore	5.0	24312
South Korea	4.5	10217
Poland	3.0	7238
Argentina	2.3	7209
Hungary	4.1	5081
Malaysia	5.3	4784
Bulgaria	5.0	3532
China	9.3	1485
Philippines	4.5	1125
Pakistan	2.8	644
Central African Republic	-0.3	361
Niger	3.1	160
Burundi	1.7	107

Sources: World Bank. World Development Report [R]. 2006.

We may attribute the big differences among these countries to their choice of development strategies and approaches.

1.1.2 Development Strategies of Developing Countries

In order to improve their economic circumstances, many developing countries have undertaken large-scale development plans. These plans almost always involve massive government intervention into the economy. For instance, to encourage the growth of industry, governments will impose high taxes on farmers, using the proceeds to subsidize industry. These taxes also serve to encourage workers to leave agriculture for urban areas where industrial jobs are being created. Another common feature of these plans is the extensive use of trade policy. In common practice, the types of strategies taken by developing countries have two categories.

1.1.2.1 Import Substitution Development Policies

To develop, officials from many developing countries have argued, they must cut their reliance on exporting primary products and must adopt government polices allowing industry to grow at the expense of the agricultural and mining sectors. The so-called import-substitution development strategies (ISDS) seek to promote rapid industrialization and therefore development by erecting high barriers to foreign goods to encourage local production.

Great Depression in the 30th caused many countries to turn toward ISDS. Several primary-product-exporting countries, such as Brazil and Australia, launched industrialization at the expense of industrial imports in the 1930s. The strategy gained additional prestige among newly independent nations in the 1950s and 1960s and soon prevailed in most developing countries whose barriers against manufactured imports came to match those of the most protectionist prewar industrialized countries. Though many countries have switched toward more pro-trade and export-oriented policies since the mid-1960s, ISDS remains an important policy for developing countries.

Ideally, this approach to development applies the infant industry argument for protection to one or more targeted industries in the developing countries. That is, the governments determine those sectors best suited for local industrialization, raise barriers to trade on the products produced in these sectors in order to encourage local investment, and then lower the barriers over time as the industrialization process takes hold. If the government has targeted the "correct" sectors, the industries in these sectors will continue to thrive even as protection comes down. In practice, however, the barriers rarely do come down because of the strong link between profits and protection. Any change in the market that would cause profits to fall leads protected sectors back to the government for additional protection. In the end, the barriers are getting higher, and the protected sectors rarely grow stronger and more competitive according to international standard.

ISDS has other problems.

First, because countries that pursue import substitution strategies tend not to apply high tariffs to capital goods, imported capital goods are used extensively in local production. Local managers utilize relatively capital-intensive production techniques. This means that employment in the newly industrializing sector does not grow as fast as might otherwise be the case. Thus the development of these newly industrializing sectors can not contribute much to labor employment rate given the fact that developing countries are labor abundant; besides it causes misallocation of resources and inefficiency.

Second, because the whole development strategy depends upon the choices made by government officials, considerable resources are devoted to convincing officials of the merits of various cases. Alternatively, official are bribed. In either event, the resources used in these activities could have been devoted to productive enterprises and hence represent additional economic waste over and above the usual deadweight costs of protection.

1.1.2.2 Export Oriented Development Strategy

In contrast to import-substitution development strategy, some developing countries have adopted export-oriented development strategies (EODS). These policies involve government targeting of sectors in which the country has potential comparative advantage. Thus, if a country is well endowed with low-skilled labor, the government would encourage the development of labor-intensive industries in the hope of promoting exports of these products. This type of strategy includes government policies such as keeping relatively open markets so that internal prices reflect world prices, maintaining an undervalued exchange rate so that export prices remain competitive in world markets, and imposing only minimal government interference on factor markets so that wages and rents reflect true scarcity. In addition, successful exporters often enjoy additional benefits, including special preference for the use of port facilities, communications networks, lower loan and tax rates.

EODS has two periods: primary-export-led period and manufacture-export-let period. Many developing countries are blessed with abundant natural resources or substantial amounts of land that are ideal for the production and export of natural-resource or land-intensive products. A primary-export-led development strategy involves government programs designed to exploit natural comparative advantage by increasing production of a few export goods most closely related to the country's resource base and exporting them in return for manufactured goods produced elsewhere. A total of 22 developing countries get more than half of their export revenues from a single primary product, including 14 that rely on petroleum and 3 on coffee. Another 41 developing countries get 20~49 percent of their export income from a single primary product, including 10 that rely on petroleum, 6 on cotton, and 3 each on gold, sugar, timber, diamonds, and bauxite/aluminum.

In addition to the usual static gains from trade, there may be se[illegible] benefits to the primary-export-led growth.

First, in the absence of trade, it is quite possible that certain factors would be underutilized or perhaps not used at all. This would mean that in autarky the country would be at a production point inside its production possibility frontier. Opening the economy up to trade would encourage more intensive use of existing factors of production.

Second, this type of development strategy can serve to entice the inflow of foreign capital. Foreign firms could locate in the country in order to help it to expand its export sectors. In time, as development occurs, other foreign investment might situate in related sectors, thereby helping to facilitate the development of other industries. In either event, the inflow of foreign capital would cause the PPF of the developing country to shift out. Finally, this type of growth may have linkage effects. Linkage effects refer to the benefits to other industries or sectors of an economy that occur as one industry expands. For instance, the growth of a large-scale mining sector could encourage the development of a local mining-equipment industry. This type of effect is known as a backward linkage. A second type of linkage occurs when the development of an export sector leads to the provision or development of economic infrastructure, such as roads, railroads, harbors, telecommunications, electricity, and the like. The development of this infrastructure then serves to lower the costs of other industries operating in the country, further promoting development.

Primary-export-led growth strategies count on the benefits from static and dynamic gains from trade to be the primary forces to promote economic growth and development. It has been argued that Australia, Canada, and United States achieved economic development in just this fashion. More recently, counties that have pursued this strategy with at least some success include Colombia (coffee), Mexico and Nigeria (petroleum), and Malaysia (rubber).

Despite these examples, some economists and many government leaders have been critical of primary-export-led growth strategies. Their opposition to such policies includes the following points:

(1) It is argued that the world markets for primary products do not grow fast enough to support development. That is, the developed countries are the largest buyers of primary products. As these countries grow, so does their demand for primary products, but not at the same rate. In the long run, one would expect that primary products would represent a declining share of industrialized countries' imports.

(2) Exporters of primary products face a secular deterioration in their terms of trade. In the 1950s, Paul Prebisch and Hans Singer argued that developing countries are hurt by a downward trend (also instability) in primary-product prices. Over time the price of primary-product exports relative to manufactured-goods imports will tend to fall. This fall could occur for either of two reasons.

First, if demand for primary goods is sluggish in the industrialized countries, then there will be downward pressure on the growth of primary-product prices.

Second, if governments in the developing countries pursue export-expansion policies, then supplies of these products will rise on world markets, again tending to deflate price. In either event, the developing countries will have a decreasing share of the gains from trade as trade continues through time. Empirical studies show that the 1950s and 1980s were periods of falling primary prices, and two world wars periods, Korean War and early 1970s were periods of rising primary prices. In the whole period 1900~2000, relative primary-product prices by 2000 were about half of what they were in 1900. Thus the trend has indeed been downward.

Since 1980, developing countries have turned increasingly toward manufacture-export-led development strategy, which emphases exports of less-skilled-labor-intensive manufactured goods to the industrialized countries. There have been a few examples of success of adopting manufacture-export-led growth strategy, including Japan in its post-World War II reconstruction and newly industrialized countries and regions of East Asia.

Adoption of manufacture-export-led strategy is not an easy task because the developed countries have made it difficult. They have, in fact, discriminated against exports of manufactures from developing countries. Non-tariff import barriers apply to a greater percentage of goods from developing countries. In general, the highest tariff rates among manufactures are those on textiles, apparel, and footwear-the kind of manufactures in which developing countries have their broadest comparative advantage. The developed nations have not practiced the policies of free trade and comparative advantage that they have urged on developing countries. The Doha Round of multilateral trade negotiations is billed by the World Trade Organization as a "development round" in which a major focus will be improving access for the exports of developing countries into markets in both the industrialized countries and other developing countries as newly industrialized and high income countries.

Despite some discrimination against their exports, some developing countries have been able to break into world markets for their exports of manufactures. One reason is that developing countries have been able to become exporters in standardized manufacturing lines where technological progress has cooled down, such as textiles, tire, and simple electrical appliances. A second reason is that developing countries have become locations for low-cost assembly of more technologically advanced products like computers, with multinational firms from the industrialized countries providing the advantaged technology, the components, and the marketing and distribution of the finished products. A third reason is that barriers against imports of manufactures from developing countries are not all that solid. Those products can find other access into the industrialized countries markets or these countries can develop other new products not limited by the barriers.

1.2 Development Strategies before China's Economic Reform

China has implemented different development strategies before and after its economic reform. Although expressed by different terms, the development strategies adopted by Chinese government are similar in nature with import substitute and export oriented development strategies, which have produced contrasting results.

1.2.1 Selection of Heavy-Industry-Oriented Development Strategy

To make China strong and the people rich was the ideal of China's socialist revolution. When the People's Republic of China was established in 1949, China's industrial foundation was very weak. The modern industrial sector accounted for only 10 percent of the national economy, whereas the agricultural and handcraft sectors accounted for 90 percent. Nearly 90 percent of the population lived and worked in rural areas. The new national leaders encountered the problems of what kind of development strategy to adopt in order to accelerate industrialization. They selected the heavy industry-oriented development strategy or leap-forward strategy to promote overall industrialization and economic development.

The selection of the strategy was the result of the political and economic environment both domestically and internationally. When Chinese leaders analyzed the economic structure of industrialized countries, they undoubtedly noticed that these countries' industrial structure consisted of large proportion of heavy industries, thus large percentage of heavy industry in a country's economy signified its development and strength. Actually, the choice of heavy-industry-oriented strategy as their development strategy is not rare among newly independent countries. After World War II, many developing countries hoped to skip the intermediate stages of economic development and leap forward to a higher level of industrialization. Most of them chose heavy-industry-oriented development or import substitution as their primary means of accelerating economic development. China's national leaders believed that the adoption of a leap forward strategy was necessary to win the race for economic development and for quickly turning the nation into an independent and developed economy.

For China, however, there was another important reason - the Korean War. The involvement in the war required the nation to strengthen its military ability. Western countries, led by the U.S, isolated China and impose economic embargo against China. Such international political, economic and military situations forced China to quickly set up a rather comprehensive and self-contained industrial structure. To develop heavy industry is a natural choice for the national leaders.

However, by nature, heavy industries are extremely capital intensive and large scaled, which is in direct conflict with China's resource endowments and ability to mobilize resources at its stage of economic development in the 1950s. The initial investment for a heavy industry project is enormous, and construction period is much longer than other projects. In the 1950s, China's economy was poorly developed. The economy had little power to allocate sufficient fund to heavy industry. In 1952, per Capital GNP was only ¥104 yuan, state-owned banks' year-end total asset value was only ¥11.88 billion yuan, and the total deposit was US$ 20.8 billion. Such a low income level hampered capital accumulation, thus capital in China was scarcest production factor.

Another serious problem was the conflict between the supply of heavy industry equipment and shortage of foreign exchange. The development of heavy industry requires a large amount of technology and equipment, which had to be imported from industrialized countries. As a closed and autarkic economy, China's exportation was very small and limited; therefore the exchange for importation was limited as well. Besides, the relationship between China and other industrialized western countries were ideologically antagonistic, which further restrained China's ability to obtain needed technology and equipment.

1.2.2 Macroeconomic Policies Supporting Heavy Industry's Development

Obviously, heavy-industry-development strategy is contradictory with China's production factor endowment and the law of market forces. The Chinese government needed to work out comprehensive macro-policies to meet its politically determined strategic goal of developing its heavy industry sector against a poor economic and financial situation. The policies include the following measures.

1.2.2.1 Low Interest Rate

The scarcity of capital implies high interest rate at normal financial market. The Chinese government, to ensure the rapid growth of heavy industry at a lower construction cost, must reduce the price of capital and to maintain a low and stable interest rate. From middle of 1950, immediately after the curbing of high inflation, the government started to bring the interest rate from 144 percent per year to a very low level. Using the monthly rate for state enterprises' loan as an example, the rate was adjusted to 2 percent on 31 July 1950, 1.5~1.6 percent by April 1951, 0.6~0.9 percent by January 1953, and 0.456 percent by 1954. The rate was maintained for a long time. In June 1960 it was readjusted to 0.6 percent, but in August 1971 it was again lowered to 0.42 percent.

1.2.2.2 High Valued RMB

In the early 1950s, China's foreign exchange was as scarce as capital. The market determined exchange rate should have been very high. The government intervened in the formation of the foreign exchange rate and purposely overvalued the domestic currency to ensure the importation of needed equipment at low cost. From March 1950 to May 1951, RMB exchange rate to U.S. dollar was adjusted 15 times, from ¥420/US$100 to ¥223/US$100. From March 1, 1955 to December 1971, the exchange rate was kept at a level of ¥246.18/US$100. In 1978 after the U.S. dollar was depreciated by 7.89 percent, the exchange rate between RMB yuan and U.S. dollar was¥172/US$100.

1.2.2.3 Low Prices for Production Factors and Living Necessities

The high accumulation rate required for developing heavy industry could not be achieved by transferring surplus from other sectors because of low tax policy and low returns in those sectors such as the agriculture. The accumulation for the heavy industry's development had to depend largely on the industry's own ability. One important way to do so was to lower the input cost of production-labor wages and raw materials. In the early 1950s, a uniformed wage system was introduced and the wage rate was regulated only by the central government. With the low wage rate together with low prices for energy and other raw materials, the heavy industry accelerated its accumulation at a rapid speed.

The low nominal wage policy decreased the urban citizens' buying power for daily necessities. If the prices of daily necessities were regulated by market force, the low nominal wage would not have sustained the prices, and finally the labor supply for heavy industry would have been affected. The solution to this problem was to implement a low-price policy for agricultural products, living necessities and services so that industrial workers could make a living with their low nominal wages. Since large industrial plants were concentrated in urban areas, such a preferential policy of low living expenses was not applied throughout the country, so rural population did not have access to the low-price privilege. In fact, through this mechanism, a large part of the cost of high accumulation in heavy industry was transferred from the traditional economic sectors, such as agriculture.

When the price of a product or a factor of production is artificially fixed below its equilibrium price, two effects will appear simultaneously: the demand will be stimulated and the supply will be suppressed. The quantity demanded and the quantity supplied will deviate from the equilibrium level, and a shortage will arise. If the price suppression is a stable institutional arrangement, the gap between supply and demand will persist and the economy will become a shortage economy. In shortage economy, it was necessary to replace the market function with a planned resource allocation system in order to ensure that the limited supplies of resources would be allocated to the government-determined priority industries. The Chinese government set up a series of planned resource allocation institutions in the early 1950s. With the establishment and improvement of the functions of these institutions, a highly centralized, planned resource allocation system was formed.

1.2.3 The Effect of Heavy-Industry-Oriented Development Strategy

Several decades of practices of heavy-industry-oriented development strategy has produced profound impacts on China's economic and social development. The major impacts are shown from the following aspects.

1.2.3.1 High growth rate but low welfare level

From the early 1950s to the late 1970s, China underwent a dramatic change in economic structure and established a rather complete industrial system on the basis of a predominately agricultural economy. During this period, the economy was growing rapidly at an annual rate of 15.3 percent with the heavy industry leading the growth. The percentage of industry in national income increased from 12.6 percent in 1949 to 45.8 percent in 1978. The share of agriculture decreased from 68.4 percent to 35.4 percent in the same period. The capital accumulation in industry was very high, totaling 359.92 billion yuan. The newly added fixed capital amounted to 273.45 billion yuan.

However, the high growth rate and high capital accumulation did not translate into improvement of people's welfare level. The personal income and people's living standard were persistently suppressed because of the bias in the distribution of national income and the investment and consumption structure. According to official exchange rate, the per capita GNP was US $52 in 1952 and US $210 in 1975. In more than two decades of time, China was among the poorest countries even in the group of low income developing countries, whose per capita GNP was US $265 in the 1970s. Moreover, the supply of consumer goods was in serious shortage because the industrial structure was biased toward the capital intensive industries.

1.2.3.2 Distortion of industrial structure

The implementation of the heavy industry-oriented strategy led to huge distortion of China's industrial structure. The percentage of manufacturing sector was very high whereas that of service sector was exceptionally small. Table 1-2 shows that the agricultural sector was declining steadily, meanwhile the service sector from 1952 to 1978 was also dropping, a change against the general economic development pattern. Within the manufacturing sector, coarse processing dominated by resources input took a much larger share than refined processing. For example, the production capacity of steel smelting was growing at a very fast pace, while the production capacity of steel rolling was growing rather slowly. Therefore a large quantity of steel ingots piled up, while a large amount of refined steel materials had to be imported. In fact China has to pay a high price to correct the industrial structure problem, which remains until today. China's service sector has not even reached the average level of developing countries of 50 percent.

Table 1-2 Change of industrial structure (1952~2004)

Year	1952	1978	1984	1994	2003	2005
Agriculture	57.7	32.8	32.0	20.2	14.6	12.4
Industry	19.5	49.4	43.4	47.8	52.2	47.3
Service	22.7	17.84	24.7	31.9	33.2	40.3

1.2.3.3 Low level of urbanization

Due to its capital intensive nature, for a given amount of capital, the number of people that heavy industry can employ is much lower than that of other sectors. According to research done by Feng Lanrui (1982), every 1 billion yuan investment in the heavy industry sector can provide 50000 job opportunities, which is only one third of the jobs created by light industry. For one billion yuan investment, state-owned enterprises create 100000 jobs, which is only one fifth of the jobs by non-state-owned enterprises. However, before 1978 the increase in the number of people working in heavy industry was 4.1 times that of those working in light industry, and those employed in state-owned enterprises was 3.1 times of that of in non-state-owned firms. The percentage of agriculture in GNP decreased from 57.7 in 1952 to 32.8 in 1978, a drop of 25 percent; but the labor force in agriculture decreased from 83.5 percent to 73.3 percent, a drop of only 10.2 percent. In 1980, the level of urbanization in China had only reached 19.4 percent, just 6.9 percentage points higher than it was in 1952. The high employment rate in heavy industry and state-owned enterprises retarded the shift of the employment structure which normally would have accompanied economic development and the process of urbanization.

1.2.3.4 More closed and inward-looking

When resources were directed towards the capital intensive products, the proportion of capital goods China should have imported from international market decreased; while labor intensive products that China could have exported more also dropped. The decline in imports and exports indicated that the economy became increasingly inward-looking. The share of import and export value in the total industrial and agricultural output vale declined from 8.16 percent in 1952~1954 to 5.89 percent in 1976~1978, a drop of 2.27 percentage points.

1.2.3.5 Low microeconomic efficiency

Under the central planned economic system, the government determined the allocation of production factor and production cost. Enterprises' responsibility was to carry out the production plan and submit the products to the government. There was no linkage between the expansion of an enterprise and its economic efficiency, or between its workers' income and their contribution. Such a micro-management institution severely suppressed the working incentives and caused very low economic efficiency at the micro level. Because of low efficiency and low absorbing of labor, production could only happen inside the production possibility frontier. The economic performances under the heavy-industry development strategy suggests that the fundamental reason for China's high-cost and low-efficiency pattern of economic growth before the reform was the choice of an inappropriate development strategy.

1.3 Development Strategy after China's Economic Reform ——Strategy based on Comparative Advantage

As discussed previously, leap-forward development strategy ignoring China's factor endowment reality led to serious economic problems, such as the worsening of poverty in urban and rural areas, the persistence of high inflation, and the serious imbalance in industrial structure -thwarted their economies' stability and impeded their opportunities for sustained growth. When China initiated economic reform, it gave up its heavy-industry oriented development strategy and took an alternative economic development path.

1.3.1 A Theoretical Explanation of Comparative Advantage Development Strategy

The classical theory of international trade uses the relative advantage of labor productivity to define comparative advantage. David Richardo, based on absolute advantage of Adam Smith developed comparative advantage theory in the international trade. Hechshire and Ohlin further explain that the productivity difference in comparative advantage across countries arises from the difference in the relative scarcity of factors of production due to their differing resource endowments and stages of development.

The principle of comparative advantage is not only applicable to international trade, it is also a basic principle for a country's economic development. Even if in a case of a closed economy, there still remains the problem of how to make an appropriate technological choice in domestic production. In producing a good, there is always a substitution between capital and labor. Take the production of grain as an example. Each stage of the production process — from sowing, to planting, to harvesting — can be performed either by human labor or through full-scale mechanization. The available technology is the same in every country. However, whether it is more appropriate to use labor-intensive or capital-intensive technology depends on the relative prices of labor and capital. On one hand, in countries with a limited supply of labor but relatively abundant capital, the relative price of labor is high whereas the relative price of capital is low. Therefore, the principle of cost minimization will direct producers to use capital-intensive technology. Labor is supported by more capital; therefore, the labor productivity is higher. On the other hand, the least costly production technology in countries with relatively abundant labor is labor-intensive technology. This is the so-called induced technology innovation.

Of the three basic factors of production, land, labor and capital — land endowment is usually roughly fixed, whether the economy in question is developing or developed. There may be differences in its relative abundance or scarcity; however, generally speaking, the possibility of increasing an economy's land endowment is very small. Therefore, land can be treated as a given in an economy.

The supply of labor will increase with the increase of the population in an economy. Labor's increase, however, depends on the natural fertility rate, and can grow at most two or three percent per annum. The growth of capital in an economy is different. In general, capital's growth rate is very low in an economy's early development stage. Depending on the country's propensity to save and the available surplus in the economy, the growth rate of capital can reach 20 to 30 percent or even more. Because of the differences in the starting points of economic development, capital is much scarcer in developing economies than it is in developed ones.

The structure of factor endowment and the relative abundance of factors of production in an economy depend both on the natural endowment of that economy and on its stage of economic development. At an earlier stage of development, capital is usually the scarcest factor. The economy has a comparative advantage in land-and labor-intensive products, i.e. agricultural and mineral products. As the capital accumulation and the increase in the labor force reaches a certain level, and the relative scarcity of land increases, labor-intensive manufacturing industries become the economy's comparative advantage. As capital accumulates further along the development process, labor cost gradually increases, capital becomes the relatively abundant factor of production, and capital-and technology-intensive industries become the economy's comparative advantage.

Every economy has its own comparative advantage, regardless of its stage of economic development. In the sequence of economic development, some economies are forerunners and others are latecomers. Comparative advantage is a continuous spectrum. An economy's comparative advantage will change dynamically according to the change in its endowment structure. The change in an economy's comparative advantage in general is reflected in the change of its industrial structure and trade composition. Table 1-3 uses the changes in trade composition to show the "Revealed"① changes of comparative advantage in four East Asian economies between 1899 and 1986.

Table 1-3 Indicators of "Revealed" Comparative Advantage in Agricultural Products, Textile and Garments in East Asia, 1899-1986

	Year	Agricultural products	Textiles and garments
Japan	1899	>1.0	1.5
	1913	0.7	2.6
	1929	0.7	2.9
	1937	0.5	4.1
	1954~1956	0.4	5.5
	1964~1966	0.3	2.7
	1971~1973	0.2	1.7
	1976~1978	0.2	1.0
	1982~1984	0.1	0.7
	1985~1986	0.1	0.5
China Hong Kong	1954~1956	n.a.	5.4
	1964~1966	n.a.	7.0
	1971~1973	n.a.	7.6
	1976~1978	n.a.	9.2
	1982~1984	n.a.	7.2
	1985~1986	n.a.	6.9
South Korea	1954~1956	2.7	n.a.
	1964~1966	1.6	4.3
	1971~1973	0.7	6.3
	1976~1978	0.6	6.6
	1982~1984	0.5	4.8
	1985~1986	0.3	4.1
China Taiwan	1954~1956	2.6	n.a.
	1964~1966	2.1	2.2
	1971~1973	0.8	4.8
	1976~1978	0.7	5.0
	1982~1984	0.6	4.1
	1985~1986	0.5	3.4

Source: Kym Anderson. Changes of Comparative Advantages in Chinese Economy [M]. Beijing, Economic Science Press, 1992: 26.

① The revealed comparative advantage is calculated as the ratio of the weight of a certain commodity in a country's total exports to the weight of the value of a commodity in the total value of exports in the world. Agricultural products include items 0, 1, 2 (except 27, 28) and 4 in the Standard International Trade Classification. Textiles and garments include items 65 and 84 in the Standard International Trade Classification.

The four economies in the list, which took their own resources' comparative advantage as the starting point of their development were very competitive, and had a higher rate of growth, faster capital accumulation and an outward–oriented feature. These economies experienced faster shifts in their endowment structure and sustained a continuous upgrading of their industrial structure. They unexpectedly realized the goal of catching up with developed countries whereas the countries adopting the leap forward strategy failed.

The dynamic change of an economy's comparative advantage depends on the dynamic change of that economy's endowment structure, which in turn depends on how well economic agents in the economy exploit the existing comparative advantage in their choices of technologies and industries. When an economy adopts the leap forward strategy, its comparative advantage is concealed by the distorted prices of factor and product as a result of the distorted macro–policy environment. If the existing comparative advantage is not utilized, the economy as a whole will not be competitive, and a dynamic change in the economy's endowment structure and comparative advantage will be slow.

An economy's endowment structure changes continuously along with the economy's development. Therefore, the comparative advantage of the economy will also change. To maintain competitiveness, enterprises in the economy have to take the dynamic changes in comparative advantage into account and respond with continuous innovations. The government can play two roles in the process of dynamic change.

First, enterprises need information about new technologies and industries that capture the economy's changing comparative advantage. There are large economies of scale in information collecting and processing. Information also has the nature of a public good. Once information is obtained, the marginal cost of providing it to an additional enterprise is almost zero. Therefore, the government can play a role in making the information available to enterprises, for example, forming an indicative industrial policy.

Second, technological and industrial innovation, like other types of innovation, involves externality. The innovators of new industries or technologies sometime cannot recoup all the benefits of the innovation, and sometimes the benefits cannot cover the cost of innovation. Government can thus provide a limited scope of credit, tax or other form of subsidy to compensate for the externality of innovation. However, the government must not go too far. If it ignores the reality of its endowment structure and attempts to use administrative measures to induce a leap forward in its industrial/technological structure, it will have to institute a whole set of policy distortions in credit, foreign exchange, and other factors and product markets, and, in turn, to use administrative interventions to direct the allocation of those resources. The economy will become very inefficient, the changes in the endowment structure will happen very slowly, and the attempt to upgrade the overall production and technological structure will eventually fail.

1.3.2 Pragmatic Success of the Comparative Advantage Development Strategy

The core difference between the comparative advantage strategy and the leap forward strategy is the macro-policy environment. The prerequisite for full utilization of an economy's comparative advantage is a price system which through market competition reflects the supply and demand relationship and the relative scarcities of products and factors of production in the economy. Therefore, in the macro-policy environment of the comparative advantage strategy, products' and factors' prices are determined by the market, and technological and institutional innovations in the economy are guided by market-determined price signals. It is worth mentioning that the effect of the comparative advantage strategy on economic development is recognized only gradually by policy makers in some countries and regions. Therefore, the corresponding macro-policy environment and other corresponding economic institutions are not formed instantly. However, the more clearly policy makers understand the importance and necessity of a change in development strategy, the sooner economic reforms or adjustments will result. To put it more concretely, the core of economic reform is to shift the economy's development strategy via the opening of domestic product and factor market, a series of the price formation, and the liberalization of trade.

"The four little dragons" are examples of economies which have achieved fast and stable economic growth through exploiting their resources' comparative advantages. Like many other developing economies, these four economies started their economic development at a low level after World War II. In the early 1950s, their levels of industrialization were low, capital and foreign exchange were extremely scarce, and per capita incomes were around US$100. Like other developing countries, they faced the problem of choosing an appropriate path for developing their economies. Except for Hong Kong, they all adopted an import substitution strategy at the beginning but soon gave up the attempt to develop heavy industry and to proceed to secondary import substitution. Instead, based on their resources structure, they energetically developed labor-intensive industries, promoted exports, and expanded the outward-oriented economy to fully utilize their economies' comparative advantage by relying on the function of the market. Market - determined relative prices reflected their relative scarcities or factor endowments. With the guidance of relative prices, they developed the sectors that could exploit their comparative advantages. These economies achieved unexpectedly rapid economic growth and became the rising stars of economic development.The Success of "The four little dragons" set an example for China and in turn, China's success once more proved the truth of relying on the comparative advantage development strategy.

The logic and possibilities of exploring comparative advantage in the world economy lie in the improvement and transfer of industrial structures in different countries. In developed countries, such as the European countries, the United States, and Japan, labor-intensive industries were gradually being replaced by technology-and capital-intensive ones because of the increasing abundance of capital and the rising of wage rates in the economies. China Hong Kong, China Taiwan, Korea, and Singapore had abundant supplies of inexpensive labor. Therefore, when the developed countries' comparative advantages changed to more capital and technological intensive industries, the latter group was able to capitalize on dynamic opportunities. Through trade linkages, and because of the openness of their economies, labor-intensive industries in developed countries were relocated to these Asian countries, which were thus able to sustain 20 to 30 years of rapid growth. Along with the accumulation of capital and technology, they gradually upgraded to more capital - intensive and technology - intensive industries, first becoming newly industrialized economies, and then reaching or nearly reaching the level of developed economies. This extraordinary achievement has attracted worldwide attention.

The utilization of comparative advantage in an economy is a process of selecting the economy's domestic industrial structure. Because different goods require different combinations of factor inputs, each country should choose the most advantageous industrial structure based on its resource endowment. For example, the production of automobiles requires higher capital intensity than does the production of clothes. It is certain that the relative price of automobiles in terms of clothes is cheaper in countries with relatively abundant capital than in countries with relatively abundant labor. At the early stage of a country's development, therefore, the country should develop the clothing industry instead of the automobile industry.

Since 1978, when China introduced reform and the open-door policy, Township and Village Enterprises (TVE) have developed more rapidly than any other sector in China. Their average annual growth rate has been much higher than that of state-owned enterprises, and their contribution in the national economy have become more and more significant. The rise of TVEs can be attributed primarily to their ability to allocate resource according to the market signals that reflect the relative scarcity of resources and the changes in demand and supply, rather than to government protection. Unable to obtain low interest loans and price subsidies from the government, TVE must buy inputs and sell products according to market prices, and have to seek development through market competition. In fact, it is precisely the market signals that reflect resources' relative scarcities and the "survival of the fittest", that have made TVEs more capable of exploiting the economy's comparative advantages of relatively abundant and cheap labor resources in their choice of industries and technologies. For example, at the peak time of TVEs' development in 1996, the employment by TVEs was 23 million more than that of the state-owned enterprises, but the net value of the fixed assets of the TVEs was only one-forth that of the SOEs. The comparison shows that TVEs are better at exploiting China's comparative advantages of relatively abundant and cheap labor resources and therefore, TVEs were able to build up their strength and became an important part of China's economy.

TEVs are firstly and thus the most highly developed in the coastal provinces of Jiangsu,

Zhejiang, Shandong, Fujian and Guangdong, where the population is densely inhabited. Large amount of idle labor was once the most serious problem in that part of China. Quite a number of plants and firms have been set up, producing labor-intensive products. Those provinces are actually attracting labors from other parts of China to satisfy the increasing labor demand. The use of comparative advantage in the provinces also brought about a surge in the local economy, which generated more profit and foreign exchange, thus stimulating the accumulation of capital, which in turn accelerated the pace of the improvement of the endowment structure and industrial structure. The provinces have begun to develop relative capital-intensive industries, and later technology intensive products. The part of labor intensive industries are moving out of those provinces to the central and western parts of China to make use of cheaper labor there. The exportation structure in these provinces shows a change of their competitiveness at the international market: textile exportation was first replaced by electronic products and then later by high-tech products. Now automobile industry, a capital and technology intensive industry, is developing rapidly. The surge of its exportation is in near future.

China's coastal regions' economic success, which came about as a result of their reliance on the comparative advantages as a way to accelerate economic development bears powerful testimony to the fact that comparative advantages can indeed accelerate economic development in an economy as China's.

1.4 Extended Learning

1.4.1 Questions for consideration

(1) Compare ISDP and EODS with heavy industry oriented development strategy and comparative advantage development strategy and discuss their similarities and differences.

(2) What was the factor endowment reality in China when the People's Republic of China was founded? Has the factor endowment structure changed now?

(3) Why did the leap-forward development strategy fail?

(4) Why can the comparative advantage theory be applied to a country's economic development?

1.4.2 Case Study

An Example of Application of Comparative Advantage Strategy —China Taiwan's Economic Development

China Taiwan's economic development sets an example to illustrate how an economy can rely on its resources' comparative advantage to achieve the goal of economic development and how an economy can adjust its economic structure to accommodate the dynamic change of its comparative advantage.

In the early 1950s, Taiwan was poorly endowed with capital and its per capita GNP was only US$ 144. Based on this starting point, Taiwan did not adopt the heavy industry-oriented development strategy or a full scale import substitution strategy. Instead, in line with the capital-scarce and labor-abundant characteristics of its resource endowment, Taiwan relied on the development of labor-intensive and low-technology industries to push forward the industrialization of the whole economy. For example, in 1953~1960, the average annual growth rate of industrial output was 11 percent, and the fastest growing industries were agricultural product processing, foodstuffs, textile, plywood, cement, glass, etc. Because of the development of labor-intensive industries, the industrial share of the economic structure rose from 17.7 to 24.9 percent in this period, and the share of industrial products in the total exports increased from 8.4 to 32.2 percent. The development laid a solid foundation for the subsequent economic takeoff.

Taiwan's rate of economic development was not hampered by its initial choice of labor-intensive light industry as the key sector. On the contrary, because its industrial structure reflected the comparative advantage of its resource endowment, Taiwan's economy was very competitive in the world economy. Capital, both human and physical, was accumulated in the process. At that time, Japan and other developed capitalist countries were upgrading their economic structures to include more capital- and technology-intensive industries along with their accumulation of capital and technology, and were gradually relocating their more labor-intensive manufacturing industries to developing economies. Taiwan's endowment structure was in a good position to capitalize on that opportunity. It upgraded its labor-intensive, export-oriented processing industries, expanded its export of labor-intensive products, and further sped up economic growth. Through the development of industries that captured the economy's comparative advantage, industrialization and upgrading of the economic structure accelerated. Between 1961 and 1973, the average annual growth rate of the GNP in Taiwan exceeded 10 percent, and the average annual growth rate of industrial products was more than 18 percent. The share of industry in the economy increase to 43.8 percent and the share of industrial products in exports reached 84.6 percent.

Along with economic development and the increase of per capita GNP, Taiwan's labor cost gradually rose, and its level of capital accumulation also greatly increased. The country's comparative advantage started to change from more labor-intensive industries to more capital-intensive and technology-intensive ones. In line with the changes in comparative advantage, the industrial structure in Taiwan also adjusted accordingly. Table 1-1, which use 1986 as the base period, shows the rise and fall of growth rates of various industrial sectors in Taiwan. From the table, we can see that Taiwan's industrial structure adjusted to the changes in comparative advantage throughout the development process.

Table 1-1 Growth Index of Manufacturing Sectors in Taiwan (1986=100)

Year	Food stuffs	Textile	Garment and clothing	Paper making and printing	Plastic products	Non-metal mineral products	Metal products	Electrical & electronics appliances	Transportation machinery
1981	80.13	82.83	77.70	71.55	54.83	76.37	67.81	47.52	75.23
1982	80.91	79.02	78.93	71.49	56.79	78.89	65.16	47.38	71.09
1983	87.13	84.17	76.68	74.03	65.08	86.07	75.25	62.06	79.78
1984	91.60	92.70	86.88	80.46	78.37	90.38	84.02	81.56	87.41
1985	99.79	92.24	93.24	85.59	82.45	94.80	88.61	78.13	83.17
1986	100	100	100	100	100	100	100	100	100
1987	104.57	104.73	102.66	106.29	113.18	105.99	111.50	123.68	122.82
1988	105.77	94.03	85.61	110.02	118.92	110.08	120.01	136.27	125.17
1989	103.54	97.55	83.57	120.79	116.35	115.77	126.64	142.60	148.23
1990	108.57	92.05	75.75	126.37	107.03	117.87	122.41	141.15	152.48

Source: Tetso Ikeda, Hu Xin. Economic Restructuring in Taiwan and Its Prospects of Development, Beijing: China Economic Press, 1993: 68.

Compared with economies which adopted the leap forward strategy, Taiwan achieved faster economic growth. Regardless of whether success is measured by level of economic development or by per capita GNP, Taiwan has achieved the goal of catching up with developed countries. At the same time, the country's dominant industries in the economic structure have shifted from light industries, which depend on a cheap labor force, to more capital-intensive and technology-intensive new industries. For example, according to the classification of light industry and heavy industry, light industry made up 75.2 percent of total manufactured products in Taiwan in 1952, but dropped to 44.25 percent in 1990. Correspondingly, the proportion of heavy industry increased from 24.8 percent to 55.75 percent. According to the classification of factor intensity, from 1981~1990 the share of labor-intensive industry dropped form 50 percent to 43.8 percent. This percentage was further reduced to 37.9 percent in 1996, and capital- and technology-intensive industry increased their share from 50 to 56.2 percent and 62.1 percent.

It can be concluded that, precisely because Taiwan's economy relied on its comparative advantage in the process of economic development, its endowment structure changed rapidly, and its attempt to upgrade its industrial structure and improve its living standard was successful.

Questions for discussion:

(1) According to Table 1, tell the changes of comparative advantages of the manufacturing sectors of China Taiwan happening in the 1980s.

(2) Do you think Taiwan and other members of "little tigers" could have achieved their economic success if they had all remained in autarky?

1.4.3 Expert View

Prospects for China's Growth in the Coming 20 Years

Looking forward, China can still rely on the advantage of backwardness and has the potential to maintain dynamic growth for another 20 years or more because:

(1) In 2008, China's per capita income was 21 percent of US per capita income measured in purchasing power parity. The income gap between China and the U.S. indicates that there is still a large technological gap between China and the industrialized countries. China can continue to enjoy the advantage of backwardness before closing up the gap.

(2) Maddison's estimation shows that China's current relative status to the US is similar to Japan's in 1951, Korea's in the 1977 and China Taiwan's in 1975. The annual growth rate of GDP grew 9.2 percent in Japan between 1951~1971, 7.6 percent in Korea between 1977-1997, and 8.3 percent in Taiwan between 1975~1995. China's development strategy after the reform in 1979 is similar to that of Japan, Korea and China Taiwan. China has the potential to achieve another 20 years of 8 percent growth. By that time, China's per capita income measured in purchasing power parity may reach about 50 percent of U.S.' per capita income. (Note that Japan's per capita measured in purchasing power parity was 65.6 percent of that of U.S. in 1971,

Korea's was 50.2 percent in 1997, and Taiwan's was 54.2 percent in 1995). Measured by purchasing power parity, China's economic size may then be twice as large as the US; and measured by market exchange rates, China may be about the same size as the US. That said, now China is becoming an innovator in its own right. As a middle-income country, in many sectors that China has comparative advantage, other higher income countries have graduated, or are close to graduating, from those sectors——for example, household electronics and the high-speed train. If China wants to maintain leadership in those sectors, China will need to develop the technology/product innovation when it reaches the frontier. China can then become a global technological/industrial leader in those sectors. There are also some new sectors, such as green technology, which are important for China's sustainable growth. China has the potential to be a leader due to its large domestic market.

Justin Yifu Lin

Sr. Vice President and Chief Economist World Bank

Quoted from Remarks at the 20th Anniversary of the University of Science and Technology

Hong Kong, March 23, 2011

1.4.4 On-line study

Check the change of the top 10 exportation volume from the website of China Ministry of Commerce (www.mofcom.gov.cn) to see the improvement of China's exportation structure. Tell from the changes if China's international competitiveness has improved.

Chapter 2 Planned Economy and Its Transition

【Main Contents】

Chapter Two first compare and contrast the major properties of planned economy and market economy. Then the transitional economies and their transitional approach from planned economy to market economy are introduced. Russian is chosen as the representative country from transitonal economy group and its econmic reform approach and the effects are explained. Lastly, the course of China's economic reform and great success are analyzed.

【Key Points】

- The differences between market economy and planned economy.
- Advantages and disadvantages of planned economy.
- Strategies and process of Russia's transition and its results.
- China's economic reform, process and achievements.

Planned economy was once used by all socialist countries. From 1978, China became one of the first countries that began the transition from planned economy to socialist market economy. However, from end of 1980s and beginning of 1990s, much larger scaled transition happened in Russia and countries formal Soviet Bloc. Why did China and other formal socialist countries choose to transfer from planned economy to market economy? What approaches did they choose and what has been the results therefore produced? These questions will be the focuses of the chapter.

2.1 Connotation of Planned Economy and Market Economy

Economic systems adopted by countries in the past history are no more than pure planned economy, market economy and mixed economy. However, since 1990s, pure planned economy, which was once widely accepted among socialist countries, faded out. For purpose of a better understanding of the phenomenon, it is necessary to have an explanation of planned economy and market economy.

2.1.1 Planned Economy

Planned economy is an economic system in which the central government controls industry such that it makes major decisions regarding the production and distribution of goods and services. Its most extensive form is referred to as a command economy, centrally planned economy, or command and control economy.

A planned economy may consist of state-owned enterprises, private enterprises directed by the state, or a combination of both. Though "planned economy" and "command economy" are often used as synonyms, some distinctions under a command economy, the means of production are publicly owned. That is, a planned economy is "an economic system in which the government controls and regulates production, distribution, prices, etc." but a command economy, while also having this type of regulation, necessarily has substantial public ownership of industry. A centrally-planned, or command economy, where most of the economy is planned by A central government authority, is organized along a top-down administration where decisions regarding investment, production output requirements are decided upon by planners from the top, or near the top, of the chain of command. Therefore, command economies are planned economies, but not necessarily the reverse.

Beginning in the 1980s and 1990s, many governments presiding over planned economies began deregulating (or as in the Soviet Union, the system collapsed) and moving toward market-based economies by allowing the private sector to make the pricing, production, and distribution decisions. Although most economies today are market economies or mixed economies (which are partially planned), planned economies exist in very few countries such as Cuba, Libya, North Korea, Saudi Arabia, Belarus and Myanmar.

2.1.2 Market Economy

A market economy is an economy in which the prices of goods and services are determined in a free price system. A market-based economic system relies on prices to allocate resources, signal trends, and provide incentives. If a good's price rises, this signals increased scarcity, and consumers have an incentive to consume less of the good and producers an incentive to make more of it. Similarly, a rise in an input's price informs firms that the input has become scarcer and gives them an incentive to use less of it and more of other relatively cheaper inputs. This is often contrasted with a state-directed or planned economy. Market economies can range from hypothetically pure laissez-faire variants to an assortment of real-world mixed economies, where the price system is under some state control or at least heavily regulated. In mixed economies, state-directed economic planning is not as extensive as in a planned economy.

In the real world, market economies do not exist in pure form, as societies and governments regulate them to varying degrees rather than allow full self-regulation by market forces. The term free-market economy is sometimes used synonymously with market economy, but, as Ludwig Erhard once pointed out, this does not preclude an economy from having social attributes opposed to a laissez-faire system.

The term used by itself can be somewhat misleading. For example, the United States constitutes a mixed economy (substantial market regulation, agricultural subsidies, extensive government-funded research and development, Medicare/Medicaid), yet at the same time it is foundationally rooted in a market economy. Different perspectives exist as to how strong a role the government should have in both guiding the market economy and addressing the inequalities the market produces. This is evidenced by the current lack of consensus on issues such as central banking and welfare.

2.1.3 Advantages and Disadvantages of Planned Economy

Any coin has two sides. Planned economy has both advantages and disadvantages.

2.1.3.1 Advantage of Planned Economy

(1) Stableness. Stableness is an advantage of a planned economy, one which was among the most important for socialist economists of the early 20th century, is that it is not subject to major pitfalls of market economies and marked-oriented mixed economies. A planned economy, in theory, does not suffer from business cycles; it does not experience crises of overproduction such as the one that was believed to have contributed to the Great Depression. This also means that unemployment is more tightly controlled. The planned economy tends to encourage

investment in longer term and more stable infrastructure projects.

(2) Collective benefits. The focus of a planned economy is usually on the benefits of the country as a whole and the citizens therein. Because this type of economy is planned, it can be implemented to increase the wealth of the entire nation rather than distributing wealth only to a small portion of its citizens. Planned economies can also more equally distribute wages, bonuses, materials and services rather than focusing on the wealth and opportunity of select individuals.

(3) Full and Rapid Resource Use. Because this type of economy is planned out by governmental agencies, it can take into account the resources available and attempt to utilize them to the most urgent sectors particularly in abnormal situations such as reconstruction after wars, economic crises and projects private investment refuses to go. A planned economy can also be used to make sure that production takes into account the current needs of the county as a whole.

2.1.3.2 Disadvantages of Planned Economy

(1) Rigid system lack of incentives. In planned economy, the government determines from production to distribution, therefore producers are simply told to produce a tertian number of goods or services. Often as a result of inefficient information and ex-post adjustment, the economy does not respond as well to supply and demand. This may lead to inefficient allocation of resources or productive efficiency due to lack of competition and profit motives. Besides, there is no real incentive for individuals to be innovative. Goods are of poor quality since there is a lack of profit motive.

(2) Inefficient resource allocation. A centrally planned economy relies on government planning to decide what and how much to produce and how much to pay factors of production. In order to allocate scarce resources according to plans and supervise the implementation of plans, the government established a vertical management system and a horizontal local administration system. The functions of these two systems overlapped. As a result, an orderly linkage based on an input output relationship between the various sectors and regions was replaced by competition for investments and resources. Critics of planned economies argue that planners cannot detect all needed information and therefore cannot efficiently co-ordinate production and planning often became an ex-post adjustment. Meanwhile, when gaps between the economic structure and the policy goal arose, the planners used distorted prices, various direct and indirect subsidies (soft budget constraints) and quantity-adjustment methods to arrange and adjust the national economy. Therefore, all sectors carried out their production under one of the following two scenarios.

As shown in Figure 2-1, one type of sector carried out its production with its calculating price below the equilibrium level. Since the price was lower than the equilibrium level, and a shortage of Q_1Q_2 was the result.

For example, even though the Soviet Union had its own passenger car manufacturing industry going back to 1940's, it was impossible for a Soviet citizen to simply walk into a store

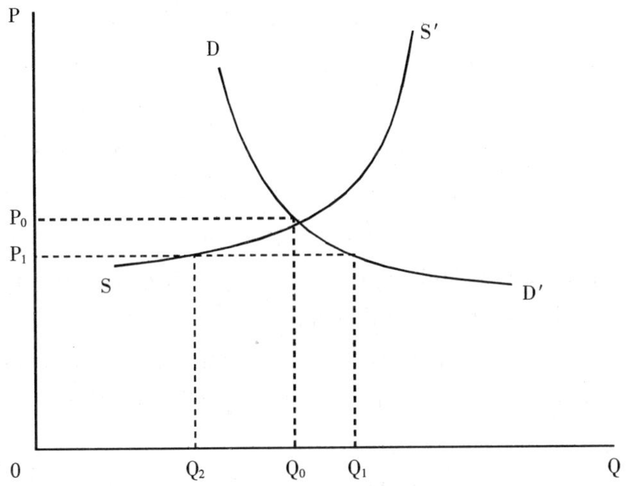

Figure 2-1 Shortage Caused by Price Distortion

and buy a car —— the entire output of all car manufacturing plants was allocated for years in advance. From the modern viewpoint, such a shortage indicates a mismatch between supply and demand —— suggesting that planners have misjudged the demand for the product, the equilibrium price, or both. An imbalance, which would have been corrected naturally in a matter of years in a free-market economy, persisted for decades, while central planners turned a blind eye on it.

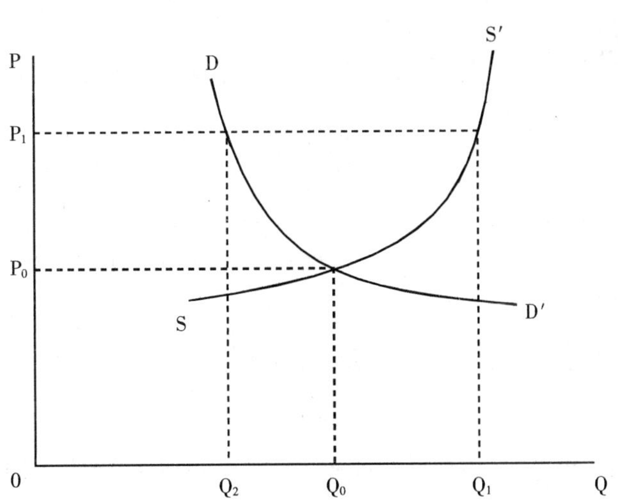

Figure 2-2 Surplus Caused by Price Distortion

This difficulty was first noted by economist Ludwig von Mises, who called it the "economic calculation problem". Economist Janos Kornai developed this into a shortage economy theory (advocates could claim that shortages were not primarily caused by lack of supply).

In the second scenarios a problem of surpluses exists (See Figure 2-2). Because the sector produced at a higher than equilibrium price, a surplus of Q_1Q_2 was the result. The sector's supply curve SS was in fact the sector's marginal cost curve. Therefore, a higher price actually caused that sector to produce a surplus at a higher marginal cost.

Surpluses indicate a waste of labor and materials that could have been applied to more pressing needs of society. Critics of central planning say that a market economy prevents long-term surpluses because the operation of supply and demand causes the price to sink when supply begins exceeding demand, indicating to producers to stop production or face losses. This frees resources to be applied to satisfy short-term shortages of other commodities, as determined by their rising prices as demand begins exceeding supply.

It is argued that this "invisible hand" prevents long-term shortages and surpluses and allows maximum efficiency in satisfying the wants of consumers. Critics argue that since in a planned economy prices are not allowed to float freely, there is no accurate mechanism to determine what is being produced in unnecessarily large amounts and what is being produced in insufficient amounts. They argue that efficiency is best achieved through a market economy where individual producers each make their own production decisions based on their own profit motive. These opponents of central planning argue that the only way to determine what society actually wants is by allowing private enterprise to use their resources in competing to meet the needs of consumers, rather those taking resources away and allowing government to direct investment without responding to market signals.

2.2 Painful Transition from Central Planning

The disadvantage of planned economy loomed larger in formally central planned counties. With the economic situation turning worse, economic reform in central and Middle Eastern countries became inevitable.

2.2.1 Countries in Transition and their Economic Performances

Transitional economies are referred to as those economies that have transferred from centrally planned economies to free market economies. Internationally, the Eastern European countries and Russia are widely considered as transitional economies; however by meaning of "economic transfer", China and other countries which have experienced the reform process from planned economic system to market economic system should also be included into this category. In this chapter, transitional economies mean the Easter European countries and Russia.

Between 1989 and 1991, economic and political reforms in Eastern Europe and Soviet Union were gaining the momentums. One by one, governments with central planning system fell, and new governments pledged themselves to the difficult task of transition to market-oriented economies. As this process continues, each country faces unique problems and challenges, but there are elements common to all.

Although analysts agree that the economies of the Soviet Union and Central and East Europe will perform much better under market systems than under central planning, things got worse before they got better. With the opening of the market, demand shifted to better, Western-made goods. The massive government-owned factories lost their only markets. The CMEA disbanded as members shifted their trade to the West. Countries such as Hungary and Czechoslovakia that had relied on exports of manufactured goods saw the (artificial) prices of those goods collapse when confronted with world market prices for higher-quality goods. Some economies tried to shift exports to the West, but their outdated technology and trade barriers in developed-country market limited this ability in the short run.

Several economies in transition instituted large-scale reforms early, signaling a dramatic shift to a market orientation. For these countries, including Albania, the Baltic republics, the Czech Republic, Mongolia, Poland, the Slovak Republic, and Slovenia, the worst of the short-run shock of transition was over, and growth rates are climbing, albeit erratically. For others, late or overly timid reforms or special difficulties such as massive corruption or armed conflicts had their economies still mired in the downturn phase of transition in 2000. Table 2-1 shows that most of the transitional countries had negative growth in the 1990s except Hungary, Poland, Slovak Republic and Slovenia. Ukraine experienced the worst downturn.

Table 2-1 Change of real GDP of Transitional Economies (1990~2000)

GDP change (%)	1990	1991	1992	1993	1994	1995	1996	1997	1998	1999	2000	1990~2000
Bulgaria	-9.1	-11.7	-7.3	-1.5	1.8	2.9	-10.1	-7.0	3.5	2.4	5.0	-23.01
Croatia	-7.1	-21.1	-11.7	-8.0	5.9	6.8	5.9	6.8	2.5	0.4	3.5	-13.45
Czech Rep.	-1.2	-11.5	-3.3	0.1	2.2	5.9	4.8	-1.0	-2.2	-0.2	3.1	-1.68
Estonia	-8.1	-13.6	-14.2	-8.5	-2.0	4.3	3.9	10.6	4.7	-1.1	6.4	-12.70
Hungary	-3.5	-11.9	-3.1	-0.6	2.9	1.5	1.3	4.6	4.9	4.5	5.3	8.09
Latvia	-3.5	-10.4	-34.9	-15.0	0.8	-1.0	3.3	8.6	3.9	0.1	n.a.	-38.71
Lithuania	-6.9	-5.7	-21.3	-16.2	-9.8	3.3	4.7	7.3	5.1	-4.2	2.9	-31.58
Poland	-11.6	-7.0	2.6	3.8	5.2	7.0	6.0	6.8	4.8	4.1	4.1	43.61
Romania	-5.6	-12.9	-8.8	1.5	3.9	7.1	3.9	-6.9	-5.4	-3.2	1.6	-18.24
Slovak Rep.	-2.5	-14.6	-6.5	-3.7	4.9	6.7	6.2	6.2	4.4	1.9	2.2	5.03
Slovenia	-4.7	-8.9	-5.5	2.8	5.3	4.1	3.5	4.6	3.8	4.9	4.7	19.85

Source: European Development Bank.

The transitional economies as a whole grew in 1997 for the first time in the seven years. On average, an economy suffered 3 years of falling output after introducing sustained reforms. Industry's share of output has fallen in most of the countries, while services have grown and agriculture has grown in some and declined in others. By the end of transition's first decade, the countries' economic and policy performances had become highly differentiated. Some had built impressive track records of reform and had realistic hopes of jointing the European Union; others had hardly started down the road to reform and recovery.

Table 2-2 shows that people's income rises faster in the countries where economic recovery is faster, a result largely agreeable with Table 2-1. Actually none of the states under the Soviet Unions had resumed their 1990 income level by 2000. Per capita income of some countries was even less than half of their original level.

Table 2-2 Per Capita GNP for the Economies in Transition (1990~2000)

Unit: $

Country	1990	1991	1992	1993	1994	1995	1996	1997	1998	1999	2000
Albania	n.a.	n.a.	n.a.	340	380	670	820	750	810	870	n.a.
Bulgaria	2250	1840	1330	1140	1250	1330	1190	1140	1230	1380	1510
Czechoslovakia	3140	2470	n.a.	n.a.	n.a.	n.a.	n.a.	n.a.	n.a.	n.a.	n.a.
Czech Rep.	n.a.	n.a.	2450	2710	3200	3870	4740	5200	5040	5060	4920
Slovak Rep.	n.a.	n.a.	1930	1950	2250	2950	3410	3700	3700	3590	3700
Hungary	2780	2720	2970	3350	3840	4120	4340	4430	4510	4650	4740
Poland	1690	1790	1910	2260	2410	2790	3230	3590	3900	3960	4200
Romania	1640	1390	1130	1140	1270	1480	1600	1420	1390	1520	1670
Yugoslavia	3060	n.a.	n.a.	n.a.	n.a.	n.a.	n.a.	n.a.	n.a.	n.a.	n.a.
Croatia	n.a.	n.a.	n.a.	n.a.	2560	3250	3800	4610	4520	4580	4510
Macedonia	n.a.	n.a.	n.a.	n.a.	820	860	990	1090	1290	1690	1710
Slovenia	n.a.	n.a.	n.a.	n.a.	7040	8200	9240	9680	9760	9890	10070
Soviet Union	n.a.	n.a.	n.a.	n.a.	n.a.	n.a.	n.a.	n.a.	n.a.	n.a.	n.a.
Armenia	2380	2150	780	660	680	730	630	530	480	490	n.a.
Azerbaijan	1640	1670	740	730	500	480	480	510	490	550	610
Belarus	3110	3110	2930	2870	2160	2070	2070	2150	2200	2630	2990
Estonia	4170	3830	2760	3080	2820	2860	3080	3330	3390	3480	3410
Georgia	2120	1640	850	580	n.a.	440	850	840	930	620	590
Kazakhstan	2600	2470	1680	1560	1160	1330	1350	1340	1310	1230	1190
Kirgizstan	1570	1550	820	850	630	700	550	440	350	300	270
Latvia	3590	3410	1930	2010	2320	2270	2300	2430	2430	2470	2860
Lithuania	3110	2710	1310	1320	1350	1900	2280	2230	2440	2620	2900
Moldova	2390	2170	1300	1060	870	920	590	540	410	370	400
Russia	3430	3220	2510	2340	2650	2240	2410	2740	2300	2270	1660
Tajikistan	1130	1050	490	470	360	n.a.	340	330	350	290	170
Turkmenistan	1690	1700	1230	n.a.	n.a.	n.a.	940	630	n.a.	660	840
Ukraine	2500	2340	1820	2210	1910	1630	1200	1040	850	750	700
Uzbekistan	1340	1350	850	970	960	970	1010	1010	870	720	610

Source: World Bank, World Development Report; United Nations, Human Development Report.

2.2.2 The Reform Agenda and Prospects

The transition countries were confronted with enormous tasks when the reform started. The list of major transition tasks included eliminating price controls and introducing market-determined prices, cutting government subsidies to industry, removing restrictions on private ownership and market activities, cutting military spending and the role of government in the economy, assuring macroeconomic stability, providing incentives for improved productivity and quality, privatization, designing systems for effective corporate governance, and creation of independent central banks to administer monetary and foreign-exchange policies. In the Soviet Union, even more fundamental reforms such as building a legal system to protect private property, a framework for enforcement of contracts, and a transparent accounting system were (and still are) needed; some of the economies of Central and Eastern Europe, with their shorter histories of central planning, were luckier in these regards.

Most analysts and policy makers agreed on most items on the reform list. However, there were two controversies.

The first concerned the proper speed and ordering of reforms. Faced with such a daunting list, should one attempt all the reforms simultaneously and as quickly as possible? Or should one concentrate on a few elements at a time and allow for lengthy adjustment periods? History provides few models of such broad political and economic change; therefore, substantial disagreement remains on this question. Poland followed the sudden of "big bang" approach on January 1, 1990, when it cut tariffs and moved its zloty currency toward convertibility. Many economists argue that opening international trade supports the other needed reforms by providing information about market prices, putting competitive pressure on domestic firms to improve quality, and providing access to new technology, an area in which most of the economies in transition lag seriously behind the West. The Soviet Republics have, with few exceptions, taken more gradual approaches, but have met with only erratic success. China's gradualism, in which liberalization began in agriculture during the late 1970s and only gradually extended to industry, has been somewhat more successful. Generally, the countries of Central and Eastern Europe have undertaken the most complete reforms; Central Asian countries, on the other hand, lag behind.

A second debate over reform concerns how (and how much) to cushion the effects of transition on individuals and firms. On the one hand, failure to provide social cushions generates social and political discontent that may threaten the reform process. On the other hand, too much cushioning removes the essential incentives adjust and prolongs the inevitable pain of transition. As price controls are removed, particularly for key goods such as energy, food, and housing, citizens bring tremendous political pressure to raise wages to maintain their purchasing power. But the low productivity in many sectors does not justify those higher wages, so yielding the political pressure prolongs the transitional period of increased unemployment.

The short-run economic prospects vary substantially across Eastern Europe and the Soviet Union. In some countries, such as Hungary, central planning was never complete and substantial market expertise exists within the population. In others, such as the Soviet Union, a longer and more exclusive history of socialism means that few citizens possess significant market experience. The share of the state sector in the economies varied substantially before reforms began. For example, in the mid-1980s, 97 per cent of value-added originated in the state sector in Czechoslovakia, East Germany, and the Soviet Union, but only 65 percent in Hungary. So the magnitude of the privatization task-a slow and difficult aspect of reform-differs across countries. In some countries, the population strongly supports reform; other countries face more troubling and unstable domestic political situations or even civil or interstate conflict.

Like other developing countries, the economies in transition also face the hurdle of developed-country trade barriers. Industries in which the emerging economies have comparative advantage——such as agriculture, textiles, and steel—are precisely those industries in which many developed countries erect the highest trade barriers. The Uruguay Round reforms, once in full effect, will improve market access for the economies in transition. In addition, for transitional economies with WTO membership, the reforms require them to continue to dismantle their own trade barriers, although the agreement permits a slower liberalization schedule for developing and transitional economies than for developed ones. As of 2013, many transitional economies including Russia, had attained full WTO membership; most of the others, had requested membership.

Difficult work remains, especially in the areas of capital and financial market reforms, enterprise restructuring and governance, and government reform of tax systems and corruption. There are reasons for optimism. All the economies should be to attain substantial productivity gains from restructuring their enterprises. And most enjoy highly educated and skilled workforces. However, everyone now recognizes that building market institutions and policies is a long-term job that requires persistence and, sometimes, resourcefulness.

2.2.3 Russia's Economic Reform and its Result

Russia used to be the largest planned economy. Its transition was the most typical and representative among all transitional countries. Due to its totally different transitional strategy and approaches from that of China, economists often contrast the two countries and argue about the propriety of their strategies. For comparing purpose, Russia's transition is briefly introduced here.

2.2.3.1 Shock Therapy and its Result

Russia's transition started from early 1990s. The radical reform plan drafted with the advice of American professor from Harvard University is known as "Shock Therapy", an approach to curb high inflation by tightening monetary policies. The plan includes:

(1) Taking strict monetary and fiscal policies, controlling size of credit and loan, reducing budget deficit and eliminating gap between aggregate demand and supply;

(2) Freeing most prices (three quarters of which were still state-controlled), letting price mechanism to allocate resources;

(3) Liberalizing imports, opening domestic market, realizing free convertibility of the

currency;

(4) Privatizing the majority of state-owned firms, setting up mix economic system based on privatization.

The radical reform proved to be devastating to the country's economy. In the first few years of reform, the economy experienced dramatic adverseness.

(1) Total output slumped by more than half of 1989. Productivity in 1993 was 61.2 percent of 1989.

(2) Prices were out of control and inflation was serious. The inflation rate was 2510% in 1992, 840% in 1993, and 300% in 1994. Exchange rate between ruble and US dollar in June, 1992 was 112/1, but two years later, it was 4000/1.

(3) Budget deficit and serious shortage of fund led to payment crises between enterprises. Production was inactive or stopped completely.

(4) People's welfare level dropped. People's income in 1993 was only half of that before the reform. Unemployment rate reached 13 percent of the labor population.

Finally, beginning in January 1995, the government apparently managed to stabilize the macroeconomic environment, or at least to reduce inflation. Although the government's fiscal imbalance persisted, by July 1995 inflation had fallen below 5 percent per month, a level it maintained until the financial crisis of August 1998.

2.2.3.2 Privatization Reform

A most important aspect of Russian's reform is privatization. The reformers began the privatization process by giving away public assets to those who, in principle, had always owned them: the public. Every Russian citizen was offered a "voucher" which could be exchanged for stock in privatized firms, invested in a voucher fund, or sold for cash. The direct exchange for stock was supposed to take place at a "voucher auction", during which holders of vouchers bid for shares. In December 1992, beginning with the Bolshevik Biscuit Company, the Russian government began auctioning off stock in state owned firms. The reformers achieved their goal of rapidly privatizing a large number of firms. Between January 1992 and June 1994, the government privatized 16500 firms, shares of which were held by over 41 million Russians, either directly or through voucher investment funds. However, the very speed of the privatization process limited the ability of citizens to understand and participate fully in the process. Auctions happened quickly all over the country, and many were under-publicized.

Russia's most valuable and highly prized public assets—the natural gas, oil, and mineral deposits with which the country is abundantly endowed were excluded from the process of mass privatization. Instead, these "strategic" industries were the subject of a number of presidential decrees issued during late 1992. The State Property Committee was to deal with those sectors later. Between 1995 and 1997, when it did privatize those resource sectors, the committee created a controversy that continued into the next decade and undermined public support for the reform process.

In March 1995, Oneksimbank, chaired by Vladimir Potanin, proposed a solution to Yeltsin's fiscal problems. In consultation with the leaders of several other powerful banks, Potanin suggested that the banks offer the Russian government a large loan for one year. As collateral, the banks would hold and manage the state's blocks of shares in 29 large Russian firms, most of which were state-owned oil and minerals assets. The block of shares in each firm was to be distributed to a specific bank to hold in trust after an open and competitive auction, or "pledge auction", as the government called it. The proceeds of each auction were "loaned" to the Russian government. If, at the end of the year, on September 1, 1996 (after the summer's presidential elections), the Russian government elected not to repay the loan, ownership of the blocks of shares would be transferred to the winners of the pledge auctions, who would have been holding and managing the shares.

Ultimately the government held 12 pledge auctions only. Potanin, the creator of the pledge auctions plan, and some other organizers received largest prizes at what appeared to be a considerable discount. The government received $ 800 million in loans from the auctions, a welcome inflow into the federal budget. The Western media called it the "loans-for-shares" deal.

After the pledge auctions, the pace of privatization slowed considerably. During 1997 and 1998, the government sold its stake in eight major enterprises only. In 1999, privatization practically ceased.

2.2.3.3 Result of Reform

(1) The August 1998 Crisis. In 1998 financial crisis, the government was forced to default on its domestic debt, devalue the ruble, and impose a moratorium on repaying foreign private debt. Although Russia's 1995 macroeconomic stabilization program brought down levels of inflation, it did not resolve the government's tax collection problems. The government essentially replaced monetary financing of the budget deficit with borrowing on a newly created government bond market and on international capital markets. Government bonds paid generous rates of return (generally 30 to 40 percent per year) to a relatively small number of domestic banks licensed to operate in the market. Many of these banks borrowed heavily in dollars, which they exchanged for rubles in order to purchase more of the government's debt, thus increasing foreign lenders' exposure to the Russian government's default risk. In addition, the government eventually opened the domestic government bond market to foreigners, who could then directly hold Russian debt. By the summer of 1998, foreigners, either directly or indirectly, held 40 to 50 percent of the government's domestic debt.

The consequences of the 1998 crisis for Russia's economy, and the economies of Russia's neighbors, were enormous. Russians experienced a sharp drop in real income, living standards, and employment. The crisis caused a temporary paralysis of the payments and settlements system and ruined the balance sheets of the large private banks whose holdings were primarily government bonds. The government defaulted on $ 40 billion in ruble-denominated bonds – heavy losses for private investors.

(2) A Demographic Crisis. Russian's economic reform in 1990s brought about a demographic crisis. By the end of the 1990s, Russia's public health was clearly in crisis. In 6 of those 10 years, the life expectancy of Russians had fallen. The average Russian woman could expect to live 72 years, but the average Russian man failed to reach 60. Between 1990 and 2000, death rates rose by almost a third, whereas birth rates plummeted nearly 40 percent. Russia's population shrank every year, falling from 148 million in 1992 to 146 million in 1999.

The country's public health infrastructure, seriously underfunded, was collapsing. Cases of infectious diseases that had once been under control increased alarmingly. All of this led the United Nations to estimate that Russia's population could shrink to 120 million over the next 50 years.

Certainly, the 1990s were a decade of economic troubles. In 1998, the Russian economy seemed to have reached its nadir. GDP had fallen to 55 percent of its 1989 level. Between 1988 and 1995, the proportion of Russians living below the poverty line increased from 2 to 50 percent. A few Russians made fortunes during these years of economic transformation, but the overall benefits of change were uneven. Russia's Gini coefficient, a measure of income inequality, nearly doubled between 1989 and 1995, rising from 0.27 to 0.48. Popular opinion held that 100 families owned 60 percent of the country's wealth.

2.3 China's Economic Reform and its Achievements

China's economic reform strategy and path were very different from that of Russia. Instead of top-bottom path and taking radical changes overnight, China took the incremental approach, starting from very rudiments of China's society. The reforms can be divided into four phases: the first phase (1978~1984) is characterized by reform in the rural area; the reform of the second phase (1984~1992) is shifted from rural area to the urban area with focus on state-owned-enterprise reform; the third phase (1992~2000) is the experimental period for establishing socialist market economy; and the forth phase (2000~2020) is the perfection of socialist market system. In the following part, the economic reform is introduced from four broad aspects: rural reform, state-owned-enterprise (SOE) reform, institutional reform, and trade and investment reform (integration into the world economy).

2.3.1 Reform in the Countryside

The first wave of reforms took place in the countryside. In 1978, most peasants still lived in rural communes and were instructed to produce fixed quantities of agricultural products to meet the plan. In some areas, local officials had begun to allow peasants to retain production above their contracted amount and often looked the other way when this production was sold on local markets. Prompted by officials in drought-ravaged provinces, the central government undertook several measures to increase crop production and raise rural incomes. Local officials were instructed to increase procurement prices for central plan quotas and to allow above-quota output to be freely sold. This created a "dual price" system, in which a fixed amount of output was delivered to meet the plan and all incremental output was sold at market-determined prices. The central government also increased state investment in agriculture and relaxed restrictions on inter-provincial trade in agricultural products.

A related innovation was the "Household Responsibility System". Although officially prohibited by the central government, many communes began to lease plots of land to individual households. As payment, the family was responsible for managing production and delivering a fixed quota of output to the commune. The system shifted control of production decisions from communes to households, and thus led to very different behavior. The Household Responsibility System spread quickly after 1979. In 1981, when the central government officially approved the system, 45% of rural households were already participating. By 1983, the system had spread to 98% of farming households.

The reforms had an immediate impact and production of all types jumped sharply. The most rapid gains in agricultural output occurred between 1978 and 1984, when grain yields grew at a 5.7 percent rate, the production of oilseeds doubled, and cotton output tripled. Pork, beef, and mutton production all grew by at least 80 percent. The changes in the countryside led to a positive cycle. Increased production and procurement prices raised rural incomes and led to a sharp increase in savings. Higher incomes created demand for consumer goods that were in short supply. To meet this demand, local governments began to direct savings into collectively-owned enterprises, known as "Township and Village Enterprises" (TVE), many of which were actually established during the period of the Great Leap Forward to promote rural industrialization. Increases in agricultural productivity freed up surplus labor in the countryside. Industrial output in the countryside boomed. By the time the central government officially approved rural industrial development in 1984, Township and Village Enterprises' share of industrial output had grown from 22 percent to 30 percent. It grew to 30.8 percent in 1988, and has stayed at about that level since. Throughout the 1980s, TVE output grew at an average rate of 30 percent a year. By the peak period of 1996, more than 23 million TVEs employed 135 million people, accounting for 29.43% of rural population.

2.3.2 State-Owned Enterprise Reform (SOE)

2.3.2.1 SOE before the Reform

The reforms in the countryside and the Special Economic Zones fueled sharp increases in production and incomes, but they also increased pressure on state-owned enterprises—the backbone of the urban economy. The SOEs had been nurtured under central planning and accounted for 78 percent of industrial output and 19 percent of total employment in 1978 (vs. 72% of employment in agriculture). SOEs in key sectors (such as heavy industry, mineral extraction, energy production, and banking) reported to the central government. Others reported to provincial or local governments. Enterprises purchased inputs and sold their output at state-determined prices, produced to a quota, and turned all of their profits over to the state, which also covered operating losses. As of 1978, SOEs were also the primary source of government revenues—they paid income taxes equal to 19% of GNP and remitted profits equal to an additional 19% of GNP. Like most SOEs elsewhere, state-owned enterprises in China were considered overstaffed, inefficient, and poorly managed. The World Bank estimates that manufacturing productivity in SOEs declined at an annual rate of 1.2% from 1978 to 1983. SOEs were, however, the primary providers for social services in urban areas. They provided housing, education, health care, and lifetime employment for their workers. In many cases children inherited their parents' jobs. This system was known as the "iron rice bowl".

2.3.2.2 SOE Reform in the 1980s

In the early 1980s, some local officials began to experiment with an ad hoc "Management Responsibility System", a counterpart to the Household Responsibility System used in agriculture. New freedoms were negotiated on a firm-by-firm basis and fell into three categories: increased autonomy over production and investment decisions, the right to retain a portion of profits, and the right to sell above planned output at market prices. By 1984, profit retention and production autonomy were in widespread use, but formal permission to produce above the plan was still rare. In October 1984, the central government formally approved these practices, which then spread quickly. Price controls for (above-plan) final goods were loosened starting in 1980, and dual-track prices were introduced for intermediate goods in 1985.

Unlike the rural reforms, initiatives designed to improve the performance of SOEs had limited success. SOEs' share of industrial output continued to fall, from 78% in 1978 to 55% in 1990. Despite this drop in their share of output, SOEs' share of total employment showed only a small decline, from 19% to 18%. As non-state firms gained competitiveness, SOEs' monopoly positions were eroded and their combined contributions to the central government fell sharply (from 38% of GNP in 1978, to only 3.6% in 1990). About two-thirds of SOEs lost money in 1992 and government subsidies to loss-making enterprises increased from 2.0% of GNP in 1985 to 3.1% in 1990. The productivity growth in SOEs lagged that in TVEs and the private sector.

2.3.2.3 Rent Seeking

While the Management Responsibility System did little to improve SOE performance, it provided opportunities for corruption. Enterprise directors used their personal relationships (guanxi) with local and national leaders to negotiate prices for industrial inputs. Directors often used their lowest-quality inputs for goods bound for the state and focused their efforts and resources on above-plan production. The dual-price system created the opportunity to earn high profits by diverting plan-output to the unregulated market. Because state-delivery quotas were negotiated, SOE managers had an incentive to bribe local officials.

Figure 2-3 shows that when the price of a given production factor or product is determined by the market, the market equilibrium price would be P_0, and the corresponding equilibrium supply and demand would be 0b. When price is determined by the plan and is artificially suppressed to P_1; the supply determined by the market is only 0a, which is far from being able to meet demand. Given this supply level, the market price (black market price) would be P_2. If an enterprise can get access to resources at the planned price P_1, it will generate a profit equivalent to the area *x* in the Figure 2-3. The sector or enterprise entitled to such under-priced resources is determined by policies or government institutions. The profit is therefore called institutional rent. Activities such as falsifying costs, deceiving departments in charge, the "back-door" practice, bribing officials in charge of resource allocation, and lobbying by all interest groups to obtain such under-priced resources are know as rent seeking.

Rent seeking is derived from the dual-price system. The motivation for rent seeking is determined by the amount of institutional rent available, the possibility of obtaining this rent and the risks involved. Rent seeking is most active when there are serious shortages in supply of resources and when the gap between the government determined prices and market prices is getting larger.

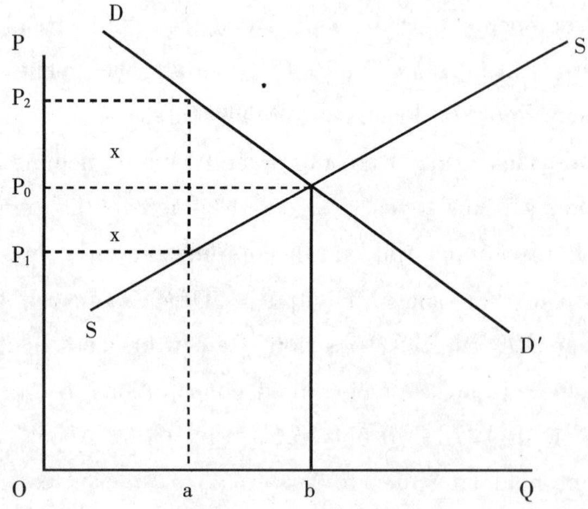

Figure 2-3 Rent Seeking

2.3.2.4 SOE Reform in the 1990s

Despite vigorous reform efforts since 1984, the financial performance of SOEs continued to deteriorate. As TVEs, private firms, and foreign-invested enterprises flourished in the 1990s, state-owned enterprises had been in steady retreat. By 1994, SOEs produced the majority of output in just nine sectors. These sectors were protected by regulatory or technological barriers to entry, and thus provided a safe harbor for struggling state firms. In 1996, half of SOEs were losing money, and the government estimated that 30% were effectively bankrupt.

Beginning in 1994, the Chinese government adopted a three-pronged new approach toward SOEs, summarized in the slogan, "Grasping the big ones and letting go of the small ones". The first prong was to preserve government control of the largest SOEs, while attempting to reform these enterprises by combining them into conglomerates and by altering their governance structures. The second prong was to permit ownership change of the small SOEs controlled by local governments. The third prong was to allow bankruptcies and mergers of the truly nonperforming SOEs. In September 1997, at the 15th Party Congress, the Chinese leadership formally affirmed this policy.

The ownership reform is another important measure to revive SOEs. Later on, some big and middle sized SOEs became the target of the ownership reform with various types of ownership, such as state-solely-owned firms, liability limited companies or stock companies, share holding and joint stock companies. The reform on SOEs has shown great achievement by 2005. SOEs have realized accumulated sales of 11.5 trillion yuan, profit of 904.7 billion yuan and government revenue of 995.7 billion yuan.

2.3.3 Institutional Reform

In addition to the rural and urban reforms, China implemented a series of institutional reforms between 1978 and 1995. Four were particularly important: price reform, tax reform, financial sector reform, and currency reforms.

2.3.3.1 Price Reform

Price reform went through two phases. In the first phase from 1978 to 1984, the government raised the price of goods in shortage and reduced the price of goods in surplus so as to make the planned prices closer to equilibrium prices, but the government still played the decisive role in price formation. In the Second phase from 1985 onwards, the government gradually loosed its control over the prices of the products and let market to play bigger role, thus creating a dual-track price system. The prices of products and materials allocated by the plans were set by the government, whereas the prices of non-planed materials and products were determined by the market. By 2005, prices of products determined by the market accounted for 95.6 percent of the total value of retail commodities, 96.5 percent of the total procurement of agricultural products and 87.4 percent of the total sales of production materials. In industries, products under the influence of the government accounted for 5 percent of the total products, a drop from 70 percent from 1979 level.

2.3.3.2 Tax Reform

The central government granted provincial governments increased autonomy with regard to taxation and industrial development in 1984. Local governments were granted significant tax collection authority in what was known as the "tax contract system". Under this system, the local government collected taxes and turned over a tax quota to the central government, retaining a high proportion of any above-quota tax revenue. Provincial authorities used this freedom to allocate funds to local SOEs and TVEs. The new system led to a sharp decline in central government revenue, which fell from 9.6% to only 6.0% of GNP between 1986 and 1992. The central leadership viewed this development with alarm as the fiscal contraction at the center eroded the government's ability to stabilize the economy and to affect income transfers across regions.

In 1994, the central government implemented an extensive tax reform. It established a National Tax Service that was responsible for direct collection of national taxes, making central tax collection largely independent of local. The 1994 reform also reduced the number of taxes from 32 to 18 and introduced a value-added tax. Prior to reform, income tax rates had varied by ownership type and because of bargaining between firms and various tax collection authorities. After the reforms there was a single income tax applied to all domestic firms. The new system reversed fiscal contraction, and the central government's share of consolidated revenue rose dramatically from 22% in 1993 to 50% in 1996. Finally, the reform moved the system toward more uniform treatment for domestic and foreign-invested firms. In 2007, the government announced the unified tax treatment of 25% for both domestic and foreign enterprises.

2.3.3.3 Financial Reform

The financial reform took place in five areas: establishment of a comprehensive banking system, relaxation of business restriction between banks, diversification of interest rates, increased sources of credits and financial market development. The financial system in China before economic reform was a single, consolidated system. The People's Bank of China was the only bank in existence. It had comprehensive responsibilities including issuing legal tenders, extending industrial and commercial loans, insurance, and so on. The first step of financial reform was to construct a new banking system. From 1979 to 1985, four state-owned banks, the Agriculture Bank of China, the Bank of China, the Industrial and Commercial Bank of China and the People's Construction Bank of China, and China Insurance Company were established. The new system encouraged competition among banks by allowing them to take part in different lines of business and abolishing strict division of business between specialized banks.

However, the poor financial performance of SOEs was reflected in the deteriorating finances of the financial sector. In the late 1980s, in an effort to contain fiscal deficits, the central government directed state banks to cover SOE losses with loans. By the mid-1990s, SOEs absorbed more than 70% of the loans granted by state banks. The Chinese government estimated that loans at state banks equal to 8%~10% of GDP would have to be written off. To deal with this issue, the political and policy functions of Chinese banks were separated from their commercial functions. Three new policy banks namely State Development Bank Aguicultural Development Bank of China and China Export & lmport Bank were established in 1994 for the purpose of policy lending. This allowed other banks, primarily the four large state banks, to specialize in commercial lending activities. Over time, the commercial banks were to transfer their policy lending portfolio to the policy banks.

The reform on interest rate management system was to differentiate interest rates, so that interest rates could function as a lever to adjust supply and demand of capital. The reform of the credit system provided opportunities for the development of non-bank financial institutions and for the operation of more financial tools. For example, the reform led to the rapid development of trust and investment companies, insurance companies, leasing companies, securities companies, security exchange, and urban and rural credit cooperatives. Another important aspect of financial reform is financial market. The authorities opened two stock exchanges in Shanghai and Shenzhen and allowed the establishment of non-bank financial institutions to engage in limited financial intermediation. Several foreign banks opened representative offices, although their operations were strictly limited. After China's accession into the WTO, however, the restriction on foreign banks' operation is lifting gradually. Starting from December 2006, foreign banks can do RMB business as all other Chinese banks.

With the deepening of the reform, the inter-bank loan market, the deposit market for large-amount transferable certificates, the public debt market, the financial bond market, the corporate bond market, and the stock market are playing increasingly important roles.

2.3.3.4 Currency Reform

The final set of institutional reforms involved currency convertibility. Prior to 1986, the yuan was largely inconvertible. The inflation-adjusted (i.e., "real") value of the yuan was steadily lowered, starting in 1980 and continuing through 1993. Until the mid-1980s, foreign currency transactions were tightly regulated. All capital transactions required central bank approval, while the treatment of trade transactions varied according to firm ownership. Enterprises with foreign capital that were located in Special Economic Zones were generally allowed to retain foreign currency and to import and export freely. Domestic firms required regulatory approval and foreign-currency allowances to import and were forced to turn over all export earnings to the state banking system. In the mid-1980s, the government introduced a complex system in which domestic firms could retain a portion of the foreign exchange they generated. In 1986, the government introduced a dual exchange rate system on which domestic firms could buy and sell limited amounts of foreign currency. Under this system, the central bank fixed the official exchange rate but allowed limited free exchange on a parallel "swap market". The exchange rate on the swap market was set by market forces and was generally much lower than the official rate.

In 1994, the authorities abolished the dual exchange rate and merged the market and official rates at the market rate. This amounted to an effective devaluation of the yuan by about 50%. The action gave a large boost to Chinese exports. With the exception of 1993, the current account was in surplus every year since 1990. These surpluses, combined with large FDI inflows, led to a huge buildup of foreign exchange reserves. In 2006, China's foreign exchange reserve has reached $1.07 trillion, overtaking Japan as the number one largest reserve holding country. In 2005, as an important step to further liberalize its foreign exchange policy, the government announced that instead of pegging to one single currency—U.S. dollar—China's RMB pegs to a basket of currencies and allows RMB to float within larger range.

2.3.4 China's Opening-up and Integration into the World Economy

China's self-imposed isolation during the Cultural Revolution had come at a time when other Asian economies were taking off. China Hong Kong, Japan, Singapore, South Korea, and China Taiwan had all combined technology imports with export promotion to drive rapid growth. The Chinese central government believed a similar strategy would work for China, but the country had a long way to go because the economy was extremely isolated, with a trade to GDP ratio of only 10% and no stock of foreign direct investment. Reform in both urban and rural areas had led to strong demand for imports, primarily fertilizer and capital equipment, and foreign exchange reserves had fallen dangerously low.

2.3.4.1 Foreign Trade Reforms

The progress of the economic reform required the government to put an end to self-sufficient, autarky condition and adopt opening-up policy. The first was piecemeal trade reform, which started in 1979 and continued through the 1990s. Reform of foreign trade system covered three phases. In phase one (late 1978~1986), the emphases of reform were to loose the central government control over the foreign trade by delegating authorities to local governments and firms. Prior to 1979, all trade had flowed through 12 foreign trade corporations (FTCs). After that, local officials started to license their own FTCs and local firms with foreign trade rights mushroomed, reaching nearly 10000 in the mid-1990s. The second phase was to promote the foreign trade responsibility system. From 1988, local governments contracted with the central government regarding the amount of foreign exchange they promised to generate, the amount they promised to remit to the central government, and economic benefits they attempted to secure. Most foreign exchange earnings exceeding the quota set by the central government were retained by local governments and foreign trade enterprises. By this system, foreign trade enterprises were responsible for their own profits and losses. The reform entered its third phase from 1991. The targets of this phase were to encourage fair competition, reducing government subsidies, introducing agent system and unification of manufacturing and trading. The reform policies aimed at terminating the long history of subsidizing foreign trade and to force foreign trade enterprises to compete on the international market.

The reforms led to some severe distortions, however. By 1987, China had established, in essence, two separate trading systems. One was an export processing system. Although it was extremely open, access was controlled: most domestic firms were excluded, while most foreign-invested firms could participate. The other was the traditional, but increasingly reformed, domestic Chinese system, which is basically an import-substitution system. Much of the export processing system revolved around simple, labor-intensive assembly. In this system, components were imported duty-free, an enterprise in China assembled them, and the goods were then re-exported. In many cases, the Chinese firm simply provided assembly work on a contract basis, and it never took title to the imported materials. The export processing part was fairly small until the early 1990s, never accounting for as much as 10% of total Chinese exports. But as inbound-FDI increased and economic growth in the Special Economic Zones reached a fever pitch in the mid-1990s, foreign invested enterprises' share of exports increased rapidly, reaching 31% in 1995 and more than 50% in 2005.

With the improvement of China's industrial structure, its trade structure also undertook profound changes: before 1980s, China's top export commodities were natural resources; after 1980s, manufactured products topped the list although labor intensive products as textiles, clothing and toys dominated the exportation. From the middle of 1990s, electronic products became the largest amount of exportation. From 2000, China's exportation stepped onto a new level with high and middle leveled technology products occupying the top exportation list.

The reforms led to a dramatic transformation of China's links to the outside world. The series of reforms of the foreign trade administrative system and other encouraging policies resulted in the rapid expansion of foreign trade. Merchandise exports grew from $11 billion in 1978 to $1898.6 billion in 2011. During this same period, exports relative to GDP increased from 4.9% to 22.89%. The trade growth rate overtook the GDP growth rate. The open index of China was improved from 6 percent in 1980 to 22.89 percent in 2011, and trade reliance index increased from 10 percent in 1978 to 47.89 percent in 2011. This made China the most open economy among the world's large countries.

2.3.4.2 Foreign Direct Investment Reform

The liberalization of foreign direct investment (FDI) was much more controversial than trade reform because it involved much closer foreign ties than simple trade. Given China's history, this was an especially sensitive issue. A compromise was reached where foreign investment would be restricted to just a few geographic areas, thereby isolating foreigncrs' influence while the costs and benefits of FDI could be studied. Four coastal cities (Shenzhen, Zhuhai, Xiaomen, Shantou) and one island province (Hainan Island) were designated Special Economic Zones in 1980 and granted permission to experiment with new institutions, such as tax rates and approval procedures for foreign investment. Enterprises operating in the Special Economic Zones (SEZ) were exempted from the central plan, labor regulations, and many taxes. Later the experimental areas were expanded to 14 other costal cities, and further into the interior part of China. SEZs are developing under different names with different functions but similar preferential policy treatment, for example, economic development zone, high-tech garden, free trade zone, export processing zone and tariff reservation zone.

The improved policy environment and robust development of China's economy have been great impetus pushing FDI's inflow. Foreign direct investment inflows grew from $57 million in

1980 to $2.7 billion in 1990. Since 1993, China has been the world's largest developing-country recipient of FDI. It exploded after 1993, jumping from $7.2 billion in 1992 to $111.72 billion in 2012.

2.3.4.3 China Joined the World Trade Organization

China was an original contracting party to the General Agreement of Trade and Tariff. In 1950, Kuomintang government representing China at GATT withdrew from the organization. After the establishment of the People's Republic of China, the government of the People's Republic of China assumed China's seat in certain major international organizations, including the United Nations and the International Monetary Fund. In 1982, China received observer status to the GATT and made its official application for the resumption of GATT Contracting Party status on July 10, 1986. Since then, China started its 15 years of efforts to be admitted into the world largest economic organization.

China's economic strategy depended on continued access to international markets, but its trading partners had become increasingly concerned about their levels of access to the Chinese market. China's exporters could be assured of continued access to foreign markets only if China joined the World Trade Organization and conformed to its fair trade principles. But the United States had blocked China's ascension to the WTO because of a dispute about the pace of import liberalization. The United States promised to veto China's entry to the WTO until it agreed to join as a "developed country". China was unwilling to join without "developing country" status. "Developed" countries are expected to meet WTO standards quickly, while "developing" countries are allowed an extended transition period, as well as an exemption for concessions that are inconsistent with their development, financial, and trade needs.

China's status upon entry to the WTO would determine the pace of further import liberalization, particularly in "pillar" industries and those dominated by SOEs. Abrupt import liberalization would place further pressure on SOEs and state-owned banks, perhaps further complicating the reform process. China's persistence on joining WTO as a developing country found forceful endorsement from the international practices: a country's developing status is determined by its per capita GDP rather than the total size of the economy. U.S. finally gave up its demand for China to join WTO as a developed country after China promised to take forceful measures to address intellectual property right violation issues.

In spite of the WTO dispute, China had undertaken several policies designed to encourage closer integration with the world economy. The yuan was fully convertible for current account transactions, although not for capital account operations. The government had implemented a series of tariff reductions, with the average tariff level declining from 40% in 1991 to 23% in 1996. The government announced that it planned further reductions to 15% by 1998. At the time when China formally joined WTO, the average tariff level of China was about 13 percent. Nontariff barriers had been reduced—the number of items with import quotas was cut from 660 to 384 in 1996—but still covered a large portion of trade, including many agricultural products, machinery, and electronic products. Finally, the central government had cut back on import tariff rebates and value-added-tariff rebates for exports by enterprises with foreign capital.

Radical measures were also taken to reform China's economic and legal systems. From 1979 to 1994, more than five hundred laws and regulations were promulgated, with a majority being economic laws and laws concerning the introduction of foreign capital and technology from foreign countries. At the eighteen meetings held by China Working Group at WTO, China made hundreds of significant promises on foreign trade planning, foreign exchange system, price systems, domestic taxes, tariff and non-tariff, agricultural and non-agricultural products, service and trade, policy consistency and transparency, the majority of which had been accomplished ahead of schedule.

The process of China's further integration into the world economy was accelerated after China joined WTO in 2001. According to Ministry of Commerce, more than 2300 related laws and regulations have been amended while a total of 830 have been abolished. By 2006, the total tariff level has dropped to 9.9 percent, agricultural products to 15.2 percent and industrial products to 9.0 percent. Meanwhile China's domestic market has been much opened and its importation has increased dramatically. By 2010 China has become the second largest importing country only next to U.S. and its contribution to the world total importation increased to 9.3%.

The further opening of China's economy is in service sector. China has promised to open its service market after its entry into WTO and fulfilled its commitment to the WTO. The liberalization of the service industries will be mainly in the areas of securities, foreign trade, transportation, banking, insurance and tourism. In December 2006, all foreign banks in China can enjoy national treatment and compete with domestic banks on an equal basis. China also kept its promises to open its securities market. Since China's accession into the WTO, the government has taken a series of measures to further open its capital market. As a step to open its security market, the government introduced qualified foreign institutional investors (QFII) into the Chinese A-share securities market. The threshold for QFII was slashed gradually. For example, the minimum securities assets managed by QFII applicants were cut by half from 10 billion U.S. dollar to $ 5 billion. Insurance companies are required to exist for at least five years to become a QFII, a much shorter period than the 30 years in the previous rules. By the end of August 2005, seven joint-venture securities companies and 23 joint-venture fund management companies had been established in China. Foreign investors hold at least 40 percent of equity in nine fund management firms, and overseas securities agencies had been allowed to deal directly in China's B-share (overseas currency dominated) market.

2.3.5 China's Economic Achievements

After the economic reform from 1978, China has enjoyed the sustained economic development. If China's 30 provinces and Municipalities had been counted as individual economies, the 20 fastest-growing economies in the world in the same period would have been Chinese. Table 2-3 compares the growth rate of China compared with developed and developing countries. By 2010 China has become the second largest economy, first largest trader among all nations and the largest FDI recipient among developing countries.

China's economic transformation is also matched by improvements in social indicators. The share of the labor force employed in agriculture declined from 71 percent to 50 percent, a shift that took 59 years in Japan. The birth rate fell by more than 25 percent. Infant mortality declined from 85 per 1000 births in 1975 to 45 in 1990—compared with 127 for India and 111 for Indonesia, both measured in 1990. In 2004, China's infant mortality dropped to 30Per 1000 births. Various estimates put the number of people who were lifted above absolute poverty in the 1980s at around 100 million. The poverty population was brought further down to 13% in 2008. China's overall human development index is improving rapidly, and is comparable with countries in middle income group such as Russia, Indonesia, Turkey and Mexico (Table 2-4).

In more than three decades of economic reform, Chinese people's income has improved dramatically. By 2012, the per capita disposable income has risen from 343 in 1978 to 24565 yuan for urban population and from 134 to 7019 yuan for rural population. The living construction area for urban and rural population has increased from 6.7 m^2 and 8.1 m^2 to 26 m^2 and 29.7 m^2 respectively. Engel index of families in cities and towns have dropped from 57.5% and 67.7% to 37.9% and 43.7% respectively. The general consumption structure has been shifting from basic food and clothes to education, culture, traveling and entertainment.

The rapid economic growth in the past more than 3 decades, and the favorable internal and external conditions for sustained and rapid growth have imbued China with the new hope of becoming one of the most prosperous economies in the world. In fact, the great changes in China's economy have led many foreign observers to conclude that China, the sleeping lion had awaked, and is highly likely to become the largest economy in the world in the early decades of the 21st century.

Table 2-3 China's GDP Growth Rate as Compared with the World and Country Groups, 1990~2010

Year	Annual real growth rate 1991~2003	1990	2000	2002	2004	2006	2008	2010
World	3.3	2.8	4.7	3.0	5.1	5.5	3.4	5.0
Developed Countries	2.5	3.0	3.8	1.7	—	3.1	1.0	3.0
Developing countries	4.3	2.5	5.9	4.6	—	8.1	6.3	7.1
China	9.7	3.8	8.0	8.3	—	11.1	9.0	10.3

Source: IMF World Economic Outlook, Data Base.

Table 2-4 Human Development Index (2008)

Country	China	India	Russia	Indonesia	Turkey	Mexico
Poverty (population below national poverty line) (%)	13	—	—	15.4	17.1	47.7
Urban population (%)	44.9	29	73	52	69	77
Live expectancy at birth (years)	72.88	68.59	65.87	70.16	72.88	75.84
Infant mortality (per 1000 live births)	18	51	11	29	16	16
Access to an improved water source (% of population)	89	90	97	81	99	94

Source: UNDP.

2.4 Extended Learning

2.4.1 Questions for discussion

(1) Compare planned economy and market economy; discuss why nowadays most of countries belong to mixed economy?

(2) Compare the radical reform approach with incremental reform approach, which is more effective? Why did not the "shock therapy" achieve expected results in most CEE countries and Russia?

(3) Russia and China were two largest centrally planned economies. They took totally different reform approaches. Comment on the effects of the reforms in the two countries from both short term and long term.

(4) What has the achievement of China's economic reform demonstrated?

2.4.2 Case Study

The Development of Cross-Border Trade between China and Russia: a story by an Owner of a Private Trading Company

The reform and opening-up policy has been implemented for more than 30 years. In these years, our country has successfully changed from a closed and half-closed society to a Omni-directional open society. As one of the most important parts of the opening-up policy, the cross-border trade has greatly promoted the development of economy in our country. In this context, Mr Guan has been in the cross-border trade for 19 years. In this period, Mr Guan has experienced the ups and downs of the cross-border trade between China and Russia. From being the manager of a state-owned trading company to the boss of a private-owned one, Mr Guan has always adapted himself to the huge political and economic changes both at home and abroad. Until now, he is still running his private business on cross-border trade with Russia. "The road has twists and turns, and it is really difficult to insist on the cross-border trade for so many years." Mr Guan says frankly.

2.4.2.1 The Change From Planned economy to Market-directed economy in China and Russia brought about the Rise of Cross-Border Trade

In early 1990s, the disintegration of Soviet Union put the country into an unstable situation both politically and economically. Against this background, the cross-border trade between China and Russia came into an reality. From late 1991 to 1993, the implementation of the so-called "shock therapy" by the Russian government nearly made the light industry in Russia stop growing, and the demand of residents for light industrial products in the Far East almost relied upon the import completely. To promote the development of international trade and strengthen the relationship with Russia, the Chinese government deregulated its tight trade policies with Russia and issued a series of documents which were beneficial to the cross-border trade between China and Russia, such as "Several Points On Expanding the Cross-border Trade And Economic & Technological Cooperation Between HeiLongjiang and Places in Russia" and " the Notice On Establishing Direct Economic and Trading Links Between Local Trading Corporations And Corporations in Russia and Eastern-Europe" by Chinese State Department. Meanwhile, the president of the Russian Federation signed the document on November 15th, 1991, named " The Order Of Republic Of the Russian Federation's Foreign Trade Liberalization", which permitted corporations in all forms of ownership and all patterns of operation to get engaged in cross-border trade. Thus, the governments in both countries had created a great atmosphere for the boom of the cross-border trade between China and Russia. Based on SuiFenhe Port, many other cross-border ports sprung up in HeiLongjiang province in the late 1980s and early 1990s, including DongNing, MiMountain, HuLin, TongRiver, FuYuan, HeiRiver, and so on. In this period, the cross-border trade between the two countries was developing at a rather high speed.

On the early stage of the cross-border trade between China and Russia, barter was still the main form, but the proportion of business in cash was increasing at the same time. In this period, ruble couldn't be exchanged into RMB directly, so USD was often used for settling accounts. As a result, Chinese businessmen and corporations working on cross-border trade were exposed to the huge exchange rate risk. China's export structure remained the same for a period of time. Light industrial products were the main export commodities from China, including clothing & wears, shoes, caps, electronic products including radios and recorders, non-staple foodstuffs and a bit fruit and vegetables; while Russia mainly exported such material and manufacturing products as rolled steel, copper& aluminum, automobiles including saloon cars and lorries. In the early stage of the cross-border trade, there were also many problems, such as market order confusion and the irregular trade between China and Russia. Because the quality of some commodities exported to Russia was rather poor, Chinese products once lost their credit in Russia. However, due to the high demand for light industrial products in Russia, the cross border trade between the two countries was still very active.

2.4.2.2 The boom of the cross–border trade accelerated the development of private companies

The cross-border trade between China and Russia was basically done by state-owned enterprises in 1990s. With the boom of trade between the two countries, the Electrical Power Bureau of Dongning City where Mr Guan once worked as an engineer, established about 15 trading companies. Since the cross-border trade rose up, he had seized the opportunity and become the manager of one of the 15 trading companies, that is, Hua dian Trading Company. Because the 15 companies were owned by the state, the capital for doing business was from the banks secured by the Electrical Power Bureau of Dongning City. Thus, these 15 state-owned companies were indeed one of the biggest debtors of the bank, naturally. Since 1992, the trading companies attached to the Electrical Power Bureau of Dongning City had imported large volume of mechanical and electrical products, such as bulldozers, loading machines, and a lot of chemical fertilizers, cement, timber resources, copper and aluminum, steels and so on. At the same time, these firms exported some light industrial products, such as clothing & wears and some non-staple food, like pork, beef and soft sugar. Mr Guan recalls that the trade volume of the trading companies established by the Electrical Power Bureau of Dongning exceeded 100 million in 1992. Therefore, the cross-border trade scale of state-owned trading companies is really considerable.

However, the boom did not last very long. Due to many factors, such as the extreme depreciation of ruble, gray customs clearance in Russia, the rampant criminal society, and banks' refusal to provide a loan into consideration, most of the trading companies in Dongning could not continue operating after 1993. By 1994, the loss of Hua Dian trade company had exceeded 3million. Due to deterioration of the situation, Hua Dian trade company adjusted its exportation products and began to do fruit and vegetable business. Thanks to the cautious management, the company earned enough to pay wages, and also kept a profit of about 2 millon yuan per year. However, it was still not sufficient to make up the huge loss Hua dian trade company had suffered. Such a situation kept until 1997. In 1997, most of the trading companies established by state-owned enterprises in Dongning didn't operate very well and they suffered such a big loss that it was impossible for them to repay the loans from the banks. As a result, the government of Dongning allowed those companies with heavy losses to go bankrupt and some other companies to be self responsible for their own losses and profit. From then on, nearly all of the trading companies either went bankrupt or separated from state-owned enterprises. At the same time, a large number of private companies sprang up. The cross-border trade went on into the next important stage.

After Hua dian trade company was dissolved in 1997, Mr Guan set up his own company and began to trade on fruit and vegetables in Ussuriisk, the biggest fruit & vegetable wholesale market in the Far East region of Russia. At that time, only 5 persons were hired in the company. Because of the poor quality, the bad packing and transportation conditions and low price, the loss of the firm was rather big. Of course, the company also made some progress in the beginning years. In 1997, Mr Guan had his own customers, and all of the customers paid the goods in cash, which was very different from the goods for goods trade in the early 1990s. Besides, credit amount was relatively small, and the default risk is low. So the Mr Guan's company was developing in a steady way.

As the influence of Asian financial crisis faded, the economy of Russia had generally picked up since 1999. RUB/CHY was between 0.26 and 0.30 from 1999 to the end of 2007, so currency value of rouble was relatively stable. In this period, both the export volume and the value of export in Mr Guan's company was increasing steadily (Figare 2-1). Till now, the number of staff in the company was more than 20, rising up from the 5 in the past and the trading channel was expanding from Donging-Ussuriisk to Shouguang, MuDanjiang—SuiFenhe, Dongning Ussuriisk. Something to be mentioned, Shouguang and MuDanjiang are places responsible for delivery of goods; SuiFenhe and Dongning are the trading ports; and Ussuriisk is the market of the enterprise. As is seen from figure 2-4, Mr Guan's company is developing in a periodic way. By the end of 2010, export volume of the company was above 6000 tone, and the value of export reached ￥28.64 million.

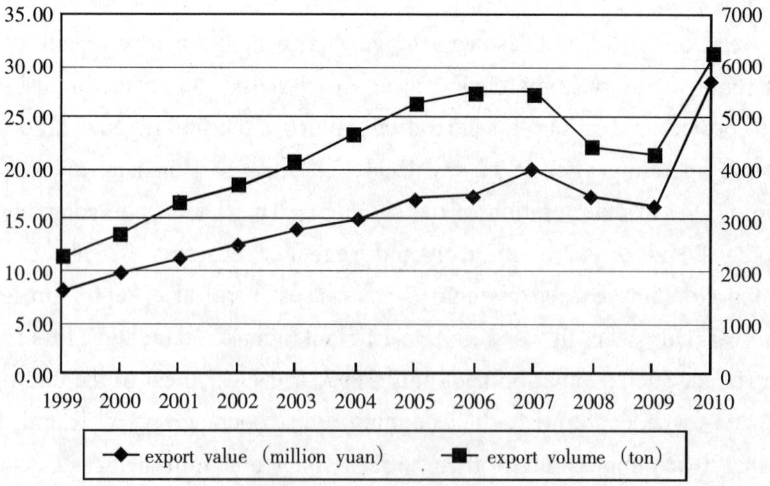

Figure 2-1 1999~2010 Export Volume and Value of the Company

2.4.2.3 Difficulties and Setbacks of the Enterprise

No company can develop without ups and downs. In the 19 years of doing cross-border trade, Mr Guan had experienced financial crisis for 3 times and suffered quite a number of setbacks. However, thanks to these experiences, Mr Guan's company has become stronger and keeps going.

(1) Experiencing Financial Crisis for the First time. The years from 1993 to 1994 were a time when Russia focused on economic transition. In this period, Russia was suffering such problems as inflation and ruble depreciation, and collapse of its financial system. Mr Guan remembered that the government of Russia ordered the exchange of old ruble for the new one at 1000 units to 1 unit. So the old ruble became waste paper to people. Compared with private trading companies which were on a small scale and operated in a flexible way, state-owned ones suffered a lot, because they had to stock large numbers of rubles in the trade. What was worse, because of the extremely deteriorating situation of these state-owned trading companies, banks would no longer extend credit to cross-border trading companies secured by state-owned enterprises. For the lack of circulating funds, these trading companies were in great trouble and difficulty to stay in business. Most employees either went back to former enterprises, or were faced with being laid off. Without exception, Hua dian trade company lost a lot as well in the border trade between China and Russia. Besides, default of Russians also made the corporation suffer. Mr Guan can still vividly remember one such case. He once had a contract with a Russian businessman, which stipulated that his company would sell 8 railway carriages of tangerines for 11 railway carriages of billet steels. However, after Mr Guan delivered the goods, Custom House of Russia seized them and the Russian refused to fulfill the contract. It hit the company hard. In the period of economic transition, the public order in Russia was a chaos, and most Chinese businessman including Mr Guan were threatened by Russian criminal syndicates. "Among people I knew more than 10 businessmen who were doing cross-border trade were murdered for money in Ussuriisk" says Mr Guan. In fact, such criminal events, especially racketeering has never stopped until now.

(2) Suffering from Financial Crisis for the second time. The breaking out of Asian financial crisis in 1998 put ruble depreciated by 70%. Russia economy was nearly collapsed. The cross-border trade companies in China were also hit greatly——1/3 of companies that had been doing trade on fruit & vegetables in Ussuriisk disappeared in this market. At the same time, with the increase of trading volume, cases of foreign customers' failure to payment increased as well. In 1998, Mr Guan's company exported about 2000 tons of goods, and the total value of the goods should be ￥7~8 million, however, the failure of the payment amounts to ￥500000, which was really a great loss for Mr Guan because of continuous depreciation of ruble.

(3) Suffering Financial Crisis for the second time. The financial crisis in 2008 had a great influence on the whole world. As Russia became more open, its economy was also hit badly. The value of ruble depreciated again greatly. RUB/CHY was about 1/0.17. Mr Guan suffered a loss of ￥1.5million. After the crisis, the economy of Russia took a turn for the better, and Mr Guan' s company also recovered from the influence of financial crisis slowly. With the cross-border trade going on, Mr Guan's company began to have more fixed customers.

2.4.2.4 New Opportunities and Challenges

In 2004, People's Bank of China and Central Bank of the Russian Federation reached an agreement on cooperation of banks in border regions of both countries. Since Jan.1st, 2005, companies in both countries that are doing cross-border trade between China and Russia can use either ruble or RMB as currency for settlement. Of course, popularizing a new policy needs time. From 2010, Mr Guan, could finally exchange ruble for RMB directly, which means, dollars were no longer used in the business. Thus, the exchange rate risk Mr Guan had been exposed to is greatly decreased, and the operation of his company will be much smoother.

However, while the reform and opening-up policy have brought opportunities, border trading companies are to face up with new challenges.

Firstly, the forms of payment in border trade are limited, and the channels of remittance are not clear. Indeed, the business of settlement in domestic currency has improved a lot and the amount of this kind of settlement has increased since 2003 when China and Russia began to develop the business of settlement in both countries' domestic currency. The settlement has really made border trade much more vigorous. However, the settlement is still on its pilot stage because of numerous problems such as fluctuation of exchange rate, low credit level of Russian banks and low efficiency in Chinese banks, the imbalance of ruble and RMB settlement, and hysteresis of the relative supervision system; therefore the amount of settlement in domestic currency of China and Russia only accounts for a small proportion of business. To promote implementation of the overall strategy of RUB internationalization, the government of Russia has taken many different measures to expand the use of ruble, while restricting use of RMB in the border trade settlement, which puts Chinese companies in a relatively disadvantageous position.

Besides, due to the appreciation of RMB and the serious domestic inflation in our country, price of the agricultural products for export has increased greatly. Prices of fruits have increased to the same level as that of the fruits from US and Europe, which had never happened ten years ago, when the price of fruit and vegetables from US and Europe was at least two times more expansive than fruits from China. From this we can find that cross-border trade companies of China are losing their price advantages. It has become urgent for small and middle companies to have stable supply sources and loans to ensure their cash flows.

Fnally, Russia changes its trading policies frequently, but Chinese companies, particularly small companies have very limited information services. The Russian government always collects high duties on bulk commodities imported from China. Besides, the economic and trading policies of Russia are often different from place to place, and kept in dark, so Chinese companies can only know Russia's tax and management policies of one commodity when doing business with them, but have little knowledge of policies of other kinds. Other problems small and middle companies meet include lack of foreign trade talents, lack of access to information, limited knowledge of Russian market, the relationship between supply and demand, and price fluctuation in the complex and confused international market. As a result, private managers like Mr Guan often do foreign trade by randomly in most cases. It is an important reason why cross-border trade today has a certain degree of blindness and randomness.

In spite of the difficulties mentioned above, cross-border trade between China and Russia keeps developing and has become more diversified. Different from the situation in 1990s, the trade structure between HeiLongjiang and Russia has changed, especially the goods exported to Russia are no longer confined to light industrial products. Such heavy industrial products as roller steels and automobiles have become the main exports, too. Besides, the proportion of service export is increasing year by year. It's true that a hero is nothing but a product of his time. Without China's economic reform and opening-up policy, Mr Guan couldn't have got the chance of doing border trade and finally become the boss of a company. Without economic and political change of Russia in the past 20 years, Mr Guan's company could never been so strong. Mr Guan is not only one case of Chinese's opening up and reform of the economic and trading system, but also an example of cross-border trade between China and Russia. With the border trade between the two countries becoming more and more prosperous, we have reasons to believe that Mr Guan's company can develop much better. The cross-border trade between China and Russia can be much more prosperous and develop into newer field.

2.4.3 Expert Views

Lessons from Economic Transition in Russia and China

The economic strategy that Russia has relied on to implement this transition goes by several names, the most descriptive of which is the neoliberal transition strategy (hereafter NLTS). This strategy, designed by western neoclassical economists, calls for limited government involvement in the transition process, relying primarily on individual self-interested initiatives to transform the economy. The other Newly independent states (hereafter NIS) that emerged from the Soviet Union, and the former Soviet Bloc countries in central and eastern europe (hereafter CEE), have also been following the NLTS.

The other giant state socialist country, China, began its own transition to a market system earlier, in 1978. China's transition strategy, which might be called a state-directed transition strategy (hereafter SDTS), differs significantly from the NLTS. China's SDTS involves, as the name suggests, a very active role for the state in managing the transition. Although gradualism is an important feature of the Chinese strategy, the differences between the SDTS and the NLTS go well beyond the matter of the speed of transition. Rather than seeking to directly convert the state-owned, planned economy into a private, market-based one, China sought to use its state-owned, planned economy as a base for launching a new non-state, market based sector. China's strategy was a "two-sector" one, in contrast to the "one-sector" approach of the NIS and CEE states. While China sought to encourage a growing sector of non-state enterprises, to do so successfully it retained and improved its state sector.

By 1996 Russia's historic transition had been ongoing for five years while China's transition was eighteen years old. Everyone agrees that economic performance in China during its transition has been dramatically superior to that of Russia. China's economy has grown very rapidly throughout the transition while Russia's has declined precipitously. Despite the markedly different performance, with few exceptions mainstream neoclassical economists have not altered their belief that the NLTS is far superior to China's SDTS. We will examine the question of why neoclassical economists have clung to the NLTS despite its disappointing results and despite the presence of an apparently successful alternative.

2.4.3.1 Russia's Transition Experience

The NLTS, sometimes known as "A shock therapy", calls for making the transition from state socialism to capitalism very rapidly, within a few years. This strategy relies on three main policies: liberalization, stabilization, and privatization. Liberalization refers to the removal of state restrictions on price-setting and other market behavior. Stabilization aims to bring the inflation, released by liberalization, under control through reductions in government spending and tight monetary policy. Privatization calls for turning state-owned enterprises into privately owned companies. In addition to these three policies, the NLTS also insists upon the immediate cessation of state allocation of resources and the removal of barriers to free international trade and investment. In essence, the NLTS calls for transforming a state socialist system into a capitalist market system by eliminating state ownership of enterprises and state control over the economy, expecting that individual initiative and market forces will thenceforth take over the roles of initiating and coordinating economic activity that had previously been performed by the state.

The NLTS has also been applied since 1992 by most of the other newly independent states that emerged from the Soviet Union and, since 1990, in the formerly state socialist countries of central and Eastern Europe. Economic performance has varied among these states, but all went through severe economic depressions after introducing a NLTS. While some began to grow several years later, none had even reached its pre-transition level of GDP by 1995 (World Bank, 1996).

2.4.3.2 China and the State-Directed Transition Strategy

Rather than simply liberalizing prices, China maintained a dual system of prices, under which state enterprises had to provide a certain quantity of output at the lower plan price, with output above that level sold at the market price. Price controls were kept on many retail goods through 1991, 13 years after the transition began (World Bank, 1994). Direct administrative measures were combined with periodic brief spells of selectively tightened credit to keep inflation under control. Rather than cutting state spending, the state undertook substantial investments in infrastructure to facilitate economic growth. Rather than tight monetary policy, China allowed substantial credit expansion, while directing credit into productive investments by means of government control of bank lending. Banks remained state rather than privatizing state enterprises, the state encouraged the formation of new non-state enterprises by worker collectives, townships and villages, and eventually private individuals.

The state continued to pour investment funds into state enterprises, which remained under state control. Central planning was not immediately dismantled, but was retained for the state sector, although it was loosened over time. The new non-state sector of the economy grew rapidly, producing about 55 percent of GDP by 1995 (World Bank, 1996). In agriculture individual families were given free use of a plot of land, but they did not become owners of the land. China's SDTS has not been without serious economic and social problems. Environmental and job safety concerns are mounting. China's growth may not be able to keep up with the millions of peasants who are continuing to leave their villages in search of employment. Crime and corruption have apparently been spreading. However, by the usual macroeconomic indices, China's SDTS must be judged a remarkable success.

2.4.3.3 The Response of Mainstream Economics to the Russia/China Comparison

Russia in 1991 and China in 1978, despite their similarities as large state socialist countries poised to embark on a market transition, differed from one another in many ways besides their different transition strategies. Nevertheless, the macroeconomic records of the Russian and Chinese transitions are so dramatically opposite to one another that it strongly suggests that the latter was based on a workable strategy while the former was not. Although many of the NIS and CEE countries tried the NLTS——each having its own unique history, institutions, and immediate pre-transition circumstances——none escaped a severe economic downturn that left negative net growth after five or more years. Some Western economists doubted the efficacy of the NLTS from the start. As the evidence of severe transition difficulties in CEE and the NIS mounted, the ranks of the critics grew. However, the critics have been drawn mainly from the margins of mainstream economics, particularly specialists in the Soviet economy and those attuned to institutional and historical problems of economic development.

The critics have pointed to six problems with the NLTS, especially as applied to Russia: ①building a market system takes many decades and requires an active state role in the process; ②dismantling the old centralized system of economic coordination before an effective market system can be built leads to economic chaos; ③sudden liberalization in a formerly tightly controlled economy sets off an inflation that is very difficult to contain; ④tight fiscal and monetary policies ensure a long depression and also prevent the restructuring and modernization of industry, which require substantial state spending and adequate credit; ⑤privatization in a society having no legitimate wealthy class degenerates into theft of state assets with no economic gain for society; ⑥a free trade policy in a transition economy exposes domestic producers to superior foreign competition before they are ready to compete.

Mainstream economics has proved largely impervious to the apparently impressive. Russia/China contrast, as well as to the arguments of the critics of the NLTS. A good example of the reaction of mainstream economics to the Russia/China contrast is found in the World Bank study cited above, From Plan to Market (hereafter FPTM), which seeks to provide a comprehensive analysis of the experience of economic transition (World Bank, 1996). A look at FPTM provides a window into the reaction of mainstream economics to the uncomfortable Russia/China contrast. FPTM does make one concession to the critics of orthodox neoliberalism. It hedges on the importance of immediate privatization. Perhaps feeling the pressure of the Chinese example, it states that "the need to privatize is not equally urgent in all settings. Slower privatization is viable". However, it quickly adds that slower privatization is "not necessarily optimal" (World Bank, 1996).

Perhaps it is being suggested that, if China had immediately privatized, its growth rate would have been even higher than 9.4 percent per year. Despite its documentation of China's remarkably rapid transition growth, and of the severe depression experienced by Russia (and the other NIS and CEE countries), FPTM avoids drawing the most obvious conclusion. It does so by ①downplaying the severity of Russia's economic collapse; ②attributing the differential Russia/China records to different initial conditions rather than different transition strategies; ③suggesting that China's impressive achievements occurred in spite of, rather than because of, its different strategy. These three points will be examined in turn.

(1) Downplaying the Severity of Russia's Economic Collapse. While admitting that large declines in output occurred in NIS and CEE, this is qualified by the remark that "Official data overstate the output decline" (World Bank, 1996). The usual culprit of growing unreported economic activity is cited. Yet, in the case of Russia, government statisticians include estimates of unreported activity in the official data. It would be difficult to explain why they would systematically underestimate such activity, thereby making the Russian government look bad.

In the face of five or more years of negative net growth in 26 of the 28 transition countries, FPTM refers to "a short-term drop in living standards" in "some of the countries undergoing transition" (World Bank, 1996). Economists do not normally consider five years to be "short-term". At another point even short-term problems are forgotten FPTM states that during the transition only an overbuilt sectors should contract, yet in Russia all sectors have experienced large declines. Surely Russian agriculture, food processing, and textile industries were not overbuilt relative to people's needs. Here we see a victory of prior belief over actual experience. Some important aspects of Russia's collapse are found in the charts and tables but left unremarked upon in the text. The most egregious omission is the lack of comment on the collapse of investment in Russia, the rest of the NIS, and the CEE countries. While economic progress requires more than just high investment, the latter is a necessary part of any path leading to modernization and rapid growth.

(2) Initial Conditions and the Russia/China Record. FPTM attributes China's impressive growth record, in contrast to the sharp economic declines of other transition economies, mainly to "China's favorable initial conditions". The major differences in initial conditions between Russia and China cited in FPTM are that china had a much lower level of per capita income, a

much larger share of agriculture in total employment (71 percent vs. 13 percent for Russia), a much more limited social safety net, and a more decentralized economy and political structure. The report concludes that differences in initial conditions and structural characteristics therefore explain a good deal of the divergence of transition outcomes. While the differences between China and Russia cited above do suggest that China had the potential to achieve a faster growth rate during transition than did Russia, it is difficult to see how these initial conditions could explain the collapse suffered by Russia.

Indeed, in a later section of the report which addresses the output collapse in CEE and the NIS, it points to three main factors: demand shifts due to liberalization, the dissolution of CMEA (the Soviet Bloc trade association) and the Soviet Union, and supply disruptions due to the disappearance of central planning "before new market institutions could develop". The first and last of those three factors are aspects of the NLTS'—measures which China's strategy avoided'yet the conclusion that the strategy chosen played a key role is not drawn. The possibility that "overzealous stabilization" might have played a harmful role-one that lasted for many years-is discounted on the grounds that the evidence allegedly does not support this claim, although no support for this conclusion is provided.

(3) China's Achievements Happened in Spite of, Not Because of, its Strategy. The matter of China's transition experience is posed in FPTM in the following way: "Why has China been able to reform in a partial, phased manner and still grow rapidly ... ?" This is viewed as a "puzzle", since the authors assume that China's strategy is obviously inferior to the NLTS. As was noted above, FPTM answers this "puzzle" by attributing China's rapid growth to its favorable initial conditions——basically, to being underdeveloped and not so centralized. They state that "Institutional development is ... crucial for sustaining the momentum of the reform" in China, worrying that China is lagging in this respect in that "China's banks ...are less market-based than those of CEE" with "many loans ... still allocated through a central credit plan".

They evidently discount the possibility that China's state-owned, state directed credit system might be contributing to its very high rate of domestic investment, in contrast to the low rate of investment in the CEE countries with their market-based credit systems. In a similar vein, FPTM worries that China has "a state sector that remains a drag on the economy". Why it is a drag on the economy is not explained, probably because it is thought to be obvious that state enterprises are inherently inferior to private enterprises and hence must be a drag on the economy. This "drag on the economy" not only grew nearly as rapidly as total output since 1978 but has provided a stable and reliable source of inputs, and market for outputs, for the new non-state sector.

FPTM states that the evidence provides "the clear message that sustained and consistent reform pays off". Yet FPTM characterizes the most successful reform of all, that of China, as a "piecemeal" approach. Within the framework of the authors of FPTM, China's approach is seen as inconsistent, since it combines plan and market, state and non-state property, fixed and free prices.

2.4.3.4 Concluding Comments

It is not difficult to figure out why most mainstream western economists have continued to support the NLTS, despite the dismal economic results it has yielded in Russia and elsewhere, and despite the presence of an alternative strategy that has worked quite well. The NLTS emerged as an application of the textbook economic theory that has made up the core of mainstream western economic thought for generations. That theory holds that private property and free markets are the optimal economic institutions. The deduction was made that, if private property and free markets are optimal, then privatizing property and freeing markets from state control is always desirable, and the faster the better.

However, the abstract static equilibrium model, which underlies the textbook claims of the optimality of private property and free markets, cannot have much to say about best mode of transition from one economic system to another. If ever there was a disequilibrium matter, transition is it. Experience seems to be showing that the conclusions most economists have drawn about transition strategy, based on the standard neoclassical equilibrium model, are unwarranted.

The evidence strongly suggests that the NLTS followed in Russia is an unworkable means to convert a state socialist system to a capitalist market system, whereas the SDTS represents a viable transition strategy. A case can be made that a SDTS would have been economically workable in Russia in 1992, had its government been disposed to follow such a path at that time. There is also reason to believe that a SDTS could be successfully introduced in Russia even after all these years of liberalization, privatization, and economic collapse (Kotz, 1998). The economic and political power of the IMF and World Bank, and of the leading capitalist governments that stand behind them, would make it difficult for any country among the NIS and CEE to make such a shift in strategy. However, a large, resource-rich country such as Russia could defy these pressures. The real obstacle to such a shift for Russia lies more in the political power of the Russian new rich, who have benefitted from the NLTS despite its disastrous effects on the economy, than in either foreign pressure or domestic economic obstacles to implementing an alternative course of economic development.

Soure: David M. Kotz. Department of Economics Thompson Hall University of Massachusetts.

2.4.4 On-Line Study

Developing countries' ranking in terms of HDI and per capita GDP is changing from time to time. Find out the change of China's ranking by HDI and by per capita GDP in past 10 years, and compare the changes. You can find out the information by googling "Human Development Report" or annual reports of IMF.

Chapter 3 China's Rural and Agricultural Reform and Development

【Main Contents】

This chapter explained the theory of China's agriculture, including the policies of China's agriculture, the analysis of China's agricultural policies, and policies development. Then it summarized the process of China's agricultural reforms, described the status quo of China's agriculture, revealed the questions of China's agriculture . Finally, it discussed the future of China's agricultural reforms, including the opportunities, challenges and the strategies designed to face them.

【Key Points】

- Explain the agricultural price policy instruments, macro-economic policies instruments, public investments policies instruments.
- Describe the four stages of China's agricultural reform, including the reasons, methods and results of reforms. Outline the status quo and potential questions for China's agriculture.
- Identify several challenges and opportunities, explain the strategies designed to China's agriculture.

Over the last over thirty years, China has met its agricultural policy objectives: agricultural production has risen sharply, rural industries has absorbed a large part of farm labour, poverty has fallen dramatically, and the level and quality of food consumption has improved significantly. The focus of government work has shifted from increasing support and, most recently, to environmental concerns, accompanied by improving economic situation. China plays a more and more important role in global agro-food markets. However, China faces several challenges as it modernizes its agricultural sector. Resources in China are showing signs of over use, the intensive use of chemical inputs in agricultural and the land and water needed to be conserved. Moreover, as labor leaves agriculture, demand for more flexible land management institutions is rising. China faces several marketing challenges as consumers increasingly purchase products from supermarkets and other modern venues, expecting quality, safety, convenience, and variety similar to consumers in more developed countries. Providing additional income support to farm households as the industrial sector pulls ahead and leaves agriculture behind has become a central concern, as is common in countries at a similar level of development. Lastly, China seeks to catch up with developed countries in agricultural technologies, including biotech and biofuel technologies, which could prove vital for maintaining food and energy needs in the future.

This chapter falls into three sections. Section 1 provides analysis of theory of China´s agricultural policy. Section 2 contains the development of china's agricultural reform. Section 3 investigates the future of Chinas agricultural reform.

3.1 Agricultural Policy

With more than 700 million residents living in rural areas, China is still a predominantly rural country. Despite substantial improvements in standards of living, the Chinese countryside is largely lagging behind. Rural-urban disparities in income and services and subsequent migration trends pose great challenges to the future development. The Chinese government's recent strategy, "Building a New Socialist Countryside", and related governance and fiscal reforms, represent an innovative approach to tackling these challenges and have brought substantial investments in rural areas.

3.1.1 A Framework of Agricultural Policies

A framework is an organized and consistent approach for clear thinking. It is designed to permit the study of linkages in economic systems. (Agriculture refers to an industry based on land resources for production, providing food and industrial raw materials through fostering animal and plant products. Policies are a set of instruments that can be used to achieve governmental missions.) Analysis consists of the evaluation of government decisions to change economic behavior. A policy framework includes four components——objectives, constraints, policies and strategies. Objectives are the desired goals of economic policy as defined by policy makers. Constraints are the economic realities that limit what can be accomplished. Policies are the instruments that governments can use to change economic outcomes. Strategies are the sets of policy instruments that government officials can use to achieve their objectives. The policy framework is represented by a circular (clockwise) set of causal linkages among the four components. The strategies of policy makers consist of sets of policies that are intended to improve economic outcomes. The selected policies work through constraints set by economic parameters. The constraints, set by supply, demand, and world price conditions. One of assessment of the impact on objectives permits an evaluation of the appropriateness of given strategies. Most goals of government policy fall under one of three fundamental objectives——efficiency, equity, or security. Efficiency is achieved when the allocation of resources produces the maximum amount of income and the allocation of goods and services brings highest consumer satisfaction. Equity refers to the distraction of income among groups or regions that are targets by policy makers. Typically, greater equity is achieved by more even distribution of income. Security is furthered when political and economic stability allows producers and consumers to minimize adjustment costs. Food security refers to the availability of food supplies at affordable and reasonably stable prices. When one objective can be furthered only if another is impeded, trade-offs arise-that is, when gains for one goal result in losses for another. Policy makers——not economic analysts——have the responsibility to make these value judgments and assign weights to objectives. In the rare instances when trade-offs do not arise, policy analysis and policy making are easy. The desired result is to move forward to the extent that resources permit. Typically, however, economic analysts need to evaluate policies, and policy makers need to make decisions by placing weights on objectives. Constraints that limit agricultural policy include resources, technologies, population, income, tastes, management capabilities, relative input prices, relative output prices, world prices.

3.1.2 Categories of Agricultural Policies and Instruments

3.1.2.1 Categories of Agricultural Policies

All the policies affecting agriculture fall into three categories. They are agricultural price policies, macro-economic policies, public investment policies. Agricultural price policies are related to specific commodity. Each price policy targets only one commodity at a time. Price policies can also influence agricultural inputs. Macro-economic policies are nation-wide. Macro policies affect all commodities simultaneously. Public investment policies are capital expenditures from the public budget. They can affect various agricultural groups——producers, traders and consumers——differently because they are specific to the areas where the investment occurs.

3.1.2.2 Categories of Agricultural Policy Instruments

Agricultural policy instruments are classified into agricultural price policy instruments, macro–economic policies instruments and public policies instruments.

(1) Agricultural Price Policy Instruments. All agricultural price policy instruments create transfers either to or from the producers or consumers of the affected commodity and the government budget. Some price policies affect only two of these three groups, whereas other instruments affect all three groups. In all instances, at least one group loses and at least one other group benefits. Agricultural price policy instruments include taxes and subsidies, international trade restrictions, direct controls.

Taxes and subsidies on agricultural commodities result in transfers the public budget between producers and consumers. Taxes transfer resources to the government, whereas subsidies transfer resources away from the government. For example, a direct production subsidy transfers resources from the government budget to agricultural producers.

International trade restrictions are taxes or quotes that limit either import or exports. By restricting trade, these price policy instruments change domestic price levels. Import restrictions raise domestic prices above comparable world prices, whereas export restrictions lower domestic prices beneath comparable world prices.

Direct controls are government regulations of prices, marketing margins, or cropping choices. Typically, direct controls must be accompanied by trade restrictions or taxes/subsidies to be effective; otherwise, "black markets" of illegal trade render the direct controls ineffective. Occasionally, some governments have sufficient police power to enforce direct controls in the absence of accompanying trade regulations. Direct controls of cropping choices can be enforced, for example, if the government allocates irrigation water or purchased inputs.

(2) Macro–economic Policies Instruments. Agricultural producers and consumers are heavily influenced by macro–economic polices even though they often have little influence over the setting of these nation–wide policies. Three categories of macro–economic policies instruments affect agriculture.

Monetary and fiscal policies are the core of macro–economic policy because together they influence the rate of price inflation in the national economy, as measured by increases in indexes of consumer or producer prices. Monetary policies refer to controls over the rate of increase in the country's supply of money and hence the aggregate demand in the economy. If the supply of money is increased faster than the growth of aggregate goods and services, inflationary pressure ensues. Fiscal policies refer to the balance between the government taxing policies that raise government revenue and the public expenditure policies that use that revenue. When government spending exceeds revenue, the government runs a fiscal deficit. That result creates inflation if the deficit is covered by expanding the money supply.

Foreign exchange rate policies directly affect agricultural prices and costs. The foreign exchange rate is the conversion ratio at which domestic currency exchanges for foreign currency. Most agricultural commodities are traded internationally, and most countries either import or export a portion of their agricultural demand or supply. For internationally tradable commodities, the world price sets the domestic price in the absence of trade restrictions .The exchange rate thus directly influences the price of an agricultural commodity because the domestic price (in local currency) of a tradable commodity is equal to the world price (in foreign currency) times the exchange rate (the ratio of domestic to foreign currency) .

Factor price policies directly affect agricultural costs of production. The primary factors of production are land, labor and capital. Land and labor costs typically make up a substantial portion of the costs of producing most agricultural commodities in developing countries. Governments often enact macro policies that affect land rental rates, wage rates, or interest rates throughout the economy. Other factor price policies, such as minimum wage floors or interest rate ceilings, influence some sectors more than others. Some governments introduce special policies to attempt to control land uses or to govern the exploitation of natural resources, such as minerals or water. These macro policies can also influence the costs of agricultural production.

(3) Public Investment Policies Instrument. Public investments in infrastructure can raise returns to agricultural producers or lower agricultural costs of production. Infrastructure refers to essential capital assets, such as roads, ports, and irrigation networks, which would be underprovided by the private sector. These assets are known as "public goods", and they require public spending from the government's capital budget. Investments in infrastructure are by nature particular to specific regions and benefit mostly the producers and consumers who live in those regions. Public investment policy is complicated by the fact that infrastructure must be maintained and renewed.

Public investments in human capital include a wide range of spending from the government's capital budget to improve the skill levels and health of agricultural producers and consumers. Investments in formal schools, training and extension centers, public health facilities, and clinics and hospitals are examples of public capital spending that could raise the level of human capital in the agricultural sector. These investments are critical for long-term development, but they often take many years to show dividends in agriculture.

Public investments in research and technology will directly benefit agricultural producers and consumers. Countries that enjoy rapid agricultural growth typically invest heavily in agricultural research to breed or adapt high-yielding varieties of food and cash crops developed in international research centers abroad. These "miracle seeds" often require new agricultural production technologies, utilizing better water control and more intensive application of purchased inputs. For some commodities, the technological breakthroughs, funded by public investment, are in agricultural processing rather than in farming.

Governments form agricultural strategies by choosing a set of policies to further their objectives subject to the constraints on the agricultural economy.

3.1.3 Analysis of Agricultural Policies in China

3.1.3.1 The Policy Objectives

As in many other countries, China's overall agricultural policy goal is to support economic development. Before rural reforms began in 1979, China had two agricultural policy objectives: producing ample and cheap food for urban residents, and exporting farm products to earn hard currency with which to import advanced technology and equipment for urban industrialization . Those specific goals evolved and broadened over the next two and half decades, before China's accession to the WTO in late 2001. The changes over those years can be categorized into seven general areas : reduced support for urban industrialization; reduced emphasis on earning foreign currency via agricultural trade, because exports of manufactured goods have surged; increased concern for farmers' incomes; greater emphasis on domestic market stability and long-term food security; increased focus on the government budget and the debts of state-owned enterprises; gradual liberalization of agricultural trade in order to join the WTO; increased concern for protecting the natural environment.

The agricultural policy objectives outlined in China's 11th Five Year Plan (2006~2010) not only aimed at promoting agricultural development and raising farm income, but also included new goals as follows: increasing productivity in the agricultural sector; improving services in rural areas; improving farmers' education; improving public and private investment in rural areas; and deepening overall rural reform.

The 11th Five Year Plan also calls for the establishment of a mechanism for the country's industrial sector to support agriculture, and for cities to support the countryside. In sum, the traditional objectives of attaining food security and self sufficiency and of maintaining stable domestic production, marketing, and commodity price levels to protect farmers' interests still remain.

The 12th Five Year Plan (2011-2015) presents food security through 95% self-sufficiency in grain production, doubling rural household's income by 2020, improved food safety, environmental protection, agricultural competitiveness, and improved social and technical infrastructure in rural areas.

3.1.3.2 Analysis of Agricultural Policies

China's agricultural policies have been shifting despite little change in policy objectives.

Since joining the WTO in December 2001, China has been using a hybrid approach in formulating agricultural policies. It has begun to abandon total direct central planning, state monopolies, and continues to move toward a more market driven economy. China has adopted a more open agricultural regime that complies with WTO requirements. However, Chinese policymakers have reserved important policy levers used to guide the agricultural economy.

Specifically, as a WTO member China cut agricultural tariffs, one of its main agricultural policy instruments, to an average level of 15.3%; eliminated most state trading monopolies; reduced non-tariff barriers; agreed to allow foreign companies to operate in China; agreed to set sanitary and safety standards and agreed to make these standards and regulations publicly available .Tariff rate quotas (TRQs) were set to limit imports of certain commodities like rice, wheat, corn, cotton, and sugar, with low in-quota tariffs of 1-5 percent, but established significantly higher over-quota tariffs. The share of TRQs allocated to state trading enterprises (STEs) remains relatively high. In 2007 and 2008, for instance, the fractions of total wheat, sugar, corn, rice, and cotton quotas allocated to STEs were 90, 70, 60, 50, and 33 percent, respectively.

Since WTO accession China has announced and implemented several major agricultural policy measures including the following:

(1) China's domestic agricultural policies——tax cuts, farm subsidies, input subsidies, price supports, and financial support for agricultural initiatives——were revamped after WTO accession, in part to counter anticipated effects of imports on Chinese farmers.

China is among the world's countries with the longest history of taxing agriculture, extending over more than 2000 years. However, as industrialization has advanced, annual average incomes of farm households in recent years has fallen farther behind those of urban households. In 2004, China's government announced gradual elimination of the agriculture tax paid to the government, and in 2006, all provinces in the country eliminated their centuries-old agricultural tax.

In the early 2000's, the government gradually withdrew from a direct role in grain producing, price setting, marketing, and buffer stock-holding, but this trend has been slowed or even reversed; now, the government has established a minimum-price procurement policy which has made the government the significant purchaser of food grains again.

In 2004, the government began setting minimum procurement prices for rice, then in 2006 the government expanded the minimum price procurement policy to wheat to ensure that farmers would produce more food grains. For instance, the Chinese government raised early-crop, intermediate, and Japonica rice procurement prices from 0.7, 0.72, and 0.75 yuan per jin (one jin equals 1/2 kilograms) in 2004 to 0.77, 0.79, and 0.82 yuan per jin in 2007. From 2008 to 2009, the government procured more than 80 million tons of wheat from the markets, with minimum procurement prices. During 2009 year, the government extended minimum price procurements to corn and soybean in the Northeast provinces, rapeseed along Yangtze River, and to cotton in the Xinjiang Autonomous Region.

In 2004, China's government began to subsidize grain farmers with monetary subsidies to elevate farmers' incentives for grain cultivation. Major forms of subsidies include direct payments to grain producers, and subsidies for purchase of quality seed, high-yielding crop varieties, better animal breeds, and large machinery and equipment. In 2008, government direct payments increased to more than 40 Yuan per mu (one mu is 1/15 hectare), from an average of about 17 Yuan per mu in 2008 year, with payments in some places over 70 Yuan per mu. Total financial support by the Central Government reached 95.1 billion Yuan in 2008, which is a significant increase from just 11.7 billion Yuan in 2004.

Table 3-1 Total Financial Support to Agriculture (Billion Yuan)

Items	Beg.year	2003	2004	2005	2006	2007	2008
Direct payments	2004	—	11.6	13.2	14.2	15.1	15.1
Input subsidies	2006	—	—	—	12.0	27.6	63.8
Quality seeds	2003	0.4	—	3.9	4.2	6.7	12.1
Machinery subsidies	2004	—	0.1	0.3	0.6	2.0	4.0
Min-price procurement	2004	—	—	—	5.9	—	—
Subsidies for milk cows	2006	—	—	—	0.1	0.1	0.1
Total		0.4	11.7	17.4	37.0	51.5	95.1

* Data sources: Estimated by DRC, State Council, April, 2008.

(2) China supplements traditional trade measures—tariffs and quotas—with value-added tax (VAT) waivers and rebates, ad hoc tariff cuts, import licenses, and expansion of import quotas, export taxes, and export quotas.

Imports of agricultural products in China are generally subject to a VAT. The rate levied on agricultural products has been at 13 percent, 4 percentage points lower than the general VAT rate on domestically produced products. Agricultural imports are subject to licenses and import prohibitions. Automatic licensing is in place to monitor imports; non-automatic import licenses are used to fulfill China's international obligations and to administer TRQs. Automatic licensing covers some meat products, edible oils, and tobacco products. The agricultural exports subject to state trading are cotton, rice, corn, and tobacco. Exports of agricultural products are entitled to VAT rebates at the time of exporting with rebates varying according to commodity. The VAT on all agricultural goods is normally 13 percent. Export rebate rate for agricultural goods is normally 5 percent. Export rebates for products containing agricultural inputs were increased in 2007 from 5 percent to 11-13 percent, to promote the use of agricultural inputs in domestic production for the export market.

In response to high world agricultural commodities prices, and domestic inflationary concerns, on December 17, 2007, China's Ministry of Finance announced on its website that VAT refunds for grain products (including wheat, milled rice, paddy rice, corn, and soybeans) would be eliminated beginning December 20, 2007, to discourage grain exports. This policy was aimed at mitigating price inflation for food grains in domestic markets.

In addition to reductions of VAT rebates, China's State Council announced on December 30, 2007 that for 2008, a total of 54 major grain and oilseeds items (including wheat, corn, paddy rice, milled rice, and soybeans) and their processed products would be subject to 5-25 percent taxes if exported . This policy was put in place to further control exports of all major agricultural commodities that otherwise would go abroad. The export control policy demonstrates how the government was determined to fight creeping inflation of food and edible oils prices within the country. Mid-year of 2008 reports from China's Customs Administration indicated that wheat and corn exports in the first quarter of 2008 dropped by 46 and 96 percent, respectively, because of the export tariffs and reduced VAT refunds.

(3) Government analysts track trade, prices, and other indicators using an "early warning system", with the intent of detecting market disruptions that can be addressed using various policy measures. This monitoring program, operated by the Commerce Ministry, carefully watches to determine whether imported volumes, particularly of soybeans and cotton, are excessively larger than total consumption, and more importantly, whether imports would damage domestic production and demand for domestically-produced output.

(4) In China, general policies are formulated at the central level, but provincial and local authorities have considerable latitude when implementing them. Many policies only apply to specific provinces or regions as described above. In some cases, local governments have contributed unknown amounts of subsidies in addition to those of the central government, and in other cases local governments may have illegally retained part of the subsidies from the central government, to make up shortfalls in their budget revenues.

3.2 The Development of China's Agricultural Reform

China has made remarkable progress in raising the standards of living of its rural population over the past generation. Using the poverty line of 1274 yuan per person pure income in one year, the number of people living below the poverty line in rural areas declined from 250 million in 1978 to 21 million in 2010 and rural households' income increased almost eight-fold between 1980 and 2009.

But this progress may now be under threat. The global financial and economic crisis has been impacting the rural economy: many migrants are going back from cities to rural areas and will be looking for jobs. And rural families who depended on the money sent back by the migrants will now see a big drop in income. Some academic studies have estimated that families with migrants have seen their incomes increase by as much as 13 per cent, and now these families will feel the impact of the slowdown.

3.2.1 China's Agricultural Reform Developing Process

During the reform period, which started in 1978, China made huge progress of rural economy in meeting its objectives: agricultural production rose sharply, rural industries absorbed a large part of farm labor, poverty fell dramatically, and the level and quality of food consumption improved significantly. The commune system was replaced by one where individual families lease land from the collective, ensuring that almost all rural households have access to land and are, at minimum, food self-sufficient.There are four stages in China's 30-year rural reform.

3.2.1.1 The First Stage: From 1978 to 1984

The key point in the first stage was to build the contract system based on household responsibility. At the end of 1978, 18 rural families in Xiaogang village, Fengyang Country of Anhui Province took the risk of operating "all-round responsibility system" . In 1980, the central government clearly pointed out in the policy that all manners of production responsibility system can be wildly built in the agricultural field. Since then, the responsibility systems such as contracting production quotas to individual households and household-based contract system were gradually affirmed and popularized. By the end of 1983, almost all the rural areas in China adopted the system of unified management combined with independent management based on household operation. In 1984, the CPC central committee put forward that the validity period of land contract should be over 15 years. In this way, the contract, the contract system based on household responsibility in rural China was established as a basic system of production and operation. The reform in this phase broke the people's communes system, straightened out the production relationship in the countryside, enabled the farmers to have the decision-making power in production and operation, broke through the egalitarianism with everyone "eating from the same big pot", greatly stimulated thousands of millions of farmers's initiative, liberated and developed the countryside productivity, and laid a foundation for the rural reform to move forward.

3.2.1.2 The Second Stage: from 1985 to 1991

The key point is to reform the circulation system of agricultural products, adjust the industrial structure in the rural areas and develop the township enterprises. The central government reformed the system of unified purchasing of farm produce by the state according to fixed quotes in various aspects. In the purchase of agricultural products, it phased out the state purchase and implemented a contract purchase order, and gradually reduced the number of purchase contracts. In the matter of price, the purchasing price of grain and cotton was increased, the prices of more products were decided by market, and the over prices of the other agricultural products than the main ones such as grain and cotton was also lifted. In adjusting the industrial structure in the rural area, grain production was emphasized, various operations were developed actively, and the crop farming structure was optimized. The reform also improved the comprehensive development of farming, forest, animal husbandry, sideline products and fishing. Meanwhile, farmers were encouraged to engage in non-agricultural production such as industry and commerce, and develop the township enterprises. The reform in this stage broke the unified purchasing of farm produce by the state according to fixed quotes, enlivened the distribution of agricultural products and activated the rural economy by bringing into play the role of market, broke the single structure which put the grain production in the first place in the rural economy, promoting the economic development.

3.2.1.3 The Third Stage: From 1992 to 2002

The key point is to stabilize the basic countryside policy, build up and perfect the market system of agricultural products, improved the flow of the rural elements, and management structure. It was stated clearly that when the 15 year land contract was expired, it would be extended to 30 years. The distribution system reform in agricultural products was improved and the system adapted to the socialism market economy was set up. The reform of the property rights system of township enterprises was improved, and the individual and products structure were adjusted. Due to the fast change in techniques and inner management, the township enterprises were vastly improved.

3.2.1.4 The Fourth Stage: From 2003 Till Now

This stage is from China's entering into WTO. The key point is to develop by taking overall consideration into the economic society, to adjust the relationship between urban and rural areas and build up a long-term mechanism that can improve the economic development of agriculture and countryside. Under the principle of "clearing up the charging system and regulating tax", the agricultural tax was absolutely rescinded based on the improvement of the tax reform, hence putting an end to more than 2600 year history of the tax imposed on farmers for cultivating the farmland. Meanwhile, the rural organization, reform, the countryside compulsory education and financial management system in country and rural areas were also improved. The grain purchasing and selling market were widely opened. Farmers' various problems were solved and good condition was created for those who looked for jobs in the city. According to the requirement of "striking a balance between urban and rural development", the building of a new socialist countryside was comprehensively advanced, and the support for the development of agriculture and countryside was increased on a large scale. The reform in this stage changed the distribution relationship between the country and farmers, improved the condition for the development of the rural economic society.

The continuous advancement and deepening of more than 30 year rural reform has brought about great historical changes in China.

3.2.2 The Profile of Rural China

China has a rural population of 737 million in 2006, accounting for 56% of the national total. Between 1980 and 2007, real incomes per capita in rural households increased almost five fold, at an annual rate of about 6% (Figure 3-1) and rural poverty rates fell dramatically. This progress reflected both improved socio-economic conditions in rural areas and an outflow of rural migrant workers to urban areas, whose number reached 132.1 million in 2006. These migrants have contributed greatly to economic development and the diversification of income sources in rural areas. Additional income repatriated by migrants has raised household income per capita in rural areas by between 8.5 and 13.1%. However, disparities with urban areas and among different rural regions widened. The ratio of nominal urban-to-rural income per person climbed to a record level of 3.3 in 2007. The levels of rural per capita income are highly disparate across provinces, as availability of non-agricultural jobs in rural areas and agricultural labour productivity differ greatly. Most vulnerable are rural areas dependent on agriculture, which often feature the highest rates of poverty. (see Figure 3-1)

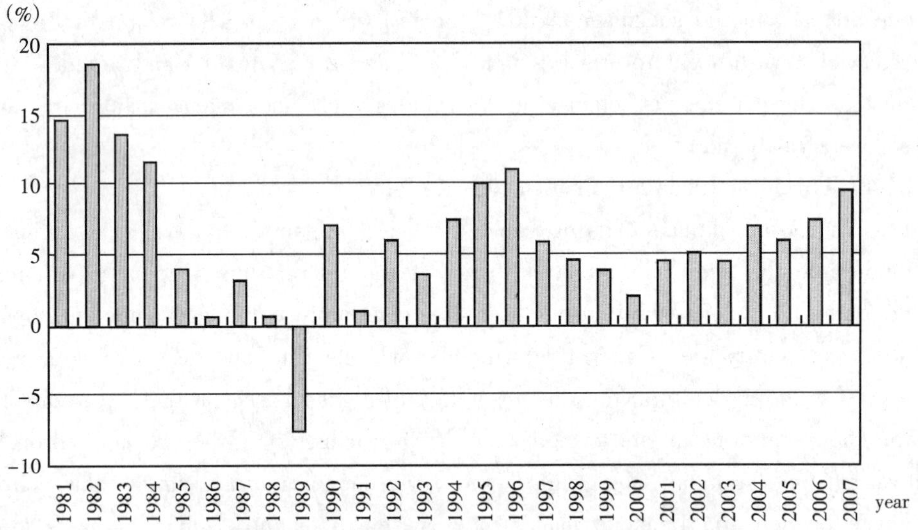

Figure 3-1 Rural Household Real Income Growth Rates

Source: NBSC, China Statistical Yearbook, Various Editions.

Agricultural employment is still high at 40.8%, its contribution to GDP fell to 11.3%. (Figure 3-2) in 2007 (including forestry and fishing). Agricultural labour productivity is low, at only one-fifth of the level in the rest of the economy, contributing to a record rural and urban income gap in 2007: average income per person was 3.3 fold higher in urban areas than in rural areas. Agriculture is much less integrated with global markets than the rest of the economy as shown by its 3% share in total China's exports and 4.3% share in imports. As food prices increased, the share of food in total living expenditures increased slightly to 38% in 2007.

The Chinese rural economy has been going through a significant transformation with falling shares of agriculture in rural employment and income (Figure 3-3). Despite impressive growth of agricultural production and ongoing restructuring, agricultural labour productivity remains low. It will be difficult for the agricultural sector to reabsorb returning workers without a significant decline in the productivity of labour and thus of average income per farmer. The rapid growth of rural enterprises has supported a structural transformation of China's rural economy. Rural enterprises expanded from 1.5 million in 1978 to 23 million in 2006, creating 119 million new jobs in this period. These enterprises showed an extraordinarily strong performance at the beginning of the 1990s, experienced a significant slow-down in the second half of the 1990s,

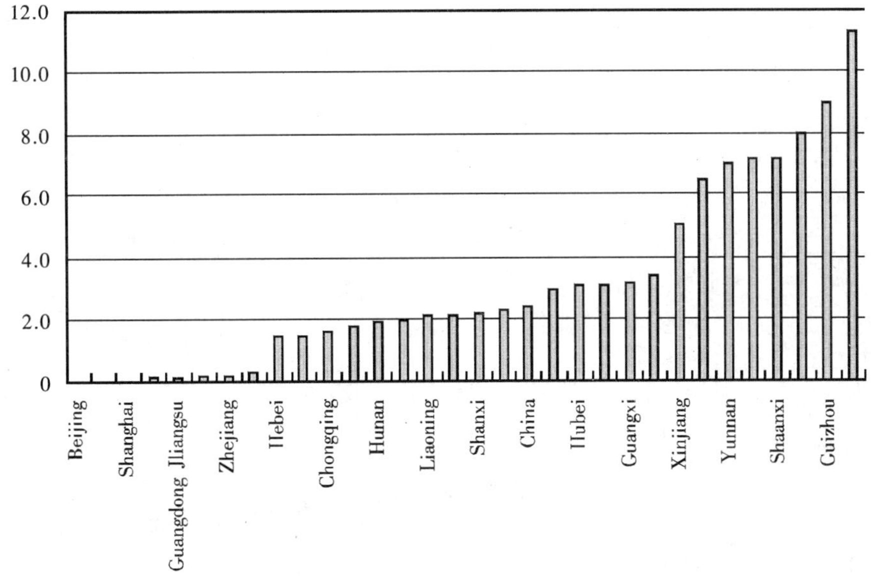

Figure 3-2 Rural Poverty Incidence and the Share of Agriculture in Rural Employment, 2005

Table 3-2 China: Basic Economic and Agricultural Indicators (2005~2007)

year	2005	2006	2007
Basic economic indicators			
GDP (USD billions)	2244	2658	3280
GDP growth (%)	10.4	11.6	11.9
GDP per capita, PPP (USD)	4088	4682	5345
Inflation (annual average, %)	1.8	1.5	4.8
Exchange rate (annual average, local currency per USD)	8.2	8.0	7.5
Population (million)	1305	1312	1320
Population in rural areas (%)	57.0	56.1	55.1
Share in GDP (%)			
Agriculture	12.5	11.3	11.3
industry	47.5	48.7	48.6
service	40.0	40.0	40.1
Share in employment (%)			
agriculture	44.8	42.6	40.8
industry	23.8	25.2	26.8
services	31.4	32.2	32.4
Average share of income spent on food (%)	39.3	37.9	38.2
Basic agricultural indicators			
Agro-food exports (% of total exports)	3.6	3.2	3.0
Agro-food imports (% of total exports)	4.3	4.0	4.3
Agro-food trade balance (USD million)	-1464	-960	-4350
Total cereal production (million tonnes)	427.8	451.0	456.0
Total meat production (million tonnes)	77.4	70.9	68.7

Continued from previous table 3-2

year	2005	2006	2007
Natural resources and farm structure			
Average farm size (ha)	0.5	0.6	0.6
Agricultural land (million ha)	556.3	n.a.	n.a.
Arable land per capita (ha)	0.1	0.1	0.1
Land sown to crops (million ha)	155.5	153.0	153.6

"n.a" means "not available".

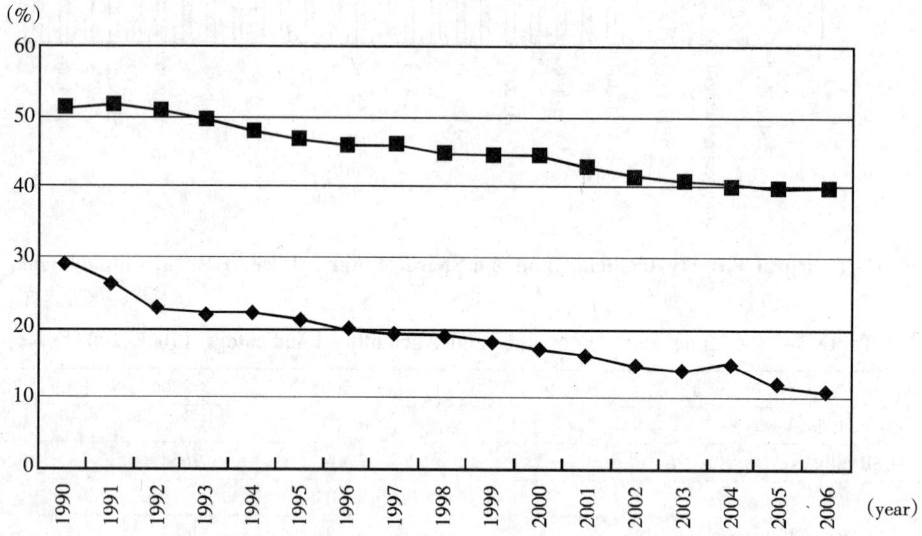

Figure 3-2 China: Shares of Agriculture in GDP and Employment (1990~2006)

Notes: Lower Line Stand for Share of Agriculture in GDP, Upper Line Stand for Share of Agriculture in Total Employment.

Source: World Development Indicators, 2008.

and then improved steadily in the first half of the 2000s, with annual growth rates of value added, exports and profits approaching 20%. Among the top ten provinces, ranked by rural enterprises' output value, eight are located in the coastal region. There is an enormous unexploited potential for further economic diversification, which has become more pressing because of the current economic slowdown. China is one of the most environmentally diverse countries in the world and has a particularly rich cultural heritage to be discovered in rural areas. Moreover, renewable energy resources are abundant and supported by the government, but are still significantly under-utilised. There is, however, some threat to this potential diversification, as rapid economic growth has put considerable pressure on the environment. Water scarcity, water pollution, soil erosion and desertification are serious problems in various parts of rural China.

3.2.3 Main Existing Question in China's Agriculture——Income Disparity

One of the remarkable achievements of the reform period has been the strong growth of real per capita rural incomes, largely due to the rise in non–agricultural employment opportunities. Real rural income rose more than three–fold between 1980 and 2000. The overall rise of incomes in rural areas, including those in poor areas, has led to a dramatic fall in poverty. This is all the more important since some 99% of China's poor live in rural areas. Using China's standard of income below USD 0.6~0.7 per day, the number of people living in poverty fell from 250 million in 1978 to 29 million in 2003. In other words, the proportion of the rural population affected by poverty fell from 31% to 3% during the period. Based on the World Bank definition of poverty (income of USD 1 per day), the number of people living in poverty in rural China was still high at 88 million in 2002, but the progress in eliminating poverty is still remarkable, with about 400 million people rising above the poverty line between 1979 and 2002.

China's rural poor are mostly concentrated in the western provinces and in localities that lag in terms of growth, are remote, sparsely populated, poor in human and natural resources, and weakly linked to the rest of the economy. This makes further reduction of poverty more difficult and partly explains a relatively slow fall in poverty levels since the mid–1990s. Moreover, rural communities just escaping from poverty are quite often strongly dependent on weather conditions and are likely to fall into poverty again when these conditions deteriorate. As the social security system is almost non existent in rural China, little public assistance is available to those families which suffer most.

Despite the rapid reduction in poverty levels, overall the rise in rural incomes was not sufficient to close the gap with urban areas as differences in labour productivity between agriculture and the rest of the economy and, more generally, between rural and urban areas persisted. In fact, the income gap has widened as the reforms progressed. Per capita income in urban areas was 1.85 times that in rural areas in the mid–1980s, but by 2003 and 2004 the ratio had risen to 3.2, the highest over the whole reform period. This is largely due to limited factor mobility, especially of labor and capital. Surplus farm labour and low labor productivity have resulted in low agricultural incomes and hidden unemployment in rural areas. The rural–urban gap in living standards is further accentuated by differences in access to education, health care and other social services.

3.3 The Future of China's Agriculture: Opportunities and Challenges

Nowadays, China is one of the world's largest economies, a major importer and exporter, and a sought-after location for multinational firms. Rural workers raise a variety of crops on individually managed plots, engage in household livestock and sideline production, and travel all over the country to work in thriving industrial and service sectors. Most manufactured goods are produced in coastal areas and marketed throughout the country. The State-owned sector represents only about a third of economic output, and many remaining State-owned firms raise capital on stock markets and have joint ventures with foreign firms. The People's lifes standards improved significantly.

Agricultural reforms played an important role in China's economic resurgence over the past three decades. Re-establishing household agricultural production was the spark that ignited the process of establishing markets and relinquishing direct Government control over the economy. Responding to these changes, farmers immediately boosted incomes, lifted millions out of poverty, and improved the diets of Chinese citizens. By the 1990s, similar reforms took hold in the urban and industrial sectors, and their growth began to outpace agricultural and rural growth. But agriculture continued to play a critical economic role by meeting the growing demands of wealthier, mostly urban, consumers for fruit, vegetable, and livestock products as well as traditional staple grains. A seemingly endless supply of inexpensive labor released from collective agriculture fueled China's booming manufacturing and urban construction sectors.

3.3.1 The Opportunities for China's Agriculture

China's current rural development strategy and related reforms are sound and innovative. A stronger focus on territorial imbalances has brought increased public expenditure for rural areas, particularly in agriculture, infrastructure and public services. Also, a comprehensive rural tax and fee reform succeeded in reducing farmers' fiscal burdens.

The Chinese economic stimulus package to address the crisis which began in 2008 contains a significant regional and rural policy component, because this crisis opens important opportunities for rural areas.

3.3.1.1 The State Will Further Promote Policies to Empower Agriculture and Benefits Farmers, and Tilt Resource Allocation Toward Rural Areas

Firstly, the state will increase investment in agriculture and rural areas. The CPC Central Committee has made clear demands for more investment in agriculture, rural areas and farmers' livelihood based on the principles of total investment continuing to rise and proportion of agricultural investment continuing to rise. The Committee has also required that government expenditures should first be directed to the development of agriculture and rural areas, that budget investment in fixed assets should first be directed to agricultural infrastructure and projects to improve the well-being of rural residents. Government revenue from land transfers must first be used in land development and infrastructure building in rural areas. The growth rate of investment in agriculture by public finances at various levels should not be lower than the growth rate of their regular financial revenue. Additional revenue from the elevated farmland occupation tax must be entirely used in agriculture. The newly introduced land for construction fees must be entirely used in farmland development and land consolidation. Funds for the development of modern agricultural production and for comprehensive agricultural development will also be increased.

Secondly, mechanisms for agricultural subsidies and market macro-control will be improved. Subsidies for fine seeds (breeds) will be increased and subsidies for potatoes will be expanded. In addition, subsidies for fine seeds for highland barley will be launched and a pilot project for subsidies for peanut fine seeds will be carried out. Subsidies for the purchase of farm machinery and tools will be further increased and expanded to cover equipment used in livestock raising, forestry and in the fight against droughts and in water-saving equipment. A dynamic readjustment mechanism for subsidies for goods used in agricultural production will be implemented and improved. The subsidy policy designed for pastoral areas, forest areas and land reclamation areas will also be further improved. The minimum purchasing prices for grain will continue to be raised and grain storage in trading areas will be enlarged. Temporary storage of corn, soybeans and oilseeds will be carried out at the appropriate time and mechanisms for auction of state, grain storage will be further improved. Macro-control plans for cotton, sugar and pork will be in place to keep the prices of farm products at a reasonable level.

Thirdly, credit funds and social resources will be directed toward agriculture, rural areas and farmers. Preferential tax policies for agriculture-related loans and policies for subsidies for special purpose funds and rewards for loan increases will be implemented and improved. The policy to encourage financial institutions in counties to use newly absorbed deposits mainly for loans to the locals will be further optimized. Efforts will be made to set up branches of the Agricultural Development Bank in more regions and to promote the development of micro-credit in rural areas and the development of village and township banks, finance companies and rural mutual-aid funds. Subsidies for agricultural insurance fees will be expanded to more products and to more areas. The central finances will provide more subsidies for insurance fees for the central and western regions. Subsidies for insurance fees will be encouraged for unique farm products and rural houses. Mechanisms of agricultural reinsurance will be improved. Social resources will be encouraged to participated in the development of agricultural industries and public facilities. The money donated for rural public welfare by enterprises through non-governmental public welfare organizations or special rural public welfare funds set up by governments at country-level and above or their departments will be exempted from enterprise income tax if the money doesn't exceed 12% of the donor enterprise' total profit. Mechanisms to take science and technology, culture and public health services to rural areas will be improved.

Fourthly, the rural market will be further explored. Efforts will be redoubled to implement the policy of providing subsidies for the purchase of home appliances, cars and motorbikes by farmers in rural areas and the price ceiling for eligible products will be raised by a big margin. Subsidies will also be expanded to more products and to workers in state-owned farms and tree farms. Efforts will be made to develop modern distribution modes such as logistics, chain supermarket stores and e-commerce and to encourage commercial and postal enterprises to extend their business in rural areas. Consumer credit will also be encouraged in rural areas.

3.3.1.2 The State will Accelerate Rural Infrastructure Construction and Promote the Role of Science and Technology as Support for Agriculture

Firstly, support programs for agricultural production will be carried out. The plan to increase national grain production capacity by 50 billion kilograms will be implemented in all-around way. A system for providing compensation to major grain production areas will be established at a faster pace, and the practice of asking local authorities of main grain production areas to provide supplementary funds for grain risk funds will be phased out. The development of production base counties for high quality rape seeds and peanuts will be accelerated and woody oil-bearing plants such as oil-tea camellias and chestnuts will be developed. The higher grain, cotton, oil and sugar output initiative will be expanded and will cover all agricultural countries (farms) by the end of the year. A new round of "vegetable basket" project will be launched, and installation farming of horticultural crops and large-scale farming of livestock, poultry and aquatic products will be further promoted. The development of livestock and poultry fine breeds will be supported. The prevention and control of major animal diseases and epidemics will be strengthened and the policy of providing subsidies for culled animal disease and epidemic prevention and control system will also be promoted. More investments will be made for the development of safety utilities for fishery administration, fishing ports and fishing vessels. The development of the farm product quality safety supervision system and monitoring and testing systems will be accelerated.

Secondly, good work will be done in the development of agricultural infrastructure. The development of large and medium-sized key water-control projects will be accelerated and efforts will be made for the development of flood storage and retention areas and for the prevention and control of flooding. Great efforts will be made to push for follow-up construction large and medium-sized irrigated areas to add auxiliary facilities and the transformation of these areas for water-effectiveness. The development of an end canal system will be quickened. Work to eliminate the risks of dangerous sluices and to consolidate them will be launched. The transformation of large irrigation and drainage pumping stations will be accelerated. State and provincial subsidies for special projects will be increased by a big margin and a new batch of priority countries for small-scale farmland irrigation construction will be developed. Support will be offered for the development of small and tiny water collection and storage facilities in hilly and mountainous regions. Budget support for cooperatives of water use by farmers will be strengthened and the development of a technical support system for the fight against droughts and water-logging at grassroots level and for rural water conservancy facilities will be promoted. Support will be offered for farmland irrigation and drainage systems, farmland improvement, soil improvement, the construction of road for farm machinery and of farmland forest networks. Efforts will be made to transform basic farmland of 800 big grain-producing counties into high-standard fields as soon as possible. Investments in comprehensive agricultural development and rural land improvement will be increased and efforts will be made to push for the transformation of low-and medium-yielding fields. Subsidies for soil test-based fertilizer application and improvement of organic matter in soil will be in creased and expanded. Conservation tillage technologies will be promoted and demonstration projects for dry farming will be carried out.

Thirdly, the capacity for agricultural science and technology innovation and popularization will be promoted. The special scientific and technological project for the development of new varieties of genetically modified crops will be continued. Efforts will be made to push for mergers of seed enterprises and for industry integration. The initiative to encourage science and technology-supported entrepreneurship in rural areas will be launched, together with a special action plan to allow science and technology to bring earnings to farmers and economic powers to counties, and a plan to benefit farmers with popularization of scientific knowledge. The development of modern agricultural technology systems will also be promoted. Township or regional public services such as agricultural technique propagation will be developed in an urgent manner, and the reform of the grassroots agricultural technique propagation system and the selection of demonstration countries will be expanded to more areas. Efforts will be made to promote diversified and socialized agricultural technique propagation service institutions. The transformation of industrial technologies for agricultural use will be promoted. Energetic efforts will be made to promote mechanized operations in subsoiling and land preparation, and support will be offered for mechanized operations in the return of straw and stalks to the field and in rice seedling cultivation and transplanting.

Fourthly, the farm product market system will be improved. Support will be given to the construction and upgrade of wholesale markets for key farm products. Construction of storage facilities for bulk farm products such as grain, cotton, oil and sugar will be quickened and a farm product futures market will be developed as soon as possible. The project to build 100 large-scale wholesale markets for farm products and 100 large-scale product distribution enterprises will be pushed forward in an all-around way, and direct links between farm products and supermarkets will be further promoted. The "green corridor" policy for transporting fresh and live farm products will be improved.

Fifthly, an ecological security barrier will be built. Efforts will be made to consolidate the positive results of retiring fragile land from farming and switching it to forestation, to extend the deadline of the project to protect natural forests, and to push for the development of key forestry ecological projects. The central finances will increase forestry ecological efficiency compensation levels for collectively owned national -class public welfare forests. Trial subsidies for tree seedlings for afforestation and for tending of woods will be started. The forest management program will be launched. Grassland ecological protection will be strengthened and the project to retire grassland from grazing and return it to grass will be implemented in a more energetic way, its validity will be prolonged and subsidies will be elevated. The prevention and control of grassland rodents and insects will be enhanced. Key soil and water conservation projects will be launched by the state. Agricultural point-source pollution will be addressed with intensified efforts and circular agriculture and eco-agriculture will be developed.

3.3.1.3 The State will Work to Further Improve Livelihood in Rural Areas and Narrow the Gap between Public Services in Urban and Rural Areas

First, efforts will be made to promote employment of rural laborers and to encourage them to start business. A public employment service system covering both urban and rural areas will be established and skill training will be improved. The policy and measures to encourage entrepreneurship to create more employment opportunities will be improved, and support will be given to farmer workers who return to their birthplaces to start businesses or seek jobs in their own places or nearby places. The social security system for farmer workers will be improved and efforts will be made to bring work-related injury insurance to all farmer workers. Efforts will also be made to enhance the prevention and treatment of occupational diseases among farmer workers and health care services for them. Basic medical insurance for urban workers will be brought to farmer workers in permanent employment, and measures to allow the transfer of basic medical insurance accounts of workers moving from one region to another will be implemented in a speedy way. The policy to allow children of farmer workers to receive education mainly in public schools in labor-importing regions will be implemented.

The next, rural public welfare undertakings will be promoted. The regime to ensure funding for rural compulsory education will be consolidated and improved and the rural primary and secondary school housing safety project will be continued. The scheme to exempt tuition fees for students in rural secondary vocational schools will be carried forward, and free pre-employment training for new workforce in rural areas will be carried out step by step. The country, township, village three-tier rural health service network will be improved, and the plan to provide free training for general practitioners and recruitment of medical practitioners for rural areas will be carried out step by step. The "new rural area and new family" project as well as the "fewer children, more wealth" program will be pushed ahead. A protection mechanism for rural cultural investments will be established, and the construction and comprehensive utilization of key cultural projects that benefit farmers will be pushed forward.

Fund raising for new rural cooperative medical services will be promoted and government subsidies will be increased. Experiments on new rural old-age insurance will be continued. Reasonable thresholds for rural minimum living allowance and government grants will be set down with a goal of universal coverage of all eligible residents. Social security measures for farmers who have lost their land will be implemented and improved. Standards for centralized support of childless and infirm old persons who are guaranteed food, clothing, medical care, housing and burial expenses will be gradually improved. Support for rural disabled persons in their production activities and livelihood will be strengthened, and rural disabled persons will be taken as priority groups for all rural social security policies.

Lastly, the construction of water facilities, electricity, roads, methane and houses in rural areas will be promoted. More money will be invested in safe drinking water projects, and regions where conditions are right are encouraged to have integrated urban and rural water supply. The new round of transformation and upgrade of rural power grids will be carried out in a speedy way, and the "small-scale hydropower for fuels" project will be continued. Rural highway construction tasks for the 11th Five-year Plan will be completed, and integrated urban and rural passenger transport will be promoted. Construction of medium-sized and large methane projects and methane delivery networks as well as projects for methane for household use will be speeded up. Support will be offered for the development of utilization of renewable energy in rural areas and the recycling of agricultural and forestry waste. Transformation of dilapidated houses in rural areas and shantytowns in state-owned forest areas (farms) and land reclamation areas will be accelerated and work to build permanent housing for nomadic herdsmen will be continued. Subsidies for purchase of building materials in rural areas will be promoted and efforts will be made to encourage farmers to build their own houses in areas where conditions are right. Efforts will also be made to promote incentive-driven comprehensive treatment of rural environment.

3.3.1.4 The State will Promote Reforms in Various Fields and Strengthen Vitality of Agricultural Development

Firstly, the basic rural management system will be stabilized and improved. Concrete measures will be made available to ensure the current relations involved in land contracts will remain stable and unchanged in the long term. Experiments on registration of the right to contract and manage land will be expanded to more regions. Management of and services for the transfer of the right to manage contracted land will be strengthened and the market for such transfers will be improved. The reform of the basic grassland management system will be pushed ahead, and the rights of fishermen to use water areas and tidal flats for agriculture will be stabilized. Experiments will be carried out for the reform of the rural collective property right system.

Secondly, reform of the rural land management system will be carried out in an orderly manner. A compensation mechanism for the protection of cultivated land will be established, and the process of identifying basic farmland for permanent protection will be accelerated. A target-related responsibility system for governments in the protection of cultivated land will be implemented. The determination, registration and certification of rural collective land ownership, the right to the use of rural house sites, the right to the use of collective land for construction will be quickened. Rural land improvement will be carried out in an orderly manner. Land saved in house site management and village size management will remain collective assets. Experiments on rural land management system reform will be regulated following the principles of strict examination and approval, experiments in certain areas only, closed operation and controllable risks.

Thirdly, organizations for agricultural production and management will be improved. Farmers professional cooperatives will be developed with energetic efforts, and model cooperatives will be further promoted. Well-established farmers' cooperatives will be encouraged to set up mutual-aid funds. Support will be given to farmers' professional cooperatives in their efforts to establish their own farm product processing enterprises. Efforts will be made to develop various socialized service organizations for agriculture and rural areas. Key enterprises will be encouraged to play a leading role, and the "one product in one village" project and its demonstration villages and townships will be promoted.

Fourthly, forestry reform will be actively pushed ahead. The support and protection system for forestry will be improved and a modern forestry management system will be established. The reform of ownership of collective forests will be deepened and supplementary reforms will be accelerated. The transfer of ownership of collective forests will be standardized and the reform of management of collective forest logging will be deepened. Management of loans using forest ownership as collateral will be improved. Experiments on forest insurance of a policy nature will be expanded to larger areas in a gradual way to support the development of forestry industry. The reform of state-owned forest areas will be kick-started.

Fifthly, comprehensive rural reform and township institutional reform will be deepened. The reform of the management system, under which the province exercises direct control over country finances, will be continued to ensure adequate financial resources for counties and townships and to provide enough funds for the operation of village-level organizations. Central and provincial finances will continue to support the cleanup of historical debts in rural compulsory education and promote experiments on cleanup of debts of public welfare nature in villages and townships. The experiments on financial rewards and subsidies for the development of rural public welfare undertakings under the case-by-case principle will be expanded, and rewards and subsidies will be increased. Malpractices with regard to farmers´ burdens will continue to be seriously dealt with. The reform of the land reclamation system will be deepened. Guidance on rural reform pilot areas will be strengthened.

Sixthly, system innovations for urbanization will be promoted. Reform of the household registration system will be deepened. Policies to loosen conditions for household registration in medium-sized and small cities (counties) and small towns will be implemented in a speedy way. Efforts will be made to improve the living conditions of farmer workers and to encourage cities, where conditions are right, to extend their housing security systems to farmer workers who have been employed and have lived in the cities for a certain period of time. Intra-country economies will be developed with great efforts. The centralization of specialty industries and advantageous projects to country towns and key townships will be promoted. Supplementary financial and tax, investment and fund raising policies for the fast development of small towns will be improved. The development of medium-sized and small cities and small towns will be taken as priority in annual land use plans. Experiments on the reform of expanding powers of counties will be continued.

3.3.2 The Challenges for China's Agriculture

In China, the development of agriculture and rural economy faces a grave situation as long-term restraints are yet to be removed while new conflicts and problems keep emerging. The basis for stable agricultural development and for constant increases in farmers' earnings remains weak.

Firstly, The Basis for Agriculture and Rural Economic Development Remains Weak. The decline in farmland and water resources is in an irreversible trend. Restraints imposed by resources and the environment become more severe. The room for boosting yield by enlarging farmland acreage becomes increasingly smaller. The situation of weak agricultural infrastructure has not fundamentally changed and agriculture still has limited ability to withstand natural disasters. Repeated natural disasters wreak havoc on agricultural development. Advances in agricultural science and technology remain slow and fail to provide firm support for agricultural development. Long-term restraints on agricultural and rural economic development and deep-seated problems cannot be removed or solved in the short run.

Secondly, Further Growth in Agriculture Becomes Increasingly Difficult as The Plane has Been Elevated by Consecutive Growth.

Thirdly, Further Fast Growth in Farmers' Earnings Becomes More Difficult. With the fast pace of economic restructuring and industrial upgrade, the room for increasing farmers' income by transferring them to other sectors is becoming smaller. With the upgrade pressure of prices for goods used in agricultural production and increase in labor costs, the comparative economic returns of agriculture, particularly those of grain production, are declining.

Fourthly, There are More Difficulties in Further Fast Development of Rural Public Services. Infrastructure construction and the development of social undertakings in rural areas still lag behind and public service levels are notably low. To further promote public services in rural areas needs higher standards and more projects and, primarily, more investment. Limited state financial resources will turn out to be a major bottleneck for further fast development of rural public services.

Fifthly, There are More Difficulties in Maintaining Stable Prices for Agricultural Products. Factors in farm product prices have become increasingly complicated on the international market. In addition to changes in fundamental factors of supply and demand, the influence of oil price fluctuations and speculation on farm products have become considerable. There are more uncertainties on the domestic market as well. Driven by higher production costs and inflation expectation, farm product prices face upward pressure. But at the same time, bumper harvests for several consecutive years are depressing price hikes. In addition, the complexity of and uncertainties in the macroeconomic situation will have an impact on the stable development of agriculture and the rural economy. There are uncertainties with global economic recovery, which will be slow and changeable. There are also unpredictable risks for China's economic revival as growth lacks internal drive. All these factors, through various means and in various forms, will have adverse effects on china's agricultural and rural economic development.

3.3.3 The Prospect of The Rural Reform

In the future, China's agricultural and rural development is faced with a new environment and problems. China's rural reform is still an arduous task. To speed up China's rural reform and development, we must hold high the great banner of socialism with Chinese characteristics, conscientiously implement the industry-financed agriculture and cities supporting rural areas strategy and the policy of "giving more, taking less and loosening control", continuously improve the overall agricultural production capacity to protect food supply and other major agricultural products, promote the all-round development of the rural economy, prominently improve farmers' income, vigorously strengthen the construction of rural infrastructure and social careers development and improve fully the rural living environment and conditions. We will continue to expand the farmers' democratic political rights and protect rights and interests of farmers. In accordance with the requirement of "developing production, well-off life, the civilized rural atmosphere, clean and tidy villages, democratic management", we will promote the co-ordination among rural economic, political, cultural and social development and the Party construction, make an overall improvement in rural areas, and form a new pattern that integrates economic and social development in urban and rural areas.

3.3.3.1 To Further Consolidate and Improve the Rural Basic Operating Systems

The practice has proved that the basic system is suitable for China's national conditions with great vitality. To take a path of agricultural modernization with Chinese characteristics, we must unswervingly adhere to and continue to improve the system in the practice for a long time. We should stabilize the rural land contract relationship, protect farmers' right of the contracted land according to the law. Conscientiously carry out follow-up to improve the extension of the work to ensure the implementation of the rural land contract operation certificates. Further make the long-term farmers' contract right, and in areas where conditions permit, cultivate and develop a market environment with appropriate scale of operation and in various forms. Promote the rational utilization of land resources, and in accordance with the principles of being "legal, voluntary and paid" build a sound market for the transfer of land contract operation right. We will make the land ownership clearer, the contract operation right more stable and land-use rights more relaxing in order to better adapt to profound changes in rural economy and society and continuous changes in the population structure. We need to develop professional cooperative organizations of farmers, improve agricultural social service system, and make efforts to improve the quality of agricultural organizations. We'll implement a variety of supporting policies to lead enterprises in the industrialization of agriculture and farmers professional cooperatives, encourage and guide the rural individual and private and other non-public ownership economy to achieve greater development, advance the land acquisition system reform, improve the land acquisition comprehension standards, and make proper arrangements of the long-term livelihood of the farmers whose land has been expropriated. We will further deepen the reform of the collective forest rights system.

3.3.3.2 To Further Strengthen the Protection and Support for Agriculture

Efforts should be focused on four aspects.

(1) To Increase Investment in Agriculture. The national financial department will substantially increase the input in the agriculture, rural areas and farmers, and at the same time, guide and encourage farmers and social forces to actively increase the investment in agriculture and rural areas. The social funds put into agricultural projects enjoy tax incentives.

(2) To Establish and Perfect the Agricultural Subsidies System. Subsiding agriculture is a common practice in most countries of the world, and is the most direct and effective measure to mobilize the enthusiasm of farmers. It's also a long-term policy of China. We will increase subsidies in agriculture in accordance with the principle of considering the national conditions, long-term plans, and improve the mechanism.

(3) To Protect the Main Agricultural Products in the Market. Implement the system of setting floor prices for the purchase of key grain varieties, and protect farmers' basic income. Through the improvement of price management, reserves regulation, and import and export regulation and so on, keep prices of agricultural products at a reasonable level.

(4) To Strengthen the Agricultural Market Information Services. We will build a strong agricultural market information plat form to provide farmers with reliable and free market information.

3.3.3.3 To Further Improve the Agricultural and Rural Infrastructure

We promote public financial support for rural development, shift the focus of the national infrastructure construction to rural areas, and establish a rural public infrastructure investment system with financial investment as the main-stay and active participation of farmers. We will strengthen the construction of agriculture infrastructure focusing on irrigation and water conservancy, and continue to improve agricultural production conditions. We will guarantee the supply of the safe drinking water in rural areas, build the safe drinking water projects in rural areas, speed up rural road construction and improve the mechanisms of financing and maintenance for the rural road construction. We continue to promote the rural power grids, develop the renewable energy in rural areas, fully promote rural biogas, emphasize the rural environmental construction, strengthen the pollution control in rural areas, improve the rural ecological environment and perfect the ecological compensation system.

3.3.3.4 To Further Promote the Reform of Rural Social Undertakings Management System

We will enhance the independent innovation capacity of the agricultural science and technology, accelerate the application of agricultural scientific and technological achievements, strengthen the fundamental agricultural technology extension system, and promote sound public funding-guarantee mechanism for science and technology. We will vigorously develop the rural compulsory education, improve the quality of education, and achieve equal educational resources of urban and rural areas. We will strengthen farmers' training, comprehensively improve the quality of workers in rural areas, strengthen the rural public cultural service system, and further improve the rural cooperative medical system, the rural medical and health infrastructure and public service. We will speed up the establishment of the social security system covering urban and rural residents, in accordance with the basic needs of life to raise the subsistence allowance standard in rural areas, and gradually establish the basic old-age pensions system.

3.3.3.5 To Further Deepen the Comprehensive Rural Reform

We will continue to actively promote the reform of the township institutions and country and township fiscal management system. We will deepen the township institutional reform, speed up the transformation of village and township government functions, and strengthen the building of grass-root political power. We will, replying on the reality, point out clearly the tasks and focus of the township work in different areas, focus on strengthening public services and social management, and create a beneficial environment for the rural economic and social development. We will improve the country and township fiscal system, and enhance the financial strength of the grass-roots, establish and improve the funding-ensuring mechanism for village-level organizations, and support the establishment of the financial award and compensation system for the village-level public services.

3.3.3.6 To Further Speed Up the Reform of the Rural Financial System

We will build a rural financial organization system with reasonable division of labor, the multiple investment, comprehensive function and efficient services, make the Agricultural Bank and the Agricultural Development Bank play the role of the backbone and pillar in the rural finance, make full use of the service function of the rural credit cooperatives and postal savings bank for the agriculture, rural areas and farmers, and actively develop rural financial services organizations of various forms. We will uphold to focus on to expanding the scale of rural credit and improving the quality of service for agriculture and farmers in rural financial reform, and positively improve the management of agricultural credit according to the season-relying character of the agricultural production. Implement more preferential deposit reserve policies and more flexible interest rate policy for financial institutions with a higher proportion of agriculture-related loans, and establish the risk compensation mechanism of agricultural loans as soon as possible, We will expand the business scope of agricultural policy loans and the scope of agricultural insurance, and develop agricultural insurance policies.

3.3.3.7 To Accelerate the Formation of a New Pattern Integrating Economic and Social Development in Urban and Rural Areas

Aiming at changing the backward situation in rural areas, we will adjust the economic and social development strategy to promote the comprehensive integration of urban and rural development planning, industrial layout, infrastructure, public services, employment, social management, exc. And to promote a unified urban and rural market the orderly flow of production factors, coordinated economic and social development. We will increase the input of public finances in the agriculture, rural areas, and farming, and the city's support for the rural areas. We will promote the flow of urban factors such as financial and human resources, technology and information to rural areas, extend the urban education, medical, cultural and other public services to the rural areas, and at the same time, speed up to break barriers of urban-rural dual system, allow qualified migrant farmers become the city dwellers and gradually integrate into urban society. We will stick to the urbanization with Chinese characteristics and promote the coordinated development of cities and small towns.

3.4 Extended Learning

3.4.1 Questions and consideration

(1) What is going to happen to China when the migrant rural workers work in cities?

(2) What are the economic and social consequences when the rural-urban gap has widened as the reforms progressed?

(3) What is strength for the export of China's agricultural products?

(4) Please give some evaluations to cancel VAT export rebates form the perspective of peasant welfare.

(5) Food security has become a serious social problem in China. Do you have any suggestions?

3.4.2 Case Study

Food inflation in China

In 2007, China's CPI increased by 4.8%, which was the highest level over the past ten years. Food prices, which account for about one-third of China's CPI, rose by 12.3%, with consumer prices for grains rising by 6.4%, meat and poultry products by 31%, edible fats and oils by 26.3%, eggs by 21.8% and fresh vegetables by 7.9%. The government set a target CPI of 4.8% for 2008, but already in the first half of 2008 prices have increased by 7.9%. However, in August 2008, High food inflation in China partly reflects global market developments. As the country has been basically integrated with global markets, domestic prices are to a large extend guided by those on international markets, in particular for commodities on which China is strongly import-dependent such as oilseeds and vegetable oils. However, there was a number of domestic short-term factors which emerged from longer-term trends such as increasing demand for food, higher farm input costs (energy, fertilizers and water) and shrinking availability of agricultural land and, seasonally, of labor. Short-term domestic supply shortfalls in certain food categories had a more immediate impact on food prices. The most important one was an outbreak of Porcine Reproductive and Respiratory Syndrome, or Blue Ear Disease, in May 2007 which caused a loss of an estimated 40 million pigs and resulted in a pork price increase of 45% compared to 2006 (GAIN-CH8025, 2008). The fall in pork supply shifted demand to other meats thus inflating their prices, in particular of poultry. Maize production was adversely impacted by persistent drought in north-eastern China in May to July 2007. Worst snow storms in almost 50 years, which hit China from mid-January to early February 2008, and the disastrous earthquake in Sichuan in May 2008 also stimulated expectations of further increases in food prices.

Curbing inflation and stabilizing food prices became the primary tasks for the government in 2008. The goverment applied macroeconomic Some policy measures, such as allowing an appreciation of the CNY to shield domestic markets from growing commodity prices on international markets, but a wide range of policy measures targeted directly agricultural and food markets.

Disincentives for grain exports: in December 2007, the government removed grains, soybeans and their derived flour products from the VAT export rebate; in January 2008 provisional export taxes on the same group of products were imposed; in addition, grains and grain flour products became subject to export license management.

Disincentives for ethanol exports: in January 2007 the government removed the 13% VAT rebate on ethanol exports; the government also stopped approving any new grain-based biofuel processing plants in 2007 and 2008.

Disincentives for fertilizer exports: in mid-February 2008 the government imposed export duties on four kinds of fertilizers; for the period of April to September 2008 this measure was further reinforced by a 100% special duty on fertilizers and related material exports.

Increased budgetary support for agricultural production in 2008: higher support for farm machinery purchases; increased subsidies for inputs such as fuels, fertilizers and improved seeds; increased direct payments for grain producers; new pilot insurance schemes for crop and livestock producers.

Increase in minimum purchase prices for wheat and rice in 2008.

Food price caps and consumption subsidies: to reduce inflation expectations, in January 2008 the government announced price controls on cooking oil, pork, eggs, instant noodles, milk and grains, in addition to temporary price freezes on gasoline, natural gas and electricity.

Questions for discussion:

(1) What caused the food inflation in China?

(2) How to evaluate the measures taken by the government to reduce inflation.

3.4.3 Expert Views

China's Agricultural Policy Dilemma

China's agricultural policies are intended to achieve multiple objectives that often conflict. While the balancing of strategic, consumer, and producer welfare objectives present tradeoffs for policymakers in all countries, the conflict between these goals has become especially clear in China. While the balancing of consumer and producer welfare strategic objectives present trade offs for policy makers in all countries.

For decades, achieving self-sufficiency in food production has been a primary strategic goal for China's agricultural policymakers. The leadership mobilized resources to increase production of grain, cotton, and other strategic crops during the collective period and this carried over into the reform period, most visibly during a campaign to boost grain output in the mid-1990s. As China further integrated into the world economy, self-sufficiency goals were relaxed for most products, but leaders still maintained near-self-sufficiency goals (95 percent) for rice, wheat and corn.

Since the late 1990s, policymakers have sought to simultaneously increase grain production and farm incomes. These two objectives conflict since producing grain is less profitable than other types of farming. Net cash returns earned by Chinese farmers from vegetables and fruits are several times higher than returns from rice, wheat and corn .

Recent events show that rural income objectives can also conflict with urban consumer welfare objectives. International prices for most commodities rose sharply between 2007 and 2008, but Chinese officials sought to limit domestic price increases by shutting down exports of grains, cutting soybean tariffs, and importing vegetable oil. Domestic prices for some types of Chinese grain were almost 50 percent lower than international prices. Limiting the rise in prices protected consumers, but denied Chinese farmers a potential windfall.

Source: Economic Research Service. Calculations based on China's National Development and Reform Commission data.

3.4.4 On-line study

www.oecd.org/document.

Chapter 4　Reform and Development of SOEs in China

【Main Contents】

In this chapter, we first introduce the different ownership types in China briefly and analyze necessities and limitations for the existence of SOEs. Then the course of reform of SOEs in China is reviewed, including the background of reform, different reform phases and the changes for the SOEs under reform. In the third part, we use Shougang as a case study to introduce the implication process of reform of SOEs in China. In the Part four, the current state of SOEs and the direction of reform in the future is discussed.

【Key Points】

- Understand the different ownership types in China today.
- Understand the necessities and limitations for the existence of SOEs.
- Understand the reasons for SOE failures in China.
- Know the different reform phases of SOEs in China.
- Know the current state of SOEs and the direction of reform in the future in China.

Under heavy influence from the Soviet Union, China gave birth to the SOEs (State-owned enterprises) about more than 60 years ago after the establishment of the People's Republic of China and the socialist industrialisation that came soon after. In less than 10 years, China nationalised virtually all private industrial enterprises during the 1950s. Prior to the reform in 1978, China operated its SOEs under a centrally planned economy.It was the government that set targets for SOEs production, allocated resources, appointed managers and arranged investment. In other words, the SOEs were owned, run and funded by the government and were not esponsible for either profits or losses.

Since 1978, Chinese authorities have initiated intensive reforms and privatisation of SOEs. At the macro level, the SOE reforms can be seen as a strategic adjustment of the nationalised and centralised economy towards a more market-oriented economy; at the micro level, the reforms are intended to transform the Chinese SOEs into modern corporations.

4.1 Nature of SOEs

This section introduces the background of SOEs. We first introduce the different ownership types in China briefly and analyze necessities and limitations for the existence of SOEs.

4.1.1 The Ownership Types in China①

We selected three major ownership types that have been the focus of current enterprise management research in China: state-owned enterprises, domestic privately-owned enterprises, and foreign-funded and controlled businesses. Each of these three types of ownership is well established in China today.

4.1.1.1 State-owned enterprises (SOEs)

SOEs in China are those that are wholly or mainly owned by the central, provincial or city governments. SOEs used to be the most important part of the economy, accounting for 90% of the output in 1980 and employing the majority of urban work force. Given the growth of the non-state sectors together with the reform measures to downsize and restructure SOEs, the state sector has been shrinking and thus it does not command the same importance in the economy as it did pre-reform. Nevertheless, SOEs still contribute a significant share to the economy's output. This is particularly true for the sectors that the state views as having strategic value such as raw materials, petrochemical, telecommunication, and banking. In 2008, there were 21313

① Ralston, David A., Jane Terpstra-Tong, Robert H. Terpstra, Xueli Wang and Carolyn Egri. Today's State-Owned Enterprises of China: Are They Dying Dinosaurs or Dynamic Dynamos? Working Paper.

state-owned firms that produced 28 percent of gross industrial output and employed 17 million (20 percent) of the country's industrial workforce.

4.1.1.2 Domestic Privately-owned enterprises (POEs)

Driven by entrepreneurs who try to capture the opportunities arising from the changing economic environment, domestic private businesses have been gradually permeating the economy. While new POEs have emerged following the change in the laws, many of today's POEs began as collectives. Some were formerly rented-out collectives where private entrepreneurs have been allowed to operate them on leasing terms, often with the option of taking the collective private over time. Others were township and village enterprises (TVEs) or small SOEs. For example, beginning in 1995, the state adopted the "grasp the large and let go the small" SOEs reform policy, resulting in some of the small SOEs being sold off to private individuals.

Chronologically, it was not until 1997 that POEs were recognized as an important component of the economy. Subsequently in 1999, private ownership and the rule of law were incorporated into the Chinese Constitution, but only personal belongings were protected from nationalization. In March, 2004, private assets and capital were finally legalized and protected by the country's constitution. As a result, before receiving official endorsement, POEs had to operate in a restricted business environment. They were denied entrance into certain industries, paid higher taxes, had limited access to loans from state banks, market information, land and other resources, and oftentimes encountered interference from local governments. To date, some of this discriminatory environment still exists. Thus, many of these not "indigenous" private firms have long histories of operation before they became private, with the cultures of these non-indigenous private firms tending to reflect some of the traditional values inherited from the former ownership type. In sum, until very recently, POEs were not extended the same level of encouragement or reward to transition, as were the SOEs.

Notwithstanding the less-than-favorable institutional environment, this sector is considered to be the most dynamic component in China's economy, as evidenced by the sector's high growth in productivity. Recent statistics of 2012 indicate that the domestic private sector contributes more than 60% of the country's GDP.

Moreover, unlike foreign-funded companies that are export-driven, domestic private firms produce goods and services primarily for domestic markets.

4.1.1.3 Foreign-controlled business (FCB)

China's "open door" policy made foreign investment a key component of the country's overall development plan and offered preferential policies to attract foreign capital. As a result, sino-foreign joint venture and wholly-owned foreign companies have been flourishing in China. By 2009, foreign-funded enterprises accounted for 29 percent of gross industrial output, 55 percent of the export and 21 percent of taxation. Many sino-foreign joint ventures are shareholding companies founded on the basis of pre-existing SOEs or collectives. The Chinese partner usually contributed land, buildings and Guanxi (connections) while the foreign partners provided one or more of the following: technology, know-how, equipment, capital, management and marketing experience and good will. Joint ventures' operations and management are usually structured in parallel to their parent companies. Compared to SOEs and domestic privately-owned enterprises, FCBs are most exposed to foreign culture and values, and are more likely to experience non-Chinese management styles.

4.1.2 The Case for SOEs -Successful Cases from Abroad①

Despite popular perception, encouraged by the business media and contemporary conventional wisdom and rhetoric, SOEs can be efficient and well-run. This may sound like a trivial statement, but it is very important to start our discussion with this point, given the depth of prejudice against SOEs.

Singapore Airlines, often voted the best airline in the world, is an SOE, 57 percent owned by the government holding company, Temasek Holdings, whose sole shareholder is the Singapore Ministry of Finance. The highly respected Bombay Transport Authority of India is also an SOE. World-class companies like the Brazilian regional jet manufacturer EMBRAER, the French carmaker Renault, and the Korean steel-maker POSCO all initially succeeded as SOEs, with the state still exercising critical influence in the case of EMBRAER and Renault.

Many countries achieved economic success with a large SOEs sector. In addition to Singapore Airlines, the Singapore government owns enterprises not just in the "usual" sectors like telecommunications, power (electricity and gas), transport (rail, bus, and even taxi), and ports, but also in sectors like semiconductors, shipbuilding, engineering, shipping, and banking. It has one of the largest SOE sectors in the world.

Taiwan (Province of China) achieved its economic "miracle" on the basis of a large SOE sector and with little privatization. Throughout most of the second half of the 20th century, countries like Austria, France, Norway, and West Germany had large SOE sectors and performed well. Especially in France, SOEs were often at the forefront of industrial modernization.

Conversely, many unsuccessful economies have small SOEs sectors. Even before the large-scale privatization of the 1990s, Argentina's SOEs sector was less than half the average of 40 developing countries featured in a World Bank study. Between 1978 and 1991, Argentina's SOE sector accounted for only 4.7% of GDP, against the 40 developing country average of 10.7% and the Korea's 9.9%. The SOEs sector in the Philippines, another widely recognized case of "development failure", was even smaller. During the same period, at 1.9% of GDP, it was just over 1/5 that of Korea (9.9%) and less than 1/5 of the 40 developing country average of 10.7%. Despite this, Argentina and the Philippines are commonly touted as economies that failed because of large public sectors.

In addition to the above real life examples going against the conventional wisdom of

① Chang, Ha-Joon. State-owned Enterprise Reform, UN DESA Working Paper, 2007.

"private, good; public, bad", there are respectable theoretical justifications for the existence of SOEs. These are explained below and summarized in Table 4-1.

Table 4-1 Justifications for SOEs

· Natural Monopoly: In industries where technological conditions dictate that there can be only one supplier, the monopoly supplier may produce at less than socially optimal level and appropriate monopoly rents. Examples: railways, water, electricity
· Capital Market Failure: Private sector investors may refuse to invest in industries that have high risk and/or long gestation period. Examples: capital-intensive, hightechnology industries in developing countries, such as aircraft in Brazil or steel in Korea
· Externalities: Private sector investors do not have the incentive to invest in industries which benefit other industries without being paid for the service. Examples: basic inputs industries such as steel and chemicals
· Equity: Profit-seeking firms in industries that provide basic goods and services may refuse to serve less profitable customers, such as poor people or people living in remote areas. Examples: water, postal services, public transport, basic education

The most frequently cited reason is the case of natural monopoly. This refers to a situation in which the technical requirements of an industry are such that only one supplier may exist. When a natural monopoly exists, the supplier is able to extract high monopoly profits by charging high prices. A natural monopolist can also exploit suppliers by bargaining their prices down, if it happens to be a monopsonist (sole buyer) for some inputs. Such positions result not only in unequal distribution of economic surpluses, but also in economic inefficiency, as the monopolistic firm produces (or buys, in the case of the monopsonist) less than the socially desirable amounts of output. Under such circumstances, there is a strong case for an SOE to be set up and regulated to prevent abuse of such a natural monopoly.

Another justification for SOEs is capital market failure, where private sector investors refuse to finance projects that have high returns in the long run but carry high risks in the short term. For example, the Korean government set up the steel-maker POSCO as an SOE, as the risk was considered too high by the private sector. If the venture subsequently proved so successful, why did the private sector fail to finance it? This is because capital markets have an inherent bias towards short-term gains and do not like risky, large-scale projects with long gestation periods. One obvious solution to capital market failure is for the government to set up a development bank that finances risky, long-term ventures, rather than to set up and run productive SOEs itself. However, in most developing countries, there is a shortage of entrepreneurial talent in the private sector so, even with the development bank; the necessary venture may not be set up. In this case, setting up SOEs may be a more effective way to address capital market failure than setting up a development bank.

The example of POSCO illustrates another classical justification for SOEs, namely, the problem of externalities. POSCO, under government direction, did not abuse its monopoly position to make extra profits; instead, it passed on its productivity gains to buyers of its products, thus benefiting the rest of the economy. The "social" return to the Korean government's investment in POSCO-or the return to the whole economy-was therefore higher than the "private" return-or the return to the company alone. Such discrepancies between private and social returns, known as externalities in economic jargon, is another reason for setting up an SOE.

Fourth, SOEs may be set up to address equity concerns, broadly defined. For example, if left at the mercy of profit-seeking firms, people living in remote areas may be denied essential services like post, water, and transport. In such cases, an SOEs is an easy way to ensure universal access to essential services for all citizens. Another example: privately-run pensions or health insurance systems may refuse to admit "high-risk" cases, usually poorer people. Running such systems as SOEs would ensure that the most vulnerable groups get vital social security.

4.1.3 The Case Against SOEs - and its Limitations①

Despite the theoretical justifications for SOEs and the many examples of well performing SOEs, many SOEs are not well run. Why? The most popular explanation contains two elements: the principal-agent problem and the free-rider problem, both based on the assumption of self-seeking individuals.

An SOE is, by definition, run by managers who do not own the firm. Given the self-seeking nature of humans, the argument goes, no SOE manager will run the firm as efficiently as an owner-manager would run his own firm. This problem would not exist if the citizens, who are the owners (principals) of SOEs, can perfectly monitor the SOE managers (their agents). However, because it is inherently difficult to verify (although managers know) whether poor enterprise performance is due to shirking by the managers or circumstances beyond their control, monitoring by principals will always remain imperfect, resulting in inefficient management. This is called the principal-agent problem.

Moreover, individual citizens do not have the incentive, and means, to monitor the SOEs managers. Instead, the costs that an individual owner (citizen) incurs in monitoring SOEs managers are solely his or hers, while the benefits of improved management accrue to all owners. Thus, individually, the citizens have no incentive to monitor the SOEs managers, which means that in the end, no one monitors them. This is the so-called free-rider problem.

While the principal-agent and free-rider problems are real, and can be very important in explaining poor SOEs performance, they also apply to large private enterprises with dispersed ownership. If the private enterprise is run by hired managers and if numerous shareholders own small fractions of the company, the hired managers will also have an incentive to put in sub-optimal (from the shareholders' point of view) levels of effort, while individual shareholders

① Chang, Ha-Joon. State-owned Enterprise Reform, UN DESA Working Paper, 2007.

do not have enough incentive to monitor the hired managers. In other words, the monitoring of hired managers is a "public good", whose provision is a problem for both SOEs and private-sector firms.

If there is relatively little difference between the internal workings of SOEs and those of private enterprises with widespread ownership, can there be other factors that differentiate them? The third factor is called soft budget constraint that SOEs are typically subject to, due to their status as public enterprises.

The argument is that, being part of the government, SOEs are able to secure additional finances if they make losses and get rescued with public money if they are threatened with bankruptcy. In this way, it is argued, SOEs can act as if the limits to their budgets are malleable, or "soft".

The term, soft budget constraint, was coined by the famous Hungarian economist, Janos Kornai, to explain the behavior of socialist enterprises under central planning, but it can be applied to SOEs in capitalist economies too. For example, the existence of "sick enterprises" in India that never go bankrupt is the most frequently cited example of the soft budget constraint of SOEs.

It is true that politically-generated or politically-sustained soft budget constraints encourage lax management, and therefore need to be "hardened". However, it should also be noted that the soft budget constraint is not simply a consequence of the ownership status of SOEs. If they are politically important enough, e.g., large employers or politically sensitive industries such as armaments or hospitals, private firms can also have soft budget constraints, although it may be reasonable to argue that an SOE will find it easier to get political support than a private enterprise. Interestingly, many government bail-outs of large private sector firms have been made by avowedly free-market governments.

Having acknowledged the existence of soft budget constraint, it has to be emphasized that it does not have to make the managers of SOEs lazy. Why?

If professional managers, whether they are running an SOE or a private enterprise, know they will be severely punished for poor management, say, have their salaries cut or even lose their jobs, they will not have the incentive to mismanage their firms. Indeed, if we believe in unadulterated self-seeking, what matters to the managers is their personal welfare, and not whether their company survives thanks to government bail-out. If they know they will be sanctioned for poor management, the possibility of government bail-out for their firms is unlikely to induce mismanagement.

Therefore, even if we acknowledge the greater likelihood of soft budget constraints for SOEs, its adverse impact on SOEs efficiency will be reduced in so far as SOEs managers are held accountable for SOE management.

Our discussion in this section shows that public ownership, in itself, whether due to ownership dispersion or political influence, is not an inevitable reason for poor performance by

Table 4-2 Arguments against SOEs

The Principal-Agent Problem: SOEs are not run by their owners. Unable to monitor them perfectly, the owners cannot tell how much of performance is due to managerial failure or external factors. This allows the managers to put in sub-optimal efforts.
The Free-Rider Problem: SOEs have numerous owners (all citizens). No individual owner (citizen) has the incentive to monitor the SOEs managers as the benefits from monitoring will accrue to all owners while the costs are borne by the individuals who do the monitoring.
The Soft Budget Constraint: Being part of the government, SOEs are able to secure additional financial assistance if their performance lags. This leeway makes the SOE managers lax in their management.

SOEs. All the key arguments against SOEs - the principal-agent problem, the free-rider problem, and the soft budget constraints (summarized in Table 4-2) - apply to large private sector firms with dispersed ownership.

4.2 Reform of SOEs in China

Large-scale SOEs reform in China has been going on since 1978. SOEs reform in China has been unique in many ways. Unlike the abrupt approach to privatisation adopted in Russia, which was followed by a collapse of the economies in all former Soviet Union partner countries in the last decade of the twentieth century, the more gradual approach taken in China has entailed a steady expansion of SOEs assets and profits, as well as an accumulation of power and influence among SOEs. Unlike in India, which has to cope with high urban unemployment and poor industrial infrastructure, in China, the privatisation of SOEs has coincided with large-scale improvement of infrastructure and still relatively low urban unemployment.①

4.2.1 Reasons for SOE Failures in China②

During the period from 1949 to 1979, China was a socialist, planned economy. The enterprise was a subsidiary of the administration department. The central government set targets for production, allocated labor, appointed management, arranged raw material supplies and sales. In 1978, 97 percent of retail commodities, 94 percent of agricultural products and 100 percent of capital goods were sold at planned prices. The enterprise was a factory rather than a firm. What enterprises took care of was how to produce, but not how to do business. Enthusiasm was dependant on dedication and loyalty to the Chinese Communist Party.

① Geng, Xiao, Xiuke Yang and Anna Janus. State-owned Enterprises in China: Reform Dynamics and Impacts, Working Paper.

② Zhong, Hongfei. Where is the future: China's SOEs reform, Working Paper.

There are lots of reasons why SOEs are not making money, nor showing competitive strength even with government support and easy funding from state-owned banks.

4.2.1.1 Increased competition

China's economic reform is a process of divestiture, devolution, decentralization and an encouragement of competition. SOEs are not the only market entity any longer. More private companies, collectively-owned companies, township companies and foreign companies all compete for a bigger market share. Competition has directly driven down SOEs profit margins. China has gained significant success during the last two decades with high growth each year by encouraging competition.

4.2.1.2 Unclear definition of ownership, or agency problem

As mentioned above, SOEs are owned by the state, but are managed by the representatives of the state-and ownership direction is rather nominal. The nature of its ownership structure determines that managers of SOEs will exert the real control. Under an immature economy, the lack of sound corporate governance and a proper monitoring system will eventually destroy the efficiency of SOEs, and offset their advantages in terms of easy funding from government and state-owned banks. In addition, the nomination of managers by the CPC is based not on their actual performance, but rather on Guanxi (connections), seniority and political correctness. The true management ability is often not the criteria used for promotion of the internal managers as well. This also makes mutual corruption possible, including siphoning off funds, stripping assets, mutual agreement to distort and conceal facts.

4.2.1.3 Historical unfair treatment between SOEs and non-SOEs

For a long period of time, SOEs have paid higher income tax than non-SOEs, including domestic collectively-owned companies, private companies and foreign companies, even though the tax code was dramatically revised in 1993 and tax rates were standardized. The tax treatment still differentiates between domestic and foreign companies which enjoy more tax deductions and benefits.

More than that, SOEs have borne more social burdens. Large SOEs often had their own primary schools, middle schools and even high schools to provide education to their employees' children. SOEs have offered healthcare services to their employees too. Usually, the employment was supposed to be life-long, and SOEs had to offer pension benefits. The ratio of retirees to current employees is very high in the large and older SOEs. Housing benefits are another substantial expenditure for SOEs, and there may be other fringe benefits, including life insurance, dining subsidy, transportation subsidies and more.

Many SOEs are forced to add additional employment for political reasons – mainly social stability even if they already have redundant workers. For a long period of time, SOEs were not encouraged to lay off redundant workers. Even when SOEs cut off lots of redundant workers initiated by governmental and SOEs reform since 1998, SOEs had to establish "Re-Employment Centers" and pay one third of minimum salaries and insurances for the laid-off employees until they found new jobs. Central government and local governments pay one third respectively as well.

4.2.1.4 Immature macro economic environment

China's economy is still undergoing the period of transformation. A matured financial market has not been developed. A social security system covering the overall population still needs to be developed. This will hinder the SOEs further if the government is unable to solve the problem. Lack of legal enforcement is another problem. The legal systems are weak and relevant laws and regulations are often either absent or not enforced. Bankruptcy clauses are included in Corporate Law. However, the enforcement has not been fully applied or not intended to be applied. Good enforcement of economic laws and regulations makes for a sound framework for individual enterprise economic behavior. Good enforcement will also contribute to a fair competitive environment for individual entities.

4.2.1.5 Poor corporate governance

During the first decade of SOEs reform, decentralization and encouragement of competition were the focus. SOEs started to make independent decisions regarding choosing product lines, pricing and marketing. Corporate governance was not addressed until the mid 90's, when corporatization was encouraged. A comprehensive Corporate Law was not issued until the early 90s. However, the authority of management remained limited because most of the executive officers are appointed by government instead of the board. Boards are either non-existent or not properly functioning. Some board members are not even aware of most of management decisions, nor do they understand their roles as the monitors of management.

Management misbehavior is all too common, including luxury homes, expensive cars, and traveling for pleasure at enterprise's expense. More important is a whole range of corrupt or pathological business decisions. Resources may be wasted on un-warranted business expansion. Industries suffer from excess capacity. Hidden subsidiaries may be created to hide asset stripping. Enterprise funds may be used for private advantage. Contracts may be let-through bribery and kickbacks.

Under the WTO framework with severe domestic and international competition, in order to survive, SOEs try to become bigger and stronger. Many SOEs are working on merging with or acquiring other companies. However, mergers and acquisitions themselves will not change the corporate governance automatically; rather, they just lead to changed names rather than needed restructuring. And all too many divestiture efforts become marred in new forms of private greed and corruption.

4.2.1.6 Economic policy mistakes

In China, government has played an important role in the SOEs development. Government has made many policy mistakes due to incorrect understanding of development patterns, resulting in excess capacity in some industrial sectors, and failure to develop other sectors. Many light-industry plants went bankrupt due to the overly-built capacity. Government investment has been controlled by Planning Commissions of all levels of government, which so often either make blind investments without sound proof or invest in many small and low volume production units with low efficiency. This leaves lots of poorly performing medium and big SOEs and low efficiency small SOEs as well. Frequent government reorganization results in ministerial conflicts of interest, lack of co-ordination and communication in decision making and waste of resources. Direct government intervention in SOEs should give way to economic principles and market adjustment.

4.2.2 Reform Phases of SOEs①

Over the last 30 years, China has carried out profound economic reforms and achieved tremendous success. The characteristics of the reform reflect decentralization of the macro economy, liberalization of the market, and privatization of SOEs. China's economic development has experienced four stages: ①planned economy; ②planned economy combined with market adjustment; ③socialist market economy; ④new socialist economy under WTO framework in the 21st century. Since SOEs accounted for the major share of the planned economy before 1978, the SOEs reform has become one of the focuses in the process of the economic reform. Accordingly, SOEs have paralleled approximately the same development stages as the entire economy:

4.2.2.1 SOEs Reform under the planned economy (before 1978)

The SOEs were an absolute majority of the economy under the planned economy before 1978. The state owned SOEs and controlled their daily operations. All of the materials needed were allocated by the government, all of the capital was funded either by government or government-owned banks and most involved subsidies. The output of products and services were allocated by the government as well. The SOEs' profits were remitted to the State and the losses were subsidized by the State. The managers were appointed by the State, usually CPC members (Communist Party of China). The government at this stage was like a giant "Mother Enterprise", and all of the SOEs were only a division under the "Mother Enterprise" with no right and necessity to decide what to produce, where to purchase raw materials and at what cost, who to hire, how and how much to sell, etc. SOEs were the extension of the government. The employees of SOEs enjoyed the full benefits like government employees. Under the system, SOEs did not have autonomy for decision-making nor incentives for effective management.

4.2.2.2 SOEs reform under the planned economy combined with market adjustment (1978~1992)

The major change of this period was to grant SOEs more autonomy and financial incentives to managers. In May 1984, the State Council issued "On Regulations of Further Expanding Autonomy of State-owned Enterprises," which allowed SOEs more autonomy in production plan

① Zhong, Hongfei. Where is the future: China's SOEs reform, Working Paper.

and profit retention. In January 1987, the government started promoting “contract responsibility system”. Under this system, managers were allowed to share part of the profits that was above what was set in their contract with the government. Combined with the “dual-track price system”, which allowed SOEs to sell their products above the planned quota at the market price, this measure gave SOE mangers more financial incentives and consequently SOEs performance improved. By the end of 1987, about 80% of the large and medium-sized SOEs adopted “contract responsibility system”, and by 1989 almost all SOEs adopted this system.

In July 1992, the State Council issued “Regulations on Transforming the Management Mechanism of State-Owned Industrial Enterprises”, granting SOEs further rights in setting their own prices and wages, hiring and firing labor, investment of fixed capital and foreign trade. The Regulations gave SOEs more bargaining power to resist government interferences. After the Regulations was issued, many SOEs began laying off workers in an effort to improve financial performance.

Besides, Development of Township and Village Enterprises was encouraged (1979), which promoted competition and has served to be a benefit to the whole economy. These non-SOEs, as new competition, started to push SOEs to reform.

The feature at this stage was the introduction of the dual tracks of plan and market: co-existence of a commanding plan but also a market channel for resource allocation, product pricing and profit distribution. Even though the SOEs were achieving some autonomy in decision making, and the market base was getting more liberal, planning still dominated.

The Shanghai and Shenzhen stock exchanges were established in 1990 and 1991, which launched a new stage for economic development and provided a necessary precondition for further economic reform.

4.2.2.3 SOEs reform under socialist market economy (1992~2002)

In 1992, the 14th CPC Party Congress proclaimed that the ultimate objective of economic reform was a “socialist market economy”, introducing modern corporate systems to SOEs. Therefore, 1992 marked the turning point for China toward creating a market economy. In 1993, China overhauled its tax system, unifying and standardizing most of the taxes. Under the new tax framework, SOEs, non-SOEs and foreign companies have the same income tax rate even though different rules still apply to tax deductions. A general corporate law came into effect in 1994.

The fast development of non-SOEs, including private companies and foreign funded companies, and the liberalization of the market, revealed that SOEs have many disadvantages in their performance. Therefore, the Modern Enterprise System was originated to improve SOE performance through organizational changes, improvement of corporate governance, and reform of property rights. In the following years, a national level “100 firm corporatization experiment” was announced by the State Council. The 100 large and medium industrialized SOEs were selected to participate in the program by mid-1995. The central government was to aid the pilot firms in corporatization through reform of property rights and corporate governance systems. This has initiated China's SOEs organizational reform. During the next few years, the "Experiment" program has expanded across the country.

The 15th Party Congress in 1997 has endorsed the shareholding system as the new model. The plan was to convert SOEs into shareholding corporations. In 2000, most of the mid to big SOEs had implemented organizational reform. According to a survey, 2016 SOEs had carried out organizational reform accounting for 81.5% of the survey total, 603 (29.9%) of which have become limited liability companies, 713 (35.4%) of which have become share-holding limited companies and 700 (34.7%) of which have become solely state-owned companies. SOEs organizational reform also pushed other types of entities, especially collectively-owned enterprises, to carry out the similar reforms as well. Ownership was diversified and state-ownership was diluted through these organizational reforms, however, the state still owns a majority of mid to big SOEs.

4.2.2.4 SOEs under WTO frame (2001~current)

China entered the World Trade Organization (WTO) in 2001. This has forced the country to open the door for fair competition internationally with the condition that tariff protection will be lifted gradually. It is obvious that SOEs are facing more international competitors in addition to domestic ones. The State intends to continue to reinforce retained SOEs but encourage a more vigorous economy by "consolidations, mergers, acquisitions and selected terminations".

As the door opens, tariff protection has been reduced, and domestic private companies and foreign invested companies are growing dramatically. Both international and domestic competitions push SOEs to a critical stage-survive or go bankrupt. The State's SOEs policies and strategies are being challenged: which SOEs should be kept and why? How to solve post-SOE problems-social security and unemployment? How to solve the bad debt problem of the State-owned banks triggered by the fact that many of the SOEs are not making money and some are facing bankruptcy?

During this stage, ownership reform became the focus of SOEs reform and shareholding companies was set to become the main form of SOEs. For the management of remaining large SOEs, the government established the State-owned Asset Supervision and Administration Commission (SASAC) in March 2003. The SASAC is to represent the state in performing its duty and exercise its rights as the owner through its management of assets, personnel, and operations. SASAC are being set up at provincial level in 2004. The central government is to manage the large SOEs that are crucial to national security and lifeline of national economy. Other SOEs are to be managed by local governments.

In October 2003, The Third Plenum of the Sixteenth Party Congress issued "Decision Concerning Issues of Perfecting Socialist Market Economy System". The Decision made a few ideological breakthroughs that will have profound impact on the further development of China's corporate governance.

(1) For the first time, the Party acknowledged property rights as the "core issue" of ownership reform and made building "modern system of property rights" its important task of future reform.

(2) The Party redefines the public ownership in a socialist economy and made "shareholding companies" the main organizational form of public ownership. The Party further made promotion of "mixed economy" its task.

(3) Private enterprises should be promoted and allowed on equal footings in terms of financing and taxation as state-owned enterprises.

Corporatization of SOEs has been an important reform measure taken by the government since mid 1990s with the goal of building modern enterprises in a market system. After undergoing ownership reform (Gai Zhi), some of those SOEs went public.

4.2.3 The Changes for the SOEs under Reform①

Enterprise managers have been given autonomy over pricing, investments, accounting, human resources, material supply and acquisition, and other decisions related to the enterprise operations, which were absent under the former planned economy. The bonus system, which had been abolished during the Cultural Revolution period, was reintroduced to reward performance with the goal being to improve the work motivation of employees. New hires since the mid-1980s are no longer given life-long positions, but are given short-term renewable contracts instead. Substantial downsizing in the last few years has sent a clear signal to the whole state sector that employment at SOEs can be terminated well before the official retirement age. The need for improved efficiency epitomizes the performance mantra of the new SOEs. As part of the efforts to reduce redundancy, extensive training and re-training programs have been organized to help employees adapt to the challenges of new work demands. In addition, the adoption of the modern enterprise system (MES) in the early 1990s has forced SOEs to re-structure, with the objective being to model themselves on Western management philosophy.

MES subjects enterprise management to the scrutiny of supervisory committees and boards of directors, as well as the scrutiny of investors in public SOEs. In sum, the internal work environments of the SOEs are no longer stable and static but are increasingly dynamic and challenging.

Specifically, we can explore the changes in following categories:

4.2.3.1 Annual salaries of managers

Generally speaking, the annual salary of managers has increased during this time. And the difference is expanding. If he runs the business well, a manager can get a considerable reward, which can be more than 6 times that of the workers. He might receive as little as the workers only if his enterprise loses profits. It depends on his performance and the form of reward in his

① Su, Yi. The Changing Management Style for SOEs in China [J]. China and World Economy, 2001 (4).

enterprise. Now, more and more SOEs adopt the dividend, risk collateral and other forms of salary structure, which means that a risk-based reward system is being established in SOEs.

4.2.3.2 Management appointment

Fewer managers are appointed by the upper bureau while more are appointed by the board and by recruitment. Management appointed by the latter may be more effective and more in accord with the demands of enterprises. This change implies that in SOEs, attention has been paid to professional management. Similar to the management situation in the West, Chinese managers may find their appropriate positions in SOEs.

4.2.3.3 Human resource management (HRM)

Human resource management in SOEs now more approaches the Western style. More attention is now being paid to the qualification of employees, rather than relationships and family background. Their wages now are more dependent on performance. However two elements have not changed. One is the role of Unions, which suggest that the welfare of staff remains a high priority in the SOEs in the absence of a comprehensive national welfare system. The other is the grievance procedure, which means that individual freedom has not been fully protected by law.

4.2.3.4 Internal structure

SOEs in China are notorious for their hierarchical structures and systems for reporting up, ultimately to upper bureaus. The organizations also typically include non-productive departments, such as departments in charge of political education. The reform process has led to significant internal restructuring within Chinese enterprises, some departments have been merged and non-productive departments are closed.

4.2.3.5 Relationship with upper bureaus

The extent to which management considers itself independent of government departments and the Chinese Communist Party was of special interest in the light of the reform process. The Chinese reform program since 1979 has attempted to distance enterprises from state, to provide more managerial autonomy and accountability. In the 1980s, higher authorities remained the most frequent provider of information for enterprise decision-making. The reason for the continued reliance on bureaucratic information sources lay in the industrial bureaus having better information about source of supply of scarce materials and other inputs. They also had advance knowledge of impending policy changes at government level that might impact on the enterprises. Since 1990, though much power still remains at central government level, government has become less important as a source of information for managerial decision-making.

4.3 Specific Reform Measures–Case Study of Shougang[①]

This part takes Shougang Group as an example to examine the specific reform measures of SOEs in China. Shougang is one of the top four steel makers in China. It had been selected as one of the experimental enterprises for several SOEs reform stages, including the Modern Enterprise System, and so it is a typical case.

Shougang was established in 1919, developing into a large–scale integrated iron and steel plant with Soviet assistance in the 1950s. By the mid–1970s it was China's eighth largest steel plant. Since 1981, Shougang experienced 15 years under the Contracting System during which time great changes took place. In the early and middle period of the Contracting System, Shougang achieved incredible performance. However, while approaching the end of the Contracting System since 1992, owing to the limitations of the Contracting System itself and Shougang's own problems, such as massive expansion efforts, low investment in technology, and management corruption etc. Shougang began to face some serious problems, especially financial troubles which almost led to its insolvency.

With the ending of the Contracting System in Shougang in 1995, when actually the Modern Enterprise System had already been in practice, Shougang also entered an age of adjustment and transformation, accompanied by new development. Actually it was soon added to the group as a Modern Enterprise System pilot. Therefore, it is of special meaning to select Shougang as the object of our case study.

4.3.1 Corporate Restructuring

4.3.1.1 Group reform program and corporatization

By the time the Contracting System ended in February 1995, Shougang was still in the traditional structure of organization. All the 168 factories were under the centralization management of Shougang Corporation which was the only legal person who would bear the accompanying responsibilities for all the factories. Furthermore, factories, especially non–steel industries were mainly to produce and offer service for inside Corporation.

From November 1995, as part of the Modern Enterprise system, group reform program in Shougang began to put into practice. The State Council assigned the shareholder's responsibility

① Zhang, Jie. China's State–owned Enterprises Development under the Modern Enterprise System—the Case of Shougang Group, Working Paper, 2007.

to the Beijing municipal government. Shougang Corporation (the core company) was renamed as Beijing Shougang (Group) Corporation Limited (BSGCL), and was re-registered. The Beijing government designated BSGCL as the core company with the authority to enforce its shareholder's rights upon second tier companies within Shougang Group.

The core company is the parent company which consists of administrative departments and most component parts involved in their core line of production (i.e., iron and steel). In this way, other component parts including special steel-making plants and those that engaged in non-core and unrelated lines of business became second-tier sub-companies which were turned into "legal persons". They have managerial and financial autonomy, and they are responsible for their own profits and losses. Economic transactions between the core and second-tier companies (or among second-tier companies) must be based at market prices.

By 1998, the first stage of the group company system had finished and by then, there were altogether 83 member units in 18 provinces. A year later in 1999, Shougang selected 7 profitable core-line production units which involves coking, sintering, iron-making, steel-making and casting to form Beijing Shougang Company Limited and listed as an A-share company in the Chinese stock market. Of all the 2310 million shares, the state share (the core corporation of Shougang) was 84.85%, and tradable share was 15.15%. With the reform of segmented share structure (guquan fenzhi gaige) and converting bonds into shares (zhuanzhai zhuangu), by January, 2007, the state share has decreased to 73.18%.

Then in August 2000, based on the debt-equity swap policy, Beijing Shougang Xingang Company Limited was formed with 7 other units including the non-listed part in the core-production line and a part of the former Special Steel Company. China was strict in selecting those that would convert their debt into equity, learning from the East European Experience. The selected company to practice debt-equity swap should have the potential to turn a profit, or at least break even, after restructuring.

With the corporate restructuring, a hierarchical managerial system with the board of directors, managers and a monitoring committee in the core and second-tier companies has been established. The board of directors in the core company is assigned by the Beijing government, with a three-year term of office. A worker representative is entitled to sit on the board. The general Managers and members of the Monitoring Committee also are assigned by the government. No members could sit on the board of Directors and the General Managers simultaneously.

The establishment of this hierarchical managerial system with the board of directors, managers and a monitoring committee is to separate government and management functions, and in a certain degree, the management level does enjoy greater autonomy. However, since Shougang is a typical SOE, the Party still has its role although its power is decreasing little by little. Actually since the Modern Enterprise System was practiced in Shougang, the government has always assigned the same person as both the chairman and the Party secretary. And likewise, the general manager also holds the position of the deputy Party secretary. In this way, the Party secretaries have become part of the management, which actually reduces the administrative cost, and decreases power struggles and responsibilities diffusion between the management and the Party.

4.3.1.2 Change on administrative control

For a long time, the overall development of the Chinese steel industry was under the close control of the Ministry of Metallurgical Industries (MMI). However, since the reform, a large and fast-growing share of output was produced in local plants, sometimes outside the system of local state ownership. Since the 1980s, especially with the practice of Modern Enterprise System, even for the large state key plants, the role of market forces has increased strongly. The changed planning environment was reflected in the system reforms of 1998 when MMI was abolished and replaced by the Bureau of Metallurgical Industries (SBMI) . In reality, many of the functions of the old MMI were not transferred to the new Bureau, but were transferred down either to the province level or to the enterprises.

In the case of Shougang, before 1998, Shougang was under two-tiered administrative control of both MMI and the Beijing Municipal Government. While MMI was mainly in charge of the administration of Shougang's production and investment, the Beijing Municipal Government would control its employment, wages and finance. Accordingly, MMI had the right to appoint and dismiss the general manager of Shougang, and Beijing city government correspondingly took the power of appointing and dismissing the Party secretary. The two-tiered administrative control made things very complicated and even conflicting between the two administrative parties.

Therefore, the abolishment of MMI for Shougang was great, because ever since then, Shougang would only reports directly to the Beijing city government. The new SBMI would not take administrative control over Shougang as the old MMI did in the past. Thus it was in accordance with the State Council's assigning Shougang's shareholder's responsibility to the Beijing municipal government as mentioned above.

4.3.2 Divesting Itself of Social Burdens

For a long time, the functions of SOEs in China were seriously distorted, namely enterprises had to shoulder a lot of social affairs, such as surplus labor, welfare of pension, medical care and housing etc. Enormous social welfare burden had long been regarded as one of the main reasons for SOEs inefficiency and uncompetitiveness. Shougang, as a typical large SOE, was no exception at all, but was dramatically heavy with these burdens. Therefore, Shougang was active in relieving itself from social burdens in the following aspects.

4.3.2.1 Reducing the burden of surplus labor——downsizing and retrenching

Iron and steel making industry in China was seriously overmanned, so under the Modern Enterprise System, several of the steel corporations have planned reductions in employees of between 16 to 50 percent in their core iron and steel business.

Since the Contracting System, Shougang began to reduce redundant workers from core business lines and re-assign them to tertiary sector. After the practice of Modern Enterprise System, substantial reduction began. In 1998, Shougang estimated that roughly one-third of its total employees were redundant, but the actual reduction is larger than that, about half of the total employees had been reduced, from 1996's 239 thousand to 2004's 120 thousand, meaning 13 thousand of reduction every year.

It is really a drastic work-force reduction, which is related on one hand to the actual redundant employees in Shougang, and on the other hand to the program of Shougang's moving out Beijing area. Shougang management is acutely aware of the political sensibility of unemployment in Beijing context, so Shougang employed a number of methods in their efforts to help them to be re-employed.

Through much effort, the reemployment ratio of 1999 was 75.05% in the Group, and that of 2003 was 89.5% in Beijing and Qianan area, a high figure compared to most of the SOEs.

4.3.2.2 Reducing the burden of welfare responsibilities——passing to the government

Traditionally, social welfare provision has been the responsibility of SOEs, and it had been said that SOEs were responsible for the provision of cradle-to-the grave welfare, including housing, schooling, health care and pensions.

Several stages of China SOEs reform before the Modern Enterprise System did nothing in this field. Within this context, Chinese government began to establish a new social security system in 1995 which was independent of the enterprise system with a purpose to alleviate burdens on enterprises.

It is from January 11998 that Shougang began the reform in pension insurance, medical insurance and unemployment insurance and by 2002 basically the reform was completed. The 178000 employees, including the retired from 92 unit members, in Beijing and Qianan area of Shougang participated in the social security system in Beijing city government and enterprises in other areas also participated that under the local government.

The establishment of social security system made many SOEs, especially SOEs with a long history and a large number of retired employees like Shougang freed from social burden. As for Shougang, it would save 150 million yuan only in the pension payment every year.

At the same time, Shougang successfully passed some of schools and kindergartens to the education departments of local government.

Housing commercialization has been basically realized since houses which belonged to Shougang in the past have been sold off to employees at discounted market rates.

With theses transformational measures, Shougang's performance is improved. This could be seen from the profit rising tendency in spite of some fluctuations in 1999 and 2000 which was due to the price rising of the upstream product. Surely, the profit rising is not only the result of these measures mentioned above, eliminating loss-making industries from the group also contributes a lot to it.

4.3.3 Eliminating Loss-making non-steel Business

Owing to the historical reasons, some administrative merging happened in Shougang before the Modern Enterprise System was adopted. For example, in 1988, Shougang was asked to merge 13 former military equipment industries to salvage loss-making enterprises. Of the 13 industries, 12 of them were in loss. In spite of the long-time efforts, by the end of 1996, there were still 7 of them in loss, of which 6 were in serious loss, and some of the production almost stopped. In order to help these factories to maintain production, develop new products, adjust production structure, and upgrade technology, Shougang invested a large sum of money. Materials show that by the end of 2002, totally RMB 2.036 billion yuan had been invested.

With the adoption of the Modern Enterprise System and the autonomy that the management granted, from 1996, Shougang tried to transfer these former military equipment industries to local governments where they are located. Besides the transferring, Shougang also applied for these loss-making industries to go bankruptcy.

It is not an easy work to practice transferring and bankruptcy of these loss-making enterprises, because it relates to 47 thousand of employees' living. In order to make the work go smoothly, Beijing city government, together with Shougang core company, negotiated many times with General Office of the State Council, State Economic and Trade Commission, State Assets Management Commission, Ministry of Finance, and the concerned local governments.

By the end of 2005, for the 13 military equipment industries, 6 were successfully transferred to the local governments, 2 were just under the operation of transferring, 2 had finished the preliminary work of going bankruptcy and 1 had transferred the bankruptcy wok to the local government.

4.3.4 Conclusion

As a case study, this part examines Shougang Group——one of the top 4 steel works in China by introducing Shougang's development under the Modern Enterprise System which was adopted to promote the corporatization of SOEs, to bring in some features of typical Western company structure, and to reduce government interference so that the enterprises would be made more entrepreneurial and less reliant on the state.

While the Modern Enterprise System led to a rash of privatizations among small and medium-sized enterprises, large SOEs took a different form of transformation by keeping the state ownership as the Shougang case has shown here.

By corporate restructuring of establishing Shougang Group and a hierarchical managerial system, Shougang is experiencing the separation between government and enterprises, through which the government is trying to reduce the administrative control. By reducing surplus labor in large numbers and passing the responsibilities of social welfares to the local government,

Shougang is divesting itself of social burden to increase its efficiency and profitability. By eliminating loss-making non-steel business, Shougang's management is making full use of the autonomy they granted to get rid of the non-profitable factors, making Shougang competitive to meet the challenge of the changing environment and fierce competition.

All these suggest that under the Modern Enterprise System, SOEs have undergone significant reforms, developing towards real modern enterprises and improving entrepreneurship and performance.

4.4 The Current State and Future of Chinese SOEs

Even after more than three decades of market-oriented reforms, SOEs still play a prominent role in the Chinese economy.

From 2001 to 2009, the state-owned and state-holding industrial enterprises made a total profit of 5846.2 billion yuan, with the total book profit of 2009 increased by 3.89 times over that of 2001. The total net profit amounted to 4051.7 billion yuan, with the total book net profit of 2009 increased by 4.37 times over that of 2001.

The total profit of central SOEs reached 1341.5 billion yuan in 2010, accounting for 67.5% of the total profit of state-owned enterprises. The profits of ten enterprises occupied 70% of all net profits made by central enterprises in 2009, namely, China National Petroleum Corporation, China Mobile Limited, China Telecommunications Corporation, China United Network Communications Group Co., Ltd., China Petroleum and Chemical Corporation. Hereinto, China National Petroleum Corporation and China Mobile Limited made a profit of 128.56 billion yuan and 148.47 billion yuan respectively, the total of which exceeds one third of the total profit made by central enterprises. It can be seen that profits of central enterprises were mainly realized by monopoly enterprises.

In 2009, of the top-500 Chinese enterprises, an astounding 66.3 percent were SOEs, accounting for 85 percent of operating income and creating 87 percent of the total profit. Meanwhile, Chinese SOEs are also becoming a globally noticeable force. In 2010 there were 30 Chinese SOEs listed in the Fortune Global 500, in which China Petroleum and Chemical Corporation, and State Grid Corporation of China, and China National Petroleum Corporation ranked 7th, 8th, and 10th respectively.

In addition, the Chinese SOEs accounted for three of the top-five largest employers in the world in 2006 and three of the top-five enterprises in Asia in terms of revenue.

However, apart from increasing revenues and profits, Chinese SOEs still show major deficiencies in regard to efficiency and productivity. The return on assets (ROA) of Chinese

SOEs in the top-500 Chinese enterprises was only 1.4 per cent in 2007——lagging far behind non-state enterprises (NSEs) in China, such as private-owned enterprises (6.08 percent) and foreign-funded enterprises (8.48 percent). As for return on equity (ROE), it is only 10.07 percent for the heavily SOE-dominated top-500 Chinese enterprises——performing far worse than the Fortune Global 500 average of 16.13 percent.

There appears therefore to be a continuing need for reform and enhanced policies for SOEs in China. We should design the short-term reform plan for state-owned enterprises based on two major objectives, namely, breaking the administrative monopoly by state-owned enterprises, and regulating state-owned enterprises' behaviors. The significance lies in that this will promote different economic main bodies to carry out adequate and fair economic competition, thus better realizing social justice and improving economic efficiency.

4.5 Extended Learning

4.5.1 Questions and consideration

(1) Find the latest list of Fortune Global 500. How many companies are Chinese companies? Find Chinese SOEs in the top 100 list.

(2) List the reasons for why many SOEs have poor performance.

(3) Find the background information of China Petroleum and Chemical Corp.

a. Describe the ownership structure of SINOPEC Corporation. Who is the largest shareholder?

b. On which stock market is the SINOPEC listed respectively? What are the stock prices on these different stock markets? Are the prices almost the same under the current exchange rates?

c. In the last year, how about the performance of SINOPEC? How did SINOPEC pay the dividends to domestic and overseas shareholders respectively?

(4) In recent years, more and more Chinese SOEs had their stocks listed overseas. There are two different opinions. The approvers believe that overseas listings have become an important way and force to push SOEs reform. The opponents think overseas listings may cause state-owned assets flowing abroad because many overseas listings of SOEs have lower issue prices but higher dividends payment. What is your opinion? Explain why?

(5) How to further improve the performance and corporate governance of Chinese SOEs. Talk about your opinion.

4.5.2 Case Study

4.5.2.1 Singapore's SOE sector[①]

Singapore's domestic SOE sector comprises two main components: Government-Linked Companies (GLC's) and Government Statutory Boards. GLC's are entities in which the wholly-owned government holding company, Temasek Holdings, directly holds a controlling share as well as subsidiaries and associates of those entities. Statutory Boards include the Public Utilities Board, Economic Development Board, Housing and Development Board, etc. Over time, the Government of Singapore has converted many Statutory Boards into GLC's. Temasek Holdings directly owns majority shares in the following enterprises: 100% of Singapore Power (electricity and gas) and of PSA International (ports), 67% of Neptune Orient Lines

① Chang, Ha-Joon. State-owned Enterprise Reform, UN DESA Working Paper, 2007.

(shipping), 60% of Chartered Semiconductor Manufacturing (semi-conductor), 56% of SingTel (telecommunications), 55% of SMRT (rail, bus, and taxi services), 55% of Singapore Technologies Engineering (engineering), and 51% of SemCorp Industries (engineering). It also directly owns a controlling stake in the following enterprises: 32% of SembCorp Marine (shipbuilding) and 28% of DBS (the largest bank in Singapore).

Singapore's SOE sector, measured in terms of its share in national investment, is nearly three times that of Korea, which has an average-sized SOE sector. According to a 1995 World Bank report, the weighted average of the share of the SOE sector in GDP in the 40 developing countries it studied was 10.7% during 1978~1991. The corresponding figure for Korea was 9.9%. The World Bank study unfortunately did not provide the data on Singapore. However, in 1993, the Ministry of Finance estimated that "the public sector and GLC's account for about 60% of our GDP". In 2001, the Department of Statistics estimated that GLC's accounted for 12.9% of GDP in 1998, with the non-GLC public sector accounting for another 8.9%, giving a total public sector/GLC share of 21.8%. The Department of Statistics used a tighter definition of GLC as those companies in which the government has an effective ownership of 20% or more.

4.5.2.2 Privatization, Taiwan Province of China Style①

Taiwan Province of China (PoC) achieved its economic miracles with a large SOE sector.

During the miracle years of the 1960s and the 1970s, the SOE sector's share in the economy increased, from 14.7% in 1951 to 15.9% in 1961 to 16.7% in 1971 before coming down slightly to 16.0% in 1981. Although the Taiwanese government allowed the private sector to grow, the SOE sector occupied the "commanding heights" of the economy, controlling the banking sector and the key upstream inputs industries, such as steel and petrochemicals.

Taiwan started privatizing in a serious way only in 1996, relinquishing majority shares in SOEs in banking, insurance, petrochemicals, transportation, and a few other industries.

However, Taiwan's privatization has been a very controlled one, as the government still has a controlling stake (average of 35.5%) and accounts for 60% of board members in the 18 privatized SOEs. The Taiwanese government is allowed to own the "golden share" (i.e., the veto over important decisions) when privatizing SOEs in defence or public utilities.

4.5.2.3 Central SOEs net profits up 14.2% Jan–May②

China's SOEs that are administered by the central government, or central SOEs, collectively posted a net profit increase of 14.2 percent year-on-year in the first five months of 2011.

This increase was 4 percentage points lower than that of the first four months.

The combined net profits of the government's 121 central SOEs totaled 369.51 billion yuan ($ 56.8 billion) during the period, the State-owned Assets Supervision and Administration

① Chang, Ha-Joon. State-owned Enterprise Reform, UN DESA Working Paper, 2007.

② China Daily, 2011-06-18.

Commission (SASAC) said in a statement on its website Friday.

The administration did not give any explanation for the profit increase or the lower growth rate.

The SASAC said revenues for central SOEs rose 24.7 percent year-on-year to hit 7.82 trillion yuan from January to May.

The SOEs had 696.7 billion yuan payable in taxes and fees for the first five months, up 27.5 percent from the same period last year, according to the statement.

4.5.3. Expert Opinion

4.5.3.1 China makes progress to improve SOE management①

Since 2005, China has been running a trial program to improve the executive management of centrally-controlled SOEs. To 2011, 35 enterprises have taken part.

The SASAC says remarkable results have been achieved and the program will continue.

Shao Ning, Vice-Chairman of SASAC, points out business management in particular has been optimized. But problems do still exist, particularly when it comes to finding the best operating model for each business. And he says for some SOEs, cooperation between the general manager and president needs improvement. Some researchers say enterprises can benefit from participating in the trial.

Zhang Chunxiao, Researcher of Research Center of SASAC said "The trial program will make the decision-making process more logical and fair. As a result, regulations can be strengthened and operations become more standardized. Through improving business structure and reducing risks, those enterprises get more efficient and the value of state-owned capital can be enhanced."

4.5.3.2 Crucial time ahead for SOEs shake-up②

(1) Cutting number of firms is key task for SASAC. In the middle of 2010, the State Council announced a target of reducing the number of State-Owned Enterprises to between 80 and 100 by the end of this year and about 20 more need to be merged in the final two months.

Two months ago, when the new director of the SASAC, Wang Yong, took the helm, he faced a tough task: reduce the number of State enterprises from 122 to under 100 in a four-month period.

The fourth quarter is thought to be crucial to the restructuring process, but it is still not very clear which companies will be targeted.

Li Kaifa, a researcher at the SASACA-affiliated China Enterprise Reform and Development Society, said that after the establishment of the long-awaited Guoxin State Asset Management Company, some targeted companies that meet one of three standards will be put into it.

---

① China Daily, 2011-05-12.

② Chen Jialu. China Daily, 2010-11-09.

The former director of SASAC, Li Rongrong, said earlier that the ultimate goal of restructuring is not just to reduce the numbers, but to sharpen their competitiveness.

One important part of the reform is to improve the "board of directors" system, Li said.

By September, 32 of the enterprises had set up boards of directors.

(2) Difficult reforms. In fact, this reform process has been a long and tough one for SASAC.

A decade ago, the State-owned sector looked like an economic disaster waiting to happen. In the aftermath of the 1997 Asian financial crisis, average profit margins in State companies fell to close to zero, and many were reporting huge losses.

But, by 2008, the Aluminum Corporation of China's (Chinalco) acquisition of a 9 percent stake in Rio Tinto marked an important change——a quiet revolution under way in the State sector with a new generation of confident companies who had global ambitions.

China is trying to develop a series of leading public companies in industries that are exposed to cut-throat competition, where technology, design and marketing are crucial features. And that is just the sort of place where State companies have typically suffered at the hands of private rivals.

"In other words, what we are witnessing is an experiment in capitalism that could challenge much of the conventional wisdom about state ownership," according to columnists Geoff Dyer and Richard McGregor, whose comment appeared in a British financial newspaper in 2008.

At a time of increasing discussion about whether there is a genuine "China model" for economic development, involving a much larger role for the state, the fate of China's State-owned companies could help change the terms of the debate, Dyer and McGregor said.

State-owned enterprises are leaving their mark in a range of industries where there is plenty of competition and companies need both capital and a technological edge.

China is awash with private investment in steel, but the industry leader and most technologically advanced steel maker is still State-owned: Baosteel.

Meanwhile, Chinalco has rapidly become one of the world's leading producers of aluminum and alumina and is working on plans to become a diversified metals multinational.

At the same time, Shanghai Electric is increasingly taking on Japan's Mitsubishi and Marubeni in a bid to build new coal-fired power plants around Asia.

Not to be outdone, China's two State-owned shipbuilding giants——the China Shipbuilding Industry Corp and China State Shipbuilding Corp——are expanding rapidly and beginning to catch up with their Korean and Japanese competitors in technology.

Many SOEs have listed at least part of their shares, exposing them to at least some shareholder influence and executives' compensation is being linked more to performance rather than bureaucratic formulas.

"SOEs are increasingly competitive in attracting top executive talent," says David Michael, head of Boston Consulting Group's China office. "There are a number of local Chinese managers of multinationals or private sector companies who have gone to work in the State sector."

A similar remark comes from Yin Mingde, a partner at Allpku management consulting company, who said, "There have been increasing signs that China's SOEs are learning the skills of corporate finance. Chinalco's snap purchase of Rio Tinto stock was one example".

Several SOEs have taken on foreign strategic investors in recent years and some have multinational executives on their boards, Yin said, adding. "These relationships have not been without tensions, but they have helped to sharpen performance."

These reforms only explain part of the success of SOEs. According to Andrew Grant, head of McKinsey's China office, many of the successful Chinese companies have what he calls a "hybrid" structure, mixing features of private and State companies. The best SOEs gain financial firepower from their State parents but have sufficient independence to be managed like private companies, Grant said.

(3) It is not actually that easy. Nonetheless, the SOEs reform record has not been uniformly successful.

Older SOEs still can find themselves grappling with outmoded equipment and might have to purchase components and other supplies from affiliated companies, regardless of the quality or cost, said Zhu Boshan, general manager of the Shanghai TERC management consulting co.

To make matters worse, although corporate governance has improved, investors regularly complain about the lack of transparency in SOEs finances, particularly over the transfer of assets between listed companies and their State-owned parent groups, Zhu said.

4.5.4 Online Study

Go to http://www.sasac.gov.cn/n2963340/index.html.

(1) What is SASAC? What are Main Functions and Responsibilities of SASAC?

(2) Find and read the name list of central SOEs of China. What industries are they mainly in?

(3) Find the names and the websites of state-owned assets management authorities of Singapore, United Kingdom and Australia.

Chapter 5　China's Financial System Reform and Development

[Main Contents]

In this chapter, we examine the background of China's financial system and its reform and development in the past more than 30 years. For any financial system, it includes financial intermediaries and financial markets. For the financial intermediary, the reform and development of the bank industry, especially the four state-owned banks are examined since they are the backup of China's financial institutions. For the financial markets, two basically important markets——stock markets and bond markets are introduced. In dealing with stock markets, we emphasize its characteristics, drawbacks and reform. For the bond markets, the product creativity and development are given much concern.

[Key Points]

● Understanding the idea of Non-performing loans, nontradable shares reform, the interbank centered market, enterprise bonds and etc.

● Understanding the process of China's banking reform and development.

● Understanding the history, present situation and challenge of China's stock and bond market.

● Understanding the opportunity and challenge for China's stock and bond market development in the near future.

5.1 Overview of China's Financial System

October 1, 1949 marked the inauguration of the People's Republic of China (PRC). The PRC implemented a centralized planning system that allocated all goods and services within China. Out of this rigidly planned society, the development of China's financial sector has its own characteristics.

Between 1950 and 1978, when the economy was under central planning, the most powerful economic decision-making agency was the State Economic Planning Commission, which allocated credit (often treated as grants for the state-owned enterprises (SOEs)), controlled prices and managed total supply. The financial system was down graded to one agency, under the umbrella of the People's Bank of China, which was in fact the central bank as well as the whole banking system, as there were no other banks, insurance companies or securities firms. Few bonds were issued except for treasury bonds, which were issued as an alternative form of savings and subscribed as an act of patriotism, rather than investment. Bank lending was intended to complement the government's production plans, and banks acted as a "cashier" for the government's economic programs. This period is known as the "mono-bank era".

With the economic reform since 1978, two significant reforms were introduced in the 1980s to restructure the banking system. One was the separations of the governments central banking functions from its commercial banking operations; the second was the breakup of the mono-banking system. By the end of 1979, the PBOC departed the Ministry and became a separate entity, while three state-owned banks took over some of its commercial banking businesses: The Bank of China (BOC) was given the mandate to specialize in transactions related to foreign trade and investment; the People's Construction Bank of China (PCBC) was set up to handle transactions related to fixed investment (especially in manufacturing); the Agriculture Bank of China (ABC) was set up (in 1979) to deal with all banking business in rural areas. Finally, the Industrial and Commercial Bank of China (ICBC) was formed in 1984, and took over the rest of the commercial transactions of the PBOC. The PBOC was formally established as China's central bank and a two-tier banking system was formed. Though the establishment of the four banks appeared to carry out commercial banking operation, in fact, until the mid-1990s, China's "Four Big Banks" operated under direct guidance and control of the central government. Their roles can be better described as resource allocators than financial intermediaries.

For most of the 1980s, another change in the development of the financial system was the fast growth of financial intermediaries outside of the "Big Four" banks. Regional banks (partially owned by local governments) were formed in the Special Economic Zones in the coastal areas; in rural areas, a network of Rural Credit Cooperatives (RCCs; similar to credit unions in the U.S.) was set up under the supervision of the ABC, while Urban Credit Cooperatives (UCCs), counterparts of the RCCs in the urban areas, were also founded. Non-bank financial intermediaries, such as the Trust and Investment Corporations (TICs; operating in selected banking and non-banking services with restrictions on both deposits and loans), emerged and proliferated in this period. Although the number of these financial intermediaries is huge, as far as the asset concerned, four big banks still control the majority part of China's financial system.

The four big banks also have the dominant force in the financial system. The banking sector is the dominant financial intermediavies in China. In terms of providing external funds to firms, about 80 percent of the funds are from the banking sector from 1992~2009 (Figure 5-1). In terms of assets, banking sector occupies 78.8% assets in the whole financial system, insurance industry only takes up 4%. At the same time, the four big banks are dorminating China's banking sector. Their loans occupy as high as 90% of China's whole financial sector's lending. Although this number has decreased in recent years, it still takes up more than 50%. Thus, the analysis of China's banking sector will evolve the reform of the four big banks owing to its significance in the banking sector.

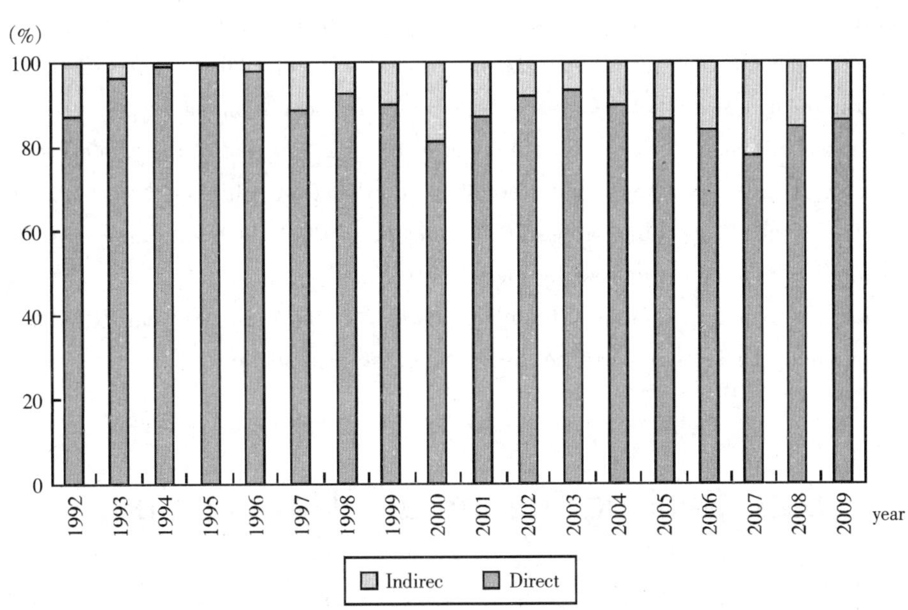

Figure 5-1 The Percentage of Indirect Financing and Direct Financing

Source: People's Bank of China.

The performance of the banking sector in allocating savings largely determines the performance of the whole financial sector. Unfortunately, as measured by the NPL ratio, the banking performance has been dismal. According to official figures, China's NPL, measured as the fraction of GDPs are as high as 20% to 22.5% in 2000 and 2001 respectively, much higher than that of U.S and other major Asian economies, indicating a significant threat to financial stability. Thus, the reform of China's banking sector, to a large percent, is to resolve NPL and improve their efficiency. This is also the logic of this book to address the issue of reforming China's banking sector from the angle of resoling NPL.

In consideration of the significance of "the Big Four" in China's financial industry and space limitation, the analysis of China's financial intermediary's reform and development in this part will be confined to the banking sector, especially the four state-owned banks.

Aside from financial intermediary, another essential part of a financial system is the financial markets.

The most significant event for China's financial system in the 1990s was the inception and growth of China's stock market. Two domestic stock exchanges (Shanghai Stock Exchange and Shenzhen Stock Exchange) were established in 1990 and grew very fast during most of the 1990s. However, the development of a supportive legal framework and institutions has been lagging behind that of the stock market. So far, contrasted with banking sector, it has played a relatively limited role in supporting the growth of the economy.

The public listing and trading of bonds took place in 1988 when China's secondary bond market really started. China's bond markets have continued to mature over the past more than 20 years, with total outstanding issues reaching around 45% of GDP by mid-2009. However, compared with the stock market, China's bond market's development lagged behind. Up to 2009, the ratio of China's stock market value occupies 11.2% of that of the whole world, while the ratio of bond only occupies 2.9%. Another drawback of China's bond market is the government bonds take a too high proportion (more than 80%) in bond market, indicating a dominant control of financial resources by the government.

What had happened to China's financial market in the past 20 years? What are the challenges for them? These issues will be discussed in the next section.

5.2 Banking Reform and Development

During the past 20 years, the reform of China's state-owned banks can be divided into three stages. The first stage was to solve the NPLs problem. The second stage was to improve internal management, reorganize as joint stock companies, and operate based on corporate governance principles appropriate to a market economy. The third stage was to list their shares and receive the public supervision.

5.2.1 Background of Banking Reform: Causes of NPLs

The causes of China's NPLs can be clarified only in the context of China's economic development strategy. Prior to the start of banking reform in the 1990s, China's banks maintained close connections with state-owned enterprises (hereinafter referred to as SOEs for abbreviation), including both large SOEs and their smaller local counterparts, town and village enterprises (hereinafter referred to as TVEs for abbreviation). When SOEs failed to carry out strategic missions that far exceeded their capacity, the NPLs arise in the banking system. However, the banks still have to provide funds to these SOEs in order to carry out national policies. According to a survey conducted in 1999, loans to SOEs have accounted for about 75 percent of all bank loans. To buttress the SOEs, the government has implemented a so-called "unified system of deposits and loans" that collects and centralizes all private sector credits and savings by restricting the incorporation of new banks. These constraints have led to an uncompetitive and inefficient financial market that hides NPLs.

Until the mid-1990s, the Chinese government had considered NPLs as a necessary evil. Only since the 1997 Asian financial crisis have banking authorities squarely confronted the NPL problem that has placed nearly all domestic banks in a de facto state of bankruptcy. Beginning in 1997, the problem has increasingly been treated as an issue independent of SOEs reform. Chinese authorities were committed to take active measures to reduce the NPLs and improve the efficiency of the banking sector.

What is Nonperforming Loans?

According to Guidelines on Risk-Based Loan Classification announced by the People's Bank of China, loans are divided into five categories - pass, special-mention, substandard, doubtful and loss - with the last three categories recognized as Nonperforming loans (hereinafter referred to as NPLs for abbreviation).

The category of "Pass" means that borrowers can honor the terms of the contracts, and there is no reason to doubt their ability to repay principal and interest of loans in full and on a timely basis. "Special-mention" means that borrowers are still able to service the loans currently, although the repayment of loans might be adversely affected by some factors. "Substandard" means that borrowers' ability to service loans is apparently in question, cannot depend on their normal business revenues to pay back the principal and interest of loans and certain losses might incur even when guarantees are executed. "Doubtful" means that borrowers cannot pay back principal and interest of loans in full and significant losses will incur even when guarantees are executed. "Loss" means that principal and interest of loans cannot be recovered or only a small portion can be recovered after taking all possible measures and resorting to necessary legal procedures.

In essence, the risk-based loan classification system is to evaluate the possibility of borrowers to pay back principal and interest of loans in full and on a timely basis.

Source: "guidelines on risk-based loan classification", 1998, People's Bank of China, http: //www.pbc.gov.cn/.

5.2.2 Banking Reform: NPLs Disposal

To some extent, NPLs problem is a kind of fiscal problem, so the government financial support is the first step.

5.2.2.1 Enhance the Capital and Reduce the Tax

In 1998, regulatory reforms allowed certain designated large SOEs to list their shares, and this lessened their longstanding reliance on state-owned banks for funding. In August of that year, China's Ministry of Finance issued RMB270 billion of long-term special treasury bonds, and used the proceeds to enhance the capital of the big four banks.

Next, to ease the pain of reforms and the tax burden on the state-owned banks, the Chinese government decided to lower the business tax by one percentage point per year over a three-year period, from 8% in 2000 to 5% in 2003. Although not completely solving their problems, this proved to be one of the most helpful measures for the big four banks, which had large business turnover but low profits.

5.2.2.2 Divesture of NPLs Through Forming Four AMCs

Although this assistance from the government had some impact, it was still not enough, given the seriousness of the problems faced by the Big Four. Consequently, in 1999 the government established four asset management companies wholly owned by the Ministry of Finance: Xinda, Orient, Great Wall, and Huarong. By July 2000, these asset management companies had largely completed purchasing from the big four NPLs with a total book value of RMB1.4 trillion, with the intent of disposing of and collecting on the purchased loans by such means as asset sales, debt-equity swaps, and securitization. Though all the four AMCs have finished the assignment of government, the cash recovery on the bad loans processed by the AMCs are not as high as those of other international corporations.

International experience demonstrates that a necessary condition for successful AMCs operation is a type of asset that is easy to restructure and liquidate by securitization, such as real estate loans or secured loans. Two highly successful examples of AMCs are found in Sweden and the US. Real estate assets account for 80 percent of the transferred bad assets in Sweden's AMC and 49 percent of the transferred bad assets in the US RTC. However, most of China's NPLs are not secured loans, but consumptive loans resulting from policy loans for SOEs and banking corruption. Real estate accounts for only 7 percent of transferred NPLs in Chinese AMCs while consumptive manufacturing NPLs represent 46 percent of transferred NPLs. Thus, Chinese AMCs have struggled to follow in the tread of earlier, successful AMCs.

The debt-for-equity swap has become one of the most important business ventures for

Chinese AMCs. On average, debt-for-equity swaps involve 30 percent of total transferred NPLs, amounting to $ 48.97 billion. AMCs are supposed to receive dividends for their equity stakes in these SOEs, and these equity stakes can become another source of cash inflow if the problematic SOEs yield returns after being restructured.

However, it is difficult for this model to get expected result. Information asymmetry has hindered AMCs from efficiently restructuring SOEs. Without capable personnel and professional knowledge about SOEs' various businesses in mining, textile, and handicraft manufacturing, AMCs were unable to adequately monitor SOEs operations. Furthermore, the government's scheme forced AMCs to become political reformers, for SOEs restructuring is inherently political. Without other institutional arrangement support, that would be a great challenge for them.

5.2.3 Banking Reform: Reorganize as Joint Stock Companies

China's entry into the WTO in December 2001 marked the beginning of a new era. The big four banks were uncompetitive with foreign banks and there were concerns that they would lose market share, suffer profit declines. To deal with this, China quickened its reforming pace, and decided to reorganize the state-owned banks into joint stock companies aiming for transforming into a real commercial banking.

On 31 December 2003, the State Council invested a total of $ 45 billion of foreign exchange reserves equally in the Bank of China (BOC) and the China Construction Bank (CCB). These two banks were chosen first because the BOC had the highest capital ratio of the big four banks, and the CCB had the lowest NPL ratio. The entities that exercised their rights as major shareholders in the BOC and CCB and received profits and dividends from their investment were the Ministry of Finance and Central Huijin Investment Company Ltd., which was jointly capitalized by the People's Bank of China and the State Administration of Foreign Exchange (SAFE).

Subsequently, Central Huijin used foreign exchange reserves to invest $ 15 billion in the Industrial and Commercial Bank of China (ICBC) in April 2005, $ 20 billion in the China Development Bank to convert it from a policy bank to a commercial bank in December 2007, and $ 19 billion in the Agricultural Bank of China in November 2008. The Bank of Communications, China's fifth largest bank and a joint stock company from the outset, received an investment of RMB3 billion from Central Huijin in June 2004.

To increase the banks' capital ratios, the authorities began allowing the issuance of subordinated debt to count as supplementary capital. In 2004 and 2005, subordinated debt totaling RMB147 billion was issued by four banks: ICBC, CCB, BOC, and the Bank of Communications. Some of the funds procured from the government's capital injections and from the issuance of subordinated debt was used to dispose of NPLs.

With the goal of NPLs dispositions having been met, in August 2004, the Bank of China was reorganized as the Bank of China Co. Ltd. and the China Construction Bank as the China

Construction Bank (Asia) and the China Construction Bank Co. Ltd. This was followed by the re-launching of the Industrial and Commercial Bank of China in October 2005, and the Agricultural Bank of China in January 2009, as joint stock companies, with the Ministry of Finance and Central Huijin as major shareholders.

5.2.4 Banking Reform: Going to Public

The most critical step in the reform of China's state-owned banks was their listing on domestic and overseas markets, which subjected them to market scrutiny. More than to raise funds, the main objective in listing the shares of state-owned banks was to achieve wholesale change in the banks' management by diversifying ownership. Listing creates the necessary conditions for achieving public monitoring. The external pressure will prompt the bank to really improve corporate governance.

The first step to the listing of shares is to attract strategic investors from overseas. China's approach to banking reform stands out as unique among emerging markets with a recent history of financial sector reform. Rather than privatizing banks and transferring control to foreign investors——the dominant strategy in Eastern Europe and most of Latin America-China sold minority stakes in its largest banks to a group of selected foreign strategic investors. In each case at least two foreign investors with different business profiles acquired substantial minority stakes prior to the public offering and typically committed to buy additional shares in the public sale. The government retained control.

An important motivation for it may have been to secure the success of the initial public offering by getting foreign investors to essentially back the offering price. Equally important was to engage foreign institutional investors in reforming China's banking sector and to enhance its domestic and global competitiveness, without, however, transferring full control rights to the foreign investors. The bank's ownership structure after attrating strategic investors is shown as the Table 5-1.

Table 5-1 Bank's shareholder composition after the entrance of strategic investors

Commercial Bank	Shareholders	Percent of Equity Stake (%)
Bank of Communication	Ministry of Finance	25.53
	HSBC (UK)	19.90
	National Council for Social Security Fund	14.22
	Central Huijin Investment	7.68
	Others	32.67
China Construction Bank	Central Huijin Investment	71.13
	China Construction Bank	10.65
	Bank of America (US)	9.00
	Temasek (Singapore)	5.10
	Shanghai Baosteel	1.55

continued from previous table 5-1

Commercial Bank	Shareholders	Percent of Equity Stake (%)
China Construction Bank	State Grid Corp. of China	1.55
	China Yangtze Power	1.03
Bank of China	Central Huijin Investment	79.90
	RBS (UK)	9.61
	Temasek (Singapore)	4.80
	National Council for Social Security Fund	3.91
	UBS (Switzerland)	1.55
	Asian Development Bank	0.23
Industrial and Commercial Bank of China	Ministry of Finance	43.28
	Central Huijin Investment	43.28
	Goldman Sachs (US)	5.75
	National Council for Social Security Fund	5.00
	Alianz (Germany)	2.25
	American Express (US)	0.45

Source: the prospectus of related corporation.

In August 2004, the Hong Kong and Shanghai Banking Corp. (HSBC) became the Bank of Communication's first strategic investor from overseas. By acquiring 19.9% of its shares, HSBC became the foreign financial institution with the largest stake in China's banking sector. Then in 2005, Bank of America acquired a 9.0% stake, and Temasek a 5.1% stake, in the China Construction Bank, and the Royal Bank of Scotland, UBS, the Asian Development Bank, and Temasek took a combined 16.19% stake in the Bank of China. In 2006, Goldman Sachs, Allianz, and American Express together invested $ 3.8 billion to purchase a 8.45% stake in the Industrial and Commercial Bank of China.

5.2.5 Banking Reform: Some Achievement

The current reform of state-owned banks and development of the banking sector have already been effective in reducing NPLs and improving banks' performance.

The massive NPLs the commercial banks carried in the late 1990s have largely been cleaned up. Their NPLs ratio had fallen from 17.9% at end-2003 to 1.8% by mid-2009. The fall in NPLs has been accompanied by an equally impressive improvement in bank capital adequacy. At the end of 2003, only eight banks (none of them state-owned commercial banks), accounting for less than 1% of banking system assets, had achieved the minimum capital adequacy ratio (CAR) of 8% mandated by the Bank for International Settlements (BIS) and since adopted by the Chinese authorities. By end-2009, 239 banks, including all the major commercial banks, the CCBs and rural commercial banks (RCBs), and accounting for 100% of total commercial banking assets, had achieved the BIS minimum.

With the stock prices of banks in Japan, the US, and Europe having dropped sharply during the latest financial crisis that started in the US in September 2008, as of 31 March 2009, the top three banks in the world based on market capitalization were the ICB, CCB and BOC.

This is evidence that the reforms taken by the state-owned banks, including their conversion to joint stock companies and listing of shares, were quite successful.

5.2.6 Challenges for the Banking Industry in the Near Future

Though China's banking reform has achieved great progress, the following challenges still exist.

5.2.6.1 NPLs May Come to Rise

Much of the improvement in banks' financial health in recent years has been due to the booming economy. Profits have risen given the substantial spread between loan and (still controlled) deposit interest rates and the rapid growth in lending. The transfer of NPLs to the four bank asset management companies brought down the level of NPLs considerably. Since 2004, the decline in NPLs ratios is almost entirely due to loan growth. Indeed, in 2007, the level of NPLs rose modestly, due to a small rebound for the state-owned commercial banks (hereinafter referred as SOCBs for abbreviation). So NPLs will still have a possibility to arise if the growth of the economy significantly slows down.

5.2.6.2 SMEs Still Have Difficulty in Accessing to Bank Loan

Large scale enterprises, mainly SOEs are the traditional clients of China's banking. However, small-medium-enterprises (SMEs) are playing an increasingly large role in China. In 2008, SMEs accounted for 58.5% of GDP, 46.2% of tax revenue, and 62.3% of the total export values. In addition, 65% of patent technologies, 75% of technological innovation, and 82% of new products were developed by SMEs. Meanwhile, in 2008 the number of SMEs in the PRC reached over 42 million. SMEs accounted for 99% of all business enterprises in the PRC, employing 75% of urban dwellers and over 75% of the laborers transferred from rural areas. However, 66% of sample SMEs have difficulty in accessing to finance. The lack of funding is the main blockade to their development.

It is difficult for SMEs to get credit everywhere but more so in China. One reason is lack of collateral. Antiquated legal provisions have in most cases prevented inventory and receivables from being used as collateral. The use of land as collateral is often limited by ambiguities over property rights. Use of equipment and other moveable property that are in principle eligible as collateral is hampered by cumbersome registration procedures and lengthy, costly, and uncertain legal treatment by the courts in the event of default. As a result, only an estimated 4% of bank loans are collateralized, versus nearly 70% in the United States. The authorities have recognized the need to improve the utility of collateral and key reforms, including allowing the use of receivables as collateral and a reformed property registry system, but still there is a long way for them to take effect.

The authorities, along with a number of Chinese scholars, have viewed credit guarantees as key to improve SMEs access to bank loans. However, guarantees for SMEs remain underdeveloped in China. Less than 1% of SMEs in China receive guaranteed loans, compared with nearly 20% in Korea and Chinese Taipei, and nearly 40% in Japan.

International experience suggests that to have a significant impact on SMEs access to credit, credit guarantee program need to have substantial ongoing financial assistance from the government and a more advanced legal and regulatory framework for SMEs development than now exists in China. So, China still has a long way to solve SOEs financing problem.

5.2.6.3 It Is Urgent to Improve Rural Finance

In China, rural households had very limited access to formal credit facilities, and limited knowledge about the products and services that were available. The situation was aggravated by intensification of the net outflow of funds from the rural sector through the Postal Savings System and other channels. These conditions have aggravated the rural sector's long-standing limited access to formal credit compared to urban areas: loans per capita in rural areas were only CNY 5500 ($806) (in 2006) compared to CNY40000 ($5865) in urban areas. In addition, China's rural credit system was also facing serious financial difficulties. The rural credit cooperatives (RCCs) - the backbone of the system - had a reported average NPLs ratio exceeding 30% in 2005.

Since 2005, the reform of the rural credit cooperatives (RCCs) has made considerable progress. Most of the RCCs deemed to be salvageable have been or are in the process of being converted into banks (rural commercial banks or rural cooperative banks) and incorporated with ownership and governance structures comparable to those of other commercial banks. The rural banks were required to adopt reformed loan assessment, loan classification, and other management systems previously mandated for other commercial banks by end-2007. While the reforms to the (former) rural credit cooperatives have clarified their ownership, the degree to which their prior ties to local governments and consequent vulnerability to interference in lending decisions, which was endemic in the past, has been ended is less clear.

The establishment in 2007 of the Postal Savings Bank and its separation from the Postal Savings and Remittance Bureau marks a potentially important step to at least reduce the net outflow of funds from the rural economy. The Agricultural Bank of China is also in a much stronger position to serve rural customers following its recapitalization and restructuring. However, whether they can efficiently make loans to rural customers and could significantly augment the supply of loans to rural customers is still to test in the future.

5.3 China's Stock Market

China's stock markets have played an important role in the development of the Chinese economy and its market system. I will first introduce the evolution of China's stock markets and their distinctive characteristics, then retrospect some important reforms in the past 30 years, and finally discuss the future challenge it faces.

5.3.1 The Evolution of China's Stock Markets

There is no need for a stock market if all the production organization is owned by only one owner —— the state. That is just the case of China during the period 1949~1978. However, since the start of the economic reform, some enterprises started to issue equity shares to the public in order to raise capital. For example, Shenzhen Baoan Joint Investment Company made China's first initial public offering of equities in 1983. Its success encouraged more enterprises to follow, and shareholding became a general practice accepted by the government. The increasing number of shareholding companies and equity shares created a demand for exchange of these shares among shareholders. By the late 1980s, the over-the-counter trading of shares had become popular in cities such as Shanghai and Shenzhen, where shareholding companies concentrated. In order to discourage unorganized and black-market trading, the government established the Shanghai Stock Exchange in December 1990 and the Shenzhen Stock Exchange in July 1991, which means the stock market, after about 50 years of closure, came back to China again.

In late 1993, the government stipulated that the shareholding system and stock market are essential components of China's socialist market system. Government authorities realized that shareholding as a modern corporate structure had the advantages of being transparent in ownership of property and of accumulating public capital for the reforming of SOEs. Because of the direct impetus from the government, China's stock markets underwent fast growth. When China's stock market opened in 1990s, only 10 firms were listed, but this had risen to 2063 by the end of 2010. Total market capitalization of A and B share was RMB 104.8 billion in 1992 and 23 trillion in 2010.

5.3.2 The Distinctive Characteristic of China's Stock Markets

Though its rapid development is impressive, China's market was born out of a centrally planned economy and hence inherited some characteristics different from that of western countries.

5.3.2.1 Segmentation in Equity Structure

The Chinese equity market has several distinct characteristics and segmentation is certainly one of the most prominent. Split-share structures are common around the world and typically warrant to owners' different rights. Yet an unparalleled feature of ownership structures in China was nontradable shares (NTS) entitling the holders to exactly the same voting and cash flow rights assigned to the holders of tradable shares (NTS) but which could not traded publicly even if the company was listed. Typically these shares belonged to the State or to domestic financial institutions ultimately owned by central or local governments. The main purpose was to keep firmly in government's hands the control of SOEs that were floated in the market. NTS turned out to be overwhelmingly important in China's stock markets. As of December 2000, they accounted for 74 percent of the total number of shares outstanding, most of the NTS being represented by state-owned shares. In other words, only less than 30% of shares were traded.

In fact, the government and the regulatory authorities soon recognized that the predominance of NTS constituted a problem for the market from several points of view. First, the holders of TS were typically minority shareholders with limited power to affect management decisions. Second, the limited free float available made the domestic market extremely illiquid, volatile and thus prone to market manipulation and insider trading. Third, the inefficiency of the domestic market induced many valuable Chinese companies to list overseas, Hong Kong being one of the most preferred destinations. This adversely affected domestic investors who prevented from investing in the best companies, were stuck with holdings the less performing local companies. Last but not the least, this prevent China's stock market from performing a vital function that other stock markets do perform——effecting changes in corporate controls of the listed firms.

5.3.2.2 Former SOEs Constitute the Main Body of China's Stock Markets

Another characteristic of china's equity market is that there is tremendous bias in favor of SOEs to go public.

For the first 10 years of stock market's existence, covering the first 1000 or so firms listed, a system of quotas was established by the central government. Each province or national ministry was given certain quota for listing. And it was up to local leadership or ministry administration to decide which firm would list. Certain performance conditions should be met, but the process was political driven, with little resemblance to market forces. Not surprisingly, this process was not based on the firms' earning prospects, but on political connections.

Such process of listing companies fosters a problem of adverse selection among firms seeking an initial public offering (IPO). Even though there is no explicit regulation or law against the listing of non-SOEs. The going public process strongly favors former SOEs with connections with government officials. As a result, most of the listed firms are indeed former SOEs, while a majority of well-run private enterprises are excluded from access to the stock market. This is in contrast with the increasing importance of non-state-owned firms in the

Chinese economy (now accounting for more than 2/3 of China's GDP). The securities market is essentially a state securities market conceived and designed to support corporatized SOEs.

5.3.2.3 Government Has a Direct Control On The Market

The development of the stock market has been subject to constant interventions from the government. Rather than leaving the market to decide for itself when to expand or contract, the government holds the key to the changes of the stock market.

In the development of China's stock market, there is a lack of systematic securities laws and regulations to govern the operation of the market. In the early years, the stock market was regulated by piecemeal legislation, some of which was combined with departmental regulation by political establishments over different aspects of the market. Oftentimes, government policy is the main instrument to govern and control the stock market. For example, when the market is down, the Chinese government tries to stimulate it by relaxing regulations and policies. When there is a boom, the government reverses its policy and tries to cool down the market. Unfortunately, the government often overextends its role in the stock market and exacerbates rather than reduces market volatility. Since the policy for controlling the stock market is itself full of uncertainties in content, the time of announcements, and impact on the market, as compared to law and regulation, which, by their nature, provide more certainty, predictability, and openness, as a result, China's markets are much volatile.

5.3.3 The Nontradable Share Reform

NTS were an unparalleled feature of the ownership structure of Chinese listed companies and represented a major hurdle to domestic financial market development. After some failed attempts, in 2005 the Chinese authorities launched a structural reform program aiming at eliminating NTS. It would represent one of the most important experiments of structural reform ever attempted in the emerging stock market. On April 29, 2005 the China Securities Regulatory Commission (CSRC) announced a new pilot program, inviting a first batch of four companies to transform NTS into TS by compensating existing shareholders through various ways like bonus shares, cash, and options. The main difference from previous attempts was that the new reform invited non-tradable and tradable shareholders to bargain over the transfer of NTS. Such flexibility seemed to work well.

In June 2005, the CSRC initiated the second pilot the program involving 42 companies worth 10% of overall stock market value. On August 19, this second program was successfully accomplished. A few days later the government issued guidelines to extend the reform share project to the rest of the stock market. In order to provide incentives to the companies, the CSRC stated that reform-compliant companies would be given priority to raise new capital (new issues of shares and IPOs have been frozen since the launch of the first pilot program). By end-2007, 98% of listed companies had completed the reforms.

The share reform, together with the earlier reforms to the listing approval process are essential steps toward the development of a more mature and representative stock market. However, their effects will take some time to be manifest and more will need to be done to ensure that their potential is realized. Because of the "lockup" period imposed on trading of major blocks of converted shares, only a small proportion of state shares have become tradable in the past couple of years. However, this process is expected to accelerate and to be completed in 2012.

5.3.4 Other Reforms in China's Stock Market

The other important reforms of China's stock market include the improvement of institutions and the development of "multi-level" stock market.

5.3.4.1 Institutional Reforms

Like any emerging stock market, China's stock market has gone through a series of institutional reforms. The major motive is to establish the so-called "open, fair, and just" legal and regulatory framework for the governance of China's stock market.

In May 4, 1993, the State Council issued "Interim Measures on the Administration of Stock Issuing and Trading". This is an important regulation for normalizing the development of the Chinese stock market. It not only regulates the administration of the two Chinese stock markets, but also makes detailed rules about the issuing and trading of shares, the disclosure of information on listed companies, the investigation and punishment of security crimes, and so on.

Later, the government issued further laws and regulations, including the "Company Law" and "Rules on Administration of Securities Exchanges". In July 1999, the government finally announced the full implementation of the comprehensive "Securities Law". This long-awaited law was initiated by China's National People's Congress in July 1992. The aim of the law is to protect the interests of investors, normalize the development of China's stock market, and ultimately make China's stock market compatible with internationally accepted practice.

Significant progress has also been made since 2005 in strengthening the legal and institutional foundation of the capital markets and in removing major obstacles to their development.

A major achievement has been the completion of a modernized legal framework based on the "Guidelines on Promoting Reform, Opening Up and Steady Developments of the Capital Market" issued by the State Council in 2004. The much-awaited amended Company Law and Securities Law, which took effect in 2006, together with the "Securities Investment Funds Law", which took effect in 2004, provide a comprehensive framework for the capital markets, supporting institutions, and institutional investors that previously had been scattered across many, sometimes incomplete or contradictory, laws and regulations adopted over a long period of time. Their effectiveness will be further bolstered by the implementation of the reformed bankruptcy law that became effective in June 2007 and by the amended "Law on Insurance", that became effective in October 2009.

5.3.4.2 Listing Procedures and Requirements Have Also Progressed

As a result, in 1999 and 2000 a series of reforms were introduced. Firstly, the listing systems were changed to reflect a more market-oriented U.S- style registration system that abolished the right of local governments to recommend stock listings and established stricter procedure guidelines. Secondly, the China Securities Regulatory Commissions set high auditing standards for the disclosure of information for financial institutions applying for listing rights. More recently, the commission has continued its attempt to rationalize listing procedures. It is trying to establish listing price mechanisms that use market-driven pricing rather than the previous practice that set listing prices at artificially lower levels that set off expectations of significant post-listing rises. Last but not the least, stock exchange have started to delist companies with poor performance records.

5.3.4.3 Developing "Multi-Level" Stock Markets

Notable progress has also been made toward the goal enunciated in the 11th Five Year Plan of developing "multi-level" stock markets to serve a wider variety of needs.

First, a fully electronically operated market ("Er Ban Shi Chang" or "Second-tier Market", similar to the NASDAQ) for Small and Medium Enterprises (SMEs) was opened in June 2004. It was designed to lower the entry barriers for SMEs firms, especially newly established firms in the high-tech industries. There are currently (by 2010) 607 firms listed in this market.

A third board, China Growth Enterprise Market focusing on smaller high-growth/technology companies and also based in Shenzhen, was launched in October 2009, with an initial listing of 28 firms. (up to 2010, the listed firms in it is 257) These boards mark an important first step toward expanding potential access of private companies to the capital markets.

5.3.5 Challenges for Future Development

The stock market in China is still at a tender age and faces a lot of challenges. In this subsection, I provide a brief account of the major challenges for the Chinese stock market.

5.3.5.1 The Stock Market Remains Susceptible To Excessive Speculation

The near-doubling of the market index between early 2007 and the fall of that year, when the average price-earnings ratio on the Shanghai A-share exchange reached nearly 70, suggests that the market remains susceptible to excessive speculation - especially in view of the sharp contraction in prices that has occurred since then. Macroeconomic conditions, notably abundant liquidity and low (and declining) real interest rates probably encouraged the surge in prices. There is evidence that individual share prices often do not truly reflect company fundamentals. In particular, A-shares of companies listed on both the domestic and

Hong Kong exchanges have generally traded at a noticeable premium over their H-share counterparts.

5.3.5.2 Prompting Business Group Go Public And Improve Corporate Governance

A large number of listed companies treat the stock market as a place to raise money and gain publicity but ignore the market's function in improving corporate governance. Though the government has also realized the importance of good corporate governance in improving the performance of listed companies and raised the requirement for information disclosure of publicly listed companies. Many Chinese listed companies are still black box to the public investors. The reason for that is the biggest shareholder of many Chinese listed firms is non-listed firms. These parent companies often conduct close business transactions with their listed subsidiaries, thus greatly affecting the subsidiary's financial performance. To some extent, most of Chinese listed companies are not self-independent. It is difficult for the outside investors to evaluate their true value. So, making parent company go public will play a significant role in improving company governance and exerting pricing mechanisms of stock market. Having realized this drawback, authorities have carried out some measures to prompt their parent company to go public, however, the solution to this problem is connected with the complete reform of SOEs, much more difficult than split-share reform.

It is also essential for government to strengthen regulations over listed companies. The dividend policy and other internal organizational policies should all comply with international standards. Listed companies should be prevented from abusing the funds raised in the market. Only by reforming the corporate governance of listed companies and adopting regulatory policies consistent with international standards can China's listed companies become efficient and competitive. In this respect, China seems to have a long way to go.

5.3.5.3 There Is Still A Long Way For China's Stock Market To Be Transformed Into A Market-Driven Market

In the past 20 years, although the government has made some attempt to relax its tight control on the IPO process by converting it to the system of admission control in which any qualified company can apply to list its shares in the stock markets. However, the final decisions on which companies are listed are still made by the State Council. A freer procedure should be considered subject only to ensuring that issuing criteria have been met and that information disclosure has been adequate. From this point of view, there is still a long way to go before a fully market-driven IPO system is established in China.

5.4 The Bond Market

China's bond market has continued to mature over the past 30 years, with total outstanding issues reaching around 45% of GDP by mid-2009. In overall size, the market compares favorably with those of other major emerging economies. We will first introduce the history of China's bond market, then discuss the innovation of bond products, and conclude the section with the future challenges.

5.4.1 The History of China's Bond Market

A few bonds were issued to assist the economic development and curb the vicious inflation soon after the People's Republic of China was founded. Most of such bonds were subscribed by patriotic citizens or former "capitalists" under political pressures. There was little trading activities on such bonds, hence little bond market activities.

Not surprisingly, the bond market withered during the next three decades, when the economy was under central planning. Few bonds were issued except for treasury bonds, which were issued as an alternative form of savings and subscribed as an act of patriotism, rather than investment.

As the Chinese economy reopened itself up to the foreign market in early 1980s, the bond market witnessed resurgence as well. The Ministry of Finance (hereinafter referred to as MOF for abbreviation) resumed issuing treasury bonds with a private placement in 1981. The public listing and trading of bonds took place in 1988 when China's secondary bond market really started. Since then, China's secondary bond market has undergone three stages of development in the last 20 years.

5.4.1.1 The Over-The-Counter (OTC) Bond Market Coexists With The Exchange Bond Market (1988~1993)

In 1988, the MOF approved experimental circulation of treasury bonds via OTC transactions at commercial banks in 61 cities. These OTC transactions among commercial banks could be viewed as the real start of China's secondary bond market. In December 1990, the Shanghai Stock Exchange started transactions of book-entry treasury bonds and depository business of physical printer treasury bonds. Therefore, there were both OTC transactions and exchange-traded transactions during this period.

5.4.1.2 The Exchange Bond Market (1994~1997)

The Shanghai Stock Exchange (SSE) introduced bond futures to the public in 1993; an elementary government bond futures market was then established. Unfortunately, operations of this futures market ceased in 1995 due to price manipulation, collusion and speculation. To prohibit chaotic speculation in the bond futures market, the government suspended all bond futures trading and shut down all OTC markets in 1995. As a result, the Shanghai Stock Exchange and Shenzhen Stock Exchange (SZSE) were left as the only legal markets for bond trading.

In 1995, the MOF started to issue book-entry treasury bonds in both the Shanghai and the Shenzhen Stock Exchanges. In 1996, bond repos started in the Shanghai Stock Exchange. Bank funds flowed into the securities firms via repo loans and were used for speculative stock trading by the securities firms. Because these funds caused over-speculation in the equity market, commercial banks were prohibited from participating in the stock exchange market and explicitly forbidden from using repo to fund other investments. Shortly the China bond market was segmented into the interbank market and exchange market after the central bank created an interbank bond market for commercial banks and other eligible participants to trade bonds.

5.4.1.3 The Interbank Centered Market Coexists With Exchange And OTC Markets (1997 to present)

In June 1997, the interbank market was founded on the pricing and trading platform of the China Foreign Exchange Trade System (CFETS) and the National Interbank Funding Center (NIFC). The China Government Securities Depository Trust and Clearing Co., Ltd (CGSDTC) was designated to undertake the responsibility of being the official bond custodian and to settle transactions in the interbank market. Since then, the interbank market has been reformed, with improved market rules, regulations and information service. The exchange market, the commercial bank's counter market, and the interbank market co-exist. Of the three markets, the interbank market is dominant, with depository and trading volume accounting for 90% of total.

5.4.2 Product Development in China's Bond Market

After more than 30 (1979~2009) years of development, Chinese bond investors now enjoy a broad array of fixed-income securities with different risks and return profiles. China's bond market instruments include government bonds, central bank bonds, financial bonds, non-financial corporate bonds, ABS/MBS and foreign bonds. Besides spot trading, repos and derivatives are also traded in China.

5.4.2.1 Trading Products In China

Spot trading is one of the most popular trading channels in the bond market, where total trading volume amounted to RMB49, 333.1 bn in 2009 (Table 5-2). Among this, trading volume conducted in the interbank market was RMB48, 868bn, accounting for 99% of total market turnover. In spot trading, central bank bonds and policy bank bonds are the two most actively traded instruments.

Repos are another significantly traded product in China, where trading volumes actually

Table 5-2 Trading volume of different products in 2009

Trading products	Trading volume (in RMB bn)
Spot trading	49333.10
Repo	76170.53
Forward	640.94
Swap	461.13

exceeded that of bond spot trading and reached RMB76, 171bn in 2009. There are two repo products: collateral repo and buy-sell repo, with the former taking the main role. The interbank market is the main market for repo trading, with volume totaling RMB72, 573.01bn (Table 5-3) in 2009. The repo rate is one of the most important money market interest rates in China.

Table 5-3 Trading volume in different markets in 2009

	Spot Trading (in RMB bn)	Repo (in RMB bn)
Interbank	48868.22	72573.01
Shanghai Exchange	387.70	3592.93
Shenzhen Exchange	70.90	4.59
OTC	6.28	0.00

Swap was introduced in February 2006 to the interbank market. Since then the RMB interest rate swaps among banks and their clients have been allowed. The PBOC's deposit and lending rates, the 7-day repo rate, and the Shanghai Interbank Offered Rate (Shibor) are the commonly quoted benchmarks for swap deals.

Bond forward contract was introduced into the interbank market in May 2005. In 2009, the bond forwards turnover surged to a total value of RMB640.94bn.

5.4.2.2 Major Bond Issuers In China

Major issuers in China bond market are the MOF, the PBOC, local governments, the three policy banks, commercial banks, non-banking financial institutions, SOEs, listed companies and international agencies. Government, central bank and policy bank bonds, which are issued by the MOF, the PBOC and the policy banks, respectively, constituted more than 80.9% of supply in 2009. The MOF and PBOC are responsible for fiscal and monetary policy, while the three policy banks play important roles in executing government economic policy. By the end of 2009, the total amount of bonds outstanding (in the interbank and exchange markets) was RMB17.8trn, of which government bonds, central bank bills, financial bonds and non-financial corporate bonds represented 32.2%, 23.8%, 28.6% and 14.8% of the total market (Figure 5-2), respectively. The corporate bond market remains the least developed bond market segment in China. It is much smaller than the others or than corporate bond

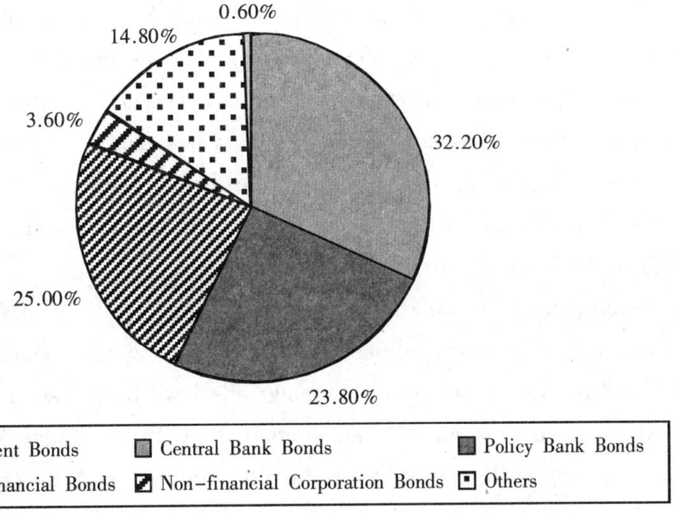

Figure 5-2 Bond amount outstanding (31 December 2009)

Source: www. Chinabond.com.cn.

markets in other Asian emerging economies.

There are six types of non-financing corporate bonds: enterprise bonds, listed company corporate bonds, short-term financing bills, medium-term notes, SMEs collective notes and convertible bonds.

(1) Enterprise bonds. The bonds of enterprises are regulated by the National Development and Reform Commission, which represents the majority of the current corporate bond market. They can be divided into those issued by central enterprises and those issued by local enterprises. At the end of 2009 there were 479 enterprise bonds with a value of RMB1trn outstanding.

The enterprise bond market has grown substantially in recent years, having an average annual growth rate of 49% over the past seven years. The trend suggests that local enterprises have been playing a more important role in the market. Traditionally, almost all issuers are central enterprises—mega-sized state-owned enterprises directly under the control of the central government. Since 2006, however, the number of newly issued local enterprise bonds has outstripped that of the central enterprise bonds. In 2009, 153 local enterprise bonds were issued while only 39 central enterprise bonds were issued. Moreover, due to the large number of issuances, local enterprise bonds raised more capital than central enterprise bonds for the first time in 2009 (RMB222bn versus RMB203bn).

(2) Listed company corporate bonds. Listed company corporate bonds were introduced in October 2007 and are regulated by CSRC. This was a milestone for the China corporate bond market as the new product was designed to be market-oriented. Regulatory and operational systems are in line with global standards. The introduction of Proposed Rules on the Issuance of Corporate Bonds in May 2007 helped to accelerate the development of the bond market.

Due to quotas, the issuance of enterprise bonds needs to be examined by PBOC; whereas for listed company corporate bonds, the central bank does not impose any other examination after CSRC approval, which is consistent with the issuance of A-shares and convertible bonds.

The issuance of listed company corporate bonds has increased dramatically. By the end of 2009, there were 67 listed company corporate bonds with a total outstanding value of RMB113bn. All of them were medium-term bonds with maturities ranging from 5 to 10-years, and almost half of the issuers were financial corporations .

(3) Short-term financing bonds (Commercial paper, CP). The Administrative Rules for short-term financing bills were published on May 23, 2005, which stimulated the recent growth of the bond market. Short-term financing bills have been issued in the interbank market since May 2005, which is regulated and supported by PBOC. Such institutional arrangement addresses the problem of the lengthy application process and the needed guarantee, and provides more flexibility to corporate bond issuance. Notwithstanding, issuance is restricted to non-financial corporations with very good credit ratings. Such short-term financing bills have to mature in no more than 365 days.

Given the ability to raise funds at rates lower than those offered on bank lending, major Chinese companies make active use of short-term financing bills, and many foreign companies also express a strong desire to use this financing tool. From 2005 to 2009, 1116 short-term financing bills were issued for a total of RMB1.6trn. By the end of 2009, the size of short-term financing bonds reached RMB456bn.

(4) Medium-term notes (MTNs). Central bank is only responsible for establishing development plan, adjusting development pace and directon. This product is self-regulated by the National Association of Finarcial Market Institional Investors (NAFMII). The system of its issurance is registration rather than administrative permission, thus it is much more market-driven. Following the successful issuance of CP, another innovative debt financing instrument whose birth was mainly guided by the central bank is the medium-term note. To offer some debenture variety of the financial market, PBOC launched MTN issues in April 2008. There were RMB75.5bn MTNs issued by 15 institutions, till their suspension in June 2008. The main reason for the suspension was reported to be inefficient coordination and management. Starting from 6 October, the National Association of Financial Market Institutional Investors——the self-regulatory and authorized registration entity of the debt-financing instruments-as allowed by the PBOC, resumed accepting registration applications of non-financial corporations for MTN issuance.

MTNs are also issued in the interbank market and share many CP features. MTN issuers are usually large listed companies, or enterprises focused on coal production, power generation, oil refining or transportation services. They are required to be legally registered non-financial institutions which are NAFMII corporate members and because they are usually in good standing, no bank guarantee is required. The CP and MTN markets have been the fastest growing segments in the past several years.

(5) SME collective notes . By the end of 2009, its market size was RMB 862bn and its transcation scale was as high as 7.6 times of its outstanding balance. The new launch of small and medium-sized enterprise (SME) collective notes in 2009 provided a tool to help solve SME financing problems. In November 2009, NAFMII issued The Practice Guidance of SME Collective Notes Issued by Non-Financial Corporate at the Interbank Bond Market. The practice guidance defines the collective note to be issued by two or more, but not exceeding 10, incorporated non-financial corporations, raising up to RMB200m each. By the end of 2009, four SME collective notes totaling RMB1.265bn had been issued in the interbank market . Unlike CP and MTN issuance, a bank guarantee is required, which is not necessarily easy to obtain. This may be the reason why the amount of issuance is far less than that of CP and MTNs.

(6) Convertible bonds. Convertible bonds (CBs) have become an important financing tool for Chinese listed companies. Being a hybrid security, convertible bonds follow different valuations from those of common shares and ordinary bonds. They can offer unique features such as low conversion premium, an annual reset of the conversion price and commercial bank-guaranteed payments. These features reflect the different objectives of the Chinese issuers as well as the unique character of China's stock market, making CBs interesting investment alternatives to Chinese stocks.

5.4.3 Challenges for China's Bond Market

The corporate segment remains the least developed bond market segment in China. The authorities have long acknowledged the importance of corporate bond market development to diminish the concentration of credit risk on the banking system and provide instruments needed by insurance companies and pension funds. Moreover, the authorities has made some progress in prompting corporate bond development. The decision in August 2007 to transfer authority over bond market issues by listed companies to the CSRC represents an important step in this direction. However, there are a number of reasons for the underdevelopment in bond markets in China lack of sound accounting/auditing system and high-quality bond-rating agencies is an important factor. Lack of a well constructed yield curve is another important factor in China. The deficiencies in the term structure of interest rates hamper the development of derivatives markets that enable firms and investors to manage risk, as well as the effectiveness of the government's macroeconomic policies. Therefore, it is important that China develop its bond markets in the future along with development of legal system and intermediaries.

5.5 Extended Learning

5.5.1 Questions and Consideration

(1) Please give a brief introduction about the reform of IPO price forming mechanism.

(2) The four Asset Management companies aiming for disposing of the non-performing loans transferred from the "four- big banks" are intended to last 10 years at its establishment. However, they still existed after 12 years. What are their functions now?

(3) It has been seriously debated whether China's "big-four-bank" should attract foreign strategic investors. The hot issue is whether the purchasing price is far below the market price. When China's Construction Bank sold its share at the price of less than 1.2 times of its equity, this issue has been greatly argued. What is your opinion?

(4) Many western banks have been seriously affected by the 2009 financial crisis, however, China's banks didn't get much loss during the crisis. Does it imply that China's banking sector has much stronger risk control capacity than that of western peers after years of reform?

(5) What is the "split share"? Does it exist in other countries' stock markets?

(6) Before China launched stock split reform in 2005, Chinese authorities had tried to deal with the problem on several occasions, particularly in 1999 and 2001, however, neither of them succeeded. Please explain the reasons for their failure and the success for 2005 reform.

(7) Please go to the website of China's central bank (http://www.pbc.gov.cn/) and China Banking Regulatory Commission (http://www.cbrc.gov.cn/) to search the data of four state-owned banks' market share in the past 10 yeas and analyses the causes for its decrease.

5.5.2 Case study

China Acts to Solve Provincial Debt Crisis

A mountain of debt is coming due and the principal is unpayable, so governments have agreed to extend maturities. That could be the description of a bail-out package for Greece. Instead, it is what China is doing to prevent scores of provinces and cities from defaulting on bank loans. Does that mean China is another Greece? Far from it.

For starters, China's economy will expand more than 8 percent this year, while the euro zone is confronting the likelihood of recession. And that sustained, high-speed growth will make it much easier for Chinese local governments to pay off debts over time.

More to the point, China's debt woes are very different from those of Europe or the US. In developed countries, the concern is the sheer amount of debt they have accumulated. The Chinese problem is less one of quantity and more one of structure: rather than issuing bonds, local governments have used opaque bank loans for funding.

"The problem is rooted in the national fiscal system," said Huang Haizhou, chief strategist at China International Capital Corp, the country's leading investment bank. "If a successful fiscal reform is implemented over the next three to five years by the new government, the problem will only be a temporary shock."

The flaws in China's fiscal system were savagely exposed during the global financial crisis when Beijing introduced a stimulus package that was largely implemented by local governments. Lacking sufficient funding and prohibited from borrowing money because of past excesses, provinces and cities created thousands of financing vehicles to get around the rules and raise capital.

They tapped state-owned banks which, encouraged by Beijing, were happy to oblige with enormous loans.

From relatively little debt at the start of 2008, local governments finished 2010 owing RMB 10.7tn ($ 1.7tn).

The national auditor has reported that more than a third of that debt will have matured by the end of this year.

"We are not talking about a cash flow problem. We are talking about a big cash shortfall problem," said Zhu Ning, deputy director of the Shanghai Advanced Institute of Finance. "Even though I think things will eventually work out, in this particular year it is very likely that a lot of the local government financing vehicles would default if something isn't done."

The government has drawn up general guidelines for banks, instructing them to review maturing loans to see which are supporting viable investments and can thus have their maturities safely extended.

In the meantime, China has embarked on landmark reform to avoid a repeat of the 2009-10 lending spree. Late last year a handful of provinces and cities were given permission to issue bonds, the first sold by local governments since the early 1990s.

The sums were small but the path is clear. "Five or 10 years from now, local governments will borrow very, very little from banks. Their debt structure will be almost entirely bonds," said Fan Jianping, chief economist of the state information centre.

Critics have pointed to dangers in the loan rollover plan. Repayment delays will hinder banks' lending abilities. Some bad loans will simply be prolonged instead of recognized. Problems will remain concealed.

Standard and Poor's has warned that the extension would be a "backward step" for the Chinese banking sector that could "shake investors' confidence".

But Mr Huang of CICC said such criticism missed the point. Calling in loans now for stimulus projects begun during the financial crisis would be the surest route to trouble. "A lot of the projects, if you just leave them 90 per cent finished, they are useless," he said. "The profitability can only be captured if you go the last mile."

Wen Jiabao, China's former premier, said pre-emptive measures were needed on the economy and "fine-tuning" of policies should start as early as the first quarter, Bloomberg has reported, citing China's state-owned Xinhua news agency.

"We have to make a proper judgment as early as possible when things happen and take quick action," Mr Wen was cited as saying. But China would not soften its introduction of real estate curbs that aim to bring home prices to a reasonable level, he added.

Sources: http: //www.ftchinese.com/story/001043126/ce, Feb 13, 2012.

Questions for discussion:

(1) Where does the provincial debt crisis come from? What is the effect for China's banking sector?

(2) Some authorities worried that provincial debt crises would make China's banking sector back to the starting point before the banking reform. What is your opinion?

(3) What is your suggestion for solving provincial debt crisis?

5.5.3 Expert View

Key to Reform China's Financial System

China has an underdeveloped banking system with relatively low-quality service, but the system might be blamed most for its lack of small- and medium-sized banks (SMBs) and regional capital markets.

Even during the ongoing global financial crisis, the Chinese State-owned banks have recorded excellent performance. But their mighty power to make huge profits is due to their monopoly roles and lack of competition from the SMBs. In sharp contrast with the figures of 7500 commercial banks, 886 loan-deposit associations, 400 mutual saving banks and 9900 credit unions in the US, China has only 18 main commercial banks and 110-odd city commercial banks. If SMBs come into being, they will be more inclined to offer loans to small- and medium-sized enterprises (SMEs), which will help ease the latter's long-time financial difficulties.

In recent years, China has achieved a savings rate exceeding 50 percent while the domestic investment ratio is only 42 percent. It's abnormal that savings amounting to 10 percent of the annual GDP are lying idle while so many SMEs remain mired in financial woes. However, such an imbalance can hardly be changed when the state-owned banking giants dominate the banking industry as their abundant capital can bring high returns by extending loans to big enterprises. Compared with the big banks, the SMBs will be more likely to grant SMEs loans, for though SMBs may have much less funds but are more flexible in operations that can stimulate SMEs' growth towards eventually fueling domestic investment and increasing job opportunities.

The vacuum of regional capital market is another serious deficiency. Each of China's provinces is almost as large as some countries in terms of population and area, but the country has only two stock markets - in Shanghai and Shenzhen - with altogether only 1500-plus listed companies. Even taking the initial Growth Enterprise Market into account, the capital market is not of a scale befitting the nation.

Furthermore, there is no bond market for enterprises, not to mention other forms of financing. The lack of regional capital market results in frequent illegal fund-raising incidents that disrupt the money market and cause the victims great losses. However, we need to see through those deceptions. They reflect the longing of a large number of private SMEs for huge investment, as well as dreams of the common people to achieve more with their idle money. If SMEs are allowed to enter the bond market, illegal fund-raising will naturally decrease while the common people can earn more with their money.

The financial market should not only play as an investment intermediary, but also serve as an important means of redistribution of the gains wrought by rapid economy growth. A reform of the financial system will help people gain more with their capital investment. When China's banking industry has already opened its doors to foreign banks, it's unfair to set up so many barriers for domestic private capital. It's true that promoting higher levels of private investment may bring more risks to the financial system. But it's also not right to throw the baby out with the bathwater. The correct choice is to build an effective regulatory system for monitoring the banking sector. In the 1990s, the regional capital markets made a great leap forward but failed eventually because of the absence of both matching laws and a supervisory system. Now it's urgent that China initiate a momentous structural adjustment to balance the economy. The government should not miss this precious opportunity to improve our banking system as it did in the 1990s.

Source: Yao Yang. Key to Reform China's Financial System [J]. China Daily, August 28, 2009.

5.5.4 On-Line study

Please go to the website of China's bond information (http: //www.chinabond.com.cn), check the structure of company's bond products in China bond markets during the past 10 years and analysis its potential.

Chapter 6 Reform and Development of Fiscal and Taxation System

[Main Contents]

This chapter discusses the whole process of China's fiscal and taxation reform, development of China's tax system and major adjustments of tax system in recent years. Firstly we review the process of China's fiscal and taxation reform on the basis of the introduction of fiscal decentralization theory, and then describe the development of China's tax system and major adjustments of tax system in recent years, and finally, we provide a summary of the experiences and challenges of reform of China's fiscal and taxation system.

[Key Points]

- have a general idea of the fiscal decentralization theory.
- roughly grasp the whole process of China's fiscal and taxation reform.
- understand the development of China's tax system, and grasp the main content of the tax reform in 1994.
- grasp the main content of VAT reform, consumption tax reform and income tax reform in recent years.
- understand the experiences of reform and development of fiscal and taxation system and the challenges China's fiscal and taxation reform need to face.

6.1 Fiscal Decentralization Theory

Fiscal Decentralization, also known as fiscal federalism, refers to the distribution of power between central government and local governments in one country's system of government. Local governments have been allocated certain tax powers and expenditure responsibilities range, can independently decide the size and structure of their budgetary expenditures.

Before the implementation of fiscal decentralization there should be a clear definition of the border between the public sector and private sector. In Musgrave's classic book "The Theory of Public Finance" published in 1959, financial functions were defined as economic stabilization, income redistribution and resource allocation. This is virtually the horizontal decentralization of government. On this basis, the theory of fiscal decentralization is mainly about the division of scope of functions of central government and local governments. According to the development of the theory, there are traditional theory of fiscal decentralization and second-generation theory of fiscal decentralization.

6.1.1 Traditional Theory of Fiscal Decentralization

The traditional theory of fiscal decentralization began in the 1950's, the basic of the theory can be called Arrow –Musgrave –Samuelson perspective, which is formulated by Samuelson, Musgrave and Arrow. According to this perspective, the main function of public sector should be market intervention. There is one underlying assumption, ie., government is the guardian of public interests, and will do everything possible to achieve the maximization of social welfare.①

In 1972, Wallace E. Oates proposed a straightforward decentralization theorem that formalizes the basic efficiency argument for the decentralized provision of certain kinds of public goods. It goes as follows:

For a public good–the consumption of which is defined over geographical subsets of the total population, and for which the costs of providing each level of output of the good in each jurisdiction are the same for the central or for the respective local government–it will always be more efficient (or at least as efficient) for local governments to provide the Pareto—efficient levels of output for their respective jurisdictions than for the central government to provide any specified and uniform level of output across all jurisdictions.

Furthurmore, as sometimes there are interjurisdictional spillover effects associated with the

① Wallace E.Oates. On the Theory and Practice of Fiscal Decentralization. IFIR working paper, 2006-05: 3-4.

good provided by a local government, i.e., the public good increases the welfare of the jurisdiction, also has the positive impact on the well-being of the resident with the similar preferences outside its border, this results in the insufficient provision of this kind of public good. The way of addressing this problem is through subsidies provided by central government to ensure the local government has enough incentive to provide the public good with externalities.

In short, under the traditional theory of fiscal decentralization, the key idea is that the local governments provide the local public goods inside the jurisdiction, the central government provide the public good across the country. And central government provides sufficient subsidies for local governments to ensure that the spillover effect would not diminish the provision of local public goods.

6.1.2 Second-generation Theory of Fiscal Decentralization

The government behavior from the AMS perspective of traditional theory of fiscal decentralization is assumed on the basis of maximization of social welfare, the purposes of decentralization between central government and local governments are to satisfy diversifying preferences of different social groups. But after adding the perspective of public choice theory, this assumption is obviously untenable. In real life, the governments behavior is often on the basis of budget maximization, not on the basis of maximization of social welfare, if the size of the government has not been given some limitation, government would expand their size by increasing the exploitation of social resources and eventually harm the social welfare. The way to limit the size of the government is through decentralization inside the whole government, to create a budget restrictive mechanism similar to market mechanism by the competition of intergovernmental competition. Therefore, second-generation theory of fiscal decentralization is also called "market-preserving federalism".

With the introduction of public choice perspective, there is new understanding of the relation between central government and local government. In traditional theory of fiscal decentralization, central government and local governments have the common goal, but have their own work. In second-generation theory of fiscal decentralization, governments at all levels have not been regarded as a whole. As the theory place more emphasis on the significance of information asymmetry, the relation between central government and local government are not static division of functions as envisioned in traditional theory of fiscal decentralization, but all types of principle-agent relationship. Under such circumstances, establishment of incentive mechanism will promote the maximization of social welfare.

In addition, compared with the three policy objectives in the traditional theory of fiscal decentralization, the second-generation theory of fiscal decentralization added the target of economic growth. In related research, on the one hand, economic growth as a short-term policy objective become the focus of the study, on the other hand, long-term significance of fiscal decentralization has received full attention considering the long-term sustainable economic growth.

6.2 Retrospect of China's Fiscal and Taxation Reform

Since the implementation of reform and opening-up policy in 1978, through several reforms, China has established its own fiscal and taxation system at a preliminary level which conforms the operation of the market economic mechanism and accords with the rules in the operation of the public finance.

6.2.1 Traditional fiscal and taxation system

For many reasons, from the founding of the People's Republic of China until 1978, China had gradually developed a highly centralized planned economic system in which central government dominated and directly allocated most social resources and products. Under this system, financial policy of central government and local governments were "unified revenue and expenditure", i.e., central government has the financial power, all revenues go to the central government, all expenditures need to be included in the budget, the expenditure of local governments need to get the approval of the central government, and there is one unified financial system.

Under such circumstances, local governments had no any financial autonomy. And public finance revenue were mainly from non-tax revenue, most of which were profits delivered by SOEs. Owing to the low-wage policy and the low-cost acquisition of agricultural products, state-owned industrial and commercial enterprises can obtain high profits, and most of the profits were required to be delivered to the government. From the perspective of expenditure, public expenditure was mainly used for cities, while limited expenditure on agriculture and farmers were provided mainly as subsidies to agricultural products.

6.2.2 Fifteen years in fiscal and taxation reform (1979-1994): Arduous exploration of reform orientation

Since the third plenary session of the 11th of the central committee of the CPC in 1978, China has ushered in a new historical period of reform and opening-up, and fiscal and tax reform have been the pioneer in the whole economic system reform. In order to solve the inherent problem that the state took excessive intervention in the enterprises and the local government, the fiscal and tax reform, which had begun in 1980, took "decentralization and interest concessions" as the breakthrough. i.e., in order to stimulate the reform enthusiasm of enterprises and local governments, central government releases some power of financial management and reduces government's share of national income in the hope of regulating the distribution relations between state and enterprises, central government and local governments.

The reform focused primarily on two aspects, one was replacement of profit by tax for SOEs, the other was financial management reform between central government and local governments.

6.2.2.1 Replacement of profit by tax

The core of this reform was requiring SOEs to pay taxes to the State instead of submitting their profits to the State. This reform took two steps.

After full discussion and pilot work in some areas, the State implemented the first step of turning profits into tax since 1983. This step was allowing "the coexistence of tax and profit" which meant that most of the small state-owned enterprises took full responsibility for their own profits and losses after paying income tax to the State and that the big and medium-sized state-owned enterprises adopted various measures to deliver the profits after the tax to the State.

In order to realize pure replacement of profit by tax, the second step was implemented in the fourth quarter of 1984. The second step was changing "the coexistence of tax and profit" into "tax replacing profit" . The main measures of this step were that state-owned enterprises submitted fiscal revenue to the State according to 11 kinds of taxes and could use the profit after tax independently. And during this process, the State also released a series of policies to stimulate the state-owned enterprises to improve their management and increase their revenue.

6.2.2.2 Financial management system reform

Financial management system refers to the basic system of revenue distribution relations between central government and local governments. In 1980, the State implemented "fiscal system with division of revenue and expenditure between the central and local governments and with contracts at different levels" , which meant that define the scope of revenue and expenditure between central government and local governments according to the economic system and affiliation of enterprises. The contract of the determination of local revenues and expenditure was based on the 1979 budget after appropriate adjustment. After implementation of this method, the expenditure of local governments was no longer determined by the central government but determined by themselves within the designated scope of revenue and expenditure. In this way, the local governments had a certain degree of financial autonomy.

After the completion of replacement of profit by tax of state-owned enterprises, the financial management system reform turned into "separate categories of taxes, designated scope of revenue and expenditure and responsibility of contracts at various levels" in 1985, whose content was redistributing central and local fiscal revenues and dividing the state fiscal revenue into central financial regular income, local financial regular income and shared income between central government and local government. In early practice, as certain categories of local taxes were not yet established, the State decided to carry out the policy of "sharing in the total revenue on the basis of separate categories of taxes" which added local financial regular income to shared income between central government and local governments, and established a close ties with local expenditure.

But there were some flaws at this phase of the reform, for example, the enthusiasm of levying taxes in developing provinces couldn't be stimulated. As a result, in 1988 the State decided to carry out different system of contract between central government and local governments which adopted the method of "contract system based on progressively increased revenues, sharing in the total revenue, sharing in both the total revenue and increased revenue, levied taxes based on progressively increased revenues, quota of levied taxes and quota subsidies".

Among these, "contract system based on progressively increased revenues" took accounts of revenue and expenditure and the deserved expenditure of local government in1987 as the cardinal number to determine the growth rate of local revenue and the ratio between retention and levy in the light of expenditure growth in the previous year. The provinces adopting this method were 10 provinces, including Beijing. "Sharing in the total revenue" checked the cardinal number of revenue and expenditure according to financial revenue and expenditure in the previous two years and determined ratio between retention and levy to the State based on the proportion that local expenditure occupied in the total revenue. The provinces adopting this method were 3 provinces, including Tianjin. "Sharing in both the total revenue and increased revenue" was a method which combined the increased expenditure over the previous years with the shared proportion on the basis of "sharing in the total revenue". There were several cities specifically designated in the state plan including Dalian adopting this method. "Levied taxes based on progressively increased revenues" referred to increasing levied taxes in fixed proportion every year with regard to the cardinal number of levied taxes in 1987. Guangdong province and Hunan province adopted this method. "Quota of levied taxes" determined the fixed amount of levied tax according to the amount that revenue outweighed expenditure. Three provinces including Shanghai adopted this method. "Quota subsidies" referred to the fixed amount of subsidies allocated by the State to the local governments based on their amount expenditure outweighed revenue. There were 16 provinces adopting this method.

Financial management system reform in the first fifteen years took "decentralization and interest concession" as the main goal, highly stimulated the reform enthusiasm of all of independent economic entities. However, there were still some problems. The frequently changed financial management reform, the coexistence of various system and one-to-one negotiation mechanism between central government and local governments didn't conduce to the formation of a standard, fair and transparent system. And theses factors resulted in the imbalance between central revenue and local revenue and the inadequate financially regulatory capacity of the local government.

6.2.3 Tax reform in 1994: Establishment of financial management system in conformity with the socialist market economy

In October 1992, the fourteenth National Congress of the Communist Party of China defined the goal of reform as the establishment of socialist market economy system, so the goal of the fiscal and taxation reform was the establishment of fiscal operation mode in conformity with the socialist market economy.

After thorough enquiries and discussions, the State Council released "Decision on Adoption of Revenue-sharing System" in December 1993 which stipulated that the new fiscal management system would be adopted from 1994. To ensure a harmonious reform, revenue-sharing management system made adjustment of fiscal revenue growth on the premise that the basic pattern of local payment and central subsidies which were set under the original contract system based on responsibility, remained basically unchanged. The main content can be expressed as "three divisions and one return":

6.2.3.1 Division of tax revenue of central government and local governments

The State rationally divided the revenue of central government and local governments according to the principle of unified administrative and financial powers. According to the tax setup in 1994 tax reform, the State defined the tax which was needed for protecting State's interests and implementing macro-economic regulation as "central tax", defined the tax which was directly related to economic development as "shared tax between central and local government", and defined the tax which was suitable to be collected and managed by local government as "local tax".

According to this division, central government regular tax and other revenue include customs duty, consumption and value-added tax levied by the Customs, consumption tax, income tax of central enterprises, income tax of local banks, foreign banks and non-bank financial enterprises, revenue paid by the Ministry of Railways, head offices of all banks and all insurance companies (including business tax, income tax, profit and city maintenance and construction tax) and profits delivered by central enterprises.

Local government regular tax and revenue include business tax (except those from Ministry of Railways, head offices of all banks and all insurance companies), income tax of local enterprises (except those from local banks, foreign banks and non-bank financial enterprises), profits delivered by local enterprises, individual income tax and some other taxes or revenues. Shared tax between central and local government include value-added tax (central government share 75% and local government share 25%) and resource tax (central government have the tax on ocean petroleum resources, local government have the other resource taxes) and securities dealing tax (at that time stipulated that central government and local government have the 50% of this tax respectively).

6.2.3.2 Division of the expense articles of central government and local government

The State divided the expense articles of financial departments at all levels according to the administration of central government and local governments. The central government was mainly responsible for the appropriation for expenditure of national security, diplomacy and operation of central government organs, expenditure of adjusting national economic structure, coordinating regional economic development and implementing macro-economic regulation as well as the development expenditure of enterprises and institutions under the jurisdiction of the central government. And local governments were mainly responsible for appropriation for expenditure of the operation of local government organs as well as the expenditure needed in the development of their region.

6.2.3.3 Establishment of two tax institutions

There was only one tax institution before the year of 1993, central government tax was rely mainly on the local tax authorities on behalf of the central tax authority. This method brought a lot of drawbacks, so matched with the division of revenues, the State established two special tax institutions for the central and local governments and collect respective taxes. State Administration of Taxation was in charge of collecting central fixed income and shared income. Local Taxation Bureau was in charge of collecting local fixed income.

6.2.3.4 Tax revenue return

In order to promote the reform of financial management system, the State accepted the situation that tax revenue return was provided and further confirmed the amount of tax revenue return in different provinces. Taking 1993 as the base year, the amount of tax revenue return from central finance to local finance was determined by local real income in 1993 as well as the result of tax reform and the division of central income and local income. The total amount of income that the central government exacted from the local government in 1993 was determined as the cardinal number of tax revenue return from central finance to local finance. After 1994, tax revenue refund from central finance to local finance has been increasing year by year on the base of 1993, the increasing rate of which was affirmed according to the ratio of 1 : 0.3 with average increasing rate of VAT and consumption tax in the region. That meant when the above two taxes increased by 1%, tax return from central finance to local finance increased by 0.3%.

All in all, the revenue-sharing reform in 1994 established the basic framework for fiscal management system and rationalized the distribution relations between central government and local governments, the State and enterprises.

6.2.4 Establishment of public finance framework

The term "Public Finance Framework" was put forward in 1998. It was claimed that a new public administrative order of transparency and accountability was the central theme of the "Public Finance Framework". It consists of a carefully designed package of reforms aimed at establishing a public financial management style, suitable for China's socialist market economy.

And since 1998, China has achieved substantial progress in building its public financial system. Achievements include the implementation of the policy of the departmental budget, as well as the "county government administrating township finance" and "provincial government directly managing county finances" formula. All these, together with the establishment of the financial performance appraisal system, have laid a solid foundation for the country's public finance reforms in the future.

6.3 Development of China's Tax System

As one of the important economic tools, taxes have been playing a key role in fiscal system of one country. Since the establishment of the People's Republic of China in 1949, China's tax system experienced two stages of reform.

6.3.1 Before the reform and opening up policy (1949 –1978): Establishment and development of tax system

From the establishment of the People's Republic of China to the introduction of reform and opening up policy at the end of 1978, the establishment and development of China's tax system traveled a bumpy road.

After the foundation of new China, on January 30, 1950, the central government established a new tax system which specified 14 kinds of taxes to be levied across the country. The taxes were goods tax, industrial and commercial sector tax, salt tax, customs duty, salary income tax, saving interest income tax, stamp tax, inheritance tax, transaction tax, slaughter tax, house property tax, land property tax, special consumption tax and license use tax. There were other taxes such as agriculture tax which were to be levied after the local government got approval from the government at a higher level.

During the 29 years, China's tax system underwent three important reforms. In 1953, to adapt to the changed economic situation, the first tax reform was conducted to the tax system, the main content of which was levying commodity circulation tax on a trial basis. The 1958 tax reform was the second large-scale tax reform since the establishment of China's tax system. It was aimed at simplifying the industrial and commercial tax system through the adoption of industrial and commercial consolidated taxes on a trial basis. In 1973, China began the third large-scale tax reform since the foundation of new China, focusing on simplifying further the industrial and commercial tax system. By that time, there were seven taxes in China, namely, industrial and commercial tax, industrial and commercial income tax, urban realty tax, vehicle and vessel plate usage tax, slaughter tax, industrial and commercial consolidated tax and market transaction tax. Other taxes were the agriculture tax, animal husbandry tax, deed tax, customs duty and the vessel tonnage tax.

In summary, during more than 20 years before implementing the reform and opening up policy, through several reforms, the tax system became more and more simplified and the types of taxes became less and less which resulted in the decline in the role of taxation in China's economic development and social life, and also hampered the exertion of function of tax.

6.3.2 After the reform and opening up policy in 1979: the reform and improvement of the tax system

China's tax system has entered the stage of reform and improvement since the implementation of reform and opening-up policy in 1979. This stage can be divided into two periods: before the tax refom of 1994 and after the tax reform of 1994.

6.3.2.1 Before the tax reform of 1994

After the third plenary session of the 11th of the central committee of the CPC in 1978, to adapt to the development of economic reform, the tax and financial departments summarized the experience and lessons from previous tax reform and put forward a series of new measures of tax reform. From September 1980 to December 1981, the 5th National People's Congress passed and promulgated the Income Tax Law on Enterprises with Sino-Foreign Investment, Individual Income Tax Law, Income Tax Law on Foreign Enterprises. At the same time, the State Council declared that the Industrial and Commercial Consolidated Tax, Urban Realty Tax and Vehicle and Vessel Plate Usage Tax would be imposed on Sino-foreign joint ventures, foreign enterprises, and foreigners. Under such circumstances, a formal foreign tax system was set up.

In 1983, the State Council began implementing a tax on the profit of SOEs. And with the boost of reform of replacement of remitting profits by tax, the State Council instituted the industrial and commercial tax system reform from October 1984, promulgating the administrative regulations on levying the State-Owned Enterprise Income Tax, State-owned Enterprise Regulation Tax, Product Tax, Value-Added Tax, Business Tax, Salt Tax, and Resource Tax.

Later on, the State Council successively promulgated the administrative regulations for levying the Collective Enterprise Income Tax; Private Enterprise Income Tax; Individual Industrial and Commercial Household Income Tax, Individual Income Regulation Tax, State-Owned Enterprise Bonus tax (promulgated in 1984 and revised in1985), Collective Enterprise Bonus Tax, Institutional Unit Bonus Tax, State-Owned Enterprise Wage Regulation Tax, House Property Tax, City and Township Land Use Tax, Farmland Occupation Tax, Vehicle and Vessel Usage Tax, Stamp Tax, City Maintenance and Construction Tax, Fixed Asset Investment Orientation Regulation Tax (developed from the Construction Tax levied in 1983), Banquet Tax and the Special Consumption Tax.

Over the years in 1978~1991, with the development of the economy and the deepening of the reform, huge strides were made in the reform of industrial and commercial tax system. By the time, a new tax system with different internal and external treatment was established, with turnover tax and income tax as its core.

Up to the end of 1993, there were 37 types of taxes under the industrial and commercial tax system of China, namely, Product Tax, VAT, Salt Tax, Special Consumption Tax, Special Fuel Oil tax, Business Tax, Unified Industrial and Commercial Tax, Customs Duty, State Enterprise Income Tax, State Enterprise Regulation Tax, Collective Enterprise Income Tax, Private Enterprise Income Tax, Foreign Investment and Foreign Enterprise Income Tax, Individual Income Tax, City and Countryside Individual Industrial and Commercial Household Income Tax, Individual Income Regulation Tax, State Enterprise Bonus Tax, Collective Enterprise Bonus Tax, Institutional Unit Bonus Tax, State Enterprise Wage Regulation Tax, House Property Tax, Urban real estate tax, City and Township Land Use Tax, Farmland Occupation Tax, Contract Tax, Resource Tax, Vehicle and Vessel Usage Tax, Vehicle and vessel usage license plate tax, Stamp Tax, City Maintenance and Construction Tax, Fixed Asset Investment Orientation Regulation Tax, Slaughter Tax, Banquet Tax, Livestock Trade Tax, Open Fair Transaction Tax, Agricultural Tax, Animal Husbandry Tax.

6.3.2.2 Tax Reforms of 1994

With the deepening of economic reform, there was urgent need to further reform for the fiscal and taxation system. In August and September of 1993, the Standing Committee of the State Council and the Standing Committee of the Political Bureau of the CPC discussed and approved the schemes for industrial and commercial tax reform. By the end of the year, relevant laws and administrative regulations were promulgated to take effect in 1994.

The tax system reform beginning from 1994 taking "unification of the tax law, fair tax price, simplification of tax system and rationalization of decentralization" as the guiding ideology, this round of taxation reform established standard and integrated complex tax system, which accorded with the demand of socialist market economy. This newly–established tax system took turnover tax and income tax as the mainstay which was supplemented by some other tax types.

The industrial and commercial tax reform of 1994 achieved the following objectives:

(1) Establishing a turnover tax system with VAT as the core and supplemented by Consumption tax and Business Tax.

(2) Reforming the enterprise income system by integrating the original multi–income taxes on State–owned enterprises, collective enterprises and private enterprises into the Enterprise Income Tax.

(3) Reforming the individual income tax by merging the old Individual Income Tax on Foreigners, Individual Income Regulation Tax on Chinese, and the Income Tax on Individual Households into the Individual Income Tax.

(4) Modifying the Resource Tax, Special Purpose Tax, Property Tax, Behavior Tax,

implementing the Land Appreciation Tax, abolishing the Salt Tax, Bonus Tax and Market Transaction Tax, decentralizing the Slaughter tax and Banquet Tax to the provincial governments, and adopting the Inheritance Tax and Securities Exchange Tax.

After 1994 tax reform, the taxes levied have decreased to 23 types, which can be grouped into seven main categories according to their nature and function, as table 6-1 shows.

Table 6-1 Categories of taxes in China after 1994 tax reform

Categories	Taxes
Turnover taxes	Value-added tax, Consumption tax, Business tax, Customs duty
Income taxes	Enterprise income tax, Income tax on enterprises with foreign investment and foreign enterprises, Individual income tax, Agricultural Tax
Resource taxes	Resource tax, Urban and township land use tax
Property taxes	House property tax, Urban real estate tax
Tax for special purposes	City Maintenance and Construction Tax, Farmland occupation tax, Fixed Asset Investment Orientation Regulation Tax, Land appreciation tax
Behavior taxes	Vehicle and Vessel Usage Tax, Vehicle and vessel usage license plate tax, Vessel tonnage tax, Stamp tax, Contract tax, Slaughter Tax, Banquet Tax

The tax reform of 1994 was the largest reform in scale, the most comprehensive in scope, and the most complete since the foundation of the People's Republic of China. The reform schemes were gradually formed based on the practice of reform and opening-up of 1979, after many years of theoretical study and practical exploration and learning the successful experiences of other countries. Through this tax reform and subsequent improvement, China has basically set up a tax system that meets the needs of socialist market economy. This tax system plays a vital role in ensuring fiscal revenue, strengthening macroeconomic regulation, deepening the reform, expanding the opening-up and promoting the development of national economy and the whole society.

6.3.2.3 Tax reform after 1994: Adjustments of some taxes

The tax refom of 1994 determined the basic pattern of China's tax system. During the next ten years, the government Took the following steps: adapting to some further adjustmerts of some taxes including the abolition of agricultural tax, the improvement of the commodity tax system and the improvement of the income tax system.

(1) Advance the tax reform in rural areas. In 2005, Standing Committee of National People's Congress decided to abolish the Agricultural Tax from 2006. And in the same year, Animal Husbandry Tax, Slaughter Tax and Special Agricultural Products Tax except for tobacco leaf were abolished. In these steps, the abolition of Agricultural tax-China's most ancient tax category, has a far-reaching effect on the China's taxation system.

(2) Improve the commodity tax system. In 2001, China started to levy Vehicle Purchasing Tax. In 2003, the State Council promulgated new regulation on import and export duties which

come into force form 2004. In 2008, the State Council revised the regulation on Value-added tax and Business Tax, made some adjustments for the taxation of the taxes.

(3) Improve the income tax system. From 2005 to 2007, National People's Congress Standing Committee made three amendments to Individual Income Tax Law. And the new Enterprise Income Tax was enacted on March 2007 to unify the income tax levied on domestic and foreign enterprises.

(4) Improve the property tax system. Since 2007, the State Council unified the Vehicle and vessel usage license plate tax and the Vehicle and Vessel Usage Tax. Also Land Use Tax in Cities and Towns and Farmland occupation tax had been modified to levy uniformly on domestic and foreign enterprises. And from 2009, Urban real estate tax were abolished, foreign-funded enterprises, foreign enterprises and organizations and foreign individuals should pay the real estate tax according to Interim Regulations of the People's Republic of China on Real Estate Tax.

6.4 Major Adjustments of Tax System in Recent Years

In recent years, the government has made some importart reforms to solve the problems exposed in the original tax system, in which the most importart reforms are value-added tax (VAT) reform, consumption tax reform and income tax reform.

6.4.1 VAT reform

Value-added tax has been the main source of fiscal revenue for the government of China. In 2008, revenue collected from VAT totaled 1799.694 billion yuan, accounting for 33.2% of the country's total tax revenue, which is the largest single source of tax revenue.

The main content of this reform involve a shift from a production-based VAT regime to a consumption-based one practiced in most countries. The original regulation of the People's Republic of China on Value-Added Tax was promulgated by the State Council on December 1993 and became effective on January 1, 1994. Since 1994, the "Production-based VAT" regime has been implemented in China, under which system, the input VAT included in the purchase price of fixed assets is not creditable against output VAT when calculating VAT payable. As fixed assets purchased, including machinery, transportation tools, and other equipment, belonged to items disallowed for input tax credits, there were double taxation on the fixed assets, which increased the government's tax revenue, but on the other hand, also was not conducive to encouraging investment.

On November 10, 2008, the State Council promulgated the revised " Tentative

Regulations on Value-added Tax of the People's Republic of China" which leads to a full-scale value-added tax reform in China. From January 1, 2009, Mainland China will fully introduce the "Consumption-based VAT" regime, and similar pilot policies have been implemented in Northeast and Central Region of Mainland China. Under the "Consumption Type VAT" regime, input VAT included in the purchase price of fixed assets is allowed to be credited against output VAT when calculating VAT payable. The new regime would cut the tax burden on enterprises and help encourage technological upgrading at Chinese companies.

6.4.2 Consumption tax reform

Consumption tax was first introduced in China in 1994 during a reform of indirect tax. This tax is a type of turnover tax, which takes the turnover of the consumer goods as the object of taxation. According to 1994 taxation system, taxable items were 11 types of consumer goods, include tobacco, alcoholic drinks and alcohol, cosmetics, skin-care and hair-care products, jewelry and precious stones, firecrackers and fireworks, gasoline, diesel oil, motor vehicle tires, motorcycles and motor cars. The purpose of this tax was to the excessive production and consumption of luxury products, affected mainly the producers and end-users of selected consumer goods.

As time goes by, the consumption tax regime has been fine tuned several times in terms of tax rates for some taxable items, such as cigarettes, beer, gasoline, and skin care products. However, the consumption tax regime was still perceived to have been weakened over time as a tool of macroeconomic regulation and control. There were some issues with original consumption tax system. Firstly, the scope of taxable items has not been updated to include certain emerging luxury goods. Secondly, due to shifting consumer affluence and demographics, some consumer goods subject to consumption tax now are no longer regarded as luxury products. Thirdly, consumption tax has yet to fulfill its potential as a fiscal instrument of energy conservation or environmental protection.

With a view to meeting the requirements for social and economic development, promoting the fulfillment of social equality, and perfecting the consumption tax system, the Chinese government "the Notice of Ministry of Finance and State Administration of Taxation on Adjusting and Perfecting Consumption Tax Policies" in 2006, which have made adjustments to the tax items, tax rates, and the related consumption tax policies. After the adjustments, taxable items and tax rates have been made some changes.

The key changes to consumption tax include:

(1) A new category "refined oil products" (oil based products) has been introduced to cover the original categories of "gasoline" and "diesel oil" as well as the newer categories of naphtha, solvent oil, lubricant oil, fuel oil and aviation kerosene.

(2) The category "motor cars" is reclassified into two groups: "passenger cars" and "commercial vehicles". For passenger cars, the previous three levels of tax rates—3%, 5%,

8%——have been replaced by six levels of tax rates ranging from 3% to 20%, with the highest rate being applicable to motor cars with a cylinder capacity of more than 4 litres. Commercial vehicles are subject to a single rate of 5% instead of the two tax rates of 3% and 5% as used previously.

(3) Wooden floor panels, disposable wooden chopsticks, luxury watches, yachts and golf balls and clubs are included as new taxable consumer goods. Wooden floor panels and disposable chopsticks are now subject to consumption tax at 5%.

(4) The "skin-care and hair-care products" category has been removed from taxable consumer goods, while top-grade products previously under this category have been reclassified as "cosmetics" and carry a tax rate of 30% for now.

(5) The tax rate for motorcycles is changed from the previous 10% to 3% for motorcycle with cylinder capacity of 250ml or less and 10% for all others.

(6) The tax rate of motor vehicle tyres is reduced from 10% to 3%. Meridian tyres are still be exempt from consumption tax.

(7) The fixed tax rates for liquor made from cereals and potatoes—previously 25% and 15% respectively——are both changed to 20%.

6.4.3 Income tax reform

Income tax reform includes the reform of enterprise income tax and the reform of individual income tax. After the reform, the income tax systems for domestic and foreign enterprises are unified, and individual income taxes are standardized.

6.4.3.1 Unified enterprise income tax

Income taxes are levied on the basis of the profits gained by producers or dealers, or the income earned by individuals. Prior to 2008, income taxes in China included Enterprise Income Tax, Foreign Investment Enterprise and Foreign Enterprise Income Tax, and Individual Income Tax. As China had separate legislation of income tax for domestic and foreign enterprises, domestic enterprises paid enterprise income tax according to Provisional Regulations of the People's Republic of China on Enterprise Income Tax enacted in 1993, while their foreign counterparts paid Foreign Investment Enterprise and Foreign Enterprise Income Tax according to Income Tax Law of the People's Republic of China on Enterprises with Foreign Investment and Foreign Enterprises enacted in 1991.

China's dual corporate income-tax structures had long been the subject of intense debate. According in order to the structure, Domestic companies income tax at a nominal rate of 33 percent, while, in order to encourage investment in China, their foreign counterparts——who benefit from tax waivers and incentives——paid an average of 15 percent. In fact, when all kinds of tax breaks and incentives were taken into account at both national and local level, domestic companies pay around 24 percent and overseas-funded businesses paid 14 percent. Under such circumstances, overseas companies obviously enjoyed a lower tax burden, therefore, many Chinese economists, government officials and business leaders had openly criticized the tax policies as being unfair to domestic businesses, and offering competitive advantages to foreign-invested enterprises.

After years of criticism, the new Enterprise Income Tax Law of the People's Republic of China has been enacted to replace the above-said two tax laws from 1 January 2008. The new tax law has unified income tax rates for domestic and foreign companies at 25 percent, which compares favorably with other countries and regions and with international rates. According to this law, income tax for small businesses with low profits are limited to 20 percent. Prior to 2008, small businesses paid either 18 percent or 27 percent, depending on what region and what industry they were active in.

And the new tax law also authorizes domestic companies to deduct employees' full salaries from taxable income as foreign companies do. Up until 2007, domestic companies could only deduct a maximum of 1600 yuan (200 U.S. dollars) per person. This measure is helpful for putting domestic businesses on an equal footing with their foreign counterparts.

As the tax system before the reform is too complicated, and also many people believe that it handicapped domestic players who had been facing tougher competition since China joined the World Trade Organization in 2001, a unified tax code is helpful for creating a taxation environment that favors fair competition among all ventures registered in China.

6.4.3.2 Adjustment of individual income tax

The earliest China's individual income tax law can be traced back to the year of 1980, but due to the stipulated high tax exemption threshold compared to the low wages of domestic citizens at that time, most of the domestic citizens were not within the scope of the taxation. After that China successively introduced City and Countryside Individual Industrial and Commercial Household Income Tax and Individual Income Regulation Tax on domestic citizens. The unified individual income tax system was not established in China until the State Council promulgated the new individual income tax law in 1994.

Since then the authorities had several amendments to the individual income tax law, among which the latest amendment is the raise of the tax exemption threshold in 2011. In June 2011, the National People's Congress Standing Committee adopted an amendment to the individual income tax law, raising the monthly tax exemption threshold from 2000 yuan (307.7 U.S. dollars) to 3500 yuan (538.5 U.S. dollars). And according to the amendment, the nine progressive tax brackets have been reduced to seven brackets, in which 15% and 40% brackets are eliminated and the minimum tax rate reduced from 5% to 3%.

Besides 2011 amendment, there were already two adjustments to the individual income tax exemption threshold. The adjustment for the first time happened in 2006, which raised the monthly tax exemption threshold from original 800 yuan to 1600 yuan. While the adjustment for the second time was in 2008, which give the monthly individual income tax exemption threshold another raise to 2000 yuan.

6.5 The Experiences and Challenges of Reform of China's Fiscal and Taxation System

China's fiscal and taxation system reform undergoes a series of processes since the implementation of reform and opening-up policy. Though all introduced major reform measures have been adapted to the prevailing domestic and international economic envirorment, there are still some experiences to be summed up in the reform of China's fiscal and taxation system, and the future reform inevitably face new challenges.

6.5.1 The basic experiences of reform and development of fiscal and taxation system①

6.5.1.1 The changes of financial functions must be synchronized with the changes of responsibilities of the government

The overall rationing system before 1994 defines the scope of revenue and expenditure between central government and local government, and finances of local government was determined by themselves within the designated scope of revenue and expenditure. During that period, governments functioning at all levels were not clearly defined, and revenues and responsibilities of governments at all levels were also not clearly defined. But revenue-sharing reform in 1994 changed the traditional idea of "decentralization and interest concessions", divided the revenue of central government and local governments according to the taxes on the basis of rough division of their respective responsibilities of central government and local governments. So 1994 reform marks a crucial step forward of fiscal system reform. However, due to government institutional reform lag and inadequate division of government functions, deepening of revenue-sharing reform ran into obstacles. Therefore, in the reform process of fiscal system, clearly defining the border between government and market, coordinating the change of financial functions with the change of government responsibilities are most important.

6.5.1.2 Fiscal and taxation system reform must be combined with the actual situation of the country, and be pushed forward gradually

For the purpose of respecting the interests of all parties and reducing the resistance to reform, the reform in China can only take gradually advanced way. For instance, in reform exploration period, the idea of "decentralization and interest concessions" was helpful for breaking the shackles resulting from the planned economy, introducing competition and

① Zou Donytao. Report on China's Economic Development and Institutional Reform. China: 30 Years of Reform and Opening-up (1978-2008). Social Sciences Academic Press, 2008.

incentive mechanism and strengthening the economic vitality. Under such circumstances, the pent-up creativity was released instantly, and China's economy created the miracle of rapid development.

6.5.1.3 The reform must strengthen the macro-control capacity of the government finance

In market economy, market should play the fundamental role in resource allocation and the purpose of government activities should be making up market failure. The fact proves that appropriate relationship between market and government produces good results of two-way coordination of policy function and market function. But one of the important reasons of strengthening macro-control capacity for China lies in the complexity and arduousness of reform. The reform is a process of redistributing the interests, so the government has to assume the initial cost of reform before creating new interests. And building a well-off society in an all-round way, constructing a harmonious society and solving the social justice issues all need the government's financial support. In addition, uncertainty brought by economic globalization is also one important reason for strengthening financial macro-control. In short, from the perspective of reform, development and stability, strengthening macro-control backed by strong government financial strength is an important measure of promoting the reform.

6.5.1.4 Fiscal system reform should be advanced harmoniously with the reform of state-owned enterprise, financial system and investment system

Constructing socialist market economy system is not a single reform of fiscal system, need harmoniously advance the reform of state-owned enterprise, financial system and investment system. During the advancement of fiscal and taxation system, the premise of straightening out the distribution relation between government and state-owned enterprise is synchronous advancement of state-owned enterprise reform whose purpose is constructing state-owned enterprise operating entity running independently, assuming sole responsibility for profits and losses, and the State own the management rights according to capital contribution in state-owned enterprise. Unsound financial function and macro-control function vacancy not only limit the implementation of fiscal policy, but also have impact on the monetary policy, and further influence the coordination of the fiscal policy and monetary policy.

6.5.2 Challenges China's fiscal and taxation reform need to face

Fiscal and taxation system reform is a lengthy process and there are many challenges need to face. For example, resource tax reform and deepening of VAT reform inevitably will have impact on the fiscal revenue and economic growth.

6.5.2.1 Challenge from resource tax reform

In order to adapt to the economic growth, China's tax system still need to be further reformed. After a 5% experimental resource tax was introduced in the province of Xinjiang in July 2010 and later was extended to other 11 provinces, China has expanded the resource tax on oil and natural gas sales to the entire country from November 2011. Prior to this amendment, crude oil and natural gas were taxed based on their production volume, at RMB 8 yuan~RMB30 yuan for each ton of crude oil and RMB2 yuan~RMB15 yuan for every cubic kilometer of natural gas, now they are taxed based on their sales value at a rate ranging between 5 percent and 10 percent.

According to the amended provisions, taxes on coal and non-ferrous metal ore still remain volume-based with tax rates on coking coal and rare earth ores increasing. Coking coal are taxed at a rate of RMB8 to RMB20 per ton, while tax rates on other types of coal remain the same at RMB0.3 to RMB5 per ton. Tax rates on rare earth ores stand between RMB0.4 and RMB60 per ton, compared to the lower rates on other types of non-ferrous metal ores, which range between RMB 0.4 and RMB30 per ton.

This reform is for the purpose of resource conservation, reduction of nation's dependency on resources and environmental damage. And also it helps boost local government revenue to develop inland provinces. But in fact, it is still uncertain weather this resource tax reform nationwide can achieve the objectives and also this reform may cause many problems. For example, with regard to the direct influence, obviously this reform will largely increase oil companies' tax burdens, especially when energy and commodity prices have been surging. According to Moody's senior analyst Kai Hu, an extended resource tax could cost China's top three oil companies a combined RMB44 billion a year. And also there are other challenges, such as when to extend the sales value-based resource taxes to other types of resource products and weather such a reform will cause economic fluctuations.

6.5.2.2 Challenge from deepening of VAT reform

Deepening of VAT reform has been brewed and discussed in China since 1994 tax reform. Finally a decision was reached at a State Council Executive Meeting held on October 26, 2011 to commence a pilot project within Shanghai Municipality for the deepening of VAT reform. In order to resolve the issue of duplicate taxation on goods and provision of labor services, improve the tax collection system, and support the development of the modern service industry——the pilot project for the deepening of VAT reform will be implemented in certain regions and sectors starting from January 1, 2012.

The pilot project will first commence in the transport sector and certain modern service sectors in the Shanghai Municipality. Industries within these areas in which business tax currently applies will gradually be replaced with the imposition of VAT. And in addition to the existing VAT rate of 17 percent and the low rate of 13 percent, the pilot project will incorporate two additional low tax rates of 11 percent and 6 percent.

As it is certain that the deepening of VAT reform is helpful for resolving the issue of dual taxation and supporting the development of the modern service industry, so when conditions mature, such reform should be extended nationwide in the long run, but this reform will necessarily have the influence on the allocation of revenue between the local government and the central government. In the pilot project of Shanghai, it is clearly stated that the revenue generated from VAT on such services will entirely be allocated to the local government which originally collect business tax on the same services. But in fact, under the current tax system, VAT is one of the shared taxes, 75 percent of VAT revenue should belong to the central government and the revenue collecting from the current business tax is allocated to the local governments, so if this reform is extended to nationwide, the revenue of the local governments will shrink, then the relationship of revenue distribution between the central government and the local governments will need to be re coordinated.

There are also some other challenges. The major reform (a tax sharing system) implemented in 1994 shifted a large share of fiscal revenues from local governments to the central government, but did not substantially reassign expenditure responsibilities back to the center. Following the 1994 reform, local governments had 46 percent of revenues but responsibility for 77 percent of public expenditures①. This revenue shortfall motivated local governments to exploit new sources, and revenue from the conversion of land from rural to urban use has been one of the most important extra-budgetary sources. Conversion involves compensating farmers for their land based on its agricultural use value, and then converting the land to urban use and selling it for development at a much higher value. The difference in land values accrues to the local government. In the long run, the land finance does not conduce to the sound and steady development of China's economy.

Furthermore, China's audit of local government debt found liabilities of 10.7 trillion yuan ($ 1.7 trillion) at the end of the year of 2010 and warned of repayment risks, including a over reliance on land sales. How to deal with these problems in the future would be the challenges the authorities have to face.

① Man, Joyce Yanyun and Yu-Hung Hong. China's Local Public Finance in Transition. Lincoln Institute of Land Policy, 2010.

6.6 Extended Learning

6.6.1 Questions and consideration

(1) What are the characteristic of China's traditional fiscal and taxation system?

(2) Why was the reform of replacement of profit by tax implemented in 1983? How was this reform advanced at that time?

(3) What was the financial management system of central government and local government before 1994?

(4) What is the deep reason of 1994 tax reform? How to understand the role of this reform in the reform process of fiscal and taxation system?

(5) How is the tax system in China after 1994 tax reform?

(6) What type was the VAT after 1994 tax reform? What impact did the original VAT have on the economy? And what type is the VAT since 2008?

(7) What changes the consumption tax regime in China has experienced since the introduction of this tax in1994?

(8) What preferential policies did foreign-funded enterprises enjoy in paying enterprise income tax in China? How does the government deal with these policies after unified enterprise income tax in 2008?

6.6.2 Case study

The bounty of the muni①

Shanghai's government borrows in its own name for the first time in decades

IN 1861 Shanghai came under attack from the Taiping rebellion, a bloody uprising led by the self-proclaimed younger brother of Jesus Christ. To help pay for their defence, China's provincial governments borrowed money from foreign investors. As collateral, they offered claims on Shanghai's customs revenues. Foreigners were happy to accept, because foreigners themselves ran the custom house.

Provincial debt has its uses. Besides saving Shanghai from a divine sibling, it is also a rational way to finance long-lived infrastructure, spreading costs over the same period as the benefits. But since 1994 China's provincial and municipal governments have been prohibited

① The bounty of the muni [J]. The Economist. 2011-11-19. http: //www.economist.com/node/21538760.

from borrowing. That changed on November 15th when Shanghai sold the first bonds under a new scheme, raising 7.1 billion yuan ($ 1.1 billion).

In allowing the sale the central government is quietly acknowledging that the 1994 ban has become counterproductive. It conspicuously failed to stop China's sub-national governments from borrowing indirectly. They have set up more than 10000 financing vehicles, which took out loans from banks to pay for public works, such as roads and irrigation. The central government has struggled to count this debt, let alone control it. Analysts guess that 30%~60% of these loans may turn sour.

If local governments are going to borrow, it is surely better that they do so on their own balance-sheets, using instruments everyone can count and price. By selling bonds they can replace opaque debt with transparent debt, "formalising their past misdeeds," says one analyst.

But the central government is still a long way from allowing local governments unfettered access to the capital markets. The pilot scheme is so far confined to two of China's richest cities, Shanghai and Shenzhen, and two of its most prosperous provinces, Guangdong and Zhejiang. The amounts scheduled are also tiny.

The central government will not let provincial governments abuse the bond markets. And even if they did, it would surely not let them go under. That is perhaps why Shanghai's five-year bonds yielded only 3.3%, the same as the central government's own paper and half the coupon offered by one of the city's financing vehicles less than a month ago.

Judging by the yields, investors see Shanghai's bonds as central-government securities in all but name. The coupon payments will even pass through the central government's systems, just as Shanghai's customs revenues once passed through foreigners' hands. This suggests that the bond-sale is a way to raise money from the same savers, on the same terms, as the central government, but not on the same balance-sheet. It is, in other words, the beginning of a bail-out in disguise. China's sub-national governments may be issuing their own paper, but they are not yet writing their own fiscal destinies.

Questions for discussion:

How is the situation of the local government debt? Please go to consult the related materials and summarize the information. In your opinion, what measures can be used to solve the problems of local government debt?

6.6.3 Expert views

Reform of China's Value-Added Tax System Could Cut CNY100 Billion RMB in Tax Revenue①

More than 100 billion yuan (about 15.8 billion U.S. dollars) could be cut in tax revenue if

① Reform of China's Value-Added Tax System Could Cut CNY100 Bln in Tax Revenue: Official. http://english.caijing.com.cn/2012-03-26/111775414.html.

the on-going reforms of value-added tax (VAT) expand nationwide, a top government official said, quoting a test result.

The test result also showed that changes from business tax to VAT would boost GDP growth by 0.5 percent, advancing the added value of the service sector by 0.3 percent, pushing up consumption by 1 percent and power exports by 0.7 percent, Xiao Jie, former director of the State Administration of Taxation, told on an economic forum in Guangzhou on Sunday.

China has piloted the change towards VAT in Shanghai from January this year for selected service industries, such as transport, with more than 126000 taxpayers involved in the scheme.

The pilot program introduced two new 11 percent and 6 percent VAT tax rates for the services sector, compared to the current normal VAT rates of 17 percent and 13 percent. During the period from 2009 to 2011, China's change from a production-based VAT system to world's common practice of a "consumption-based" system led to a total reduction of over 500 billion yuan in tax revenue, according to Xiao.

Under the production-based VAT, companies are only allowed to use direct costs to offset sales but are not allowed to use the purchase of fixed assets to offset sales, which results in double taxation.

As the pilot program expands, more cities and industries are expected to be involved, Xiao said, adding that he hoped Guangdong Province could also kick off the pilot test this year.

The move "could add demonstration effect" for the program, Xiao said.

Earlier in late February, local taxation officials in Beijing were reportedly filing application for changing business tax to VAT from July 1.

VAT is the major source of fiscal revenue for the governments of China, particularly the central government. In 2007, the revenue from VAT was 15.47 billion yuan (2.2 billion U.S. dollars) which made up 33.9 percent of China's total tax revenue for the year.

6.6.4 On-line study

(1) www.mof.gov.cn.

(2) www.chinatax.gov.cn.

Chapter 7 China's Foreign Trade Reform and Development

【Main Contents】

In the chapter, we firstly introduce the reform process of China's foreign trade from three aspects, say, theory innovation, system reform and policy changes. Secondly, we further analyze the development of China's foreign trade, briefly describe the current development and point out the problems on its developing path. Finally, we make a tentative analysis of the future of China's foreign trade, including the environment, opportunities and challenges in the future.

【Key Points】

- Grasp the definition of foreign trade, international trade, foreign trade system, foreign trade dependence and so on.
- Understand the reform process of China's foreign trade, including theory innovation, system reform and policy changes; understand whether the international trade theory applies to China's foreign trade or not.
- Understand the reform process and current development of China's foreign trade, and make clear of the problems existing now.
- Understand the potential opportunities and challenges of China's foreign trade in the future.

Foreign trade is also called overseas trade or import and export trade. It is defined as the activities occurred between countries or regions when they exchange commodities, services and technology with each other. This kind of trade includes import and export. For countries (or regions) importing commodities or services, it is import trade; for countries (or regions) exporting commodities or services, it is export trade. The trade started to exist and develop in slave and feudal society. It developed more rapidly in capitalist society, and its character and function is decided by the different social systems. International trade is the sum of foreign trade activities of all countries, so foreign trade differs from international trade.

As a part of the international trade, China's foreign trade has taken earth-shaking changes since the foundation of the People's Republic of China, especially after the reform and opening-up. The foreign trade system, policy, function etc. have changed correspondingly. Until now, By virtue of the data of the year of 2012, trade by commodities of China ranks the second. The export and import ranks the fifth and the third separately in the world. The policy and system of foreign trade management fulfill the international commitments, and the trade transparency has increased all the time.

Internationally, China has grown up as an important manufacturing foundation, a large foreign trading country it deserves and the positive anticipator of the multilateral trade system and regional economic cooperation from a developing country far away from global market in the past. What's more, China, along with other new economy entities, has become the important driving power of the growth of global economy and trade. But now, China's foreign trade still stays at a major international trade player level. In order to develop into a dominant player it deserves, China still has a long way to go.

The rapid development of China's foreign trade relates to the reform and opening-up process closely. Virtually, it is the liberalization reform in waves since 1979 that has promoted the rapid growth of import and export. Firstly, let's review the series of China's foreign trade reform happened in the past decades involving the theory innovation, system reform, policy changes and the series of achievements. Furthermore, in order to instruct China's foreign trade development, it is necessary for us to review the developing process of China's foreign trade to grasp its current development. On the basis, we still need combine the current development of the international economy and trade, and fully estimate the potential opportunities and challenges on the developing way in the future.

7.1 China's Foreign Trade Reform: Theory and Practice

China's foreign trade reform can be mostly seen as a process that gradually developing from point to line then to plane .The process can be divided into three phases: the first phase is that the government has set up four special economic zones in Guangdong and Fujian province——Shenzhen, Zhuhai, Shantou and Xiamen——in the range of which, the export processing industry is free of taxes in the case of importing products. The second phase is that in order to make an experiment of opening-up in nationwide scope, the Chinese government opened the trade channels in both Guangdong and Fujian province from 1978 to 1979.The third phase is the extensive reformation in nationwide scope, i.e. the first wave of trade liberalization. The overall liberalization policy was carried out since 1984.

Since then, the reformation process lasted several decades began. Until now, and China has become a major international trade player. China's foreign trade has become one of the three sources of power driving China economic development, and it is of important strategic status in promoting the opening process and the national economic development both in speed and quality. What's more, it has also contributed a lot to global economic development.①

Now, the remarkable achievements we have achieved in foreign trade region relate closely to the series of revolution taken in the past decades involving theory innovation, system reformation and policy changes.

7.1.1 Theory Innovation of China's Foreign Trade

It is of great sigficance for the international trade theories to understand and guide the international trade practice. Based on the trade practice, we can get the historical evolution clue of the international trade theories.

7.1.1.1 Traditional International Trade Theory

Traditional international trade theory includes absolute advantage theory, comparative advantage theory and factor endowment theory etc. These theories, from the supply viewpoint, demonstrate the generation of comparative advantages and the reasons of international trade based on such assumptions—perfect competition market, homogeneity of resources and products, non-flowing of productive factors among nations, unchanged technology and

① Chen Jiaqin. Great Practices, Theory Innovation and Primary Experience of China's Foreign Trade Development in the Past 60 Years [J]. Finance & trade economics, 2009 (9): 33-46.

resources, negligible transportation costs, non-intervention policy and so on. Comparative advantage theory raised by David Ricardo illustrates the same thing from the viewpoint of price differentials generated by different labor productivity. The theory of factor endowment by Eil Filip Hechscher and Beltil Gotthard Ohlin holds that in the case of the same technical level for producing the same commodity, the degree of production factors' abundance leads to price differentials finally which becomes the causes of trade.

The theories require strict assumptions, such as, perfect competition market, constant returns to scale, but these assumptions do not conform to the reality. Hence, the application of the theories is encountering more and more challenges.

7.1.1.2 New Trade Theory

Both the product and geographic structure of international trade show new features after the World War Ⅱ. Service trade developed rapidly, trading of the same kind of product and among the developed industrial nations increased greatly, and FDI (Foreign Direct Investment) rose, which was contrary to the classical theory that trade only occurs among countries owning different labor productivities or resource endowment. Under such background, numerous new international trade theories flooded one by one, and they offer different explanations about the reasons resulting in the occurrence and development of intra-industry trade.

Intra-industry trade, also called intra-sector trade, means that the same kind product is exported as well as imported by one country. The reasons explaining the intra-industry trade roughly involve product differentials, consumer preference differentials, scale economy and so on. The variety of consumer preference and the international direct investment activities are the most basic promoting factors of intra-industry trade. Obviously, it is the important factors — the imperfect feature of market, heterogeneity of products, changablity of technology and so on — that distinguish intra-idustry trade theory from traditional international trade theory.

Firstly, in terms of product differentials——horizontal, vertical and technical differentials, the latter two deserve special attention. On one hand, they reveal the intra-industry trade resulting from differentials of consumers' demand for different grade of commodity. On the other hand, they give another explanation about the appearance of intra-industry trade by virtue of product life cycle theory. The theory holds that the same kind of product in different stages of product life cycle are produced in different kinds of countries, and are exported or imported among countries, which leads to intra-industry trade. Presently, there is still a certain gap between China and developed countries in the level of economy development, resident income and technology. Therefore, the intra-industry trade of different products mainly aims at two kinds of different products —— vertical and technical differentiation products.

Secondly, from the viewpoint of consumer preference differentials, preference similarity theory points out: international trade is the extention of domestic trade, and only those products that are consumed or produced natively can be the potential exported products; if one country's consumer demand preference or structure is more similar to that of another, one country's products are more accessible to another country's market, and the trade volume between the two countries is larger. The theory demonstrates and supports the emergence and development of intra-industry trade in view of demand, surrounding demand preference and structure, especially the average income level differentials that decides demand preference.

Finally, from the viewpoint of economy of scale, constant returns to scale is the important assumption of traditional international trade theory, which means that assuming that no matter how many products are produced, the added cost of producing each one extra product is keeping the same, that is, the marginal cost does not change. In fact, many industrial departments are featured as scale economy, that is, returns increasing and cost diminishing. The economy of scale is larger, the productivity is higher. Doubling the investment can leads to more than double of output. Economy of scale trade theory holds the corporate's long-term average cost declines as production increases, companies are faced with a market demand curve, and market demand will declines as prices fall based on the assumption of imperfectly competitive markets and scale economy. Before participating in international trade, enterprises only face domestic demand. As the domestic market demand is limited, companies can't produce too much, so production costs and prices have to remain at a high level. If the enterprises participate in international trade, product market will be expanded. Facing both domestic and foreign demand, production can be increased. As the production is in the stage of scale economy, the increase in production contrarily leads to a reduction of the average cost of the product, which promotes its international market competitiveness. Even as to countries whose resources endowment makes no difference, scale economy effect can make them possess competitive strength by virtue of the advantage of large producing scale and achieve trade interests. The new trade theory is different from the traditional international trade theory. As the model construction is concerned, the former introduces the theory of industrial organization and market structure into the study of the introduction of international trade theory, and holds the perfectly competitive market is unrealistic and the returns to scale isn't unchangeable. In short, the new trade theory is more applicable than the traditional trade theory, and more capable of explaining the international trade phenomenon in reality.

7.1.1.3 The Rise of Competitive Advantage Theory

Theory of competitive advantage posed by U.S. economist Michael· Porter, holds that the country of comparative advantage doesn't necessarily have a competitive advantage. Whether a country's leading industries have a competitive advantage determines the rise and fall of the country, and competitive advantage of leading industries originates from the enterprise's innovation mechanism to improve the production efficiency. Obviously, as long as a country possesses a competitive advantage of productivity, it possesses a competitive advantage. Accordingly, Porter proposed the "diamond (rhombus) system" analytical framework. From a macroscopic perspective, the state competitive advantage is determined by four basic factors and two auxiliary factors. The basic factors are: production factor conditions (including basic and promoting elements) ; domestic demand conditions; related and supporting industries; corporate strategy, structure and competition. The auxiliary element refers to opportunities of a country and role of the government. Porter believes that competition is the fundamental point of the formation of competitive advantage as competition is conducive to the cultivation of promoting factors. To create competitive industries is the key of competitive advantage formation, while only if the productivity is improved, can the industry possesses advantage. The source of constantly improving production efficiency derives from the pressure imposed by the companies themselves and the innovation mechanism of persistent progress. Therefore, four basic factors act as a mutually constraining and reinforcing system.

7.1.1.4 The Application of International Trade Theory to China's Foreign Trade

China, the largest developing country in the world, is most populous country worldwide, and we have rich and cheap labor resources. According to the theory of comparative advantage, China, basically, has taken part in international labor division and trade by virtue of the comparative advantage deriving from the differential of labor factor and resources endowment. In other words, China exports resource-intensive products and labor-intensive products, and imports capital-intensive and technology-intensive products. In the late 1980s, China's foreign trade, particularly the export trade develops rapidly and boosts the economy obviously, which gives people more reasons to believe the success of comparative advantage theory applied in China. To the late 1990s, as the pace of China's foreign trade system reform sped up, the competitive advantage of Chinese exports significantly weakened, following series of problems——exports began to slow down, profit margins of foreign trade enterprises substantially shrunk, potential power enhancing the export trade highlights a serious shortage and so on. The serious situation forced economists to rethink the applicability of comparative advantage theory in China. The representative view is "comparative advantage trap" theory and "international competitiveness" theory.

The "comparative advantage trap" theory holds that comparative advantage theory can not instruct China to participate in the global labor division. Because the nature of comparative interest structure is a country's industry comparative advantage, the result of labor division got according to such pattern is that developed countries import labor-intensive products and export capital and technology-intensive products. Although by theoretical analysis, whether the product is labor-intensive or capital-intensive is primarily distinguished not by the product itself but by inputs, the "comparative cost" refers to the cost compared with native products, and it does not mean that labor-intensive products is competitive in the world market. Therefore, foreign trade based on comparative advantage would benefit, but the economic gap between the developed and developing countries can't be narrowed. And the developing countries may also be trapped in a "comparative advantage trap", that is, countries that mainly export labor-intensive and natural resource-intensive products are always at a disadvantageous station, which further strengthens the country's low-level industrial structure, and widens the economic gap with developed countries. Essentially the theory tends to tell us not to look at the theory of comparative advantage in a static way. It does not completely negate the idea of comparative advantage, but requires that we should view the theory of comparative advantage in a dynamic way, and can not take it as a long-term development strategy.

As the "international competitiveness" theory has been described in the preceding, the description is neglected here. The starting points of both "International competitiveness" and "comparative advantage trap" theory are the same, that is, they all hold that the comparative advantage and competitive advantage are different and not equivalent to each other. Thus the theories give developing countries a caution that export guidance must be adjusted in export trade process, and the export industry structure should be optimized and promoted. The main research points are transferred from comparative advantage theory to competitive advantage theory, which is not only the experience summary of China's foreign trade practice in recent years, but more in line with the reality in China.

In short, in order to break through the impasse of China's participation in international division of labor and foreign trade, and maintain the sustainable development of China's foreign trade, the theoretical idea instructing China's foreign trade must be freed from the traditional theory of comparative advantage and the competitive advantage theory must be used to guide China's foreign trade activities.

7.1.2 China's Foreign Trade System Reform

Trade theories can help us deepen the understanding of trade practice. As the important part of trade practice, the establishment and reform of the foreign trade system exerts the great influence on the development of the foreign trade.

7.1.2.1 China's Foreign Trade System

(1) The definition of China's foreign trade system. Foreign trade system is defined as the following: the system in the aspects such as administration, management rights distribution, management pattern, management organization forms, labor division of management business, interest distribution and so on which are adopted as the management and operation way in foreign trade of a country or region. Foreign trade system as a part of a national economic system, closely relates to the other parts, such as foreign exchange, plan, tax, price, finance, fiscal system and so on, and includes the microscopic and macroscopic management system. The macroscopic management pattern refers to the system in the aspects such as administration, management rights distribution, management pattern and so on which are adopted in the management process of a country or region. The microscopic management system refers to the system in the aspects such as management organization forms, labor division of management business, interest distribution and so on which are adopted in the foreign trade management activities of a country or region.

In terms of characters, foreign trade system as the sam as the other economic systems, belongs to superstructure category, is determined by economic foundation and serves for it. Meanwhile, it is only one part of the superstructure and relates to the other closely. All the parts are required to coordinate with each other. Therefore, in order to play the promoting role of foreign trade system and avoid institutional obstacles, it is required to make adjustments of foreign trade system according to the requests brought out by the economic foundation and other parts of the superstructure and form a foreign trade system consistent with the development requests of the economic foundation and other parts of the superstructure.

(2) Factors influencing foreign trade system. The formation of foreign trade system is affected by many factors as the following:

Firstly, economic foundation elements, involving ownership, distribution, economic system, productivity levels and so on. Productivity determines production relations. The basic relation of production reflected in the way of ownership and distribution, demonstrate itself via series of specific forms as specific economic system which relates to practical economy operation closely. Thus, the development level of a country's productive directly determines the economic development level. The economic system must meet the requirements proposed by the law of economic development, and can neither surpass nor leg behind the economic development level. Therefore, the foreign trade system must also comply with economic development level.

Secondly, superstructure elements, involving social politics, parties, policies and social ideology etc. Economic foundation determines superstructure. Thus, the separate aspects must serve for the Economic development demand. In other words, either the policies stipulated by the government or social ideology, they must centralize economy construction. In order to promote the development both in speed and quality terms, government agencies develop a series of policies, including the foreign trade system. Therefore, the formation of foreign trade system is directly affected by various factors of the superstructure.

Thirdly, international elements, including internationally political and economic elements, especially the elements of international economics and trade. As foreign trade itself involves economic exchanges among countries, it is natural that the formulation of foreign trade system is affected by internationally political and economical elements. Virtually, as the international tendency changes, corresponding reformation of foreign trade is required. Only in such way, can it keep up with the pace of the era and serve for the world economic development.

Therefore, foreign trade system changes one stage by another with the national development. Since the slave society, via the feudal society and semi-feudal society, until the eve of the founding of New China, China's foreign trade activities never stopped. Just the foreign trade system instructing the activities differs at different stages. But it is in the pre-reform and opening-up (1950~1978) that the traditional foreign trade in the true sense was established and formed.

7.1.2.2 China's Foreign Trade before Reform and Opening-up

(1) Two Stages of China's Foreign Trade System Development before Reform and Opening-up.

There are different stages for China' foreign trade before reform and opening-up, which have unique characteristics. On the whole, there are both advantages and disadvantages.

The first stage (1950~1957). Since November in 1949, the Ministry of Foreign Trade unified the leadership and management of foreign trade. Since September in 1952, domestic and foreign trade was in separate charge and in centralized leadership and unified management by the newly established Ministry of Foreign Trade. In 1953, according to the principle that various major types of goods were managed by division of labor, 15 professional foreign trade import and export companies were established, the port and the mainland branches were led by both the head office and the local foreign trade bureau. Socialist transformation was completed in 1956, and all the foreign trade activities were managed by professional head office belonging to the Ministry of Foreign Trade. At this stage, the ratio of the state-owned foreign trade in the total foreign trade rose from 66.8% in 1950 to 99.9% in 1957. Thus, the system that foreign trade was governed by the government formed basically.

The second stage (1958~1978) . Considering the operation confusion during the "Great Leap Forward" period, all foreign trade businesses were managed by professional head office belonging to the Ministry of Foreign Trade, which excluded all the other departments, any institutions and places in any regions. Meanwhile, the government implemented the fiscal system with unified revenue and expenditure, all the profits and losses were shared by the government, and all the exchanges earned by corporations were submitted to the government. Such a high-centralized foreign trade system was implemented until 1987.

(2) The Features of China's Foreign Trade before Reform and Opening-up.

Firstly, public ownership marked by single business entities. In 1956, the management system of foreign trade under which the foreign trade was led by the governmental agencies and exclusively managed by state -owned foreign trade companies, was determined after the completion of socialist transformation of production means. The means of production ownership system was completely public- owned in foreign trade field.

Secondly, implement foreign trade control. The control mainly demonstrated in the following aspects: ①the government exercised monopoly over foreign trade-the implementation of foreign trade control policy was mainly indicated on the aspect of strict restrictions imposed on business entities; ② high -centralized planning management—the planning management system was the core of traditional foreign trade system.

Thirdly, fiscal management system under which profits and losses were burdened uniformly. All the business activities of import and export companies were adjusted according to the plan, all profits or losses Resulting from which were also balanced by state finance, that is, unified management, unified accounting, unified revenue and expenditure, central burden of profits or losses.

Fourthly, implementation of trade protection policies. Both tariff and non-tariff barriers were utilized in China's trade protection. Average tariff level had been maintained at a high level all the time, and non-tariff barriers were characterized by powerful direct administrative intervention.

(3) Advantages and Disadvantages of China's Foreign Trade before Reform and Opening-up. Judging from the present situation, such a high-centralized foreign trade system was both advantageous and disadvantageous.

Merits: ①It was convenient to employ manpower, material and funds in a unified way to engage in effective foreign trade activities and implement foreign trade policies and plans; ②it had played an important role in enhancing the national strength, withstanding economic pressure, blockade and embargo abroad, and cooperating with the diplomatic struggle; ③it was convenient to organize manpower, centralize action and cooperate with each other so that we could ensure the effectiveness of foreign competition. In particular, we could use powerful administrative even economic means to promote the fulfilling of foreign trade goals.

Dismerits: ①Exclusive management played an adverse role in arousing the enthusiasm of all sectors and particularly caused isolation from trade and industry as well as separation between producing and marketing, which made it impossible for companies to face the international market directly, develop salable and high-quality goods and improve competitive ability abroad; ②Mandatory plans and administrative intervention exerted by the government imposed excessive restrictions on business, ignored economic adjustment and resulted in a mix-up between the functions of the government and those of enterprises, which does not benefit to the independent managerial capability of foreign trade enterprises, and to difficulties brings these enterprises in terms of participating in international market competition actively; ③Unified revenue and expenditure, profits and losses in foreign trade finance, not only increased the burden on the state, and played an adverse role in arousing business enthusiasm, considering the interests of three sectors-the state, company and the individual-and strengthening economic accounting power as well as improving management, but hindered the development of foreign trade business.

In view of this, it is imperative to reform China's foreign trade system. Given national conditions of China at that time, close relations must be established between foreign trade system reform and China's reform and opening-up. On one hand, it is foreign trade system reform that connects the reform and opening-up. The integration of "reform" and "open" plays a much better driving role in the foreign trade system reform than in the other fields since opening the commodity market is the most important work of foreign trade system reform. Once the opening-up is carried out, the traditional foreign trade system must bear the brunt of reform. In addition, foreign trade reform in many areas (such as price reform, exchange rate reform) has promoted the transformation from traditional economic system to the new which is market-oriented and greatly promoted the development of opening-up in depth. On the other hand, the system reform acts as the foundation and a pioneer in reform and opening-up. Foreign trading is not only the main channel of foreign economic exchanges, but also the foundation of all the other economic exchanges. The development of foreign trade determines the depth and breadth of the external opening-up. Additionally, the effectiveness of foreign trade reform not only plays the role in foreign trade activities, but also is bound to have a significant impact on the other foreign exchanges that base on and relates to trade.

7.1.2.3 China's Foreign Trade After Reform and Opening-up

There are three stages of foreign trade reform after reform and opening-up.

(1) Initial Reforms (1979~1987). In the initial stage, the reform covers many aspects and is oriented with decentralization of foreign trade rights.

First, decentralization of foreign trade rights. Through incorporating industrial and trading companies and local trading companies and other measures, the government decentralized foreign trade rights, expanded business channels, and introduced competition mechanism.

Second, develop pilots of trade and industry combination. To resolve the problems caused by long-term isolation from trade and industry as well as separation between producing and marketing, especially the problem that export products were not marketable, the government developed many kinds of pilots of trade and industry combination.

Third, simplify foreign trade program. The government had narrowed the scope of mandatory plans, expanded the scope of instructive plans and the regulation role of markets.

Fourth, implement the export contract responsibility system. To break the financial system marked by the unified profits and losses, the so-called "iron rice bowl", the professional head office in foreign trade field belonging to Foreign Trade Ministry implemented the export contract responsibility in 1987. The contract——stipulated that contractors contracted with the government in three aspects——total exports, exchange costs of export commodities, and the total of export gains and losses.

(2) Reform in depth (1988~1993). In this stage, the outstanding characteristic in system reform is the reform of foreign trade contract management responsibility system which is gradually improved in practice.

Firstly, the full implementation of foreign trade contract management responsibility system from 1988 to 1990. Foreign trade corporation, industry and trade corporation and local governments contracted with the central government in terms of three indices——export exchange, the exchange that should be turned in, and the governmentally set-quota subsidy within the contracted base. Once the contracted indices were determined, they could not change in three years. In order to implement foreign trade contract management responsibility system and make the local government and companies contract economic benefit index, the state adopted a series of complementary measures, such as loosening foreign exchange control, implementing the export tax rebate policy and so on.

Secondly, the improvement of foreign trade contract management responsibility system from 1991 to 1993. The new round of foreign trade contract management responsibility system was based on adjusting the exchange rate. Under the system, the export fiscal subsidy was canceled, and the local government and corporations contracted with the central government in three aspects——total exports, export income and the foreign exchange quotas that should be turned in to the central government——via the original contracting channels.

(3) Foreign trade system reform from 1994 to entry into the World Trade Organization. At the stage, the direction of reform was to establish a new foreign trade system which was adjusted to the development of social market economy and conformed to the international trade regulations as soon as possible. Moving towards the direction on the road, we had taken some major steps as the following goes:

above all, deepen the reform of macro-management system of foreign trade. The target was to establish macro-management system of foreign trade which was based on the law, relied mainly on economic adjustments supplemented by the necessary administrative means. Specific measures were as follows:

Firstly, strengthen economic means, which include unification of exchange rates, implementing a market-based, single, managed floating exchange rate system, reducing import tariffs, cancelling some of the import tax reduction, changing the income tax system from overall rationing system to the tax-sharing system, improving the export tax rebate system under which the export tax rebate was born by the state finance, implementing the credit policy encouraging exports and so on.

Secondly, strengthen the legislative means. The basic law of foreign trade—The Foreign Trade Article of the People's Republic of China was promulgated on May 12th, 1994, following the adaptive regulations such as "anti-dumping and countervailing regulations", which marked that the development of China's foreign trade had entered into a legalized track.

Thirdly, reform foreign trade administrative management means. Make the means such as quotas, licensing and so on, to be standardized and institutionalized according to the prevailing rules of international economy.

Next, reform the management system of foreign trade in depth. The measures as follows:

Firstly, reform the enterprise system. Implement reform in joint-stock enterprises and transform enterprise management mechanism through establishing modern corporation system.

Secondly, reform the management system. Shift from purely pursuing foreign exchange to valuing effectiveness, from commodities management to capital management, from single management to various management featured as one industry-oriented, from traditional acquisition system to service-oriented agency system, and from decentralized management to scale management.

Thirdly, establish and improve the coordination service system of foreign trade. Exert coordinating, serving and linking function of the chamber of import and export trade to the full, develop the instructing and serving function of research advisory bodies, academies and associations, and improve the financial, insurance, transportation and other supporting systems.

China's foreign trade system has undergone a fundamental change through reform for many years. A brand-new foreign trade system basically adapts to the socialist market economic system, which demonstrates itself as follows:

Firstly, the direct administrative intervention has been greatly weakened, and macro management of foreign trade was gradually led to economic and legal control-oriented track.

Secondly, the diversification pattern of foreign trade formed preliminarily, and self-management mechanism has been strengthened and improved constantly. From the proportion of state-owned and foreign-funded enterprises' import and export in total volume of trade (see Table 7-1), we can see that the state-owned foreign trade enterprises have shifted from a national plan performer under the planned economy system to an operator managing independently, responsible for profits and losses by itself, restricting and deueloping all by itself under the circumstance of socialist market economy.

Table 7-1 The proportion of state-owned and foreign-funded enterprises' import and export in total trade

(unit: %)

Year	1990	1997	1998	1999	2000	2001	2002	2003
state-owned enterprise	81.90	56.18	52.67	47.88	45.42	42.53	38.23	32.95
foreign-funded enterprise	17.43	46.95	48.68	50.78	49.91	50.83	53.19	55.47

Data resources: the National Bureau of Statistics.

Thirdly, the consistency and transparency of foreign trade policy have been furtherly enhanced, and foreign-related laws and regulations increasingly improved.

Fourthly, intermediary service system of foreign trade began to form.

Fifthly, the field of foreign trade operations and channels have been furtherly expanded, and the overall efficiency and competitiveness were enhanced greatly.

7.1.2.4 Further System Reorm of China's Foreign Trade after China Entered WTO

After 15 years of negotiations, China formally entered the World Trade Organization (WTO) in late 2001 finally. Since then, China's foreign trade system has entered into a new stage of comprehensive reform based on WTO rules which were on the basis of market economy marked by fair competition and free trade. After entry into to WTO, China has sped up reform in three aspects at least. ①China has adjusted and modified the policies that do not meet the WTO rules and regulations under the principle of non-discrimination, free trade and fair competition. ② China has quickened its pace of foreign trade entities diversification, and allowed the rapid development of the private foreign trade enterprises particularly. ③China has transformed the functions of the foreign trade departments from the administrative leadership-oriented role to the service-oriented one, studied world trade trends and provided the whole society with relevant information, and adopted the internationally general approach to allocate foreign trade resources.

In order to comply with the WTO requests imposed on its member countries, China made a series of promises in the negotiations of its entry to WTO, including lowering trade barriers and opening up services markets. These commitments have been embodied in the protocol of China's accession and the work group reports. In the Protocol of China's Accession to WTO, both rights and obligations China enjoys are promulgated correspondingly, so we do not make introductions anymore. To reduce trade barriers means that China should further open the domestic market, including dramatic reduction of tariff and the gradual abolishment of non-tariff barriers, and create more opportunities for the entry of foreign goods and investments. According to commitments made at the time of China's entry into WTO, the general tariff level of China would decline from 15.6% in 2000 to 10% until 2008. The average tax rate of industrial products declines from 14.7% to 11.3%, and that of agricultural products down from 15.1% to 21.3% correspondingly. Comparing with the tariff rates of about 40% in the early 1990s, tariffs in China have declined to much extent, but were still higher than the average tariff of 6% of WTO member countries. While reducing the tariffs, China has canceled and would cancel many kinds of non-tariff barriers mainly including import quotas, bidding qualification, trading rights, and localization requirements, technology transfer requirements, government procurement and so on. After the accession to WTO, all import quotas of civil aviation, medical devices and IT products were immediately canceled, and import quotas for cars and other products would also increase by the rate of 15% per year until all are canceled. Since January 1st, 2002, China has canceled the quota license management of grain, wool, cotton, combed and arranged silk threads, polyester, polyester chips, fertilizers, tires and other products. In order to fulfill commitments, the China's Foreign Trade Ministry Branch promulgated "Import Quotas Management Regulations" and "Specific Product Import Management Rules" according to the WTO regulations of "Import and Export Management Articles". The "Agricultural Import Tariff Quota Management Approach" announced by the National Disciplinary Commission was put into effect on February 5th, 2002. Opening the service market to the outside world refers to the fact that after entry into WTO, service industry in China will become the field opening by the largest margin. The markets of telecommunications, finance, insurance and other services will be opened in a gradual way. These industries are "pilots" under strict control or partially banned, and are predicted to be accessed gradually. Finally, these industries would open completely. What is to be expected is that the service industry after the opening would be the most attractive new growth point of attracting foreign investment.①

① Yu Miaojie. China's Foreign Trade in 30 Years (1978~2008). Working Papers Series of China Center for Economic Research of Peking University.

After a series of reforms, China's foreign trade system has improved constantly, and conforms to the law of socialist market economy development much more, but also needs to be reformed further with the constant adjustment of China economic structure and transformation of developing way. The future direction of reform is still to adhere to both the inherent requirements of socialist market economic system and the basic principles of international trade regulations, further transform government functions, establish a unified market and fair competition mechanism, administrate by the law, continuously clean, revise laws and regulations as well as promulgating new laws, and apply the WTO dispute mechanism for fair and relaxed international environment. Besides, we should continue to fulfill the WTO commitments. Only in this way can the foreign trade system keep up with the rhythm of the times, better play its role in promoting China national economy, and better contribute to the world economic development.

7.1.3 China's Foreign Trade Policy Transformation

With the development of trade practice, changes have taken place for China's foreign trade policy, which exerts important effects on the prosperity of the foreign trade.

7.1.3.1 Definition and sort of China's foreign trade policy

Foreign trade policy is the norms of imports and exports in a given period that are set by the government according to the nationally political and economic interests and development goals. It embodies a concentrated reflection of laws, rules, regulations measures and so on which are carried out in import and export field within a certain period. It is an important part of both the overall economic policy and the foreign policy of a nation.

From the historical study of international trade, treating the state intervention of foreign trade as a standard, foreign trade policy can be divided into three basic types——free trade policy, trade protection policy and management trade policy.

Free trade policy refers to the policy that the government neither intervenes in import and export, imposes restrictions and obstacles on importing goods, nor gives privileges and concessions to export goods. In one word, the government lets it be, and make goods be in free competition in domestic and foreign markets.

Protection trade policy refers to the policy that the government actively intervenes in import and export, takes various measures to restrict goods imports, protects domestic markets and production so that they can be free from competition from foreign goods, and grants national goods export concession and subsidies, encourages export expansion.

Management trade policy, also known as coordination trade policy, refers to the policy that in order to realize an orderly and healthy development of foreign trade, the government sets a series of trade policies and regulations, and strengthens the management of foreign trade. To the outside world, the government signs bilateral, regional and multilateral trade treaties or agreements via negotiation to coordinate rights and obligations in economic trade aspect with trading partners. Management trade policy is the policy between the other two kinds, is an international trade system of both coordination and management, and is the direction of the development of foreign trade policies of all nations.

7.1.3.2 China's foreign trade reform process

Throughout the history of national foreign trade policy, almost all the national foreign trade policies have transformed from protection policy to free policy and then to the protective. The evolution of China's foreign trade policy also began with the protection trade policy, and the development process can be divided into four stages:

(1) The first phase (1949~1978): trade controlled by the state under the planned economy system. The Common Program of the CPPCC meeting passed in September, 1949, stipulated that China imposes restrictions on foreign trade, adopted the protection trade policy, and clearly pointed out the protective tendency of China's foreign trade. Meanwhile, the developed capitalist countries imposed economic blockade and embargo on China, which made self-reliance and self-sufficiency as the instructing ideology of China economy development. Under the socialist planned economy system, China has chosen the industrialization strategy, that is, the development of heavy industry was placed in priority under the circumstance of lacking funds, and foreign trade acted as the means of adjusting surplus and deficiency. The target of foreign trade policy was to gain foreign exchanges that were necessary for importing equipments, which has basically ignored the principle of efficiency of foreign trade.

(2) The second phase (1979~1991): open-ended protection trade policy controlled by the government under the planned commodity economy system. The policy at this stage was embodied in the policy of encouraging export and restricting import, which demonstrated as follows:

The government adopted the export-oriented strategy, encouraged and supported export industry, exported the corresponding technical equipment, carried out concessions such as distribution of materials, tax revenue and interest rate, and established export producing system. The measures also included restricting domestic sales of commodities of foreign capital-funded enterprises, implementing the system of refunding taxes on exported goods, and establishing services mechanisms of coordination of imports and exports.

The government took restrictive measures on traditional imports, such as tariffs, import licenses, exchange controls, classified management of import goods, and state-run trading.

The government encouraged companies to absorb foreign direct investment, use two kinds of resources and markets and introduce advanced technologies.

(3) The third phase (1992~2001): the protection trade policy with the trend of trade liberalization under the socialist market economy system. At this stage, although the purpose of governmental intervention in foreign trade differed from that before the reform and opening-up, it was still subject to the classical concept of mercantilism, that is, the government adhered to the "surplus priority" mercantilist, and spared no efforts in earning export exchanges at a loss. Such view hasn't been freed from the Chinese traditional economic ideas, "provide for a rainy

day", "provide against possible troubles" and other conservative ideas. However, the long-term growing trade surplus has brought a certain degree of "ease", but also "created" more and more trade friction.

(4) The fourth phase (2002 to today): the liberalization of trade within management. From the accession to WTO in December 2001 to now, China has well fulfilled its commitments and obligations in various fields such as market access, domestic measures, the treatment of foreign capital, service trade and so on, and earned high marks from the WTO, the World Bank and other international organizations. The most obvious features of this stage is that China trade policy system reform has been integrated with the international trading system, the development of the two systems synchronizes with each other, and the driving power of policy changes shifts from the purely endogenous or exogenous kind to the one with internal and external coordination. The most fundamental driving force of such changes derives from the rapid growth of China economic trade. China has many advantages: China has a huge market capacity, foreign trade activities of China and developed countries complement each other significantly, and China does well in keeping strong political stability and being highly responsible for the world. Besides, China is imposing a positive influence on the world economy gradually.

In summary, we can see that the trend of China's foreign trade policy should be based on the development requirements of domestic economy and make self-improvement in taking interests of regional economic development into account according to the basic principles of WTO and exceptional articles. China should tend to adopt an open type of trade policy with the co-existence of fairness and protection.

7.2 China's Foreign Trade Development: History and Current Situation

China has a long and splendid ancient civilization, vast dominion, borders on numerous states and peoples, and also has a long coastline, so the history of China's Foreign Trade is long-standing. Long before the Han Dynasty, our ancestors had traded with the outside states and nations by land and water. Throughout the slave society, feudal society, and the semi-feudal society and after China entered into the socialist society, China's foreign trade system was established and gradually becomes more mature. Until 2013, China has developed into the largest trading country in the world.

In this part, let us review the development history of China's foreign trade, and simply introduce the current situation and the potential problems.

7.2.1 Development History of China's Foreign Trade

China's foreign trade developed slowly before the establishment of New China, so we mainly introduce the history since the national establishment which can be divided into two stages by the reform and opening-up.[①]

7.2.1.1 The period from the foundation to the reform and opening-up: foreign trade under the planned economy system

The changes of international environment and national relationship, as well as the domestic ideology determine the development of China's foreign trade during this period. China's foreign trade has experienced unilateral trade only with socialist countries, the self-isolation during the "Cultural Revolution" period, and the reopening-up until the late 1970s.

(1) Foreign trade from 1949 to 1965. At the early times of the foundation, the western capitalist countries applied the hostility and blockade policy to China, so China mainly traded with socialist countries such as the Soviet Union and East Europe countries, and clearing account trade became the major trade mode. In 1950s, trading with socialist countries accounted for more than half of the total foreign trade, and from 1952 to the late 1950s it had reached over 70%, of which trading with Soviet Union accounted for about a half. From the late 1950s to early 1960s, more and more countries in Asia, Africa and Latin America won the national independence. China extensively established and positively developed trade relationships with these countries based on equality, mutual benefit and making up what the other needs, signed intergovernmental trade agreements, and undertook flexible and various kinds of import and export trade such as barter trade, clearing border trade, clearing account trade, spot exchange trade etc. Meanwhile, China also provided loans or free aid to these countries. Additionally, the mainland always adhere to the long-term stable trade policy supply the goods to China Hong Kong, Macao and Taiwan, and even in difficult times of the national economy, such supply was ensured. At the same time the entrepot trade through Hong Kong and Macao also became a breakthrough in breaking the blockade of western countries.

To supplement domestically necessary production and subsistence materials, China took advantage of various opportunities and approaches to promote non-government and even official trade with Japan, the west European countries and other western countries. Particularly after the break of the Sino-Soviet in 1960, the main trade partners of China began to shift from socialist countries, the Soviet Union for example, to capitalist countries such as Japan, Western Europe etc. Until 1965, the percentage of the trading with Western Countries in the total foreign trade increased up to more than 50%.

(2) The foreign trade during the "Cultural Revolution" (1966~1976) period. Foreign

① Zhang Xiaoyu. 60 Years of China's Foreign Trade: Enormous Revolution & Achievement. published on the website of Chinese Academy of International Trade and Economic Cooperation, http: //www.caitec.org.cn.

trade was seriously disrupted by decade of "Cultural Revolution". In the early 1970s, China resumed its legitimate seat at the United Nations, and foreign relations improved rapidly. China established diplomatic relations with major Western capitalist countries such as Japan, Germany and the United States etc. China's foreign trade regained the recovery and development. The status of the western countries in China's foreign trade rose rapidly. The structure of export commodities was further improved, and the introduction of technology made significant progress. Under the favorable international environment and domestic situation, China's reform and opening-up entered into the deliberation and preparation phase in the late 1970s.

7.2.1.2 China's Foreign Trade after Reform and Opening-up

(1) Attempts in the early times of reform and opening-up (1978~1991). The strategic policy of reform and opening-up was determined at the Third Plenary Session of the Eleventh Central Committee at the end of 1978 and foreign trade had entered a new phase of practice and exploration. To attract capital, technology, equipment, expand the international market channels, and create foreign exchanges and employment opportunities, the State Council approved to carry out processing trade in the coastal areas in 1979. Since then, China gradually established special economic zones, open coastal cities, special economic development zones and so on. More flexible and preferential special policies were implemented in aspects such as the import and export management and business policy, foreign exchange policy etc. These special areas had played a role of platform, demonstration and radiation in the development of foreign trade nationwide and were the most active zones of foreign trade development during this period. In 1980, the first year of the establishment of four special economic zones, that is Shenzhen, Zhuhai, Xiamen and Shantou, the proportion of import and export of these areas in that of the nation reached 1.1%, and increased up to 8.3% until 1991. In the mid-1980s, the international industrial structure showed a new round of adjustment and transfer. In order to seize the favorable situation, the state further established the coastal development strategy which focused on processing trade and required expanding exports of labor-intensive products, and the processing trade developed rapidly. Under the historical conditions at that time, China successfully undertook the international transfer of labor-intensive industries via processing trade, which had driven the development of domestic industries and promoted the optimization and upgrading of the export commodity structure. The export trade has transferred its focus from primary products and resource-based products to industrial products. In 1986, manufactured goods took place of primary products and became the major export commodities of China, and the export structure changed fundamentally. In 1991, the proportion of manufactured goods in total exports increased up to 77%. The market diversified gradually, Japan, China Hong Kong, the United States and the European Community became the principal export market and trading partner of China, and the share of trading with Russian and Eastern European countries decreased substantially.

At this stage, the emphasis laid by the state on foreign trade soared to unprecedented heights, and foreign trade system reform and foreign direct investment have greatly promoted the development of foreign trade. From 1978 to 1991, the total imports and exports rose from \$20.64 billion to \$135.63 billion, and exports rose from \$9.75 billion to \$71.84 billion, imports rose from \$10.89 billion to \$63.79 billion, and the average annual growth rate reached 16.6% and 14.6% separately.

(2) Transformation and development under the market economy (1992~2001). After the target of socialist market economy reform was established at the 14th National Congress of CPC in November 1993, foreign trade transformed from "each making up the other's deficiency from his own surplus" to the kind of making full use of both the international and domestic markets and two resources, actively participating in international division of labor, competition and economic cooperation, and giving full play in comparative superiority. The government constantly put forward a series of strategic ideology in succession, such as market diversification, the "big trade", the combination of "bringing in" and "going out", technology trade, winning by quality, revitalizing trade through science and technology and actively participating in regional economic cooperation and the multilateral trading system. As a result, China's foreign trade enters into the stage of rapid development, and the trade scale continues to grow. During the period, the outbreak of the Asian financial crisis in 1997, imposed a serious blow to the economy of countries such as Japan, Korea, ASEAN and neighboring countries and regions such as China Hong Kong and Macao, and China's foreign trade also experienced a serious setback for the first time since reform and opening-up. In 1998, the import and export enjoyed negative growth. But China's foreign trade overcame the crisis soon, and revitalized. In 1999, China's foreign trade grew by 11.3% and the growth even reached 27.8% in 2000 with the export growth of 31.5%.

(3) Further development of China's foreign trade (after the accession to WTO). In November 2001 China entered into WTO, which was regarded as a milestone, and China's foreign trade has entered a new stage since then. Since 2002, the trade scale increased by leaps and bounds, its growth was significantly speeded up, and China joined the ranks of major trading nations worldwide. In 2007, total trade in goods of China exceeded \$ 2 trillion, ranking the third in the world. Although it was affected by the financial crisis in the second half of 2008, the annual import and export volume still realized the growth of 17.8%, reaching \$2.5616 trillion. The average annual growth rate of import and export trade reached 26.7% from 2002 to 2008, and that of import and export separately reached 27.9% and 25.1%. Since 2001, China trade surplus has expanded year by year, and reached \$295.46 billion until 2008. To promote the balanced development of import and export in China becomes a new task of foreign trade development. Chart 7-1 shows China imports and exports from 1950 to 2008.

While the scale was enlarged, the commodity structure of import and export was further optimized. International competitiveness of exports was significantly enhanced, mechanically electrical products and high-tech products became major export growth points, the proportion of

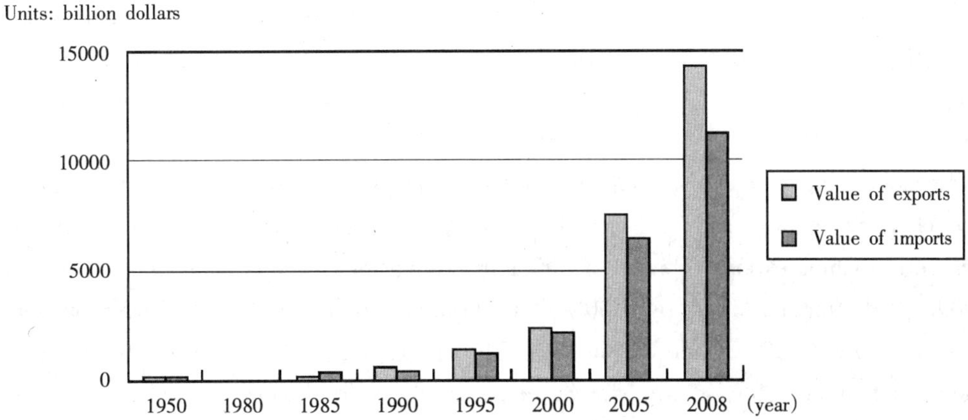

Figure 7-1 China imports and exports from 1950 to 2008 Data resources: State Statistical Bureau.

manufactured goods exports reached 95%, many kinds of goods ranked the first in the world, and China became the manufacturing base worldwide. Raw materials, components, advanced technology and equipment became the major imported products. Subject to the same period the international impact of energy and raw material market prices, the imports of energy resources such as oil, iron ore, nonferrous metals products etc, increased rapidly affected by the rise of international energetic raw materials prices during the corresponding period, which has driven the increasing tendency of primary products imports share.

Business entities and the market distribution also had new development. Import and export of foreign-funded enterprises played a dominated role, the share of state-owned enterprises declined, and other types of companies developed rapidly. In 2008, foreign-funded enterprises and private enterprises accounted for 54.0% and 24.3% of total imports and exports separately. The share of state-owned enterprises dropped to 21.7%. The European Union became the largest trade partner of China, and Europe, America, Japan, China Hong Kong and other traditional markets are still the main trading partners, but the trade in these countries and regions experienced a decline in the proportion of total trading. The share of emerging markets expanded. In 2008, affected by the foreign trade policy adjustment and the financial crisis, the growth of processing trade imports and exports dropped significantly, the status of the general trade in foreign trade rose and the proportion of processing trade in the share of total exports fell down to 47.3%, which was the first time for the proportion to decline to less than 50% since 1995.

While the status of major goods trading nation was established, China service trade flourished. After accession to WTO, the openness of China service industry further increased. The growth rate of service trade like that of goods trade exceeded the international average growth rate over the same period. The status of service trade in world trade rose all the way, and rose up to the fifth, and the service trade accounted for 4.23% in the world trade. But generally speaking, China service trade is still not commensurate with the international status of goods trade, service trade exports still major in traditional labor-intensive industries such as transportation, tourism, commercial and so on, technology and knowledge-intensive emerging service sector is still at the primary development stage, and service trade needs to develop further.

The global financial crisis in 2008 resulted in the world economic recession, the sharp decline of world trade, and the emergency of trade protectionism. Affected by the global financial crisis China exports dropped significantly. China total exports reached $1.20166 trillion in 2009, and dropped down by 16.0%, while the imports reached $10055.6 billion and dropped down by 11.2%. Trade surplus was $196.11 billion, and decreased by $102 billion compared to that of 2008, down 34.2%. Since 2010, China's foreign trade maintained the recovery of growth since the end of 2009, and showed a substantial rebound, however, foreign trade surplus continued to decline, and foreign trade deficit appeared in March 2010.①

In 2010, China's foreign trade achieved a recovery growth, import and export has been restored to pre-crisis level and created a new record, which put a fitting end to the successful completion of the foreign trade development plan during the "Eleventh Five-Year" period. China's import and export trade generally maintained rapid growth momentum in first quarter of 2011, its structure was further optimized, and the balance situation was further improved.

7.2.2 Current Development of China's Foreign Trade

China's foreign trade is in good condition although going through the economic fluctuation, even economic crisis.

7.2.2.1 The development of China's foreign trade during the "Eleventh Five-Year Plan" period②

During the "Eleventh Five-Year Plan" period, facing the complex changeable domestic and international situation, China adhered to the combination of expanding domestic demand and the stabilizing foreign demand, took advantage of two markets and resources, overcame the striking blow of the international financial crisis, continued to promote the opening-up and actively participate in the process of globalization. Foreign trade scale expanded rapidly, the level of attracting foreign investments elevated constantly, the pace of foreign economic cooperation speeded up obviously, the open environment was optimized gradually, and the opening leaped to a new stage.

(1) Trade in goods has expanded rapidly. During the "Eleventh Five-Year" period, the total sum of goods import and export in our country added up to $11.6806 trillion, which is as 1.6 times as that during the "Tenth Five-Year" period. Among them, the total sum of exports

① Yu Miaojie. China's Foreign Trade in 30 Years (1978~2008). Working Papers Series of China Center for Economic Research of Beijing University.

② The 2nd Report of Series of Economy and Society Development of the "Eleventh Five-Year Plan" Period: A Higher Level of Opening, National Bureau of Statistics of China, http: //www.stats.gov.cn.

was $6.3997 trillion, an increase of 1.7 times; imports $5.2809 trillion, an increase of 1.4 times. 15.9% came as the average annual growth of imports and exports during the five years among which exports annually grew by 15.7% in the average sense, imports by 16.1%. All the data was higher than the target in the plan.

In the first two years of the "Eleventh Five-Year" period, the total sum of China's imports and exports kept growing by more than 23%, total exports in 2007 exceeded $1 trillion, and imports and exports reached $2 trillion. Since the breakout of the international financial crisis in 2008, under the stern situation that the world economy slumped and the international market demand shrunk severely, China's foreign trade has withstood the severe challenge of the financial crisis. In 2008 imports and exports grew by 17.8%, of which imports rose by 18.5%, and total imports exceeded $1 trillion for the first time. Although import and export volume in 2009 decreased by 13.9%, China remained as one of states with the best performance in the global foreign trade as its foreign trade decline was far below that of the global. China's total exports in 2009 ranked first in the world, and the proportion it took in the global exports rose from 7.3% to 9.6% at the end of "Tenth Five-Year" period; total imports rose to the second in the world. China's import and export set a new record in 2010, and the total sum, $2.9728 trillion, approached nearly $30000 trillion with an increase of 34.7% (Seen in Chart 7-2). Among them, the exports were $1.5779 trillion, up 31.3%; imports $1.3948 trillion, up 38.7%; both the exports and imports grew by 1.1 times compared with those at the end of the "Tenth Five-Year" period.

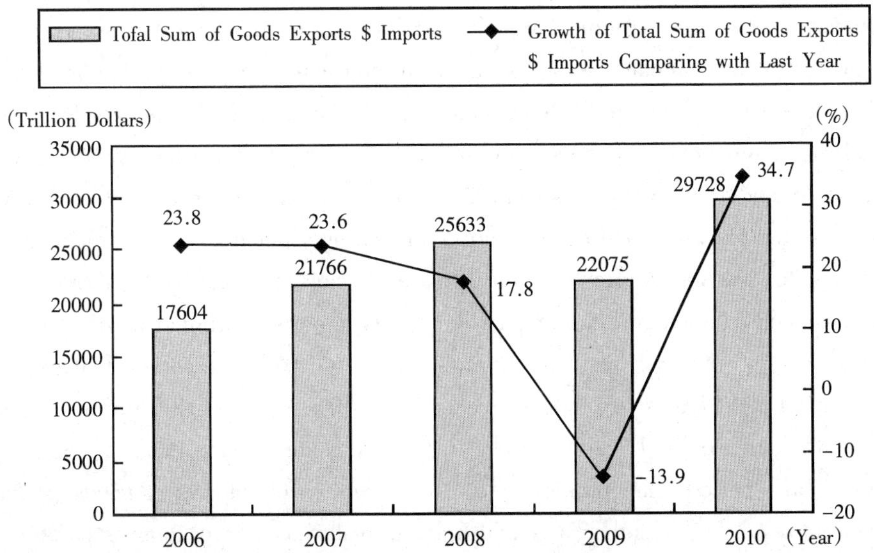

Figure 7-2 Total Sum of Goods Exports and Imports during the "Eleventh Five-Year" period and Growth Speed

Data Resource: National Bureau of Statistic of China.

(2) Trade balance continued to improve. During the "Eleventh Five-Year" period, China made efforts to promote trade balance, elevate the quality and efficiency of foreign trade development and implement the strategy aimed at expanding imports as well as struggle to maintain stable export growth. We conscientiously fulfilled the commitment to open domestic market, dropped the overall level of import tariffs to 9.8%, and further simplified the import management, improved the import promotion system, increased the degree of trade facilitation, and basically abolished import quotas, canceled the automatic import licensing of more than 800 tax items. Therefore, the export and import setup tended to be more balanced, trade surplus began to fall since the summit reached in 2008 — $298.1 billion, and dropped to $1957 billion in 2009, $1831 billion in 2010. In 5 years, the trade imbalance degree (proportion of balance of trade taken in total imports and exports) dropped from 10.1% in 2006, 12.1% in 2007, 11.6% in 2008 and 8.9% in 2009 to 6.2% in 2010.

(3) Positive changes have taken in the form of import and export trade. During the "Eleventh Five-Year" period, the form of China import and export trade changed positively under the guidance of the idea——reinforcing the structural adjustment and the transformation and upgrading of foreign trade. In 5 years, average annual growth rate of import and export of general trade reached 20.1%, which substantially surpassed the 10.9% rate of the processing trade. In 2010, general trade imports and exports reached $ 1.4887 trillion, with a growth of 1.5 times compared with those at the end of the "Tenth Five-Year" period, and its proportion in total imports and exports rose from 41.8% at the end of the "Tenth Five-Year" period to 50.1%; processing trade $ 1.1578 trillion, up 67.7%, down from 48.6% to 38.9%.

(4) Import and export structure was further optimized. From the export viewpoint, in 2010, the proportion of manufactured goods taken in total exports rose from 93.6% at the end of the "Tenth Five-Year" period to 94.8%; mechanical and electrical products from 56.0% to 28.6%, high-tech products from 59.2% to 31.2%; the export of hi-tech products with high technology content and added value was controlled effectively, and large-scale electromechanical products such as automobiles, ships, aircrafts, railway equipments, communication products etc. and complete sets of equipments have made a new breakthrough. From the import viewpoint, advanced technology, equipment, key parts imports continued to grow, the bulk of resources and energy imports have been expanding. In 2010, exports of machinery and electronic products and high-tech products reached $ 660.3 and $ 412.7 billion respectively, with an separate increase by 1.9 times and 2.1 times compared with those at the end of the "Tenth Five-Year" period; the proportion of two categories of imports of goods ——inedible materials and mineral fuels, lubricants and related materials——in total imports rose from 20.3% at the end of the "Tenth Five-Year" period to 28.7%. This has not only met the needs of domestic economic development, but made great contributions to stabilization and recovery of the global economy affected by the financial crisis.

7.2.2.2 China's foreign trade performance in the first three quarters of 2012[①]

Since this year, due to continuously unfolding of the deep-seated effects of international financial crisis, in particular the deepening and spreading of Europe's sovereign debt crisis, world economic recovery apparently decelerated and global market demand slid. China's economy faces growing downward pressures, by the end of the third quarter, GDP growth has slowed down for the seventh consecutive quarter. Foreign trade development faces complicated and severe situation at home and abroad, import and export growth slid to single digit, the difficulties facing import and export enterprises are increasing. In view of the changes, Chinese government timely adopted a series of policy measures to stabilize foreign trade growth and optimize trade structure, which boosted the corporate confidence and played an important role in stabilizing foreign trade. The main features of China's foreign trade performance in the first three quarters are:

(1) Imports and exports recorded a low but steady growth, measures to stabilize foreign trade have given initial results. In the first three quarters, China's imports and exports totaled \$2842.47 billion, a year-on-year increase of 6.2%, of which exports totaled \$1495.39 billion, up 7.4%, 15.3 percentage points less from the year earlier, and imports totaled \$1347.08 billion, up 4.8%, 21.9 percentage points less from the year earlier. Trade surplus totaled \$148.31 billion, up 39.1%. On a quarterly basis, import and export grew 7.2%, 8.5% and 3% in the first, second and third quarter. Due to a pick-up in global market demand and progressive implementation of policy measures to stabilize foreign trade, the import and export

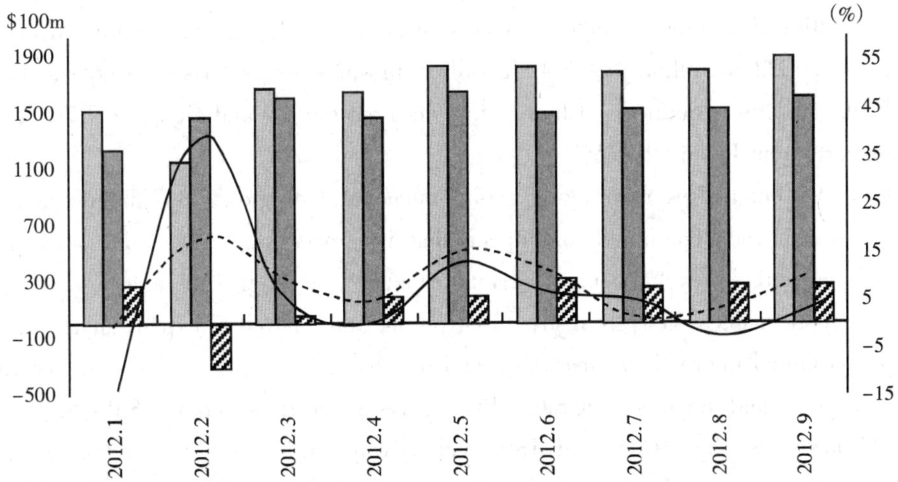

Figure 7-3 Monthly imports & exports and trade balance, 2012.1-9

① Report on the foreign trade situation of China (Autumn, 2012), http: //www.caitec.org.cn/c/en/news/2013-03/05/news_3861.html.

growth in September rebounded, with export growth rising 9.9% from 2.7% in August and import growth rising 2.4% from a decline of 2.6% in August, the monthly trade and export scale reached an all-time high.

(2) Exports of electromechanical product increased steadily and export structure further optimized. In the first three quarters, exports of electromechanical products totaled $854.83 billion, rose by 8.3%, which was 0.9 percentage points higher than the overall rate of export growth and its share in total exports increased to 57.2% from 56.7% of the year-earlier period. Exports of high-tech products totaled $424.06 billion, rose by 6.4%, of which exports of cell phones and integrated circuit grew by 18.1% and 46.9%. Exports of labor-intensive products slowed down, exports of seven labor-intensive categories, which including textile, clothing, furniture, footwear, bags and cases, plastic products and toys, rose 7%, 0.4 percentage points lower than the overall export growth. Exports of highly energy-consuming, highly-polluting and resource products further declined, exports of coal and refined oil fell by 38.6% and 9.8%.

(3) Exports to developed economies clearly differentiated and exports to emerging markets recorded a fast growing. With a mild economic recovery in the US, retail markets began to pick up, China's exports to the US in the first three quarters totaled $258.16 billion, an increase of 9.6%. Despite of EU's economic recession and apparently falling demand, China's exports to EU totaled $250.46 billion, a decrease of 5.6%. China's exports to Japan totaled $112.51 billion, an increase of 4.5%. Due to a stronger economic growth in emerging economies and further promotion of market diversification by the enterprises, China's exports to emerging economies continued to grow strongly, exports to ASEAN, Russia and South Africa reached $144.7 billion, $32.58 billion and $10.72 billion in value terms, rising 16.6%, 14.5% and 10.8%. In the first three quarters, China's imports from the US and EU grew 7.7% and 2.1%, whereas imports from Japan fell 6.5%.

(4) Private enterprises recorded a sound momentum of growth in imports and exports, growth in general trade continued to outpace that in processing trade. Guided by the policy measures to encourage development of private economy, most private enterprises engaged in import and export business actively restructured product mix, tried to expand marketing channel and deeply exploited international markets, and this has given benign results. In the first three quarters, exports and imports generated by private enterprises totaled $551.52 billion and $326.46 billion, rose by 19.2% and 18% respectively, this was 11.8 and 13.2 percentage points higher than the overall rate of growth. Exports and imports generated by foreign-invested-enterprises (FIEs) totaled $751.12 billion and $648.34 billion, rose by 3.1% and 1.3% respectively, this was 4.3 and 3.5 percentage points lower than the overall rate of growth, and its share in total exports and imports fell 2.1 and 1.7 percentage points. Imports and exports generated by state-owned-enterprise (SOEs) declined substantially, with exports falling 3.9% and imports edging up 0.9%.

In the first three quarters, general import and export trade totaled $1498.97 billion, up 5.9%, of which exports totaled $729.78 billion, up 8.3%, imports totaled $769.19 billion, up 3.6%. The external conditions had a greater impact on processing trade because of its "two-ends-on-the-outside" mode, processing imports and exports totaled $982.94 billion, up 2.2%, and this was 4 percentage points less than the overall growth in imports and exports. Processing exports totaled $630.94 billion, up 3%, accounting for 42.2% of total exports and 1.8 percentage points below the same period last year, processing imports totaled $352 billion, up 1%, accounting for 26.1% of total imports and falling by 1 percentage points.

(5) Central and western region recorded a sustained and rapid growth in exports despite a slowdown in eastern region. Both imports and exports in central and western region grew robustly due to its paced-up efforts in undertaking industrial transfer of processing trade, regional distribution of foreign trade further improved. In the first three quarters, the exports of central and western region rose by 21.5% and 43.4%, of which exports of Chongqing rose 1.5 fold and exports of Gansu, Anhui, Guizhou, Henan and Sichuan rose 83%, 69.9%, 68.9%, 62.8% and 42.8%. The imports of central and western region rose by 7.9% and 13.2%, of which Chongqing and Henan rose 69% and 64.2%. Exports of eastern region, being seriously hit by a slowdown in global demand and rising production cost, grew by only 4.3%, which was 3.1 percentage points lower than the overall rate of growth. Exports of Guangdong, Jiangsu, Zhejiang and Beijing grew 6.4%, 4%, 3% and 3.2%, whereas Shanghai and Shandong showed a decline of 0.1% and 0.2%.

(6) Imports of agricultural products grew rapidly and import growth in electromechanical products dropped. In the first three quarters, imports of grain and oil crops showed a stronger growth, of which imports of grain and grain flour, soy bean, edible vegetable oils grew 230%, 17.7% and 18.3%. Import growth in energy resources was mixed, imports of iron ore, crude oil, unforging copper and copper products, alumina grew 8.4%, 6.4%, 32.6% and 210%, whereas imports of refined oil, logs and steel fell 4.4%, 10.8% and 12%. Imports of electromechanical and high-tech products grew 2.7% and 6.4% in value terms, falling back 13.6 and 7.3 percentage points over year-earlier levels, but imports of autos and aircrafts maintained its rapid growth, rising 23.6% and 22.5% in volume terms.

7.2.3 Problems of China's Foreign Trade

Through reviewing the development history of China's Foreign Trade, we can see that the status of China in the international trade has rose to the number one in the world nowadays from the thirty-second in the early times of the Reform and Opening-up.

Although China's foreign trade has achieved rapid development over the past thirty years and made the enormous achievement and the contribution to the international economy acknowledged by the world, we have to acknowledge that there are still many problems in China's foreign trade such as the unreasonable structure, the unsatisfactory growth quality etc.

Let's make a further analysis as follows.

The current problems of China's foreign trade are shown as the following:①

Firstly, trade surplus is still large. The proportion of China total import and export in world trade was less than 1% in 1978 and increased to nearly 8% in 2007. National import and export value was $21738.3 billion in 2007, up 23.5%. Among them, the proportion of import and export value in world imports and exports increased to 8.8% and 6.7% separately, and ranked the 2nd and 3rd in the world. China trade surplus in 2007 was $ 262.2 billion (Seen in Table 7-2), an increase of 47.7% over the corresponding period in 2006, and the trade surplus continued to expand. It is noteworthy that excessively high trade surplus is likely to bring about the failure of domestic monetary policy, too much trade friction, and exchange rate fluctuations which will lead to exchange rate risk and assets shrink.

Table 7-2 China Import and Export Development in Recent Years (2003~2007)

(Units: Billion Dollars)

Years	Import and Export		Export		Import		Balance
	Value	Growth (%)	Value	Growth (%)	Value	Growth (%)	
2003	8509.9	37.1	4382.3	34.6	4127.6	39.8	254.7
2004	11545.5	35.7	5933.3	35.4	5612.3	36.0	321.0
2005	14219.1	23.2	7619.5	28.4	6599.5	17.6	1020.0
2006	17604.0	23.8	9689.4	27.2	7914.6	19.9	1774.8
2007	21738.3	23.5	12180.2	25.7	9558.2	20.8	2622.0

Data Resources: Ministry of Commerce Website.

Secondly, the share of high-tech products in export structure is still low (Shown in Table 7-3). From Table 7-3, we can see that from 2001 to 2007, exports of China high-tech products soared all the way, exports in 2007 was almost eight times than that in 2001. But no matter from the viewpoint of its proportion in total merchandise exports or in manufactured goods exports, exports of high-tech products is still very low, and the foreign-funded enterprises takes the vast majority of China high-tech products export, high-tech products export of general trade in Chinese enterprises is pretty low. Among the various trade means of the high-tech products export, processing trade still holds the dominance absolutely, exports in 2006 were up to $245.82 billion, accounting for 87.3% in the high-tech product exports in the present year. High-tech products exported by the means of general trade in 2006 was $27.44 billion, accounting for only 1/9 in exports of processing trade and less than 10% in high-tech exports, which indicated that high-tech exports of China independent intellectual property rights is still too little.

① Cui Bingqiang. Problems, Obstacles and Resolutions of China's Foreign Trade Current Development[J]. HeiLongJiang Foreign Economic Relations and Trade, 2009 (2): 11-13.

Table 7-3 China High-tech Products Exports from 2001 to 2007

(Units: Billion Dollars)

Years	2001	2002	2003	2004	2005	2006	2007
High-tech Exports	464.5	678.6	1103.2	1653.6	2182.5	2814.5	3478.3
proportion in total merchandise exports (%)	17.5	20.8	25.2	27.9	28.6	29.0	28.6
proportion in manufactured goods exports (%)	19.4	22.8	27.3	29.9	30.6	30.7	30.1

Data Resources: Ministry of Commerce Website.

Thirdly, trade means is to be further improved. In 2007, China adjusted the processing trade policy and expanded the extent of prohibited and restricted commodities in processing trade, import and export Processing trade imports and exports throughout the year was $986.05 billion, up 18.5%, and down by 2% compared with that in 2006. Although processing trade growth has slowed down, the proportion of it in export trade rose up to 50.7%, so such proportion is still high. General trade import and export growth has increased over 2006, but the proportion——44.2%——is still low.

Fourthly, export of foreign-funded enterprises still takes the dominance. In 2007 total import and export of foreign-invested enterprises was $1.25493 trillion, up 21.1%, and down by 3.5% compared with that in 2006. Of the total, exports were $695.52 billion, up 23.4%, accounting for 57% of total exports. The total import and export of state-owned enterprises was $494.53 billion, up 18.7%. Of the total, exports were $224.81 billion, up 17.5%, accounting for 18.4%. In 2007, total import and export of private enterprises was $424.37 billion, up 38%, higher than that in 2006 by 0.9%. Of the total, exports were $297.68 billion, up 39.2%, accounting for 24.4% of total exports. Thus, the setup of foreign companies dominating the export has not changed yet.

7.3 China's Foreign Trade Future: Opportunities and Challenges

China's foreign trade will face more complicated situation home and abroad in the future. It is very significant to understand the development environment and opportunities and challenges of China's foreign trade, which will benefit its sound and sustainable development.

7.3.1 Analysis of the Environment for China's Foreign Trade Development①

In 2013, China's foreign trade development will possibly face a slightly improved environment both at home and abroad, but constraints on a stable pick-up in foreign trade still exist.

Internationally, world economies intensified their macro policies, European debt crisis somewhat eased, the US economic recovery is being stabilized, market confidence and growth expectation has somewhat boosted, global economic growth in 2013 will possibly face a somewhat improved environment. However, sovereign debt crisis in developed countries will cripple the growth potentials, the negative effects of economic stimulates are gradually showing up, emerging economies are facing more difficulties, moreover, trade and investment protectionism is intensifying, the global economic situation of low growth and high risks will not improve much.

Firstly, world economic growth still lacks adequate driving force. The US, Europe, Japan and other developed economies will have to carry on fiscal tightening, investment to emerging industries will hardly form a certain scale in short term, eased monetary policy cannot fundamentally reverse the condition of insufficient effective demand, and higher unemployment rate poses another brake, the engine of economic growth remains weak. The development in some, emerging economies is facing growing risks since problems of relying on energy exports and payments imbalances have gradually disclosed, and economic growth is showing a slowdown. IMF predicted a 3.6% economic growth in 2013, weaker than ten-year's average of 4% before the crisis. WTO predicted that global trade volume will grow 4.5%, well below the ten-year's average of 6% before the crisis.

Secondly, sovereign debt crisis in advanced countries is likely to create another wave. European debt crisis is an institution crisis of European Monetary Union and also a competitiveness crisis of euro zone's periphery countries. With the operation of European Stability Mechanism and implementation of Bank Union, the weakness of euro zone's institutional design is gradually strengthened, but periphery countries have a huge fiscal gap and a relatively weaker industrial base, it will be a long-drawn-out process to upgrade competitiveness, during this period, a worse-than-expected economic and political situation will possibly cause another volatility in financial markets. In 2013, euro zone's periphery countries still have strong financing needs, some countries will hold general election, and its impact on European's financial market needs close attentions. The US fiscal cliff is equivalent to 4% of its GDP, if it is not properly handled, it will possibly tip the US economy into another

① Report on the foreign trade situation of China (Autumn, 2012), http://www.caitec.org.cn/c/en/news/2013-03/05/news_3861.html

recession.

Thirdly, turmoil in world financial and commodity markets will possibly continue. Recently, the US, EU, Japan and other major economies announced quantitative easing policies, Australia, South Korea, India and Brazil cut interest rates to boost the economy, and this will possibly trigger off frequent and wide fluctuations in currencies and exchange rates of various countries, large-scaled cross-border capital flows will hit the global financial stability. The major grain producing countries, like the US and Russia are suffering from serious drought, which caused a global reduction in wheat and corn production, the persistent geopolitical tensions in the Middle East could easily hit oil supply, in addition, loose monetary policies worldwide and speculative capital that pouring into commodity markets for profiteering, put considerable upward pressures on agricultural and energy prices.

Fourthly, trade and investment protectionism further intensified. Under conditions of no apparent improvement in economic recovery, some countries partly sealed their domestic markets in order to relieve employment pressures and support native industries, and this impeded normal activities of global trade and investment. According to WTO's monitoring, from October 2011 to May 2012, a total of 182 new trade restriction measures were adopted by member countries, which affecting 0.9% of world imports, the implications are even more far-reaching for its weakening role in dealing with the crisis and strengthening role in stimulating native industrial renaissance. Some countries became defensive towards cross-border investment in emerging sectors and tried to slap restrictions. Under the catalysis of election politics, economic and trade policies of some countries even had a dangerous tendency of deglobalization.

Domestically, a series of policy measures inexpanding domestic demand and stabilizing overseas demand have being steadily implemented and began to produce effects, China's economy on the whole moves smooth. The 18th Congress of the Communist Party of China will further motivate the initiative for accelerating development, and this will be conducive to further promoting a steady and rapid economic growth. China's economic growth in 2013 is widely expected by IMF and other organizations to outpace that of 2012. However, the foundations of a stable growth remains shaky, growth in domestic demand is conditioned by systematic and institutional obstacles, overcapacity in some sectors remains serious and the enterprises still face greater difficulties in production and operation.

It should be noted that the ten years since the Party's sixteenth congress is the fastest-growing period for China's merchandise trade development, the average annual growth in imports and exports exceeded 20%. In 2011, China's exports accounted for 10.4% of world total, ranking first in the world for three consecutive years, whereas imports accounted for 9.5%, the world's second largest for three consecutive years. With profound changes in internal and external environment, China's foreign trade is unlikely to carry on its sustained and rapid growth in previous years.

In light of the grim and complicated situation both at home and abroad, China's foreign trade policy will continue focusing on stabilizing growth, adjusting structure and facilitating equilibrium. On one side, to stand from the present, follow closely the changes of the situation, ensure the adequate implementation of various policy measures, help enterprises to overcome difficulties of insufficient orders, rising cost and growing frictions, try to minimize the negative impacts of changes in the external environment, go all out to stabilize foreign trade growth. On the other side, to look forward to the future, take full advantage of the reversed transmission of the pressure from tightening market conditions, accelerate transformation of the mode of foreign trade development, develop new and competitive advantages, make great efforts to open up emerging markets, speed up the building of foreign trade transition and upgrading base, trade promotion platform and international marketing network, and enhance the potentials of long-term development of foreign trade. Meanwhile, the government will perfect import policy, set up more import promotion platform, actively expand imports of advanced technological equipments, key spare parts that are domestically scarce and some commodities that are in tight supply, and boost a balanced growth in foreign trade.

7.3.2 Potential Opportunities of China's Foreign Trade in the Future

The "Twelfth Five-Year Plan" period will be the crucial time of deepening reform, expanding opening up and accelerating the transformation of economic development manner, and is also the critical time to build a new competitive advantage of China in the international market and to achieve the transformation from the big trading power to a strong trading nation. From the analysis of the environment facing China's foreign trade in the future, we can see that China's foreign trade is to be faced with many opportunities in the development process during the "Twelfth Five-Year Plan" period doubtlessly.

7.3.2.1 Potential opportunities in external environment

From the external environment, we can see that there are many favorable conditions for the development of China's foreign trade. The world economy recovers slowly and the emerging economies grow rapidly, which will bring greater demand space. With the financial stability worldwide, the implementation of economic stimulus plan, the international financial market tended to be stabilized gradually since the second half of 2009, consumption and investment restored slowly, and the world economic downturn slowed down and rose steadily. The world financial crisis has made the original world economic pattern to diversify further. The world economy will enter a new cycle of adjusting the development. The dominant position of developed countries in the international economy has been weakened and the economic power of developing nations and emerging economies has risen to some extent. As the world economy recovers, the consumer demand in the international market restores gradually. Besides, Chinese products featured as affordable but of very high quality have always been widely populated among consumers worldwide, and will not be replaced by products of other countries in the short term, so the international market share of Chinese products will continue to increase after the financial crisis. Furthermore, the Chinese government and enterprises have adopted the strategy of diversifying exports for many years. While stabilizing the market of developed areas such as Europe, the United States etc., China actively exploited the international market beyond developed areas such as Europe, the United States etc. and regional trade with ASEAN, Africa, Latin America etc. expanded constantly, which has added new vitality and power to the export of Chinese products. Integrating the analyses of various factors, the top status of China exports in the world sounds solid and isn't to be shaken within a short time. China should seize this opportunity, and further develop the export of processing industry on the original basis. At the same time, we should thoroughly implement the "going out" strategy, develop China high-tech products energetically, cultivate national competitive advantage and strive for international market share.

7.3.2.2 Potential opportunities in internal environment

From the internal environment, China's economy will continue to maintain the stable and rapid development during the "Twelfth Five-Year Plan" period. The favorable situation that contributes to enhancing the development level of China's foreign trade has emerged from the perspective of either the national economic policy or the national legal systems.

(1) The economic development themes and the main line of the "Twelfth Five-Year Plan" put forward at the 17th Plenary Session points out the direction of China's foreign trade development——in the next five years, we should accelerate the transformation of China's foreign trade development mode, optimize the trade structure, increase the level of foreign trade development, and make the leap from a big trading power to a strong one to be realized.

(2) As the economic and political system of China improves gradually, the legal system, especially the system in the field of foreign trade, is also improving, which has provided a powerful legal protection for the development of China's foreign trade.

The combination of the former two factors either carries out the strategic development requests for China's foreign trade, or provides fair and regulated legal environment. Thus, China's foreign trade is bound to enter a brand-new stage of comprehensive development. We should grasp the precious strategic opportunities tightly to further reform China's foreign trade, so that the field would meet the developing demand of the socialist economy, and promote the development of the general economy in China both in quality and in rate.

To sum up, there still exists many potential opportunities for foreign trade development on the developing road in the future. What we can do is to closely integrate with the current international and domestic economic situation, seize opportunities for development tightly, and actively engage in accelerating the transformation of China from a big trading power to a strong one. It is believed that a brand-new situation of China's foreign trade is bound to appear at the end of the "Twelfth Five-Year Plan" period.

7.3.3 Challenges China's Foreign Trade Facing in the Future

It is certain that China's foreign trade will face various challenges in the future which are displayed from the following three aspects:

7.3.3.1 Challenge of accelerating the development mode of foreign trade and optimizing the commodity structure of import and export

Being faced with the challenge is either our important task entrusted by the times, or the development requirements proposed by the development of world economy. The development of China's foreign trade in the past decades since the beginning of the new century has highlighted the shortcomings of China's foreign trade such as the irrational structure, the relatively big export trade dependency etc. These shortcomings are neither clearly consistent with the scientific development theme of the "Twelfth Five-Year Plan", nor conducive to the transformation and upgrading of China's foreign trade and change of development mode. Dependence on foreign trade, also known as foreign trade coefficient (the traditional foreign trade coefficient), refers to the ratio of a country's total imports and exports in GDP or GNP. The ratio of total imports in GNP or GDP is called import dependence, and that of total exports in GNP or GDP is called export dependence. Therefore, it is inevitable to accelerate the transformation of China's foreign trade development mode in order to achieve more remarkable development in the field of foreign trade. To address this challenge, we must change the unreasonable parts of China's foreign trade from import and export commodity structure of enterprises to the policy and system of national foreign trade comprehensively and utterly. All that do not meet the demand for elevating the level of foreign trade must accept utter changes, which means that we will shoulder a series of heavy and complex tasks and rough challenges.

7.3.3.2 Challenges of various trade protectionism restrictions abroad

Since the breakout of financial crisis, the international trade protectionism specially against China intensifies day by day, major trading partners such as the Europe, the United States etc. have adopted anti-dumping and countervailing measures or the "dual opposition" (the combination of anti-dumping and countervailing measures) measures to limit Chinese exports, and some developing countries also continue to adopt various means to restrict Chinese products unwarrantedly, which has become a unique phenomenon in international trade field, followed by the constant aggravation of trade friction between China and its major trading partners. Both the NO.1 Status of China export in the world and the lasting growth of China's foreign trade, determines the long-term existence of trade protectionism against China and the constant growth of trade friction between China and major trading partners, which shows that the tasks of Chinese government and enterprises against protectionism will become more difficult and onerous. In this regard, we should keep a clear understanding and prepare to deal with problems of all aspects.[①]

7.3.3.3 Challenges of dealing with various environmental regulations and policies

In the early times of the new century, environmental issue has gradually become a global important problem affecting the world development, the environmental awareness of governments and the public gets strong increasingly, and various environmental legislations and policies appear one after another. As with foreign trade products, either the energy resource consumption in its production process, or the environmental impact of its use involves environmental protection. International environmental legislations, environmental policies under the WTO multilateral system and nationally domestic environmental legislations and policies impose greater effect on international trade gradually. Currently, environmental issues such as low-carbon economy, climate change, greenhouse effect etc. have become a hot topic in the international trade case. By taking measures such as tax means, technical regulations and hygiene standards etc. to limit the import and export of environmentally related products has become the inevitable trend of the international trade. For China, specifically speaking, it means that the import cost of energy resources products will increase on one hand; on the other hand, China exports will face more "green barriers" in the form of environmental legislations and policies, so we should attach great importance to the challenges.[②]

All in all, we need to see the conditions conducive to the development of China's foreign trade and to further enhance the development confidence. Meanwhile, we have to fully assess the complexity, austerity and uncertainty of the situation, make a better consideration of various difficulties and risks, do more solid works to cope with various challenges, further implement and improve the policy measures of supporting the development of foreign trade, and upgrade the relevance and effectiveness of policies. The majority of enterprises should strengthen the management by their own, practice with basic skills strenuously, accelerate the pace of technological innovation, further optimize the export commodity structure, strive to accelerate the transformation of foreign trade development mode, and promote healthy and stable development of foreign trade.[③]

①② Liu Jingdong. Five Trends of China's Foreign Trade Development in the Future [N]. Economic Information, 2010-8-18.

③ China's Foreign Trade Situation Report in 2010, http: //zhs.mofcom.gov.cn.

7.4 Extended Learning

7.4.1 Questions for consideration

(1) How it is about the applicability of the International Trade Theory to China's foreign trade?

(2) What're the main features of China's foreign trade system before the Reform and Opening-up? What's the relationship between foreign trade system reform and the Reform and Opening-up?

(3) How did China's foreign trade system reform before the accession to WTO? What's the effect?

(4) Which stages of reform has China's foreign trade policy gone through? Please make a brief description of the foreign trade policy we adopt currently.

(5) Please briefly describe the development process of China's foreign trade, and make a clear acknowledgement of the current development station and the problems.

(6) What's the environment facing China's foreign trade development in the future? Analyze the question from both internal and external viewpoints.

(7) Briefly analyze the potential opportunities and challenges on the road of China's foreign trade development path in the future, and outline the replies.

7.4.2 Case Study

Properly Tackling with Trade Friction Creates a Favorable External Environment①

Since China's accession to the WTO, the economy has developed rapidly, the scale of foreign trade has been expanded and China has become the second largest trading nation and economy in the world. Meanwhile, the complementarity of our trade with the United States, Europe and other developed countries is transforming into the competitive. The extent of competition with some large developing countries was extended, trade conflicts of interest emerged further, the amount of trade friction against China increased, the extent expanded and the situation got worse. China has been the primary goal of foreign trade protectionist measures

① Zhou Xiaoyan. Properly Respond to Trade Friction, Create Healthy External Environment [N]. International Business Daily, 2011-7-4.

abroad for many years consecutively, and the difficulty of works against the challenges got a further increase.

According to statistics, since the accession to the WTO (until the end of 2010), China encountered 692 cases of foreign trade remedy investigations, involving 38.98 billion. China has been the country suffering the most anti-dumping investigations worldwide for 16 consecutive years and the most anti-subsidy investigations for five consecutive years worldwide. Particularly, the range of non-traditional trade friction experienced by China constantly expands in recent years. Macroeconomic issues such as the RMB exchange rate, innovation policy, new energy policy, intellectual property protection, investment, market access etc. gradually become the new hot spot for trade friction.

Under the correct leadership of Party at the State Department and Commerce Department, the Fair Trading Bureau actively responds to trade friction, builds a comprehensive response system based on the "four-body interaction" working mechanism, and the good work situation——vertical linkage, horizontal cooperation and efficient operation——has been created, the government has done the work in six aspects as the following:

First, build mechanism and tackle with trade friction with periodical effectiveness. Internally, the government established the Ministry of Commerce (including overseas business institutions), local administrative departments for commerce, business associations, and the "four-body interaction" working mechanism with the participation of correlative enterprises and realized the formation of response pattern featured as team work, mutual participation and collaboration. In 2010, the Ministry of Commerce issued the "Guidance about Strengthening the Fair Trade Work of Import and Export at a New Era" which has further ensured the effective operation of the "four-body interaction" working mechanism. Externally, the establishment of bilateral trade remedy cooperation mechanism was promoted constantly. Presently, the Fair Trade Bureau has established mechanisms for trade remedy cooperation with investigation authorities of 16 major trading partners such as the United States, the European Union etc., actively developed dialogue and consultation, enhanced mutual trust, reduced differences and resolved friction.

Second, apply multiple approaches jointly and tackle with challenges comprehensively Firstly, the political negotiations. Maintaining high-level political negotiations is a necessary way and an effective way to respond to trade friction. Relying on multi-level political negotiations, the status of China market economy has been recognized by 81 countries, and the momentum of abusing "special protection" of some states towards China has been checked. Secondly, defend legally. Legal defense includes either submitting the plea comments in the procedure of trade remedy investigation or applying the WTO dispute settlement mechanisms and domestic judicial procedures of investigating countries to challenge unfair trade remedy measures. China's victory in the settlement of case No. 379 using the WTO dispute settlement mechanisms marks that China has gained significant achievements by applying the multilateral dispute settlement mechanism to challenge the U.S. abuse of trade remedy measures. Thirdly, cooperate within the industry. To promote the win-win pattern by promoting dialogue and consultation and cooperation between China and foreign industries by promoting is an important way to solve trade friction. Fourthly, the public relations lobby. Strengthen the non-governmental exchanges with think tanks, chambers of commerce, associations, NGOs of relevant countries and with figures concerned to promote them objective and impartial researching and reviewing the bilateral economic and trade relations. Fifthly, propagate by means of the news. Given the constant rise of the domestic and foreign media attention to trade friction, it requires us to strengthen the propaganda work outside, and actively guide the public in a rational view of trade friction.

Third, lay stress on the key points and address problems powerfully. We should always lay emphasis on tackling with major cases with significant impact on interest, involving key national markets and products, and cases of serious violations of WTO rules, as well as discriminatory disputes of friction involving China economic system and policy. At the same time, we should adopt the policy of "the great case settlement drives the small", effectively address each case, stimulate experiences, train our team, enhance the confidence and determination in dealing with other kinds of cases, and improve the overall capacity to deal with trade frictions.

Forth, pay attention to rules and strengthen negotiations. Actively participate in the Doha Round Rules negotiations and continue to intensify its efforts, raise the capacity of influencing the trend of negotiations, promote the improvement and clarification of the rules, tighten disciplines, strengthen transparency, and spare great efforts to prevent the United States and Europe from introducing the discriminatory against China and unreasonable practices into the multilateral rules. China has become a core member of the negotiation of rules, and has grown from a passive recipient of international trade rules to an important member capable of essentially affecting the formulation and revision of the rules. In the FTA negotiations, set negotiating schemes elaborately according to different negotiating partners, properly set the terms of trade remedies, both avert the FTA partners' abuse of trade remedy measures to hinder the trade liberalization process, and effectively protect domestic industries.

Fifth, serve with information and strengthen the initiative. We will respond to trade friction sooner, do a good job early warning, through overseas business institutions and foreign media channels, closely track foreign governments, associations and enterprises of the latest trends, gather information and deal with the timely release of trade friction, the establishment of a more comprehensive early warning information release system. Compiled and distributed monthly "trade friction dynamics," "dynamic trade barriers", published annually since 2003, "Foreign Market Access Report", Ministry of Commerce web site set up in response to trade friction column.

Sixth, provide training and consult and enhance capability. We should focus on strengthening the guidance of responding to cases as to enterprises involved in cases in the process of responding to cases, hold mobilization and training of responding to signal cases as well as meetings of case analysis, and help businesses improve the awareness and capacity of responding to trade friction. We should adhere to carrying out training qualified persons for fair trade, hold training sessions of response regularly each year, and train professionals for units such as concerned departments of the State Council, local administrative departments for commerce, business associations, research institutions and enterprises etc.

Over the decade since the accession to WTO, we have gained remarkable achievements in various works of responding to trade friction. Firstly, effectively curb the foreign states' abuse of foreign trade remedy measures and the deluge of trade frictions; secondly, firmly oppose to foreign application of discriminatory and unfair treatment to national enterprises; thirdly, powerfully safeguard the legitimate rights and interests of enterprises and industries; fourthly, help companies learn to apply international rules to participating in international competition; fifthly, encourage enterprises to realize industrial transformation and upgrading through responding to trade friction.

From the outlook of the "Twelfth Five-Year Plan", the trade friction situation China facing would still remain severe, and the difficulty of responding continues to increase. We will sum up experience, further strengthen the response. ①Continue to increase government level negotiations, consultations and legal defense efforts, give full play to the role of multilateral and bilateral mechanisms, determined resort to WTO dispute settlement mechanism as with some members' violation of WTO rules. ②Continue to encourage and support Chinese enterprises to strengthen communication and exchanges with foreign industry, resolve and reduce trade friction and achieve mutual benefits and win-win situation through consultation and cooperation. ③More effectively help enterprises to improve their ability to respond to trade friction, support enterprises to actively respond and continue training of responding to trade friction nationwide, provide more and better public services to businesses and the public in aspects such as pre-warning information, guidance and counseling etc.

Questions: Why does China face up to more and more trade friction in recent years? In order to create healthy environment for China's foreign trade development, what can we do to respond?

7.4.3 Expert Views

Guo Penghui from Lanzhou University of Finance and Economics: China's foreign trade system reform, the same as other institutional reforms, is aimed at making revolutionary changes step by step and making a transition from being forced to alliviate both the internal and external pressure to actively obeying the international regulation that centers on the WTO. The revolution has proceeded from easily to toughly and the objects varied from the surface to the depth. Its path of reform stretched in the direction of trade liberalization; the reformation is based on the transition from a planned economy to socialist market economy; the content is the manner and intensity of government intervention of foreign trade; the order of the reform: the first step was carrying out the scheme aimed at lessening the strict constricts which are replaced by non-tariff means; the second was transiting the non-tariff means to the tariff means, and then lowering the tariff level. The process was not only Chinese characterized, but also in line with the international development of foreign trade regime.

Over three-decade long reform of China's foreign trade system has prompted the development of foreign trade in China. The foreign trade volume has increased from $ 20.64 billion in 1978 to $ 2.5616 trillion in 2008, and the status in world ranking rose from the 34th to the 3rd, an increase of 124 times. A positive impact on the world economy is also gradually increasing, as the idea of China's economic growth driving global economy gradually replaced that of China threat theory and became the mainstream understanding.①

State Council Information Office of the People's Republic of China: the development of foreign trade in China has not only promoted China's economic modernization and the elevation of the comprehensive national strength, and improved the living standard of more than 1.3 billion Chinese people, but also made the Chinese economy a part of the world economy and promoted the economic globalization developing in the direction conducive to common prosperity of all countries and regions.

The reform and opening up, together with the active participation in economic globalization, has made China one of the world's economies with the fastest growth rate. In the last 10 years, China together with other emerging economies, have played the gradually important role in promoting world economic growth. According to the data collected by the World Bank, China's GDP in 2010 increased by $ 4.6 trillion, being compared with that of 2001, and accounted for 14.7% of the total value increment of the world economy over the same period. The percentage of China's GDP in the world economy (GDP) has increased to 9.3%. The WTO data shows that from 2000 to 2009 the average annual growth rate of Chinese exports and imports were 17% and 15%, far higher than that of the total world trade during the same period—3%.

Having suffered from the international financial crisis, China's foreign trade came as the first to stabilize, which has promoted the global economic recovery. Since the breakout of the international financial crisis in 2008, the Chinese government has adopted a series of policy measures to stimulate the economy, expand domestic demand, and stablize import and export scale. In 2009, while world trade in goods imports fell 12.8%, Chinese imports increased by 2.9%, and China was the only country to maintain growth in the world's major economies. The factor from China has supported the exports of many crisis-stricken countries, stimulated the demand of global commodity, boosted the confidence of people and played a huge role in boosting the world economic recovery and growth. When the WTO checked and reviewed China's trade policy for the third time, they noted that during the response to the financial crisis, China

① Guo Penghui. The analysis of China's trade reform process [J]. "Modern Business Trade Industry, 2009 (17).

has played a constructive role in stimulating the global demand and has made important contributions to world economic stability.

China's foreign trade development has increased the national welfare of China and its trading partners. With the accelerated integration into the world division of labor, China has gradually developed to become the world's main industrial production and exporting country, supplied the countries and regions in the world with both high-qualified and inexpensive goods, as well as met the diverse needs of the international market, relying on a labor cost advantage, strong ability of industrial process and manufacturing, as well as the increasing labor productivity. By virtue of the advantage of the scaled economy and processing cost in the global manufacturing, China has partially digested the burden of price increase of upstream production factors, and has played a role in curbing global inflation and improving the real purchasing power of consumers of trade partners.

China's foreign trade development offers broad market for the trading partner. Since 2001, China's total goods imports has expanded by about 5 times and the average annual growth rate was about 20%. China's rapid expansion of imports has become an important driving force of world economic growth, and has created a huge market space for its trade partners to expand exports. Currently, China has been the largest export market for Japan, Korea, Australia, ASEAN, Brazil, South Africa and other countries and regions, the EU's second largest export market, and the third largest export market in the United States and India. China's industrialization and urbanization is rapidly advancing, domestic demand continued to grow, the constantly expanding and opening market is to provide trading partners with more and more development opportunities.

To the least developed countries, China is one of the countries having opened the market to the largest extent. Until July 2010, China levied zero importing tax to over 4700 tax items originally produced by the 36 least developed countries that has established diplomatic relations with China. These items accounted for about 60% of all tariff items. China has pledged to continue to expand the benefit range as with on the least developed countries in diplomatic relation ship with China, so that the implementation of zero tariff goods would increase up to 97% of all tariff items. Zero-tariff measures have promoted the least developed countries' exports to China. Since 2008, China has always been the least developed countries' largest export market. In 2010, total imports of goods from the least developed countries increased by 58% comparing with the previous year, and the imports accounted for about one quarter of the total exports of these countries.

China has fully participated and promoted the reform of global economic governance mechanisms. The Chinese government actively advocated the "balanced, universally beneficial and win-win" standard as the goal of multilateral trade reform, and spared great efforts to promote the establishment of a fair and just new international economic trade order. As a rapidly growing large developing country, China has actively participated in the international dialogue and cooperation mechanism such as the G20 summit, leaders' conferences of the BRIC countries, Doha Round negotiations and so on, and spared great efforts to assume international responsibilities compatible with its own development level and national strength. China has constantly strengthened the cooperation with emerging countries in the fields of economy, finance, trade and investment and so on, and promoted international economic order to develop towards a fair, reasonable, and win-win direction.①

7.4.4 Online Study

If you are interested in further study, please click the websites given below:

(1) China Association of Trade in Service, http://www.catis.org.cn.

(2) China Trade in Service. http://tradeinservices.mofcom.gov.cn/index.shtml.

① Xinhua News Agency. White Paper of China's foreign trade, http://news.xinhuanet.com/fortune/2011-12/07/c_111222865_2.htm.

Chapter 8 China's Reform on Inward and Outward FDI

【Main Contents】

This Chapter introduces theoretical backgrounds of foreign direct investment, history of China's utilization of foreign direct investment, influences of foreign direct investment on Chinese economy and the development of Chinese outward foreign direct investment.

【Key Points】

- How to explain the motivations of foreign direct investments theoretically.
- Four stages of China's utilization of foreign direct investment.
- Current development of Chinese outward foreign direct investment.

Foreign direct investment, also known as international direct investment, refers to the investment behavior that natural persons, legal persons or other economic organizations of one country individually or jointly fund the creation of new enterprises, increase capital to expand existing enterprises, or acquire existing enterprises in the territory of other countries, and have effective management control over the enterprises. In the process of economic globalization, foreign direct investment is an important force. If international trade promotes consumption globalization, then foreign direct investment promotes the globalization of production, which has been the most important driving force for economic globalization in the past few decades.

Since the outset of reform and opening up in late 1970s, China has seized the favorable opportunities of economic globalization, achieved rapid economic growth, and become the world's second largest economy in 2010. In this process, foreign direct investment has become an important force to promote the integration of Chinese economy into the world. From 1985 to 2011, the actual value of foreign direct investment inflow to China increased from $ 1.956 billion to $ 116 billion. Since the mid-1990s, China has become the largest host country of foreign direct investment among developing countries. On the other hand, outward foreign direct investment from China has experienced rapid growth since the beginning of the 21st century. Now China has become the world's fifth largest home country for foreign direct investment and ranked first among the developing countries.

More than 30 years of reform and opening-up has integrated Chinese economy into the world, making China an world economic power. During that process, inward and outward foreign direct investment have played very important role, because they are the main vehicles that facilitate the cross-border flow of capital, which is a very important productive factor. Therefore, understanding the reform and development of foreign direct investment has become an important part in the understanding of China's reform and opening-up process. This chapter begins with a brief introduction to foreign direct investment theory, and moves on to deal with reform and development in the field of inward and outward foreign direct investment from the perspectives of their policy evolution, current status and future trends.

8.1 China's Reform on Foreign Direct Investment: Theories and Practices

8.1.1 Theories on Foreign Direct Investment and Understandings on FDI Utilization

8.1.1.1 Theories on Foreign Direct Investment

(1) Foreign Direct Investment as a form of international capital flow. Theoretically, foreign direct investment (FDI) was firstly explained as one form of international capital flow. Therefore, the basic motive for foreign direct investment is the same with that for international portfolio investment, which is to earn higher returns abroad. Thus, according to the basic (two-nation) Heckscher-Ohlin model, returns on capital are originally higher in the nation having the lower overall capital-labor ration. And FDI tends to flow from capital-abundant nations to capital-scarce ones, and end up with equalizing returns internationally.

The above explanations make sense. In practice, it has been found that firms with a strong international orientation are more profitable and have a much smaller variability in profits than purely domestic firms. Multinationals could earn higher returns abroad possibly because there is a higher economic growth rate, more favorable tax treatment, or greater availability of infrastructures and to diversify risks in foreign countries, which justify their decisions to invest abroad.

However, this basic reason cannot explain several things. First, why don't residents of a capital-abundant nation choose to lend money to other nations? Considering great risks involved in FDI, direct lending could be a better choice. Second, why does most portion of global foreign direct investment go to developed countries? For many years, Britain and the United States and other developed countries has always been among the biggest FDI utilizers, while these countries should by no means considered as capital-scarce nations. On the other hand, developing countries, which are usually considered as capital-scarce nations, are utilizing only smaller portion of the world total FDI.

(2) Other motives for foreign direct investment: Dunning's Eclectic Theory of International Production. Why do people choose to directly invest into a foreign country when lending could be an easier option? The most important explanation is that many large corporations (usually in monopolistic and oligopolistic markets) often have some unique production knowledge or managerial skill that could easily and profitably be utilized abroad and over which the corporation wants to retain direct control. These unique techniques or skills

owned by multinational companies define ownership-specific advantages. For example, Toyota may have a particular car-making technology over which it wants to retain direct control but which it can easily duplicate abroad so as to serve the foreign market better than through exports. This car-making technology could be an ownership-specific advantage. Other ownership-specific advantages could be production management, organizational and marketing systems, innovatory capacity, formal and informal institutions that govern the value-added processes within the firm, etc.

Even with ownership-specific advantages, companies still could choose to license foreign producers instead of making direct investment. Still, considering the great risks involved and the unfamiliarity, licensing could be a better choice. However, several factors determine that businesses prefer to keep their ownership-specific advantages under their own control. These factors are called internalization advantages. Basically, internalization advantages exist when market failure is involved. When there is a market failure, ownership-specific advantages could not be perfectly traded in markets; therefore, internal transaction within one organization is preferred to market transactions. For example, in order to make licenses, companies firstly need to find a prospective buyer, which incurs search and negotiating costs. Sometimes search and negotiating cost could be very high. Or, companies don't want to license their technologies to a foreign firm because they realize that they may be fostering a future competitor. Some managerial skills cannot be licensed, because these skills are often organization wide and embedded in teamwork among staff in the organization. In the above mentioned cases, companies may make horizontal integration or investment into the same sector as they do at home. In other cases, companies make FDI because they want to have control over sources of raw materials or other inputs and marketing and sales channels, involving vertical integration, which means making investment into different sectors from they do at home.

Ownership-specific and internalization advantages explain why firms are willing to make direct investment in other countries. But they cannot explain why they choose to invest in one country instead of another. For example, why do many multinationals choose China and India as their destinations of investment? Another category of advantages, called location-specific advantages help explain the nature and direction of foreign direct investment. Location-specific advantages are defined as advantages that arise from using resource endowments or assets that are tied to a particular foreign location and that a firm finds valuable to combine with its own unique assets (such as the firm's technological, marketing, or management know-how) (Hill, 2007).

An obvious example is natural resources, such as oil and other minerals, which are specific to certain locations. A firm must undertake FDI to exploit such foreign resources. This explains the FDI undertaken by many of the world's oil companies, which have to invest where oil is located to combine their technological and managerial knowledge with this valuable location-specific resources. Another example is valuable human resources, such as low-cost highly skilled labor. The cost and skill of labor varies from country to country. Since labor is not internationally mobile, it makes sense for a firm to located production facilities where the cost and skills of local labor are most suited to its particular production processes.

Other locational-specific advantages could be the ability of generating knowledge related to certain industries. The best example is the Silicon Valey in the United States, which clusters many of the world's major computer and semiconductor companies. Silicon Valey has the locational-specific advantage of generating computer related knowledge and technologies. This advantage comes in part from the sheer concentration of intellectural talent, and in part from a network of informal contacts that allows firms to benefit from each other's knowledge generation, which is probably avaiable in nowhere else in the world. so it makes sense for foreign computer and semiconductor firms to invest in research facilites so they can learn about and utilize valuable new knowledge before those based elsewhere too, thereby giving them a competitive advantage in the global marketplace.

The above mentioned three categories of advantages make up a theoretical framework that provides an explanation for an international firm's choice of its overseas production facilities. The theory was introduced by British Economist John Dunning, who referred to this argument as the eclectic paradigm, or eclectic theory of international production. Dunning maintains that if a firm is going to invest in production facilities overseas, it must have all of the three kinds of advantages.

(3) The Investment Development Path.On the basis of eclectic theory of international production, Dunning further introduced the investment development path, which identifies several stages of development a country may pass through. The basic hypothesis is that, as a country develops, the configuration of the OLI advantages (Ownership spceific advantages, Location-specific advantages and Internalization advantages) facing foreign-owned firms that might invest in that country and of its own firms that might invest overseas, changes, and that it is possible to identify the conditions making for the change as well as its effect on the trajectory of development.

First stage: no FDI

The first stage is one of pre-industrialization in which a country neither to attract inward, nor engage in any outward, investment, in the first case because it has insufficient location-specific attractions, and in the second because its own firms possess inadequate ownership-specific advantages. Moving to its next stage of development, then, depending on how successfully it has managed to upgrade its resources and capabilities and enlarge its markets, the OLI configuration facing its own foreign investors will change so as to first attract inward investment in resource-based sectors, in the traditional and labour-intensive manufacturing sectors, in trade and distribution, and transport and communications, construction, and perhaps some tourism.

Second stage: L advantages appear and attract inward FDI

Depending very much on the extent to which the country is able to create a satisfactory legal system, commercial infrastructure and business culture, and to provide both domestic and foreign firms with the transport and communication facilities and human resources they need; and depending on government policy towards inward direct investment, its location-specific attractions will increase. Also because foreign firms are likely to have more experiences in manufacturing the goods and services now likely to be demanded, inward investment will grow. Gradually it and any investment by indigenous firms will affect both supply and demand conditions for the products supplied by foreign firms and their desire to internalize their markets for the competitive advantages. To begin with, L and O advantages are likely to complement each other. Then as supply capabilities improve they give rise to agglomerative or cluster-type economies and increases in labour productivity. The introduction of new machinery and production methods is likely to lead to lower real labor costs and scale economies. The latter are also made possible by growing markets.

Third stage: improvement of L advantages and O advantages develop

The improvement in the L specific advantages of a country may also help indigenous firms to develop their own O advantages. As countries move along their development paths, the OLI configuration facing outward and inward investors continues to change. Some foreign firms, which earlier found the country attractive to invest in because its low labour costs or plentiful natural resources are no longer tempted to do so. At the same time, new L advantages arise based upon larger markets and the ability of a country to accumulate created assets such as human capital and innovatory capacity. This, in turn, makes it possible for domestic firms to develop their own O advantages and begin exporting capital.

Fourth stage: outward FDI exceeds inward FDI

Eventually, as and when countries reach some degree of economic maturity, the OLI configuration facing their own firms may be such that their propensity to engage in outward direct investment exceeds that of foreign-based firms to engage in inward investment. Again, whether or not this actually happens rests on the strategy of firms and governments to generate the resources and capabilities necessary to attract domestic and foreign investors.

8.1.1.2 Understandings on Foreign Direct Investment Theories in China

(1) Guiding ideology of the introduction of foreign direct investment. During the early years of people's republic of China, Marx, Engels and Lenin's discourse on the use of foreign capital served as the theoretical basis of China's view on foreign capital utilization. Marx and Engels pointed out in The Communist Manifesto: "The local and national self-sufficiency and seclusion in the past has been replaced by the inter-dependence of all ethnic groups in all

aspects"①. Lenin pointed out: "When our country is extremely weak economically, how can we accelerate the development of the economy? By utilizing the capital of the bourgeoisie." After the reform and opening-up, Mr. Deng Xiaoping made the instructions in the October 1978 that joint venture is workable, and pointed out that the absorption of foreign capital certainly can serve as an important supplement to China's socialist construction. In 1992, the report of the 14th NCCPC pointed out: "Currently we must further expand opening up, make more and better use of foreign capital, resources, technology and management experience"; report of the 15th NCCPC once again asked us to "strive to improve the level of opening up, make active, rational and effective utilization of foreign investment"; the report of the 16th NCCPC proposed to further attract foreign direct investment, and improve the quality and level of utilization of foreign capital.

(2) Basic Principles and Strategies in Utilizing Foreign Direct Investment. When China embarked on the reform and opening-up policy in late 1970s, the basic principle of utilizing foreign capital is to make up for the lack of domestic capital. A mainstream view at that time is that when using foreign capital, we must uphold the principles of independence, self-reliance, equality and mutual benefit. That emphasizes using foreign capital on the basis of self-reliance, not placing undue reliance on foreign capital and protecting national industries. This view is dominant for quite a long time in the 1980s.

Factor endowments structure in China indicates that foreign investment can indeed play an important role in making up for shortage of domestic capital . Factors of production are the resources needed in modern production process. Modern production needs four factors of production, namely, land, labor, capital and entrepreneurship. As a developing country, China's relatively lack of capital, and abundant with labor resources. Foreign direct investment has become an important source of capital. In early 1980s when China just embarked on the reform and opening-up, labor in China accounted for 23% of the world total, but fixed-asset investment only accounted for less than one percent of the world's total, R&D expenditure less than 0.5% (Jiang Xiaojuan, 2007). The reform and opening—up significantly improves the structure of productive factors in China. In 2007, The share of China's fix asset investment, R&D expenditure and labor in world total was respectively 11.48%, 3.63% and 25.35%. Foreign direct investment mostly goes into China's labor-intensive industries, playing an important role in improving China's capital and labor imbalances.

Although "making up for the lack of domestic capital" could be a long-term reason for the use of foreign capital, since the mid-1990s, with China's economic growth and expansion of

① Cited from Zhang, Xuwen, Yan Jie, Xue Feng, Jing Shen Zhuang Tai, People's Daily, January, 6, 2000
Lie Ning Quan Ji, Vol.31, Beijing, People's Press, 1958, p392.
Deng Xiao Ping, Deng Xiaoping Wen Xuan [M]. Beijing, People's Press, 1993, p65.

foreign direct investment utilization, shortage of capital and foreign exchange became less serious. And that led to a change to the understanding on the significance of utilizing foreign direct investment. The principle of China's utilization of foreign capital began to focus on promoting economic development, and promoting marketization, legalization and internationalization of the economy, stressing the role of foreign investment in promoting economic reform. The strategy of using foreign direct investment was switched from expansion of the quantity to improvement of quality. People began to realize that foreign direct investment brings a "package effect"; it not only brings capital, but, more importantly, brings technology, systems, competition and demonstration. People began to attach great importance to foreign direct investment's role in improving asset quality, promoting technological progress, upgrading the industrial structure and enhancing international competitiveness.

In recent years, with the rapid increase in cost of labor and natural resources, the strategy of foreign investment utilization began to center around improving total factor productivity. Meanwhile, with the rise of per capita incomes in China, China's reform and opening-up began to move into a new stage, in which a two-way flow of capital and other production factors begins to come into being. The proportion of foreign direct investment inflows began to decline, while outward foreign direct investment from China began to grow rapidly. This trend of international direct investment in China is in line with the theoretical predictions of the investment development path.

Column 1 FDI and High-Tech Industries in Beijing

Beijing is the top-notch center for science and technology in China. However, in the latter half of the 1990s, technologies generated by high-tech industries in Beijing are mostly from outside sources, and multinational companies played the key role.

In every aspect, Beijing is a technical leader in China. Beijing has the most abundant intellectual resources in the country, including nationally first-class scientists, educators, the country's most comprehensive, and the largest number of research and education institutions, the largest online international data retrieval terminal in the nation. Especially the "Zhong Guan Cun advantage" has been considered the most favorable conditions for the development of high-tech industries in Beijing. Zhong Guan Cun area has more than 70 universities and more than 230 governmental research institutions, more than 380000 research, teaching and technical staff. The intensiveness of universities, research institutions and teaching staff is not only the highest in China, but also in the world.

Beijing's high-tech industries are based on its technological advantages. From the early 1980s, Beijing began to establish high-tech industries in Zhong Guan Cun area. In May 1988, Chinese State Council approved the establishment of the Beijing New Technology Industry Development Experimental Zone (the "Experimental area") based on Zhong Guan Cun electronic street. On June 5, 1999, the State Council approved the report by Beijing Municipal

Government and the State Ministry of Science "request on the implementation of the strategy of Revitalizing the nation through science and education and acceleration of developing Zhong Guan Cun Science Park." According to the report, Zhong Guan Cun Science Park would be built into a world-class science and technology park within 10 years. It can be seen that both the national government and Beijing municipal government has high expectations on Beijing's technical advantages, hoping to build a strong locus for high-tech industry development and technical research.

However, the fact is that high-tech industries in Beijing, as those in the whole country, were based on "outsourced technologies". Foreign-invested enterprises played more and more important role in Beijing's high-tech industries. Take export as an example, the proportion of high-tech product exports by foreign-invested enterprises was about one third in the mid-1990s, but by 2000, the proportion had risen to 76.3%.

Sources: Jiang Xiaojuan. Contribution of FDI to China's Growth, Structure Improvement and Effects [M]. Beijing: China Renmin University Press, 2002.

8.1.2 Evolution of Policies on FDI Utilization in China

Directly guided the theoretical understandings, the formulation of government policies toward foreign direct investment utilization went through four stages (Liu Yingqiu, 2008).

8.1.2.1 Stage One: 1978~1988

(1) Policies of foreign capital utilization became part of regulations and laws. Since 1978, when China embarked on the economic reform and opening-up, a series of policies, systems, regulations and decrees have been introduced, providing an important institutional framework for attracting foreign capital, adjusting capital structure and improving the industrial structure in China. For example, basic laws like "Sino-foreign joint venture law of the People's Republic of China", "The Law of the People's Republic of China on Chinese-Foreign Contractual Joint Ventures", "The Law of the People's Republic of China on Foreign-funded Enterprises" and their implementation rules, as well as some related laws like the Company Law of the People's Republic of China, "Contract Law".

(2) Chinese government enacted a series of preferential policies for taxation and land, becoming important incentives for foreign companies to increase investment.

(3) Government-oriented administrative mechanisms, instead of market mechanisms, were playing the most important role in determining the industry choice, geographical distribution and technology transfer behavior of foreign-funded companies.

(4) Many restrictions still existed against foreign capital utilization. Restrictions were on export proportion, technology transfer, foreign exchange balance, industry entry, etc. For example, there was tight restrictions on import by foreign-funded enterprises, and foreign investment proportion are limited to less than 49% in most industries.

8.1.2.2 Stage Two: 1989~1991

Policies in this three years continued to encourage foreign investment in China. For example, revision of "Sino-foreign joint Venture Law of the People's Republic of China" in April, 1990 and the decision of developing Pudong New Area of Shanghai in 1991 further strengthened the preferential policies for foreign investment in China. In 1991, National People's Congress examined and adopted the "Income Tax Law of the People's Republic of China for Enterprises with Foreign Investment and Foreign Enterprises", which reduced income tax burden for foreign-invested enterprises. In addition, policies in this three years weakened their functions of industrial restructuring. Because the differences in local policies and their diversion from the central government's objectives, foreign investment, guided by favorable policies, were becoming more imbalanced in its geographical distribution and enlarged regional economic differences. As of the late 1980s, Chinese foreign investment policies attached great importance to overall economic growth and solving social conflicts, but ignored their functions of industrial structure adjustment and optimization. For example, foreign investment went more to non-productive projects than production-related ones, more low-technology projects than high-tech ones and more upstream projects than downstream ones.

8.1.2.3 Stage Three: 1992~2001

(1) More industries were gradually opened up for foreign investment. Formulated and enacted in June 1995, the "Interim Provisions on Foreign Investment Orientation" (referred to as "the Provisions") and "Guiding Directory of Industries for Foreign Investment" (referred to as "the Directory") for the first time publicized in forms of laws and regulations industrial policies involving foreign investment, and greatly improved transparency of policies. Foreign investment industrial projects are divided into four categories, including encouraged, permitted, restricted and prohibited, by "The Regulations" and "The Directory", which made foreign investment more in line with the country's industrial development orientation. Considering situations of the country's economic development, in December 1997, "The Directory" was revised. The revised directory expanded the scope of "the encouraged" category, highlighted emphasized industries, complied more with the requirements of industrial restructuring and importing advanced technologies and encouraged foreign investment to enter central and western part of China. The revised "Catalog" also encouraged export-oriented foreign investment, and projects in the permitted category were listed among the encouraged ones if 100% of their products were exported.

(2) Foreign companies were beginning to be allowed to invest in and get financed from domestic capital markets. Since 1999, foreign invested enterprises in China had further requested to increase financing in China. In August 1999, Chinese government issued a "Notice on Further Encouraging Foreign Investment" and stipulated that qualified foreign-invested enterprises can apply to issue A shares and B shares. In May 2001, Chinese Ministry of Foreign Trade and Economic (MOFTEC) Cooperation issued a "Notice on Several Questions

about Foreign-Invested Companies". The notice pointed out that foreign corporations needed to get permission from MOFTEC and get established or modified as required and with certain procedures before they can apply to issue A-share and B-share stocks. In November 2001, MOFTEC and the China Securities Regulatory Commission jointly issued "Opinions on Issues Related to Listed Companies involving Foreign Investment", which clearly stated the qualifications and conditions for the establishment of incorporated companies with foreign investment, procedures and requirements of foreign-invested incorporated companies' public offering, and relevant provisions on B-share circulation of the companies with foreign investment. These regulations and policies greatly facilitated foreign-invested enterprises expanding the size and proportion of financing in China, which met the requirement of multinationals' production and R & D localization; they also helped multinationals expand their production chains and adjust their business strategies in China.

(3) Encouraging policies were taken while restrictive ones were continued. Since the 1994 tax reform, income tax, value-added tax, consumption tax and business tax have been unified for both domestic and foreign enterprises. So tax incentives for foreign investment is mainly reflected in income tax relief. Based on the uniformed 33% corporate income tax, foreign enterprises could enjoy tax relieves of 15% or 24% depending on the regions and industries they invested. However, foreign investment was still subject to restrictions concerning market access.

8.1.2.4 Stage Four: 2002~2008

(1) Domestic securities market became more liberalized for foreign investors. Introduction of the "administrative rules on acquisition of listed company" in 2002 gradually eliminated the barriers that hurdle foreign companies from Chinese capital market and engaging in strategic acquisitions. Which greatly promoted foreign enterprises' strategic acquisitions in Chinese capital market.

(2) Regulations on foreign companies' M & A were improved. In order to meet the needs for regulating foreign companies' mergers and acquisitions as a way of entering Chinese market, "Notice on Relevant Problems of Strengthening Regulations on Approval, Registration, Foreign Exchange and Taxation of Foreign Invested Enterprises" was issued in December 2002, giving detailed stipulations on the approval procedures of foreign companies' merger and acquisition with domestic enterprises. Early 2007 saw the approval of "Supplementary Provisions on Foreign Investment Establishing Investment Companies" and "Rules on Foreign Acquisitions", which gave further regulations on foreign companies' merger and acquisitions with domestic ones.

(3) Policies about attracting foreign investment were switched from being preferential to being fair. From late 1970s to late 1990s, Chinese policies toward foreign investment had been giving foreign companies super-national treatment, reflected mainly in tax incentives, import and export promotions, management concessions, the registered capital payment and foreign exchange concessions. After joining WTO in 2001, some policies that gave foreign companies super-national treatment were phased out or adjusted, so that domestic and foreign enterprises

could compete in a fair market. For example, the "Enterprise Income Tax" passed in 2007 stipulates that domestic and foreign enterprises are subject to one income tax rate of 25%.

(4) Industrial policy's orientation changed. Since the 21st century, Chinese government made adjustments in its policies toward foreign investment in terms of regional policies, the introduction of foreign capital into the industry to adjust gradually to change the direction of a new stage of economic and social development of strategic objectives.

(5) Restrictions on market access for foreign capital, especially in services sectors, were phased out. After the WTO entry in 2001, foreign investments got access to not only manufacturing industries but also service sectors, whose entry barrier were gradually phased out in accordance with the commitments made by Chinese government during WTO accession.

Since the reform and opening-up, China's policies on utilization of foreign direct investment have reflected the basic principle of opening—up to the rest of the world. With constant adjustment to improve its desirability, the evolution of the policy realized the transition from administrative intervention to adapting to market requirements, from the encouraging super-national treatment to the international norms of national treatment that creates a fair competitive environment for both domestic and foreign firms, from emphasizing quantity to emphasizing quality of foreign investment, making foreign investment consistent with the goals of China's economic development and industrial restructuring.

8.1.3 Prospect on China's Policies on FDI Utilization

8.1.3.1 Transition toward "neutral" opening-up regime

China's opening-up policy has always been showing certain inclinations. Trade policies have been rewarding exportation while limiting importation; in terms of international capital flow, policies have been encouraging capital inflow while restricting capital outflow. For example, during the early years of reform and opening-up, because China was in urgent need of foreign investment, foreign-invested enterprises was given many preferential treatment, while outflow of foreign reserves were strictly restricted. After more than 30 years of reform and opening-up, with socialist market economy system coming into being and market playing an increasingly important role in resource allocation, two-way cross-border flow of capital is gaining significance. These changes indicate that rationale for the "rewarding inflow and restricting outflow" policy has weakened. In the future, the policy should be adjusted toward "neutral" treatment for the inflow and outflow of goods and capital. Treatment of inward and outward foreign investment should be neutral. Treatment of local and foreign-funded firms should also be neutral, discarding preferential policies for foreign-funded firms.

8.1.3.2 Transition from policy-oriented opening-up to institution-oriented opening-up

An essential feature of China's opening-up is being policy-oriented and gradual. In that process, different regions, industries, enterprises of different types, different trade and investment patterns have had different policy environment. Although the general direction is toward expanding the opening-up, policies differed greatly and changed now and then, and an open institution has not finalized, and it's hard to have a long-term and stable expectation. After the accession to WTO, institutional establishment in the field of opening-up greatly accelerated. In the future, the institutions will be improved and finalized, to establish a system of foreign-related economic laws and regulations, reflecting and following laws of development of an open economy, adhering to national treatment principle that gives equal status of different economic entities, principle of equal protection of various types of property rights, freedom of contract, fair competition. Law enforcement should also be improved. The system design should comply with international practice.

8.1.3.3 Improving economic efficiency by two-way flow of international capital

More than three decades after the reform and opening-up, Chinese economy is facing a series of transitional characteristics. Factor endowments and comparative advantage are undergoing adjustments and changes. Original pattern of growth mainly relying on low cost of labor and inputs is unsustainable, China must increase labor productivity if it is to maintain rapid growth in the future. To do so it has to persist with opening up.

In this case, both inward and outward foreign direct investment are significant, but the significance lies in the fact that they are ways of combining and utilizing global advantageous resources to improve their labor productivity and output efficiency. Utilization of foreign investment and absorption of foreign advantageous resources are often one same process, during which not only capital, but also technology, human resources, institutional and other advantageous resources are utilized. In the future, quality of utilization of foreign investment will be further improved. For example, emphasis may be put in utilizing foreign capital in services sectors, especially in producer services. Outward foreign investment will also grow rapidly, through which natural resources and overseas human capital will be brought, capital gains will be improved, thereby improving the matching of the factors of production, making full use of the advantage in resources worldwide to jointly promote the efficiency of Chinese economic growth.

8.1.3.4 Avoiding new risks in foreign capital utilization

These new risks include the risk of monopoly as a result of foreign mergers and acquisitions. Foreign direct investment falls into two categories, namely, "greenfield investment" and M & A investment, and the latter has become a focus of attention in recent years in China. Merger and acquisitions reduce number of enterprises competing in the industry, which is more likely to lead to monopoly, compared to green field investment. Therefore, supervision on merger and acquisitions by multinationals should be strengthened. Meanwhile, an institutional and policy environment for fair competition between local enterprises and nonnationals will be established; or several multinational companies should be introduced into the competition to reduce the possibility of monopoly. In addition, supervisions on short-term cross-border flows of great amount of money should be strengthened, to prevent instability of the international balance of payments and financial systems. Finally, in the process of service sector liberalization, policies have to be taken to ensure that foreign-funded enterprises in public or semi-public service sectors cover the entire population, rather than only cover lucrative population in densely populated areas with purchasing power. Some non-economic impact of services liberalization, for example, problems of consumption habits, public services, cultural identity, public opinion, need to be guided. In a nutshell, during the service liberalization, a balance must be find between objectives of efficiency, fairness and stability.

8.2 Foreign Direct Investments in China

8.2.1 Evolution of FDI Utilization in China

8.2.1.1 FDI Utilization before the Reform and Opening-up

Utilization of foreign capital was once an established policy of the Communist Party of China. On April 5, 1950, People's Daily published an editorial, pointing out that using foreign capital and technology to help with China's economic development is an important matter.

Under the guidance of this policy, the new China obtained a $ 300-million low-interest loan from Soviet Union, and established some joint ventures with the Soviet Union and some other Eastern European socialist countries, and made some efforts to cooperate with western countries.① Studies have shown that China got loans from the Soviet Union mainly in the early 1950s, and the loans were used not only for "the War to Resist U.S. Aggression and Aid Korea", but also for rubber plantations and other economic uses. After the signing of the "Sino-Soviet Treaty of Alliance and Mutual Assistance" in 1950, the agreement on the establishment of "Sino-Soviet Civil Aviation Joint-stock Company", "Sino-soviet oil Corpooration" and "Sino-Soviet Non-Ferrous and Rare Metal Corpration" was reached by the two sides in March 1950. In addition, in 1951, China and Poland signed the Agreement on the establishment of Sino-Polish Shipping Corpoeration. On June 15, 1951, "Sino-Polish Shipping Corporation" was established. In July of the same year, a joint venture with the Soviet Union called "Sino-Soviet Ship Repair and Construction Corporation" was founded in Dalian. The total assets of the above five joint venture companies amounted to 256 million old rubles

① Xudong Zhang. Reestablishment of Chinese Policy of Utilizing FOI [J].

that are evenly divided by the two sides, and the Soviet Union's mainly made the investment with equipment.

In addition to loans from and joint venture with Soviet Union, overseas Chinese were another source of Foreign Capital in the 1950s. There were two forms: First is absorption of remittances, and the second is to encourage overseas Chinese to invest. Statistics show that from 1950 to 1960, the average annual remittances from overseas Chinese amounted to $ 130 million, for a total of about $1.4 billions. Some of these remittances were for family support, some for investment in motherland. According to statistics in Guangzhou City at the end of 1952, overseas Chinese considered commerce as their first choice for investment, followed by light industry, transportation, catering and service industries. As of April 1959, overseas Chinese set up 88 enterprises in Guangdong, Fujian, Shanghai, Yunnan, Guangxi etc., and 25 farms. They also set up more than 1000 primary schools, hundreds of secondary schools, many hospitals and other public service organizations.

In Early 1960s, due to the Soviet dun and grim international situation, Chinese government began to abandon the use of foreign capital, resulting in the "neither domestic nor foreign debt" and "debt-free thinking". Attracting foreign investment became a restricted area.

8.2.1.2 FDI Utilization after Reform and Opening-up: Four Stages

Since late 1970s, when China embarked on the reform and opening-up policy, China's absorption of Foreign Direct Investment has gone through four stages:[①]

(1) Getting started (1979~1991): small and medium sized projects

FDI started to enter China after the "special economic zones" were established in 1979. In 1984, the opening-up policy was extended to another 14 sea-side cities, i.e., Tianjin, Dalian, Qinhuangdao, Yantai, Qingdao, Lianyungang. Nantong, Shanghai, Ningbo, Wenzhou, Fuzhou, Guangzhou, Zhanjiang, and Beihai. In those years, due to low standards in goods manufacturing and dated technologies involved in domestic production, Chinese market experienced a craze for foreign products. At the same time, international investors began to show interest in the huge market potential and labor-cost advantages in China. However, in the first few years, owing to the poor infrastructure as well as immature legal and policy environment in China, most foreign investors went into small projects on a trial basis just to gather experiences.

From late 1970s to 1980s, Chinese government issued three laws to regulate FDI. They are "Law of Foreign and Nationally Invested Companies of the People's Republic of China" (1979), "Law of Foreign and nationally Collaborated Companies of the People's Republic of China" (1988) and "Law of Foreign Invested Companies of the People's Republic of China" (1986). After mid-1980s, other favorable policies are adopted to improve the relative systems. For example, "Decision on encouraging Foreign Direct Investment" released in 1986 by

① 江小涓主编. 中国开放 30 年：增长、结构与体制变迁［M］. 人民出版社，2008.

Chinese state council helped tackle some difficulties facing foreign firms and gave favorable treatment to export oriented firms and firms with advanced technologies. Since then, the environment for FDI began to improve in China.

From 1979 to 1982, Foreign Direct investment amount to $1.17 billion. The improvement of investment environment brought a steady increase in FDI. In 1985, the number rose to $1.66 billion and $4.37 billion in 1991. Most of it was from Chinese Hong Kong, Macao and Southeast Asian countries. Early 1980s saw most investment flowed into industries like tourist service, food and textiles, while in late 1980s, household electronics, communication equipment, light machinery, textiles and clothing, food and beverages and other light industries became the main area of foreign investment.

(2) Expedited Growth (1991~1997): Multinationals being main investors and manufacturing sectors main host industry

Institutional, policy and development environments of FDI in China experienced substantial changes in those 6 years. Mr. Deng Xiaoping's speech in 1992 set the goal of reform as establishing socialist market economic mechanism, bringing China's reform and opening-up into a new stage and further stimulating the potential of fast growth. In the meantime, opening-up was expedited, and the scope of opening-up was expanded from sea-side to river-side (Changjiang River) and railway-side (Longhai railway and Lanxin railway) areas. The reform and development in the previous decade had greatly improved infrastructure, institutional and policy environments, which made foreign investors feel quite optimistic about the growth prospects in China. With substantial growth in short period of time, competitions between foreign and domestic firms were intensified.

Foreign direct investment grew at an unparallel pace in this period, ten folded in seven years, from $ 4.4 billion in 1991 to $ 45.3 billion in 1997. Another marked characteristic of FDI in this period is the substantial growth of investments made by giant multinationals, in contrast with the small and middle sized enterprises in 1980s. The entry of multinationals greatly improved the industry structure, product structure and technology structure of FDI in China. Most FDI in this period went into manufacturing sectors, which absorbed 62.13% of the total.

(3) Leveling off (1998~2001): formation of competitive structure and technical upgrading

In these four years, FDI in China slightly decreased, staying within the range of $ 40 billion to $ 45 billion. Giant multinationals continued to expand their investment. Manufacturing sector still dominated the FDI utilization, accounting for 65.93% in 2001. China's manufacturing sector, with its comparative advantages and competitiveness, was attractive to FDI, and FDI in return served as an important impetus to China becoming a global manufacturing locus. The biggest FDI absorbers in this period are production of electronic and communication equipment, transportation equipment, chemical material and chemical products.

The world witnessed rapid growth in cross-border investment in these four years, however, FDI in China leveled off with that in mid 1990s. Such contrast can be explained as follows:

first, global FDI was mainly boosted by merger and acquisition in those years, while FDI in China usually took the form of "green investment" due to lack of necessary legal and policy environments for merger and acquisition. Second, global FDI began to shift to services, while China's service sectors were relatively closed and utilized less FDI. Third, having absorbed FDI in large scale for several years, foreign-funded firms had become an important part in investments, outputs, exports and other major variables. FDI had no longer been "an extremely scarce resource", hence needed a period of stabilization and adjustment. Four, the Asian financial crises in 1997 had impacts on FDI utilization in developing countries including China.

(4) Further growth (2002~2007): Higher proportion in service sectors and multiple financing approaches

Since 2002, actual FDI utilization in China began to exceed $ 50 billion, and exceeded $ 60 billion, 70 billion and 80 billion in 2004, 2005 and 2007 respectively. The substantial growth in this period was mainly due to the further opening-up of Chinese market. First, after China's entry into WTO, foreign-funded firms obtained more national treatments, and service sectors, financial sectors in particular, was further opened-up. FDI in financial sector grew rapidly, making service sector major source of growth in FDI. FDI in services accounted for as high as 46% of the total. Second, investment with merger and acquisition speeded up with a gradually established legal and policy framework. Third, Chinese national economy grew rapidly in these years, bringing more opportunities and space for foreign investment. However, with domestic investment growing even more rapidly, the percentage of FDI in total domestic capital formation decreased to 7.56 in 2007.

8.2.2 Current Features of FDI Utilization in China

8.2.2.1 Wholly foreign ownership's dominant position in current FDI inflow has become increasingly prominent

Multinationals can make direct investment in China in four forms: joint ventures, wholly foreign owned, cooperation with local enterprises and joint-stock. In recent years, wholly ownership foreign investment has become the primary choice. From 2000 to 2008, the proportion of FDI in the form of wholly ownership experienced a rapid increase from 47.125% to 78.127%. In 2009, the proportion declined slightly, but still was as high as 76.128%.

The rapid increase in the proportion of wholly foreign-owned enterprises is mainly due to China's relaxation of the restrictions on foreign ownership especially after China's accession to the WTO, when more areas of investment were opened, policies were more transparent and market mechanisms became more mature. From The perspective of company strategies, they choose whole ownership because it helps maintain technical secrets, avoid frictions caused by differences in system, culture, business philosophy, and many other aspects, and contribute to the implementation of its global strategic objectives.

8.2.2.2 Foreign direct investment in service sectors grow rapidly

In recent years, industry structures of foreign investment in China has been undergoing some changes. Manufacturing industries are declining as destinations, while service sectors, including information transmission, computer services and software industry, wholesale and retail, financial services, real estate, leasing and business services, scientific research, technical services and geological prospecting, are gaining importance. In 2011, service sectors as a whole became the largest destination for FDI in China, surpassing manufacturing industries for the first time. Several reasons account for the rise of service sectors as leading utilizer of FDI. First, Chinese service were much more open to foreign investors to honor China's WTO commitments. Second, rapid growth of FDI in Services has become the new trend of global industrial transfer. Third, some domestic factors help service sectors attract more FDI. For example, the appreciation of Chinese RMB led to more uncertainties, which made foreign investment more prudent with investing in manufacturing sectors; but it had little impact on FDI in service sectors. Though FDI in services grew rapidly lately, it still is far behind the world average level.

8.2.2.3 More and more regional headquarters are established in china, and R & D investment is on the increase

In recent years, Shanghai and Beijing has become an important location of multinationals' regional headquarters. Incomplete statistics show that multinational regional headquarters in Shanghai has amounted to 751. Fortune poll shows that 92% of the multinational companies have plans to set up regional headquarters in China in the near future. With further improvement of investment environment in China, more multinational companies will transfer their regional headquarters to China.

Multinational companies began to establish research and development (R&D) institutions in China since early 1990s. In recent years, R&D investment by multinational companies in China is increasing rapidly. First, the establishment of foreign R&D centers has significantly accelerated. By 2002, the number of foreign R&D institutions in China was less than 200, while as of the end of 2009, the number has increased to 465 . Secondly, investment into R & D has increase rapidly. In 2006, the R&D expenditure of the 500 largest foreign -invested enterprises reached 20.2 billion yuan. Third, great technical advancement has been achieved by foreign R & D centers, with fundamental research is making progress. In the past, foreign R & D center in China focused on production-related technology, while fundamental research was the focus of R & D centers of corporate headquarters. Recently foreign investors have begun to locate part of their fundamental research in R&D centers in China.

Foreign-invested enterprises expanded R&D activities in China for the following reasons: First, locate R&D activities close to productions, big part of which has been transferred to China. Second, locate R&D activities close to Chinese market, making it easier to carry out adaptive research and development for Chinese market. Third, take full advantage of the excellent but low-cost R&D human resources in China.

8.2.2.4 Geographical Distribution Is Still Uneven

The geographical distribution of FDI in China has been substantially uneven, with the east dominating FDI utilization. In terms of actual use of foreign direct investment, eastern part of the country's proportion in the total increased from 84.192% in 1998 to 87.179% in 2007, while the central and western regions respectively decreased from 9.152% and 5.156% to 7.129% and 4.192%.

In recent years, the gap has narrowed down a little. In 2011, the eastern region's proportion has dropped to 83.27%, but still very high compared to the rest of the country. Foreign investment always goes to areas with locational advantages. Over the years, the eastern region has benefited from its good social and economic infrastructure and central government's unbalanced regional development strategy and has been the locus of FDI in China.

Although the central and western regions have their advantages in production factors like labor, land, and natural resources, many other factors hinder them from attracting FDI. Among the disadvantages are low degree of openness, institutional and conceptual obstacles, policy disadvantages, brain drain, weak economic basis and backward infrastructure, etc. Since 1999, Chinese government has adopted many policies to encourage foreign investments to those areas, investment environment has been improved. However, since formation of locational advantages take time, due to the improvement of investment environment, Midwest is still lagging behind the eastern region in attracting FDI.

8.3 Outward Foreign Direct Investment from China

8.3.1 Economic Growth and China's Outward FDI

According to Dunning's theory of investment development path, outward foreign direct investment (OFDI) from an economy grows rapidly when its GDP per capita exceeds 2000 dollars. China's GDP per capita exceeded 2000 dollars in 2006, and around that year, China's outward FDI was growing very rapidly. In the year 2004, the outflow of FDI from China amounted to 5.5 billion dollars, up from 2.85 billion dollars in the previous year. Since then, China has become a more and more important source of FDI. In 2010, outflow of FDI from China reached 68 billion dollars. In the meantime, the percentage of China's outflow of FDI in the world total also was growing steadily, up from 0.47% in 2002 to 5.14% in 2010 (see Table 8-1). In 2012 China became the third largest home country of FDI in the world and the largest development home country of FDI.

Table 8-1 Outward FDI from China (2002~2010)

Year	Volume (billion dollars)		Percentage in world total (%)	
	flow	stock	flow	stock
2002	2.52	37.17	0.47	0.48
2003	2.85	33.22	0.51	0.34
2004	5.50	44.78	0.59	0.38
2005	12.26	57.21	1.39	0.46
2006	21.16	73.33	1.51	0.47
2007	22.47	95.80	1.03	0.50
2008	52.15	147.95	2.73	0.93
2009	56.53	229.60	4.83	1.20
2010	68.00	297.60	5.14	1.46

Source: www.unctad.org.

8.3.2 Evolution of Outward Foreign Direct Investment from China: Four Stages[①]

8.3.2.1 First stage : 1979~1985

During the first stage, China was just opening up to the world, and foreign trade was still in the mighty grip of government control. At that time, China's macroeconomic policies focused on accumulation of foreign exchange earnings, so only some selected state-owned trading companies and sub-national economic and technology cooperation enterprises were able to establish foreign affiliates. There were only 189 approved investment projects, with total investment amounting to about $197 million.

8.3.2.2 Stage two: 1986~1991

In this stage, Chinese government began gradual liberalization to allow more enterprises, including nonstate-owned firms, to establish investment in other countries, but companies had to undergo a formal administrative approval process, which included the evaluation of sufficient financial and managerial capacity of the investing firm and evaluation of the foreign joint venture partner. State Administration of Foreign Exchange (SAFE) issued in 1989 the first regulation on the usage of foreign exchange earnings. The new regulations increased the transparency of the documentations needed for the OFDI approval process. At the same time, the official Chinese development strategy shifted from an import-substitution orientation to export-led growth orientation, and assistance was provided by the Chinese government favouring 'in kind' OFDI projects. Such projects involve the export of physical equipment, know-how, and raw materials, for example, instead of foreign currency earnings. In this period, 891 projects, amounting to $1.2 billion, were approved.

① Nargiza Salidjanova. Going Out: An Overview of China's Outward Foreign Direct Investment. http: //www. uscc.gov/research papers/2011/Going Out, pdf.

8.3.2.3 Stage three: 1992~1989

In 1992, Mr. Deng Xiaoping traveled to Southern China in an effort to express his support to economic reforms and market opening. And this newly gained liberalization momentum also promoted China's OFDI. But that came to a halt at the Asian Financial Crisis. In reaction to this crisis, MFTEC (Ministry of Foreign Trade and Economic Cooperation) tightened the approval procedure and set up rigorous screening and monitoring processes for any overseas venture of over $1 million. As a result, OFDI activities leveled off but still increased by $1.2 billion in total investment.

8.3.2.4 Stage four: from 1999 to present

Starting in 1999, China entered its current stage of OFDI development. China's "going global" strategy was consolidated, and important legislation was enacted to aid foreign investment. The essence of the "going global" strategy is to promote the international operations of capable Chinese firms with a view of improving resource allocation and enhancing their international competitiveness. In October 2004, for instance, the National Development and Reform Commission (NDRC) and the Export-Import Bank of China (EIBC) jointly issued a circular to encourage overseas investment in specific areas: ①resource exploration projects to mitigate the domestic shortage of natural resources; ② projects that promote the export of domestic technologies, products, equipment and labor; ③ overseas R&D centers to utilize internationally advanced technologies, managerial skills and professionals; ④ mergers and acquisitions that could enhance the international competitiveness of Chinese enterprises and accelerate their entry into foreign markets. The State Council started to grant export tax rebates, financial assistance and foreign exchange assistance, and other incentives to Chinese enterprises wishing to tap overseas markets. Later, Chinese government has taken further steps to simplify and encourage foreign investment by Chinese firms. For example, the State Administration of Foreign Exchange abolished quotas on the purchase of foreign exchange for overseas investment on July 1, 2006; since December 2008, China Banking Regulatory Commission has been allowing commercial banks to make loans for cross-border M&A. In 2009, MOFCOM reduced approval time, lifted value thresholds, and transferred authority to local MOFCOM branches. Also, Chinese government has signed 120 bilateral investment treaties, and pursued free trade agreements, including the ASEAN-China Free Trade Agreement, which came into effect in January 2010.[①] The active investment diplomacy facilitates to OFDI by Chinese firms.

Partly as a result of these preferential policies and partly due to China's continued growth, Chinese OFDI flows soared dramatically. In 2010, OFDI from China amounted to $ 68.81 billion. At the same time, the proportion of China's FDI outflow in the world total has risen

① Nargiza Salidjanova. Going Out: An Overview of China's Outward Foreign Direct Investment. http://www. uscc. gov/researchpapers/2011/Going Out, pdf.

rapidly from 0.47% in 2002 to 5.14% in 2010. In 2012 China ranks three in the world and first among developing countries as a source of foreign direct investment.①

8.3.3 Current Features of Outward Foreign Direct Investment from China②

8.3.3.1 Stock of Outward Foreign Direct Investment

Covering more than 70% of the countries in the world, China's stock of outward foreign direct investment exceeded $ 300 billion, but is still much less than that of traditional OFDI powers. By the end of 2010, China's stock of OFDI had amounted to $ 317.21 billion, which accounts for 1.6% of the world total, 6.5% of that from the US, 18.8% of Britain, 10.8% of France and 22.5% of German (see Figure 8-1). China's stock of OFDI exist in 178 countries (regions), which is 72.7% of the world total number of countries.

8.3.3.2 Sector Composition

OFDI from China lies in many different industries but mostly cluster in a few. By the end of 2010, China's stock of OFDI are distributed in almost all the industries, but those with more than $ 10 billions are business service, finance, mining, wholesale and retail, transportation, and manufacturing. The six industries accumulate $ 280.16 billions, 88.3% of the total.

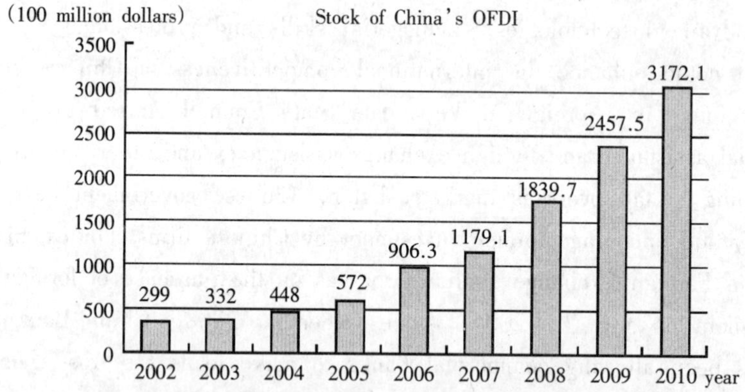

Figure 8-1 China's Stock of OFDI (2002~2010)

8.3.3.3 Geographical Distribution

Asia and Latin America are the top two destinations for China's OFDI while Oceania and Europe are the two that experience the most rapid growth. The share of developed countries (regions) as destinations are rising. By the end of 2010, Asia has hosted $ 228.14 billion dollars, and Latin America $ 43.88 billion dollas, respectively covering 71.9% and 13.8% of the total. Asia and Latin American together are hosting 85.7% of China's OFDI (see Figure 8-

① 2013 年度中国对外直接投资统计公报，商务部网站。
② 2010 年度中国对外直接投资统计公报，商务部网站。

2). However, the fastest growing destinations for China's stock of OFDI are Oceania and Europe, by 2010, the number in the two places are respectively 13.2 and 12.3 times of that in 2005. The share of developed countries (regions) as destinations was 9.4%, 2 percent higher than the previous year.

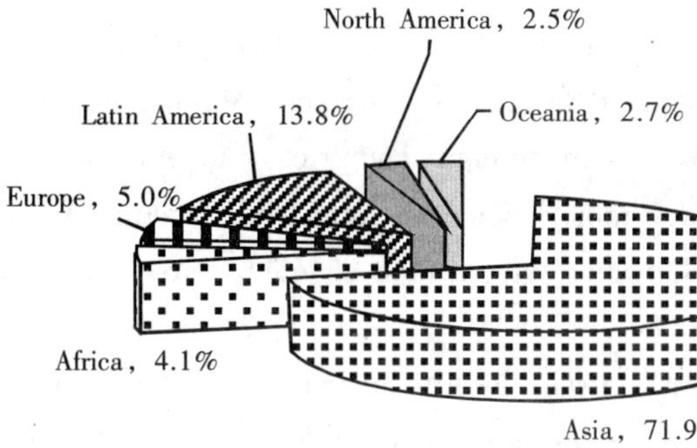

Figure 8–2 Geographical Distribution of China's OFDI in 2010

8.3.3.4 State–owned Enterprises' Role

SOEs made the majority of the investment, but their share is declining. In all the stock of nonfinancial OFDI, central SOEs cover the lion's share, but local SOEs share is also rising. By the end of 2010, SOE's share in China's stock of OFDI was 66.2%, 3 percentage down from the previous year (see Figure 8–3). Among all the SOEs, central SOEs cover 77%, while local SOEs cover 23%, 3.2 percentage higher than the previous year. Guangdong is the largest source, followed by Shanghai, Zhejiang, Shandong, Beijing and Jiangsu.

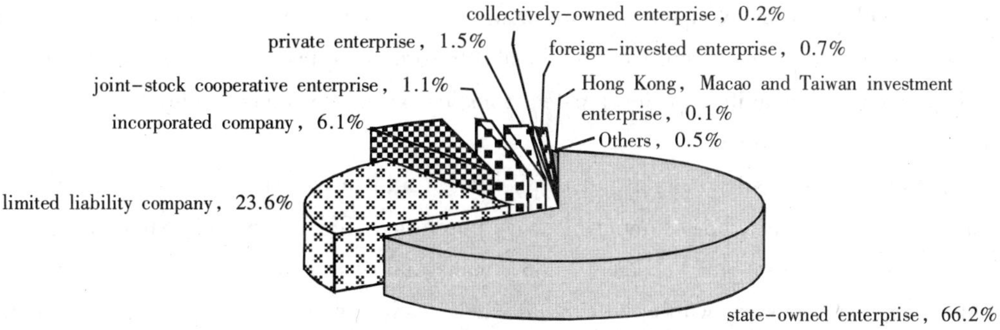

Figure 8–3 The Stock of China's Nonfinancial OFDI in 2010 (based on the type of domestic investors)

8.3.4 Motivations for China's Outward Foreign Direct Investment

8.3.4.1 Transferring Excessive Productive Capacity

Making OFDI is one way of reallocating productive capacity internationally. During rapid economic growth and restructuring, some excessive productive capacity cannot be used with utmost efficiency domestically. In this case, OFDI is an important way of using excessive domestic productive capacity, enhancing domestic economic restructuring and relieving pressures on domestic firms.

At present, some industries, like household appliances, textiles, chemicals and light industry are experiencing overcapacity with product backlog and idle equipment, causing great waste. They are of the urgent need to find new markets. Making investment, building factories and establishing sales networks in foreign countries can not only effectively expand the international market, but also promote domestic industrial structure upgrade. For example, Hai Xing Electric Co., Ltd. in Hangzhou have a total of eight overseas factories completed or under construction as of June 2009.①

Some Chinese firms regard outward FDI as an important strategy of corporate expansion. For example, some Chinese companies are committed to becoming world class enterprises, reflecting their strong incentives of expansion.②

8.3.4.2 Seeking Cooperating with Scarce Resources

By per capita standard, many natural resources are scarce in China, making the production and refining costs of these resources much higher in China than in foreign countries. Making investment in these areas helps improving firms' profitability. Investment in natural resource extraction accounted for nearly half of the total in 2003, one third in 2004, and about 40 percent in 2006 but dropped to less than 16 percent in 2009, and further dropped to 14.1% in 2010.③

8.3.4.3 Utilizing Offshore Technologies and Acquiring Foreign Brands and Know-how

With the development and globalization of technology, many new technological resources became available. For many domestic enterprises, this became their incentive for OFDI. For example, some enterprises acquire international enterprises to develop R & D centers in other countries, creating an ability to develop technologies previously unavailable, and to increase the popularity of their brands.

Sometimes cross-border merger and acquisitions could bring access to international market and marketing experiences. For example, Lenovo purchased IBM's personal computer division in 2005. Lenovo was able to gain managerial and commercial experience in international marketing and advertising, particularly within the United States, as it also acquired a world-class brand.

Mergers and acquisitions serve as the vehicle for Chinese investment in developed markets. Chinese firms typically look for "bargains" in American or European markets-firms that have good brand recognition but are in dire financial straitsstraits-and purchase those firms as a way

---

① 刘绍坚，姜荣春."十二五"期间我国境外直接投资的机遇、挑战及对策建议［J］.国际贸易，2009（12）.

② Nargiza Salidjanova. Going Out: An Overview of China's Outward Foreign Direct Investment. http: //www.uscc.gov/researchpapers/2011/GoingOut.pdf.

③ 2010年度中国对外直接投资统计公报，商务部网站。

to gain a foothold in developed markets and learn marketing skills. China does not have to spend decades building up brand names because it can simply acquire existing well-known brands. For example, Geely Automotive, one of China's biggest automotive companies, acquired Ford Motor's Volvo unit in 2010 in a $ 1.8 billion deal.①

Column 2 Acquiring Technologies and Brand Resources Though Foreign Direct Investment

Many Chinese firms make investment abroad through merger and acquisition. Their targets have often been those financially burdened foreign firms with very sound core assets, especially advanced technologies, brand assets and customer resources. Many Chinese firms obtained their own core technologies and global brand influences.

For example, Shang Gong Group jumped into world market's leading position simply through acquiring German DA Corporation, who ranked three in the world sewing machine industry and had almost all the highly advanced sewing technologies. Through acquiring in US, UK, Germany and Canada quite a few firms with core technologies, Wan Xiang Group in Zhe Jiang province obtained a large number of brands, technological know-how, customer resources and global market network. After being OEM supplier for more than 20 years, Shanghai Ming Jing Corporation acquired Warren Bell, a German company, and obtained multiple resources like patents, advanced technologies, brands and clients.

Source: Jiang xiaojuan. Use of Global Resource of Science and technology, improve the ability of independent innovation [J]. Honest, 2006 (7).

8.3.4.4 Circumventing International Trade Barriers

A final motivation for Chinese investment abroad is a desire to avoid foreign quotas, tariffs, and other barriers to Chinese-made goods. This was a more compelling motivation for overseas investment before China's World Trade Organization (WTO) accession. "Before China became a member of the WTO, its textiles, clothing and footwear (TCF) products had limited access to the U.S. market. TCF firms consequently invested in Australia and then exported 'Made-in-Australia' products to the U.S. " in order to avoid American textiles quotas for non-WTO producers.② Although WTO accession has lowered the tariffs and quotas on Chinese exports, Chinese firms have continued to build factories in countries that have relatively unfettered access to the American and European markets. For instance, buying German television brand Schneider and keeping production in Europe was a way for Chinese television manufacturer TCL to avoid European quotas on Chinese television imports.

① 2010 年度中国对外直接投资统计公报，商务部网站。

② Nargiza Salidjanova. Going Out: An Overview of China's Outward Foreign Direct Investment. http: //www.uscc.gov/researchpapers/2011/GoingOut.pdf.

8.3.5 Prospects for OFDI from China: Continue to Grow Rapidly

Many favorable factors indicate that the rapid growth of China's OFDI will continue. On May 15, 2012, Chinese Ministry of Commerce declared the goal that China's OFDI will amount to $ 150 billion in 2015, achieving an average annual growth rate of 17% during the "12th Five-Year" period . U.S. research institutions, such as the US-China Economic and Security Review Commission also predicts that China's foreign direct investment will continue to grow rapidly.①

8.3.5.1 China's Economic Growth Is Still Fast

Eclectic theory of international production states that, the scale of a country's outward foreign investment gradually expands as a country's economic grows. By looking at per capita GDP, foreign direct investment can be divided into four phases: during the first stage, with per capita GDP below $ 400, there are almost no inflow and outflow of foreign investment; during the second stage, with per capita GDP between $ 400 and $ 2000, inward foreign direct investment begins to increase, but there is very little outward foreign investment; during the third stage, with per capita GDP between $ 2000 and $ 4750, inward foreign direct investment is still higher than outward foreign investment, but outward foreign investment begins to increase; during the fourth stage, with per capita GDP more than $ 4750, the inward foreign direct investment begins to decrease, but outward foreign investment continues to increase, and the stock of net foreign investment becomes positive.

The rapid growth of OFDI from China between 2006 and 2010 can be explained by China's rapid economic growth. In that period, China's per capita GDP grew from $ 2070 to $ 4430, which falls into the third stage mentioned in the Dunning theory, the stage where OFDI begins to increase. By the end of 2011, China's per capita GDP has reached $ 5400, entering the fourth stage predicted by the Dunning's theory. Although in the future, Chinese economy is facing more uncertainties, the growth rate will remain relatively fast. Chinese government has set a GDP growth target of 7% in the 12th Five-Year Plan. With China's rapid economic growth, China's outward foreign direct investment will continue to grow.

8.3.5.2 Financial Crisis Triggered Devaluation of the International Quality Assets

International financial crisis has brought profound adjustments to the world economy, causing a new round of international industrial restructuring. Some overseas enterprises encountered difficulties and are in urgent need for liquidity supplement, therefore are considering selling some high-quality assets or well-known brands. More importantly, the price of those assets is much lower than that in the past, which directly reduces the investment cost. It is the economic recession and the internal needs from foreign enterprise that provide a rare opportunity for Chinese enterprises' achieving leapfrog development in their "going global"

① John Wong, Sarah Chan. China's Outward Direct Investment: Expanding Worldwide [J]. China: An International Journal, 2003, 9 (1-2): 281.

strategy . More and more Chinese enterprises begin to build production bases overseas, acquire international brands, or foreign R & D enterprise to enhance their position in international industrial value chain.①

8.3.5.3 The Appreciation of Chinese Renminbi Will Reduce the Cost of Overseas Investment

From the exchange rate reform in July 2005 to the end of 2011, Chinese Renminbi's exchange rate against the U.S. dollar has increased from 1 : 8.28 to 1 : 6.3009. Renminbi is expected to appreciate further in the near future, which will reduce the cost of Chinese enterprises' overseas investment, thus promoting the Chinese enterprises' outward foreign direct investment activities.

8.3.5.4 Some Success Stories of China's Outward Foreign Direct Investment Provide Experiences

Experiences show that Chinese enterprises have the managerial capability to become a multinational business. Zhejiang Wanxiang Group successfully acquired the " century -old" Rockford and GBC, established 31 companies in the United States, Britain, Germany, Canada and other countries with a global service network, and set up a technical center and a production base in the United States. Through the successful implementation of a global development strategy, it has become famous multinational based in China.

8.3.5.5 Large And Still Growing Foreign Exchange Reserves Provide a Solid Foundation for China's Outward Foreign Direct Investment

By the end of 2011, China's foreign exchange reserves reached $ 3.18 trillion, with an increase of $ 333.8 billion over the previous year, ranking first in the world, and is still growing. With the large amount of foreign exchange reserves, China has the capital base to carry out outward foreign direct investment. It not only shows the strength of China as an economic power, but also the existence of excess foreign exchange capital in China. China needs to increase the rate of return of capital through OFDI activities.

8.3.5.6 Chinese Government Will Implement A Series of Policies to Promote Outward Foreign Direct Investment

On May 15, 2012, Chinese Ministry of Commerce declared the goal that China's outward foreign direct investment will amount to $ 150 billion in 2015, achieving an average annual growth rate of 17% during the " 12th Five -Year" period. To achieve this goal, Chinese government will improve policies to promote the outward foreign investment, improve the service support system, build up risk control system, and strongly support transnational operations by enterprises of all types. That indicates that Chinese enterprises will face a good policy environment to engage in OFDI activities

① Nargiza Salidjanova. Going Out: An Overview of China's Outward Foreign Direct Investment. http: //www. uscc. gov/resear chpapers/2011/GoingOut, pdf.

8.4 Extended Learning

8.4.1 Questions for Discussion

(1) Define ownership advantage and give examples.

(2) In what ways has FDI utilization influenced Chinese economy in the past three decades?

(3) China has long been the largest developing host country for FDI; please analyze China's locational advantages for FDI. (group discussion)

(4) "When China embarked on its reform and opening-up policy, China utilized FDI mainly because of the shortage of capital and foreign exchanges. Now China is abundant with foreign reserves and capital, thus doesn't need to absorb foreign direct investment anymore. On the contrary, all the foreign-funded enterprises should be driven out of China." Do you agree with the above statement? Why? (group discussion)

(5) What are the motivations for China's OFDI?

8.4.2. Case Study

Outward Foreign Direct Investment from China in 2011

Chinese companies more than doubled their investment in European firms in 2011 according to a new study, a welcome development for Continental policy makers looking for new sources of capital and growth.

China's total overseas direct investment slipped in 2011 from a year earlier, and investment in the U.S. fell sharply, but investment in European firms surged to $ 10.4 billion, from $ 4.1 billion in 2010.

Europe became the leading destination for Chinese firms investing abroad in 2011, accounting for 34% of all outbound merger and acquisition activity, according to A Capital's new Dragon Index, which was scheduled to be launched Tuesday and will track China's overseas investment on a quarterly basis.

The report comes as top European and Chinese leaders, including Chinese former Premier Wen Jiabao and European Commission President José Manuel Barroso, are to meet for an annual summit in Beijing on Tuesday. The summit will also be attended by companies such as France's GDF Suez SA, in which China Investment Corp., China's sovereign-wealth fund, invested around $ 4 billion late year, taking a stake in two of its units.

European leaders are likely to press Mr. Wen to increase China's investment in Europe's sovereign bailout fund, the European Financial Stability Facility. China has stated that it has bought EFSF bonds at auction but the exact amount of the purchases is unknown. Chinese investment in Europe's private sector, while still relatively small, is becoming a bigger source of support for corporate Europe.

The increased investment in Europe is partly opportunistic, given tempting valuations for assets amid the euro-zone debt crisis. But rising interest in Europe also heralds fundamental changes in the character of Chinese investment abroad, André Loesekrug-pietri, the founder and managing partner of A Capital, said in an interview.

The initial wave of overseas investment was led by the purchase of mining and energy companies by China's state sector, and therefore was concentrated in resource-rich regions like Australia and Latin America. Increasingly, however, private Chinese companies consider overseas investment as a way to move up the value chain by gaining access to foreign brands and technology, Mr. Loesekrug-pietri said.

"Private companies are investing overseas as a survival strategy to protect their margins," he said, helping them respond to rising cost pressures at home as labor and other inputs become more expensive.

Chinese companies invest in assets abroad that position them better at home, Mr. Loesekrug-pietri said.

In 2010, 61% of overseas mergers and acquisitions by Chinese companies were in the resources industry, but this fell to 51% in 2011, as investment in high-end manufacturing and chemical industries rose, according to A Capital's index. The share of investments made by stateowned companies also declined to 72% in 2011 from 82% in 2010.

The largest takeover of a European company was China National Bluestar Group's acquisition of Norway-based Elkem, which produces silicon for solar cells, for $ 2.35 billion.

Total Chinese investment abroad came to $ 68 billion in 2011, according to the report, down slightly from $ 68.8 billion in 2010. A Capital attributes the decline, in part, to caution on the part of Chinese investors amid volatile markets.

Of the $ 68 billion total, 44% was in the form of M&A, while 56% was greenfield investment, A Capital said.

A Capital's estimate of Chinese investment abroad was somewhat higher than the official figures from China's Ministry of Commerce, which said direct investment by Chinese companies abroad rose 1.8% in 2011 to $ 60 billion. It wasn't clear what specifically accounts for the discrepancy between the two sets of data.

Relative to the size of its economy, China's overseas investment remains quite modest. The total stock of investment abroad rose to 5.3% of gross domestic product in 2011 from 2.6% in 2001, but it remains well below the average of over 27.7% for developed countries in the Organization of Economic Cooperation and Development, Mr. Loesekrug-pietri said.

Source: the Wall Street Journal Asia, 2012-2-14.

Questions:

(1) What does the story say about the motivations of outward direct investment by Chinese enterprises?

(2) Why do more and more Chinese enterprises choose to invest in Europe?

(3) What is Greenfield Investment? Which is the main form of Chinese outward foreign direct investment? Greenfield Investment or Merger and Acquisition?

(4) What does the story say about some new features of China's outward foreign direct investment? (hint: about destination structure, industry structure and pattern structure?)

8.4.3 Economists' Insights

FDI and Technology Transfer

Another idea for export-oriented economy in recent years is to encourage foreign direct investment, especially from multinationals. One of the reasons is that FDI can increase the country's capital stock. But only when a country's aggregate demand is greater than full-employment aggregate supply, investment demand is greater than domestic savings, the country needs foreign investment to compensate for the gap between aggregate demand and aggregate supply. One of the biggest problems in China in recent years is that aggregate demand is less than full-employment aggregate supply; investment demand is less than the savings supply. In this case, foreign investment is only occupying investment opportunities, and ultimately crowding domestic capital out to foreign countries. In fact, China has been holding a sizeable current account surplus since 1994, indicating that China's capital is flowing out. In 2001, China had capital account surplus of more than 30 billion U.S. dollars, which is the result of a large number of foreign direct investment; at the same time, China had a current account surplus of nearly $ 20 billion. Foreign direct investment is not increasing domestic capital stock, but simply squeezes out the country's domestic capital.

For current China, the only benefit that foreign direct investment may bring is advanced technology to speed up China's technological progress. However, economic theories didn't give affirmative answers when it comes to whether foreign direct investment, especially direct investment of large multinationals can accelerate a country's technological progress.

Multinationals make foreign direct investment, on the one hand, because they have certain comparative advantages in their production and business activities; on the other hand, because internalizing these activities, which means doing these activities by multinational corporations themselves, can bring greater benefits. The benefits of"internalization"are extremely important. Without internalization benefits, instead of making foreign direct investment, multinational corporations will choose to transfer their technologies to manufacturers in other countries and buy their products.

In order to explain the benefits of internalizing business activities in other countries, contemporary western economists stressed the benefits of internalization on technology transfer. In many cases, technology transfer encounters great difficulties. First of all, many (for example, managerial techniques) technologies cannot be recorded, because they are embedded in the knowledge of a group of individuals and cannot be packaged and sold. Secondly, it's hard for a potential customer to know the worth of technical knowledge--if he knows as much as the technology seller, there is no need to buy the technology. Finally, intellectual property is often difficult to define. If an American company allows a Chinese enterprise to use its technology, then other Chinese companies may legally imitate the technology. But if the American company choose to obtain benefits of their technologies through the establishment of subsidiaries in China, all the problems mentioned above can be avoided.

The benefits of so-called"managerial activity internalization"on technology transfer are the benefits of direct investment on technology transfer. But a closer look at these benefits can find the reason why multinationals make foreign direct investments is just to keep the technologies they use in other countries within their own companies, or even to prevent other countries from learning their technologies. So allowing multinationals' direct investment are more likely to stop local enterprises learning advanced foreign technologies, rather than accelerate it.

Sources: Zuo Dapei. On Export-Oriented Economy [J]. Economics Dynamics, 2002 (7).

Questions: What aspect about FDI's roles does the above passage argue against? What negative aspect of FDI does it put forward? What do you say about influences of FDI on technology transfer?

8.4.4 Online Study

See the website of Chinese Ministry of Commerce for the latest update on FDI in China. http: //www.mofcom.gov.cn/.

参考文献

[1] 陈佳贵总主编. 中国金融改革开放 30 年研究 [M]. 北京：经济管理出版社，2008，11.

[2] 池田哲夫，胡欣. 台湾经济结构重组及其发展前景 [M]. 北京：中国经济出版社，1993.

[3] 林毅夫等. 中国奇迹：发展战略与经济改革 [M]. 北京：人民出版社，1996.

[4] 高培勇，孙国府. 中国财税改革 30 年回顾与展望 [M]. 北京：中国财政经济出版社，2009.

[5] 江小涓. 中国的外资经济：对增长、结构升级和效力的贡献 [M]. 北京：中国人民大学出版社，2002，7.

[6] 江小涓. 利用全球科技资源，提高自主创新能力 [J]. 求是，2006，7.

[7] 江小涓主编. 中国开放 30 年：增长、结构与体制变迁 [M]. 北京：人民出版社，2008，12.

[8] 刘绍坚，姜荣春. "十二五"期间我国境外直接投资的机遇、挑战及对策建议[J]. 国际贸易，2009 (12).

[9] 刘晓路. 财政分权理论：国内外比较 [J]. 公共经济评论，2010 (7，8)：1-26.

[10] 刘迎秋. 中国非国有经济改革 30 年研究 [M]. 北京：经济管理出版社，2008.

[11] 谢旭人. 中国财政改革三十年 [M]. 北京：中国财政经济出版社，2008.

[12] 吴敬琏. 当代中国经济体制改革教程 [M]. 上海：上海远东出版社，2010，1.

[13] 吴晓灵主编. 中国金融体制改革 30 年回顾与展望 [M]. 北京：人民出版社，2008，12.

[14] 张旭东. 1978：中国利用外资政策重新确立 [J]. 党史纵横，2008 (8).

[15] 邹东涛. 发展和改革蓝皮书——中国经济发展和体制改革报告：中国改革开放 30 年 (1978-2008) [R]. 北京：社会科学文献出版社，2008.

[16] 朱福兴，上官敬芝. 财政学 [M]. 北京：机械工业出版社，2010：216-218.

[17] 2010 年度中国对外直接投资统计公报 [R/OL]. 商务部网站：http：//hzs.mofcom.gov.cn/aarticle/date/201109/20110907741156.html

[18] Andrea Beltratti , Bernardo Bortolotti. The Nontradable Share Reform in the Chinese Stock Market [J/OL]. http：//www.cfrn.com.cn/.2008-11-05.

[19] Barry Naughton. China's Financial Reform: Achievements and Challenges [R]. BRIE Working Paper 112. 1998.

[20] Ball DA, McCulloch JW, Frantz P L, Geringer MJ and Minor MS. International

Business: The Challenge of Global Competition [M]. 8/e. New York: McGraw-Hill/Irwin.2002.

[21] Calvin L, D. Hu, F. Gale and B.Lohmar. Food Safety Improvements Underway in China [J]. Amber Waves 4 (5), U.S. Department of Agriculture, Economic Research Service, 2006, 11: 16-21.

[22] Carter C, B.Lohmar. Regional Integration in China: An Economic Geography Approach [J]. American Journal of Agricultural Economics 84 (3), 2002, 8.

[23] Deininger K, S. Jin. The Potential of Land Rental Markets in the Process of Economic Development: Evidence from China [J]. Journal of Development Economics 78 (1), 2005.

[24] Dunning J. H. Multinational Enterprises and the Global Economy [M]. Addison-Wesley Publishing Company Inc, 1993.

[25] Fan S, P. Pardey. Research Productivity and Output Growth in Chinese Agriculture [J]. Journal of Development Economics 53 (1), 1997, 6: 115-137.

[26] Franklin Allen, Jun "QJ" Qian and Meijun Qian. China's Financial System: Past, Present, and Future [M] //T. Rawski and L. Brandt. China's Great Economic Transformation . The Cambridge University Press, 2007.

[27] GaleF. China's Corn Exports: Business as Usual, Despite WTO Accession, E-Outlook Report [R/OL], FDS-1202-01. U.S. Department of Agriculture, Economic Research Service, 2002. http: //www.ers.usda.gov/Publications/FDS/Dec02/FDS1202-01

[28] Gale F, H. Hsu, B. Lohmar and F. Tuan. China′s Grain Policy at a Crossroads, Agricultural Outlook [R]. U.S. Department of Agriculture, Economic Research Service, 2001, 9: 14-17.

[29] Gale F, and B. Lohmar. China: En Route to a New Role in Global Agriculture [R/OL]. Agricultural Outlook, 2002, 3: 31-34. http: //www.ers.usda.gov/publications/agoutlook/May2002/ao29li.pdf

[30] Gale F, F.Tuan, B. Lohmar, H.Hsu, and B. Gilmour. China' Food and Agriculture: Issues for the 21st Century [R/OL], AIB-775. U.S. Department of Agriculture, Economic Research Service, 2002: 58. http: //www.ers.usda.gov/Publicationa/AIB775

[31] Gi gi Liu, Hui Ou-Yang and Jessica Zhang. China Bond Market Overview [J]. NOMURA INTERNATIONAL (HK) LIMITED, 2010, 6.

[32] Hu, R.K.Shi, Y.Cuiand J. Huang. Agricultural Extension System Reform in China [R].Center for Chinese Agricultural Policy, Chinese Academy of Sciences, 2008.

[33] Huang J, K. Otsuka, S. Rozelle and C. Pray. Agriculture in China's Developmnet [M]. // L. Brandt and T. Rawski. China's Great Economic Transformation, chapter 13. New York: Cambridge University Press, 2008.

[34] Huang Q, S. Rozelle, B. Lohmarand J. Wang. Irrigation, Agricultural Performance and Poverty Reduction in China [J]. Food Policy 31 (1), 2006: 30-52.

[35] Hai zhou Huang, Ning Zhu. The Chinese Bond Market: Historical Lessons, Present Challenges and Future Perspectives [R/OL]. Yale ICF Working Paper, No.07-04. 2007.

http: //papers.ssrn.com/sol3/papers.cfm?abstract_id=991760

[36] Herd R, S. Hill and C. Pigott. China's Financial Sector Reforms [R/OL]. OECD Economics Department Working Papers, No. 747. 2010. http: //dx.doi.org/10.1787/5kmlh5n23mzs-en.

[37] Xiang feng Liu. Impacts of the Global Financial Crisis on Small and Medium Enterprises in the People's Republic of China [R]. Asian Development Bank Institute Working Paper Series, No. 180. 2009, 9.

[38] JinS, H. Ma, J. Huang, R. Hu and S. Rozelle. Productivity, Efficiency and Technical Change: Measuring the Performance of China's Transforming Agriculture [R]. The Conference Trends and Forces in International Agricultural Productivity Growth, Washington, DC. 2007.

[39] Kung J. K. Equal Entitlement versus Tenure Security under a Regime of Collective Property Rights: Peasant Preference for Institutions in Post-Reform Chinese Agriculture [J]. Journal of Comparative Economics 21 (1), 1995, 8: 82-111.

[40] Organization for Economic Co-operation and Development. Increasing Rural Income in China: Policy Reforms in the Sprit of the Household Responsibility System [M] //Agricultural Policies in China after WTO Accession. 2002: 139-148.

[41] Lohmar B, J. Hansen, R. Seeley and H. Hsu. WTO Accession Will Increase China's Agricultural Imports [R/OL]. Agricultural Outlook, U.S. Department of Agriculture, Economic Research Service, 2002, 4: 17 -20 http: //www.ers.usda.gov/publications/AgOutlook/April2002/AO290f.pdf.

[42] Lohmar B, A. Somwaru, and K. Wiebe. The Ongoing Reform of Land Tenure Policies in Chin [R/OL]. Agricultural Outlook, U.S. Department of Agriculture, Economic Research Service, 2002, 9: 15 -18. http: //www.ers.usda.gov/publications/agoutlook/sep2002/ao294f.pdf.

[43] Nie, Cheng bang (editor). China Grain Development Report 2007 [M]. Beijing: Economy and Management Publishing House, 2007.

[44] Tuan F, F. Zhong and B. Ke. China's Agricultural Policy: Past, Recent Developments and Future Alternatives [M] // T.C. Tso and Kang He . Dare to Dream: Vision of 2050 Agriculture in China. Beijing: China Agricultural University Press, 2004.

[45] Gong Chen. Public Finance [M]. China Ren min University Press, 2009.

[46] Liu Zuo. Taxation in China [M]. Cengage Learning, 2006.

[47] 2009 report on China's public finance [M]. Shanghai University of Finance & Economics Press, 2010.

[48] Li qun Wei. Retrospect and prospect of China's thirty-year reform of economic system [M]. People's Publishing House, 2009: 200-246.

[49] Wallace E.Oates. On the theory and practice of fiscal decentralization [R]. IFIR working paper No.2006-05, 2006.

[50] Hill C. W. International Business：Competition in the global marketplace [M]. New York：McGraw-Hill/Irwin，2007.

[51] Nargiza Salidjanova. Going Out：An Overview of China's Outward Foreign Direct Investment [OL]. http：//www.uscc.gov/researchpapers/2011/GoingOut.pdf.

[52] John Wong and Sarah Chan. China's Outward Direct Investment：Expanding World-wide [J]. China：An International Journal 1.2，2003，9：281.

[53] Paul Gao，Jonathan Woetzeland Yi bing Wu. Can Chinese Brands Make It Abroad? [J]. McKinsey Quarterly，2003（Special Edition：Global Directions）.

[54] Thomas A. Pugel. International Economics [M]. McGraw Hill，New York，2004.

[55] Rawi Abdelal，Kimberly Haddad. Russia：the End of a Time of Troubles? [M] // Richard H.K. Vietor. Globalization and Growth，Case Studies in National Economic Strategies. South Western，USA.

[56] Justin Yi Fulin，Fang Cai，Zhou Li. The China Miracle：Development Strategy and Economic Reform [M]. The Chinese University Press，1996.

[57] The World Bank. China 2020：Development Challenges in the New Century [OL]. 1997 www.eshow.com

[58] http：//www.ers.usda.gov/AmberWaves/November06/Features/

[59] http：//www.stats.gov.cn/tjgb/ndtjgb/qgndtjgb/t20120222_402786440.htm